福建省中职学考核心课程系列教材

生物基础

主　编：张如涯　　王春芳　　杨春娇

扫码获取数字资源

厦门大学出版社　国家一级出版社
XIAMEN UNIVERSITY PRESS　全国百佳图书出版单位

图书在版编目（CIP）数据

生物基础 / 张如涯，王春芳，杨春娇主编. -- 厦门：厦门大学出版社，2025.5. --（福建省中职学考核心课程系列教材）. -- ISBN 978-7-5615-9751-4

Ⅰ. G634.911

中国国家版本馆 CIP 数据核字第 2025NC7299 号

策划编辑　姚五民
责任编辑　姚五民
美术编辑　李夏凌
技术编辑　许克华

出版发行　厦门大学出版社
社　　址　厦门市软件园二期望海路 39 号
邮政编码　361008
总　　机　0592-2181111　0592-2181406（传真）
营销中心　0592-2184458　0592-2181365
网　　址　http://www.xmupress.com
邮　　箱　xmup@xmupress.com
印　　刷　厦门金凯龙包装科技有限公司

开本　787 mm×1 092 mm　1/16
印张　20.5
字数　486 千字
版次　2025 年 5 月第 1 版
印次　2025 年 5 月第 1 次印刷
定价　58.00 元

本书如有印装质量问题请直接寄承印厂调换

厦门大学出版社
微信二维码

厦门大学出版社
微博二维码

出版说明

教育是强国建设和民族复兴的根本,承担着国家未来发展的重要使命。基于此,自党的十八大以来,构建职普融通、产教融合的职业教育体系,已成为全面落实党的教育方针的关键举措。这一战略目标的实现,要求加快塑造素质优良、总量充裕、结构优化、分布合理的现代化人力资源,以解决人力资源供需不匹配这一结构性就业矛盾。与此同时,面对新一轮科技革命和产业变革的浪潮,必须科学研判人力资源发展趋势,统筹抓好教育、培训和就业,动态调整高等教育专业和资源结构布局,进一步推动职业教育发展,并健全终身职业技能培训制度。

根据中共中央办公厅、国务院办公厅《关于深化现代职业教育体系建设改革的意见》和福建省政府《关于印发福建省深化高等学校考试招生综合改革实施方案的通知》要求,福建省高职院校分类考试招生采取"文化素质+职业技能"的评价方式,即以中等职业学校学业水平考试(以下简称"中职学考")成绩和职业技能赋分的成绩作为学生毕业和升学的主要依据。

为进一步完善考试评价办法,提高人才选拔质量,完善职教高考制度,健全"文化素质+职业技能"考试招生办法,向各类学生接受高等职业教育提供多样化入学方式,福建省教育考试院对高职院校分类考试招生(面向中职学校毕业生)实施办法作出调整:招考类别由原来的30类调整为12类;中职学考由全省统一组织考试,采取书面闭卷笔试方式,取消合格性和等级性考试;引进职业技能赋分方式,取消全省统一的职业技能测试。

福建省中职学考是根据国家中等职业教育教学标准,由省级教育行政部门组织实施的考试。考试成绩是中职学生毕业和升学的重要依据。根据福建省教育考试院发布的最新的中职学考考试说明,结合福建省中职学校教学现状,厦门大学出版社精心策划了"福建省中职学考核心课程系列教材"。该系列教材旨在帮助学生提升对基础知识的理解,提升运用知识分析问题、解决问题的能力,并在学习中提高自身的职业素养。

本系列教材由中等职业学校一线教师根据最新的《福建省中等职业学校学业水平考试说明》编写。内容设置紧扣考纲要求,贴近教学实际,符合考试复习规律。理论部分针对各知识点进行梳理和细化,使各知识点表述更加简洁、精练;模拟试卷严格按照考纲规定的内容比例、难易程度、分值比例编写,帮助考生更有针对性地备考。本系列教材适合作为中职、技工学校学生的中职学考复习指导用书。

目　　录

第一章　生物的多样性与分类 ………………………………………………………… 1
第一节　生物的多样性 ……………………………………………………………… 1
第二节　生命的起源和进化 ………………………………………………………… 4
第三节　生物分类概述 ……………………………………………………………… 8
第四节　生物六界分类系统 ………………………………………………………… 9
思考与练习 …………………………………………………………………………… 20

第二章　生命的构成 ……………………………………………………………………… 24
第一节　生命的物质组成 …………………………………………………………… 24
第二节　生命的结构基础——细胞 ………………………………………………… 29
第三节　组织 ………………………………………………………………………… 39
第四节　植物的器官与系统 ………………………………………………………… 42
第五节　动物的器官与系统 ………………………………………………………… 48
第六节　显微镜与临时制片 ………………………………………………………… 57
第七节　实验一：显微镜的构造和使用 …………………………………………… 60
第八节　实验二：动植物细胞的结构 ……………………………………………… 61
思考与练习 …………………………………………………………………………… 62

第三章　生物的新陈代谢 ………………………………………………………………… 67
第一节　新陈代谢概述及类型 ……………………………………………………… 67
第二节　酶和ATP在新陈代谢中的作用 …………………………………………… 69
第三节　绿色植物的新陈代谢 ……………………………………………………… 71
第四节　动物的新陈代谢 …………………………………………………………… 84
思考与练习 …………………………………………………………………………… 91

第四章　遗传和变异 ……………………………………………………………………… 96
第一节　遗传的物质基础 …………………………………………………………… 96
第二节　基因的表达 ………………………………………………………………… 100
第三节　遗传的基本规律 …………………………………………………………… 104
第四节　生物的变异 ………………………………………………………………… 109
思考与练习 …………………………………………………………………………… 112

第五章　生物的生殖与发育 ········· 117
第一节　生物生殖的基本类型 ········· 117
第二节　减数分裂与有性生殖细胞的成熟 ········· 119
第三节　生物的发育 ········· 123
第四节　植物生命活动的调节 ········· 126
第五节　动物的内分泌调节 ········· 130
第六节　动物的神经调节 ········· 133
思考与练习 ········· 134

第六章　生物与环境 ········· 138
第一节　生态因素对生物的影响 ········· 138
第二节　生态系统与生物圈 ········· 141
第三节　生物安全 ········· 148
第四节　人与环境 ········· 152
思考与练习 ········· 154

第七章　微生物的生物学特性 ········· 158
第一节　微生物概述 ········· 158
第二节　微生物的形态特征 ········· 161
第三节　细菌 ········· 173
第四节　真菌 ········· 180
第五节　病毒 ········· 182
第六节　常用的微生物 ········· 185
第七节　常见病原性细菌 ········· 198
第八节　常见病原性真菌 ········· 204
第九节　人类疾病中常见病毒 ········· 208
思考与练习 ········· 212

第八章　微生物的控制 ········· 217
第一节　微生物的分布 ········· 217
第二节　药品生产中的微生物控制 ········· 219
第三节　消毒与灭菌 ········· 222
第四节　无菌检查与微生物限度检查 ········· 227
思考与练习 ········· 235

第九章　微生物的培养与保藏 ········· 239
第一节　微生物的营养 ········· 239
第二节　微生物的培养基 ········· 243
第三节　实验一：细菌培养基的制备和灭菌 ········· 247

第四节　实验二：微生物的分离、接种与培养 …………………………………………… 250
　　第五节　微生物的生长 ……………………………………………………………………… 252
　　第六节　微生物数量的测定方法 …………………………………………………………… 260
　　第七节　微生物菌种的选育和保藏 ………………………………………………………… 265
　　思考与练习 …………………………………………………………………………………… 269

第十章　免疫学基础知识 …………………………………………………………………………… 273
　　第一节　免疫与抗原 ………………………………………………………………………… 273
　　第二节　免疫系统 …………………………………………………………………………… 275
　　第三节　抗体 ………………………………………………………………………………… 278
　　第四节　免疫应答 …………………………………………………………………………… 282
　　思考与练习 …………………………………………………………………………………… 284

第十一章　生物技术及其应用 ……………………………………………………………………… 288
　　第一节　生物技术的形成与发展 …………………………………………………………… 288
　　第二节　生物技术的基本内容 ……………………………………………………………… 290
　　第三节　生物技术的应用 …………………………………………………………………… 296
　　思考与练习 …………………………………………………………………………………… 300

附录　思考与练习参考答案 …………………………………………………………………………… 305
参考文献 ……………………………………………………………………………………………… 318

第一章 生物的多样性与分类

 **学习目标**

1. 掌握生物和生物学的概念,熟悉生物的基本特征。
2. 了解生命科学发展历程。
3. 熟悉生物多样性概念和保护多样性的意义,了解生物多样性的三个组成层次。
4. 掌握生物分类的命名方法。
5. 掌握生物六界分类系统的组成结构。
6. 了解动物和植物的分类类别。

第一节 生物的多样性

一、生物

(一) 生物的概念

生物是指具有生命活动的物体或有机体。生物可以是单细胞的(如细菌)或多细胞的(如人类、植物),也可以是无细胞的(如病毒,尽管它们在某种程度上依赖于其他生物体进行复制)。地球上除矿物、岩石、空气和水等无生命的物质外,还有人类、动物、植物和微生物等具有生命的各种生物。目前,人类已知的生物有 200 多万种,其中,植物有 50 多万种,动物有 150 多万种。从幼嫩的小草到参天的大树,从水中的游鱼到天上的飞鸟,从肉眼看不见的微生物到海洋中的庞然大物——蓝鲸,从人工栽培的作物、驯养的畜禽到人类自身,都是生物。

(二) 生物的基本特征

虽然形态结构互不相同,生活方式、生理功能各有特点,但作为生物,它们都具有以下共同的基本特征。

1. 完整的结构

除病毒等少数种类以外,生物都由细胞构成,所以我们说细胞是生物体结构、功能和生命活动的基本单位。

2. 新陈代谢

新陈代谢是生命体最基本的特征,是生物与非生物最基本的区别。生物体与外界环境之间物质和能量的交换,以及生物体内物质和能量代谢的转变过程,叫作新陈代谢。在新陈代谢过程中,生物体把从外界环境中摄取的营养物质,转变成自身的组成物质,并储存能量,这个过程称为同化作用(又称合成作用);同时,又把自身的物质加以分解,释放出其中的能量,并把分解的终产物如二氧化碳、尿素等排出体外,这个过程称为异化作用(又称分解作用)。同化作用为异化作用提供物质基础,异化作用为同化作用提供能量来源。

3. 生长和发育

生长主要指的是生物体体积和质量的增加。发育指的是生物体从受精卵开始,经过一系列形态、结构和功能的变化,最终成为具有特定形态和功能的成熟个体的过程。

4. 应激性

生物体对内外环境变化的刺激产生相应反应的特性,称为应激性。对人体来说,内外环境的刺激因素很多,有物理因素、化学因素、生物因素、心理因素和社会因素等;对植物来说,内外环境的刺激因素有光照、温度、水分、气体和一些化学物质等。

5. 运动

植物看起来似乎不动,但叶片上的气孔开闭,细胞中原生质的环流,这些也是运动。动物的运动最为显著,其捕食、逃生的本领很大程度上取决于其运动能力;一些较低等的生物,如单细胞生物也在利用它们的鞭毛或纤毛的摆动进行运动。

6. 生殖

生物个体生存期是有限的,生物个体在死亡之前产生的新个体,使物种得以延续,这就是生殖。

7. 遗传和变异

每一种生物的后代都和亲代之间有相同的性状,这就是遗传。而不同个体间又存在一定的差异,这就是变异。俗话说,"龙生龙,凤生凤,老鼠生儿会打洞""一母生九子,九子各不同",千差万别的生物就是在长期进化过程中通过遗传和变异的积累而逐渐形成的。

8. 适应性

生物体能随着环境的逐渐变化而改变自身,以适应生存的需要。如鱼类流线型身躯适合游泳;许多昆虫的保护色适合躲避敌害;仙人掌类植物的叶退化成针状,就是为了适合在干旱环境下防止水分的过度蒸腾等。

上述特征都是生物具有而非生物没有的,可以作为区分生物和非生物的依据。

二、生物学

生物学是研究生物体及其生命过程的科学。它涵盖了从分子到生态系统的各个层面,包括遗传、进化、细胞生物学、生态学等多个分支。生物学不仅关注生物体的结构和功能,还研究它们如何与周围环境相互作用。生物学的主要任务是以生物为对象,从生命活动的各个方面,研究生命现象的本质,探讨生物发生和发展的规律。具体来说,生物学就是了解生命的基本特征和物质组成,了解生物的种类、形态、生理功能、遗传及生物与环境的关系等,利用现代生物技术,保护、利用和改造生物,促进人与自然的和谐发展。

地球上的生命包括数以百万计的动物、植物和微生物,也包括生物及其环境所形成的生态复合体,如物种的种群、生物群落和生态系统。为了研究和利用如此丰富多彩的生物世界,长久以来,人们将其归纳综合,分门别类,系统整理,逐步建立了生物分类学。

三、生物多样性的概念

生物多样性是指地球上所有生物(动物、植物、微生物等)、这些生物所包含的基因以及由它们与环境相互作用所构成的生态系统的多样化程度。

地球上的生命大约已有 35 亿年的历史。在这漫长的生命史中,生命在不断地延续和演进,形成了当今地球上各种各样的生物。多姿多彩的生物世界是地球生命经过几十亿年发展进化的结果,也是人类赖以生存和持续发展的物质基础。1994 年 12 月,联合国大会通过决议,将每年的 12 月 29 日定为"国际生物多样性日",以提高人们对保护生物多样性、重要性的认识;2001 年,将"国际生物多样性日"由每年 12 月 29 日改为 5 月 22 日。"国际生物多样性日"的诞生,说明人们开始认识到生物多样性保护的重要性,并由此引起了国际社会的广泛关注。

四、生物多样性的主要组成

生物多样性通常包括遗传多样性、物种多样性和生态系统多样性 3 个组成部分。

(一)遗传多样性

在生物的长期演化过程中,遗传物质的改变(或突变)是产生遗传多样性的根本原因。遗传多样性是指地球上生物所携带的各种遗传信息的总和,是生物多样性的重要组成部分。这些遗传信息储存在生物个体的基因之中。因此,遗传多样性也就是生物的遗传基因的多样性。任何一个物种或一个生物个体都保存着大量的遗传基因,因此,可被看作一个基因库。一个物种所包含的基因越丰富,对环境的适应能力就越强。基因多样性是生命进化和物种分化的基础。

(二)物种多样性

物种是生物分类的基本单位。物种的定义一直是分类学家和系统进化学家所讨论的问题。物种是进化的单元,是生物系统线上的基本环节,是分类的基本单位。在分类学上,确定一个物种必须同时考虑形态的、地理的、遗传学的特征。物种多样性是指地球上动物、植物、微生物等生物种类的丰富程度。

(三)生态系统多样性

生态系统具有一定的形态、结构和功能,是自然界的基本结构单元,是生物群落与其生存环境组成的综合体。所有的物种都是生态系统的组成部分。在生态系统之中,不仅各个物种之间相互依赖,彼此制约,而且生物与其周围的各种环境因子也是相互作用的。从结构上看,生态系统主要由生产者、消费者、分解者构成。生态系统的功能是使地球上的各种化学元素进行循环,使能量在各组分之间正常流动。生态系统的多样性主要是指地球上生态系统组成、功能的多样性以及各种生态过程的多样性。

总之,遗传多样性是物种多样性和生态系统多样性的基础,或者说遗传多样性是生物多样性的内在形式。物种多样性是构成生态系统多样性的基本单元。因此,生态系统多样性离不开物种多样性,也离不开不同物种所具有的遗传多样性。掌握生物多样性的组成,对于生物多样性保护具有重要意义。保护生物多样性就是在基因、物种、生态3个水平上的保护。

五、生物多样性保护的意义

生物多样性是人类社会赖以生存和发展的基础。每个水平的生物多样性都有重要的实用价值。保护生物多样性是实现人类可持续发展的需要。我们的衣、食、住、行及物质文化生活的许多方面都与生物多样性的维持密切相关。

(1)生物多样性中的物种多样性为我们提供了食物、纤维、木材、药材和多种工业原料。我们的食物全部来源于自然界,保护生物物种多样性,会使我们的食物品种不断丰富,生活质量不断提高。生物多样性中的遗传多样性对于培育抗性农作物新品种是很重要的。一些农作物的原始种群、野生亲缘种群和传统地方品种,具有适应性广、抗病性强等优良特性,可利用这些特性培育高产、优质、抗病的农作物新品种。

(2)生物多样性在保持土壤肥力、保证水质以及调节气候等方面发挥了重要作用。黄河流域是我们中华民族的摇篮。几千年以前,那里还是一片十分富饶的土地,树木林立,百花芬芳,生活着各种野生动物。后来,由于频繁的战争和人类过度开发,这里变成了生物多样性十分贫乏的地区,沙漠化现象十分严重。近年来,大量的人工植树,使该地区沙漠化进程得到了一定程度的控制,森林覆盖率逐年上升,环境不断得到改善,生物多样性得到了一定程度的恢复。

(3)生物多样性在大气层成分、地球表面温度等方面的调控也发挥了重要作用。例如,现在地球大气层中的氧气含量约为21%,这主要归功于植物的光合作用。据科学家估计,假如断绝了植物的光合作用,那么大气层中的氧气将会在数千年内消耗殆尽。

(4)生物多样性的维持有益于一些珍稀濒危物种的保存。今天仍生存在我们地球上的物种,尤其是那些处于灭绝边缘的濒危物种,一旦消失了,人类将丧失这些宝贵的生物资源。保护生物多样性,特别是保护濒危物种,对人类后代、对科学事业都具有重大的战略意义。

(5)生物多样性在生态系统中最重要的作用就是改善生态系统的调节能力,维护生态平衡。

明确保护生物多样性的意义,有利于我们自觉进行生物多样性保护的宣传、教育和执行。

第二节 生命的起源和进化

生物界是多样的,但又是统一的。鸟兽虫鱼虽属异类,但它们绝大多数是能自主移动的;花草树木形状虽然不一样,但它们都在进行光合作用;动物、植物、微生物差异虽大,但它们都具有生命,服从生命运动规律。

一、生命的起源

一般将生命起源的化学演化人为地划分为 4 个阶段,即从无机小分子物质生成有机小分子物质,从有机小分子物质形成有机高分子物质,由有机高分子物质组成多分子体系,由多分子体系演变为原始生命。

(一) 从无机小分子物质生成有机小分子物质

地球形成初期,表面没有任何河流和海洋,是一个炽热的火球。地球形成后,原始地球表面温度虽已下降,但内部温度仍然很高,火山活动极为频繁,地壳不断发生造山运动,有的地方隆起形成高山和丘陵,有的地方凹陷形成山谷和低洼地。由于降雨,低洼地区逐渐形成河流和海洋。同时,火山喷出许多气体,形成原始大气(如甲烷、氨、水蒸气、二氧化碳、硫化氢等)。这些气体在外界高能物质如宇宙射线、紫外线、闪电等的作用下,合成一系列简单有机物,如氨基酸、核苷酸、单糖等。这些有机物随雨水汇入原始海洋中,为生命的产生准备了必要的原材料。

(二) 从有机小分子物质形成有机高分子物质

在适当条件下(如吸附在无机矿物黏土上),原始海洋中的氨基酸通过缩合作用,形成原始的蛋白质分子;核苷酸通过聚合作用,形成原始的核酸分子。

(三) 由有机高分子物质组成多分子体系

蛋白质和核酸等高分子物质在原始海洋中越积越多,浓度不断增加,由于种种原因,如水分的蒸发、黏土的吸附作用等,这些高分子物质经浓缩分离出来,相互作用,凝聚成团聚体。团聚体外面包有原始的界膜,使它与原始海洋环境分隔开,从而构成一个能进行原始物质交换活动的独立体系,这就是多分子体系。

(四) 由多分子体系演变为原始生命

多分子体系经过长期不断地演变,特别是蛋白质和核酸两大主要成分的相互作用,终于形成具有原始新陈代谢作用和能够繁殖的原始生命。

我们知道,无论是人还是微生物,所有生物都由两类基本的有机分子——核酸和蛋白质构成。而这两种分子则由更简单的构造单位:20 种常见氨基酸、5 种碱基、2 种糖(核糖和脱氧核糖)和磷酸组成。由此可见,生命起源于化学反应。

二、生物的进化

(一) 生物进化的历程

生命发生的最早阶段是化学进化,即从无机小分子物质进化至有机大分子物质,从而产生原始生命。原始生命诞生后则进入生物进化阶段,即由结构简单的原核细胞到真核细胞,由单细胞到多细胞。

原始生物通过长期的自然选择过程,遵循着由简单到复杂、由低等到高等、由水生到陆生的进化历程。

植物系统树和动物系统树(图1-1)概括地表明了各类生物进化的历程和它们之间的亲缘关系,指出了植物界和动物界都共同起源于原始生物。植物界起源于原始藻类,动物界起源于原生动物。

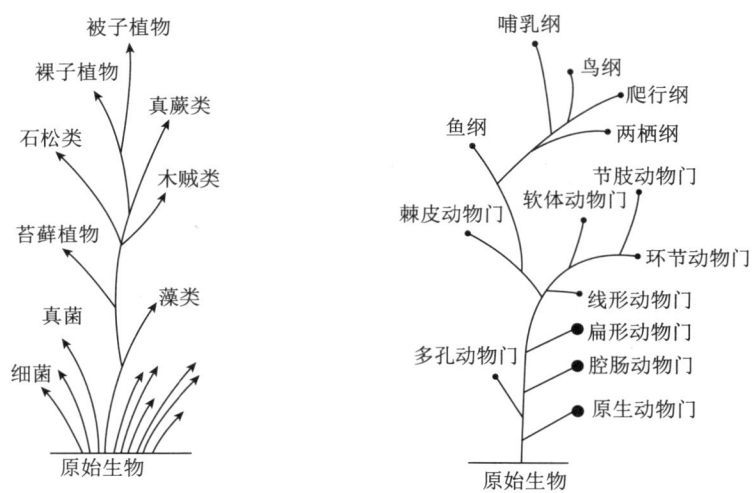

图1-1 植物系统树和动物系统树

生命在地球上已经生存了数亿年之久,自诞生之日起就在不停地变化,在变化中延续、演进。

(二) 生物进化的证据

1. 古生物学上的证据

古生物学研究的对象是化石。化石是古生物的遗体或遗迹被埋藏在地下,经过千万年矿物质的填充和交换作用形成的。化石保存在地层中,具有原来的形状和结构。

各类生物化石在地层里按一定顺序出现的事实,是生物进化最直接、最可靠的证据之一。生物学家在研究化石的过程中发现:在越早形成的地层里,成为化石的生物越简单、越低等;在越晚形成的地层里,成为化石的生物越复杂、越高等。这不仅证实了现代生物是经过漫长的地质年代(太古代、元古代、古生代、中生代和新生代)变化而来,还揭示出生物由简单到复杂、由低等到高等的进化规律。

2. 胚胎学上的证据

胚胎学研究的对象是胚胎。所有高等生物的胚胎发育都是从一个受精卵开始的,这说明高等生物起源于单细胞生物。

比较鱼、蝾螈、龟、鸡、猪、牛、兔等脊椎动物和人的胚胎,可以看出在胚胎发育初期很相似,都有鳃裂和尾巴,到了胚胎发育晚期,它们各自的特征才逐渐明显。除鱼以外,其他动物和人的鳃裂都消失了,人的尾也消失了。这说明脊椎动物和人都是由古代原始的共同祖先进化而来的。

3. 比较解剖学上的证据

生物进化在比较解剖学上最重要的证据是同源器官。同源器官是指起源相同、结构和部位相似,而形态和功能不同的器官。

比较鸟、蝙蝠、鲸、马等脊椎动物的前肢骨和人的上肢骨,可以看出它们的结构基本上是一致的,都有肱骨、尺骨、桡骨、腕骨、掌骨和指骨,排列方式也相似。这证明它们是具有同源器官的生物,都是由共同的原始祖先进化而来的。

(三) 生物进化的学说

生物进化学说始于 18、19 世纪,其中影响较大且深远的是拉马克的用进废退学说和达尔文的自然选择学说。

1. 用进废退学说

用进废退学说是法国博物学家拉马克在 1809 年提出来的。这个学说的中心论点如下。

(1) 用进废退。环境的变化,使生活在这个环境中的生物,有的器官由于经常使用而发达,有的器官由于不用而退化。

(2) 性状遗传。变化了的性状即后天获得的性状能够遗传下去。例如,拉马克认为长颈鹿的祖先生活在缺青草的环境里,这迫使它经常伸长颈部去吃树上的叶子,促使其颈部逐渐变长,而且能将这种变异的性状遗传给后代,终于进化成现在的长颈鹿。因此,每种生物都是由较低等的祖先逐渐向高等发展。

2. 自然选择学说

自然选择学说源于达尔文于 1859 年发表的《物种起源》。其主要内容有 4 点:过度繁殖、生存斗争(也叫生存竞争)、遗传和变异、适者生存。

(1) 过度繁殖。过度繁殖是自然选择学说的基本条件。达尔文认为,地球上的各种生物普遍具有很强的繁殖能力,都有依照几何倍率增长的倾向。达尔文指出,象是一种繁殖很慢的动物,但是如果每一头雌象一生(30~90 岁)产仔 6 头,每头活到 100 岁,而且都能进行繁殖,那么到 750 年以后,一对象的后代就可达到 1 900 万头。因此,按照理论上的计算,就是繁殖不是很快的动、植物,也会在不太长的时期内产生大量的后代。如果出现过度繁殖,自然选择就会进行,所以任何生物都不可能无限地增加个体。

(2) 生存斗争。生物的繁殖能力是如此强大,但事实上,每种生物的后代能够生存下来的却很少。这是为什么呢?达尔文认为,这主要是过度繁殖引起了生存斗争的缘故。任何一种生物在生活过程中都必须为生存而斗争。生存斗争包括生物与无机环境之间的斗争、生物种内的斗争(如为食物、配偶和栖息地等的斗争)以及生物种间的斗争。生存斗争导致生物大量死亡,结果只有少量个体生存下来。但在生存斗争中,什么样的个体能够获胜并生存下去呢?达尔文用遗传和变异来进行解释。

(3) 遗传和变异。遗传是生物的普遍特征。生物有了这个特征,物种才能稳定存在。生物界普遍存在变异。每一代生物都存在变异,没有两个生物个体是完全相同的,变异是随机产生的,这与拉马克所说的变异不同。拉马克认为变异是按需要向一定的方向发生的。当时的达尔文还不能区分可遗传的变异和不可遗传的变异。他只能一般地讨论变异。但是,他实际上讨论的是遗传性状发生的变异,是可遗传的。这样的变异一代代积累下去就会导致生物的更大改变。

(4) 适者生存。达尔文认为,在生存斗争中,具有有利变异的个体容易在生存斗争中获胜而生存下去。反之,具有不利变异的个体则容易在生存斗争中因失败而死亡。这就是说,凡是生存下来的生物都是适应环境的,而被淘汰的生物都是不适应环境的,这就是适者生存。达尔文把在生存斗争中适者生存、不适者被淘汰的过程叫作自然选择。达尔文认为,自然选择过程是一个长期的、缓慢的、连续的过程。由于生存斗争不断进行,因而自然选择也在不断进行,通过一代代生存环境的选择作用,物种变异被定向地向着一个方向积累,于是性状逐渐和原来的祖先不同了,这样,新的物种就形成了。由于生物所在的环境是多种多样的,因此,生物适应环境的方式也是多种多样的,所以,经过自然选择也就形成了生物界的多样性。

达尔文的自然选择学说能够科学地解释生物进化的原因以及生物的多样性和适应性,对人们正确地认识生物界具有重要意义。但是,由于受到当时科学发展水平的限制,对于遗传和变异的本质,以及自然选择如何对可遗传的变异起作用等问题,达尔文还不能作出科学的解释。后来,随着遗传学和生态学等学科的发展,人们对生物进化理论的研究才得以不断深入。到20世纪30年代,关于生物进化过程中遗传和变异的研究,已经从性状水平深入到分子水平,如通过研究不同生物体内的某种蛋白质或核酸分子的结构,来探讨这些生物间的亲缘关系。关于自然选择的作用等问题的研究,已经从以生物个体为单位发展到以种群为基本单位。这样就形成了以自然选择学说为基础的现代生物进化理论,从而极大地丰富和发展了达尔文的自然选择学说。

第三节 生物分类概述

一、生物分类的意义

生物分类的目的是探索生物的系统发育及其进化历史,揭示生物的多样性及其亲缘关系,并以此为基础建立多层次的、能反映生物亲缘关系和进化发展的"自然分类系统"。这有利于人们认识生物世界,了解各个生物类群之间的亲缘关系,从而掌握生物的生存和发展规律,为更广泛、更有效地保护和利用自然界丰富的生物资源提供方便。

二、生物分类学的发展

在分类方法上有人为分类法和自然分类法。

(一) 人为分类法

主要是根据生物的某些形态结构、功能、习性、生态或经济用途进行分类,因此,所建立的分类体系大都属于人为分类体系。例如,将生物分为陆生、水生,草本植物、木本植物,粮食作物、油料作物等。

(二) 自然分类法

进化论的确立及生物科学的发展,使人们逐渐认识到现存的生物种类和类群的多样性是由古代的生物经过长期进化而形成的,各种生物之间存在着不同程度的亲缘关系。由此,现代分类学家提出分类系统应力求反映客观实际,也就是说要符合系统发育的原则。因此,现代分类学家按照生物系统发育的历史,编制生物的多层次分类系统,即自然分类系统,重建生物类群的演化历史。所谓系统发育,是指任何分类单元在起源及进化上的亲缘关系。

（三）分类等级

根据各种生物形态和生理特性上的差异，以及亲缘关系的远近，可以将生物种类分成若干阶元或等级。通常采用的等级由大到小分别是界、门、纲、目、科、属、种。

在上述分类等级中，"种"是最基本的分类单元。

分类上为了更加详尽和准确，还分别在纲、目、科、属、种之下设"亚级"，如亚纲、亚目、亚科、亚属、亚种等；也有在目、科之上加"总"级，如总目、总科；还有在亚科、亚属间加"族"级。

"种"是由自然群居、可以相互交配产生正常后代的群体组成。种群长期生活在不完全相同的环境条件下，"种"的特征或多或少会有所变化，这样便产生了亚种、变种、变型等种以下的分类单元。亚种是同一个种的生物因分布在不同地区，受所在地生活环境的影响，在形态或生理机能上与原种有所不同，但仍具有原种的主要特征的自由种群。变种是同一种在同一生态环境下，某些个体在形态和生理上发生了细微的变异，并能稳定地遗传给后代形成的种群。变型是某些个体有形态变化，但没有形成一定分布区的种群。品种是经过人工选育的、有经济价值的种类。品种不属于自然分类系统的分类单位。

三、生物的命名方法

地球上生物种类很多，为了使世界各地科学家发现的物种能被共享而不引起混乱，国际上建立了通用的生物命名规则。这一规则的核心就是林奈首创的"双名法"。

"双名法"规定：每一种生物都有唯一一个学名，由属名和种名的拉丁文组成。第一个拉丁词为属名，用名词表示，第一个字母要求大写体；第二个拉丁词是种名，大多用形容词表示，字母均用小写体。学名后应附上定名人的姓氏（可缩写），首字母要大写。属名和种名要有别于文内所用的字体，排印时一般用斜体，定名人姓氏用正体字。

亚种的学名，由属名、种名和亚种名依次组合而成，也就是种的学名后再加上一个亚种名，拉丁文亚种的缩写为"ssp."或"subsp."，印刷时排正体。亚种名的首字母用小写，印刷要求排斜体，之后附上定名人姓氏。

变种的命名，则在原来完整的学名之后加上拉丁文变种的缩写"var."（动物中大多不写），然后再写变种名称和变种名的定名人。

第四节 生物六界分类系统

一、生物的分界

1735年，林奈以生物能否自主运动为标准，把生物分成植物和动物两个界。随着显微镜的发明和应用，科学家们观察到许多单细胞生物，其中有些同时具有动物和植物的特征。如眼虫既能靠鞭毛游动，又能进行光合作用。因此，1860年，霍格等将单细胞真核生物单独划为原生生物界。此后，生物学家又发现细菌、蓝细菌与单细胞真核生物还有较大差别。

1938年,科普兰提出将这类生物再单独划为原核生物界。

1969年,惠特克根据生物获得营养的类型将其分为摄食(动物)、光合作用(植物)和吸收(真菌)3类,结合前人对生物的分界,提出五界系统,即原核生物界、原生生物界、真菌界、植物界、动物界。从细胞结构看,原核生物没有细胞核,核物质DNA集中在细胞原生质中一定区域。另外四界都有细胞核,是真核生物。真核生物又分为原生生物、真菌、植物、动物4个界,如图1-2所示。

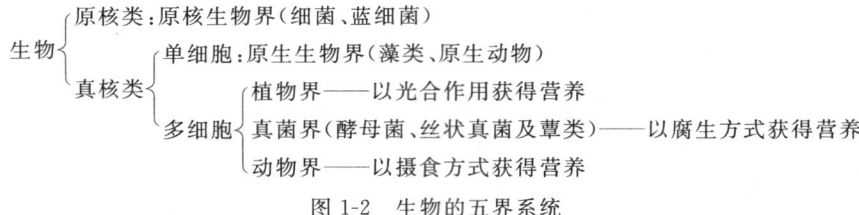

图1-2　生物的五界系统

五界系统大体反映了生物从原核生物到真核生物,从单细胞生物到多细胞生物的进化历程,但没有反映出非细胞生物阶段。1979年,我国著名生物学家陈世骧等主张,具有生命特征的非细胞生物也应独立成一界——病毒界。病毒是一类非细胞生物,究竟是原始类型还是次生类型至今仍无定论。

随着分子生物学的发展,沃兹和沃尔夫认为,原核生物在进化上有两个重要分支,应将原核生物分两界,即古细菌界(包括甲烷菌、极嗜盐菌和嗜热嗜酸菌)和真细菌界(包括古细菌以外的其他原核生物,如蓝藻、真菌等)。真核生物分四界,即原生生物界、真菌界、动物界和植物界。因此,他们于1987年提出六界分类系统。

1990年,沃兹根据分子生物学的研究资料,对生物分类又提出新的建议,认为整个生物界可以分为3个独立起源的大类群。它们是从共同祖先沿3条路线进化发展的,即形成3个域:① 古细菌域;② 真细菌域;③ 真核生物域。他认为古细菌是一类既不同于其他原核生物,又与真核生物不同的特殊生物类群。古细菌与真核生物有更为接近的共同祖先,它们的关系与真细菌相比,更为密切。六界三域的进化关系如图1-3所示。

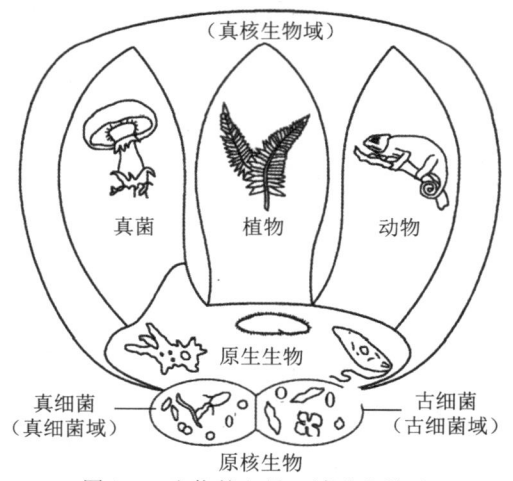

图1-3　生物的六界三域进化关系

按生物六界分类系统,原核生物包括真细菌界和古细菌界,真核生物包括原生生物界、真菌界、植物界和动物界。病毒因无细胞结构,其分类地位尚有争议。所以在介绍生物的六界系统之前,先介绍病毒。

二、病毒

病毒是一类非细胞生物,只有在电子显微镜下才能看清它的结构。病毒可引起动植物和人的许多疾病,几乎所有的生物体内都发现有病毒。如人类的天花、流感、肝炎、脊髓灰质炎及艾滋病均与病毒有关。2003年上半年,在我国及其他国家肆虐的非典型性肺炎就是由SARS冠状病毒引起的。另有1 000多种植物的疾病是由蚜虫、叶蝉、飞虱传播的病毒引起的。

病毒的结构极为简单,仅由一种核酸(DNA或RNA中的一种)和少数蛋白质组成。DNA或RNA位于蛋白质内部,称为核酸芯子。蛋白质有规律地排列成蛋白质亚单位。亚单位组合在一起,形成病毒的外壳,又称为衣壳。由核酸和衣壳蛋白构成病毒颗粒。较复杂的病毒外面还有由脂质、糖和蛋白质构成的包膜。不同病毒的形态多种多样,如杆状、柱状、粒状、头状、二十面体等。

病毒不能独立存活,只能活在寄主细胞中,利用宿主细胞内的成分来合成病毒自身的遗传物质,再合成病毒的外壳,最后装配成完整的、有感染性的病毒单位——病毒粒。病毒以病毒粒的形式由原来所在的宿主细胞中爆破出来,对下一个感染细胞释放其核酸,然后以核酸复制和蛋白质合成的方式,在新感染的宿主细胞内增殖,实现病毒粒的传播。病毒的个体发育实际上是利用宿主细胞进行的一种简单的原料装配过程。

按照不同的标准,人们把病毒分为几类:根据病毒中所含核酸的种类,将病毒分为RNA病毒和DNA病毒;根据寄主的不同,将病毒分为细菌病毒(噬菌体)、真菌病毒、植物病毒和动物病毒。植物病毒的遗传物质大多为RNA;动物病毒的遗传物质,有的种类是RNA,有的种类是DNA;噬菌体的遗传物质大多为DNA。

三、生物六界系统

(一)真细菌界

真细菌界属于原核生物。原核生物包含真细菌界和古细菌界。

1. 原核生物的特征

原核生物具有以下特征:
(1)细胞核无核膜、核仁,DNA上无结合的组蛋白。
(2)无染色体,没有有丝分裂过程和有性生殖过程。
(3)细胞内不含线粒体、内质网、高尔基体、质体等细胞器,细胞壁的主要成分为肽聚糖。
(4)细胞质中核糖体沉降系数为70 s。

2. 细菌与人类的关系

真细菌界包括细菌、放线菌、立克次体、支原体、衣原体和螺旋体等。细菌是其中种类和数量最多、分布广泛、繁殖迅速的类群。细菌是单细胞原核生物,大小多在 0.3～2.0 μm 之间,肉眼不能分辨,基本形态有球状、杆状和螺旋状 3 种。在培养过程中,细菌常在培养基上形成菌落,不同的细菌菌落有不同的形态。菌落形态常作为鉴定菌种的特征之一。

多数细菌的营养方式是吸收营养。细菌数量大,繁殖快,适应性强,广泛分布于自然界,与人类的关系密切。

(1) 细菌与疾病。细菌可导致生物体疾病的发生,如人类的霍乱、伤寒、破伤风、百日咳、结核等;作物上的稻白叶枯病、棉花角斑病,各种果树、树木的冠瘿病等。但是,大多数细菌是有利于人类的。

(2) 根瘤菌的固氮作用。固氮根瘤菌与豆科植物共生,能够侵入植物的根细胞,引起一系列发育上的变化,形成根瘤。根瘤菌以无细胞壁的形式生长繁殖,以自身产生的固氮酶固氮,为植物提供氮素营养,供植物合成氨基酸。

(3) 参与人体物质合成及免疫。寄生于人体的某些肠道细菌能合成多种 B 族维生素和维生素 E、维生素 K(互利共生)。如大肠杆菌能分泌大肠菌素,对外来的细菌有毒害作用,起着防止或排斥外来有害细菌入侵的作用。

(4) 细菌的工业应用。工业上,常利用细菌发酵生产醋酸、乳酸、丁醇等多种工业用品。

(5) 污水处理与环境保护。利用细菌分解污水中的有毒物质,从而消除或减少污水的毒性,保护自然环境。

(6) 细菌的生物应用。农业上,常利用细菌肥料(如根瘤菌剂)提高土壤肥力,利用杀虫菌粉(如青虫菌、杀螟杆菌菌粉)防治害虫等。林业上,常用苏云金杆菌防治马尾松毛虫、刚竹毒蛾等。

(二) 古细菌界

古细菌是一类在分子水平上与原核和真核细胞都有所不同的特殊生物类群,是单细胞生物。它们具有独特的细胞结构,如细胞壁骨架为蛋白质或假肽聚糖,细胞膜含甘油醚键,代谢中的酶作用方式既不同于细菌,又不同于真核生物。近年来的研究发现,尽管古细菌在细胞大小、结构及基因组结构方面与细菌相似,但其在遗传信息的传递和可能标志系统发育的信息物质方面却类似于真核生物,因而目前普遍认为古细菌形式上是细菌,但有着真核生物的内涵。

古细菌有栖居在湿地、水体沉积物、反刍动物肠道中的产甲烷细菌,极端嗜盐细菌和极端嗜热酸细菌等。地球上这类细菌每年共产生约 2×10^{10} kg 甲烷(沼气的主要成分),对全球碳循环起着重要的作用。

(三) 原生生物界

1. 真核生物的特征

真核生物包括原生生物界、真菌界、植物界和动物界。

真核生物具有如下特征:

(1) 有真正的细胞核,由核膜、核仁、染色质(体)及组蛋白、核液组成;核膜上有核孔。

(2) 核内染色体可以进行有丝分裂和减数分裂。

（3）细胞膜结构完整，细胞质内含线粒体、内质网、高尔基体、叶绿体（植物）等。

（4）内质网膜上的核糖体沉降系数为 80 s。

2. 原生生物的基本特征

原生生物界属于真核生物。原生生物有 35 000 余种，大多数种类原生生物是单细胞，部分种类为多细胞。它们的细胞比原核生物的细胞要大而长，可在低倍显微镜下观察到。原生生物的个体形状多样，但也有少数没有固定的形状，如变形虫等。原生生物个体较小，生命活动都是在各种细胞器中完成的。

原生生物营养方式有三种，即：植物型营养，又称为自养，通过光合作用制造营养物质；吞噬性营养或动物型营养，又称异养，将营养物吞入体内，将其在细胞内消化；腐生型营养，通过体表渗透，吸收溶解于水中的有机物而获得营养。还有些原生生物为混合型营养方式，既能进行植物型营养，又能进行动物型营养。

原生生物的繁殖方式有无性繁殖和有性生殖两种。无性繁殖最普遍的是裂殖，大多为横分裂（如草履虫、变形虫），有些是纵分裂（如眼虫）。还有些原生生物既可进行无性生殖，也可进行有性生殖。

3. 原生生物的种类

（1）类动物原生生物类群：主要有鞭毛虫类、变形虫类、孢子虫类和纤毛虫类等。

① 鞭毛虫。运动胞器为鞭毛，有些种类在生活史的某一阶段也出现伪足。营养方式为自养、异养和混合型营养，常以一分为二的方式进行无性繁殖。多数以单个细胞生存，利用身体上的鞭毛来运动。常见种类有利什曼原虫、黑热病原虫，还有共生于白蚁消化道内的多鞭毛虫等。

② 变形虫。质膜很薄，不能保持固定的体形，也没有固定的运动胞器，而是靠细胞质的流动形成临时性的指状突——伪足，作为运动胞器。伪足也是摄食的胞器，变形虫用伪足将食物包裹进来，纳入体内形成食物泡。变形虫大多自由生活于自然界，如大变形虫等；也有的营寄生生活，如痢疾变形虫，是感染痢疾的病原体，使患者下痢或便血。

③ 孢子虫。孢子虫的身体构造极为简单，无胞口、胞咽、胞肛等，有的甚至连运动胞器也没有，在生活史的一段时期内出现鞭毛或伪足。孢子虫的生活史非常复杂，无性生殖与有性生殖交替出现，构成世代交替。有些孢子虫有更换宿主的现象。常见的孢子虫有疟原虫、兔球虫等，常常对人畜健康造成严重危害。绝大多数孢子虫为专性寄生生物，依赖宿主活体细胞生存，不具有腐生能力。

④ 纤毛虫。纤毛虫以纤毛为运动胞器，是原生动物中构造最为复杂的一类。纤毛虫多数有两个核，一为大核，一为小核；细胞质特化出更为复杂的类器官，如刺丝胞、收集管、伸缩泡等；生殖方式有特殊的接合生殖；纤毛虫多数营自由生活，如草履虫等，也有一些寄生的种类，如结肠小袋虫等。在水牛这样的反刍动物的瘤胃中共生着多种纤毛虫，它们能将牛不能消化的纤维素转变成能被吸收的单糖。

（2）其他原生生物：包括一些像植物一样营光合自养生活的种类和像真菌一样营腐生生活的种类。

光合自养的原生生物有眼虫、双鞭毛虫、硅藻等。其中，双鞭毛虫的一些种可产生荧光，海洋中双鞭毛虫的大量繁殖可产生赤潮,有些种可产生致命的神经毒素。硅藻的细胞形态多样,细胞壁中含有硅。它们在海洋底大量沉积形成细碎的白色硅藻土。硅藻土可用作净化水质的过滤层和牙膏的添加剂等。

腐生的原生生物包括黏菌等。它们生活在森林中潮湿的地面或腐败的草木上,靠分泌各种消化酶分解有机物质,再吸收进细胞获得营养。有些黏菌可集群生活,形成色彩鲜艳的红色球状繁殖体。

(四) 真菌界

真菌种类繁多,已记载的约有10万种以上。常见的真菌有绒毛状、蜘蛛网状或絮丝状霉菌(曲霉、青霉、黑根霉等)及一些大型的蕈菌(如蘑菇、灵芝、木耳等)等。真菌界包括真菌门和地衣门。

1. 真菌

(1) 真菌的主要特征。除少数单细胞真菌外,绝大多数真菌的营养体是由多细胞分支或不分支的丝状体构成,菌丝是纤细的管状体,有隔或无隔,许多菌丝相互交织形成菌丝体,菌丝具有吸收营养的机能,当环境不利于生存或在繁殖时,有的真菌的菌丝集结成团,形成坚硬的休眠体,称为菌核;大多数真菌有厚而坚硬的细胞壁;真菌的细胞结构比较完整,一般都有分化明显的细胞核,细胞质内含有线粒体和内质网、液泡等细胞器,但无光合色素和叶绿体,不能进行光合作用;真菌是异养真核生物,其营养方式有腐生和寄生两种,凡从活的动物、植物体吸收养分的称为寄生,从死的动物、植物体以及从无生命的有机物质中吸取养料的称为腐生,有些真菌只能寄生,称为专性寄生,有的真菌只能腐生,称为专性腐生,以寄生为主兼腐生的称为兼性腐生,以腐生为主兼寄生的称为兼性寄生。

(2) 真菌的主要类群:真菌分为5个类群。

① 鞭毛菌。鞭毛菌有腐生菌和寄生菌。水生的腐生菌常见于植物残体上,或鱼类和昆虫尸体残骸上;水生的寄生菌常寄生于藻类、蕨类、鱼类、水生小动物以及其他水生真菌上,也有侵染种子植物的种类,极少数为海洋种类。

② 接合菌。接合菌菌丝无隔,是从水生向陆生发展的一个过渡类群。接合菌多为腐生,少数寄生。

③ 子囊菌。子囊菌是真菌中种类最多的一类,约有30 000余种。除酵母菌类为单细胞外,绝大部分都是多细胞有机体,分布广泛,寄生在植物上,能导致经济植物患严重病害;在枯枝落叶、朽木上或土壤中,能形成中型和较大型子实体。子囊菌的用途很多,酵母菌用于造酒、发面包、食用;曲霉用于糖化、食品加工等;青霉的一种点青霉用于生产青霉素等。霉菌也有引起植物病害和衣物污损的种类,如黄曲霉污染花生,产生黄曲霉素。这是一种强致癌物质,因此,霉变的花生不能食用。

④ 担子菌。担子菌是一群类型多样的陆生高等真菌,都是多细胞有机体,有22 000多种。多数种类是植物专性寄生菌和腐生菌,有的可食用、药用,有的有毒。我们食用的药用的灵芝、茯苓等都是担子菌,它们又被称为食用菌。有些担子菌则是植物的病原体,如寄生性真菌麦锈(病)菌,有些含有剧毒物质,误食可快速致死。

⑤ 半知菌。菌丝体发达,有隔,约有26 000余种,其中约有300种是农作物和林木的病

原菌,还有一些种类是引起人类和动物皮肤病(如灰指甲、脚癣和人的头癣等)的病原菌。

2. 地衣

地衣是真菌和藻类的复合体,由真菌和藻类中的绿藻或蓝藻等形成,约有 26 000 种。地衣中藻类的主要作用是制造食物,其藻菌通过光合作用制造营养物供给真菌,真菌主要起保护作用,并吸取水分和矿质供给藻类。通常一种地衣与一种藻类共生,有的也与两种藻类共生。按照外部形态地衣可以分 3 种类型。

(1) 壳状地衣。紧贴于树皮或岩石上,与基质相连,无法剥离,必须连同基质一同取下。

(2) 叶状地衣。为扁平叶状,边缘卷曲,以假根状菌丝附着于基质上,易于剥离。

(3) 枝状地衣。生于树枝上,下垂如须,生于岩石或土壤表面,在基质上呈直立状。

由于地衣能在岩石上生长,加速岩石的风化,促进土壤的生成,因而被誉为生命的先驱,是其他生物生存的先导。一方面,地衣的用途很多,有的可食用,有的可药用;有的可作为化工原料和香料,有的可作为饲料;还有的可用于大气的生物监测,或用作酸碱指示剂,如石蕊。另一方面,它们也会对树木造成危害。

(五) 植物界

无论平原、丘陵、高山、荒漠、河海或温带、赤道、极地,都有不同的植物种类生长繁衍。植物界包括多细胞的藻类、苔藓植物、蕨类植物、裸子植物和被子植物。其中,藻类植物、苔藓植物和蕨类植物通过产生孢子繁殖后代,称为孢子植物;裸子植物和被子植物通过种子繁殖后代,称为种子植物。种子植物的营养器官包括根、茎、叶三部分,生殖器官包括花、果实、种子。藻类和苔藓植物没有真正的根、茎、叶分化,没有起支持作用的维管组织,我们称之为低等植物;从蕨类开始,植物有了根、茎、叶的分化,并具有真正的维管组织,因此,我们将蕨类植物、裸子植物和被子植物称为高等植物。植物界的主要分类如图 1-4 所示。

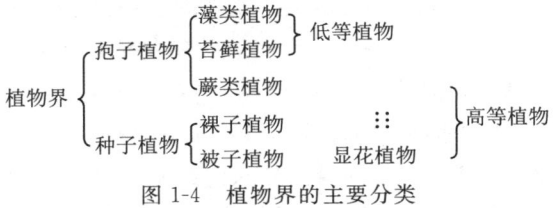

图 1-4 植物界的主要分类

植物具有含纤维素的细胞壁,有固定的形态。除一些藻类外,绝大多数植物常为绿色,能利用太阳光进行光合作用而营自养生活。常见的植物包括一年生草本植物和多年生木本植物。植物种类的生态分布多样而广泛,常将生长在不同环境下的植物以其生存条件命名,如水生植物、陆生植物、沙漠植物、耐盐碱植物及冻原植物等。

目前,植物可分为以下主要类群。

1. 多细胞藻类植物

大部分藻类是光能自养型的生物。人们将单细胞真核藻类划分至原生生物界,将多细胞藻类划归植物界。植物界的藻类绝大多数水生(淡水或海水)。藻类植物体具有多种形态类型,如丝状、片状和管状体等,都没有分化出根、茎、叶,有的具有假根,因而它是叶状体植物,是植物界的低级类型。

藻类植物的细胞是真核细胞,具有核膜、核仁。因叶绿素和其他色素的比例不同,而呈现不同的颜色。藻体绝大多数很微小,但有少数为大型藻类,如褐藻中的海带长达 2～4 m,而巨藻可长达 70 m。海带为多年生植物,基部有根状的附着器固着在岩石上,其上有一柄,柄上有一带状叶片。此类植物还有红藻中的紫菜,它是人们喜爱的食物;还有能提取食品、化工辅料琼脂的石花菜等。

2. 苔藓植物

苔藓植物是植物从水生到陆生发展的过渡性陆生植物,多生活在潮湿的地方。我们通常看到的绿色苔藓植物是它们的配子体。配子体有假根和类似茎、叶的分化,简单的种类呈扁平的叶状体。由于体内无维管组织支持,实质上为拟茎叶体,因此植物总是矮小的,体高仅几厘米。苔藓植物分成苔类和藓类。地钱为苔类的代表植物,其生长平行于地面。葫芦藓为藓类代表植物,多生于有机质丰富、含氮肥较多的湿土及墙角砖缝间。

苔藓植物是继地衣之后登上陆地的先锋之一,具有很大的吸水和适湿特性,对固土保水、防止水土流失和植物群落的初生演替具有重要意义。它能够分泌酸性物质促进岩石分化,能吸收大气里的硫,某些种对大气中的 SO_2、HF 敏感,可用作监测环境的指示植物。不少种类如大金发藓等可作药用,有败毒止血及抗菌作用,也是观赏园艺发掘的资源植物之一。

3. 蕨类植物

蕨类植物常生于陆地阴湿处,喜淡水。次热带和亚热带地区为其分布中心。蕨类植物起营养作用的孢子体和起生殖作用的配子体均可独立生活。孢子体发达,有真正的根、茎、叶的分化。根多数为有吸收功能的不定根,能深入土壤吸收水分和矿质元素;茎为根状茎或直立茎;叶较发达,能进行光合作用。蕨类植物的孢子体具有维管系统,起着植物体内输导和支持的作用,使枝叶内的光合作用产物能快捷地被输送到根部,同时根部吸收的水分和矿质营养物能源源不断地供应枝叶,这些特性都使蕨类植物能较好地适应陆地生活。现存的蕨类植物 1 000 种以上。常见的种类有芒萁、木贼,桫椤是蕨类植物的活化石。

蕨类植物的用途广泛,有些是重要的工业原料,如用于制造火箭、照明弹等的引火燃料;有些是优质的肥料和饲料,如满江红与固氮蓝藻共生能肥田,增产效果明显,也是猪、鸭等家畜和家禽的好饲料;有些是重要的中草药,如贯众的根茎入药能解毒治流感、腹痛,江南卷柏可治湿热黄疸,蕨的根状茎可加工成淀粉,幼叶可食用。另外,部分蕨类还是极富观赏价值的观叶植物,常用于插花和盆景。

4. 裸子植物

裸子植物是介于蕨类植物和被子植物之间的一类高等植物,常见的为多年生木本,具有维管束,能产生种子。有常绿植物和落叶植物,叶针形、线形或鳞形,极少为阔叶。裸子植物的胚珠裸露,孢子叶聚集成球花或球果,单性雌雄同株或异株。

裸子植物可借助风力传粉,受精过程完全摆脱了水的限制。它们和蕨类植物相比,其孢子体更加发达,配子体则退化,而且不能独立生活。

裸子植物种属很多,许多种类已灭绝。现存的裸子植物只是历史遗留的一部分,有12

科,71属,约800余种。常见的裸子植物有苏铁、银杏、杉木、马尾松、侧柏等。

　　裸子植物是重要的用材树种,广泛用于建筑木材、造纸、交通、家具等各个方面。它既是重要的工业原料植物,又是绿化、观赏的重要树种。如雪松、南洋杉、巨杉、水杉和银杏等,在美化环境、调节气候、保持水土、吸收 CO_2 及保持生态平衡方面有重要作用。银杏等裸子植物还具有重要的药用价值。

5. 被子植物

　　被子植物生长在陆地上,是陆地植物的优势类群。它是自新生代以来最高级、最繁盛、对陆生环境适应得最好的植物类群,其广泛的适应性与它结构的复杂性是分不开的。

　　被子植物可分为木本、草本两大类。维管束中的木质部内有导管和木纤维等,韧皮部有筛管、伴胞以及韧皮纤维等。其他组织的分化程度高,也很精细,输导功效都很高。被子植物具有真正的花,又被称为有花植物。胚珠不裸露,有子房包被,受精后子房发育成果实,胚珠发育成种子,种子可得到很好的保护。

　　现存的被子植物约有25万种,分为单子叶植物和双子叶植物。单子叶植物常见的有水稻、小麦、玉米、竹子、百合、兰花等。双子叶植物常见的有棉花、烟草、大豆、月季、玉兰、毛白杨等。

　　被子植物对人类的生存和发展至关重要。它们的根、茎、叶、花、果实、种子给人类提供了丰富的给养和能源,如粮食、蔬菜、水果、油料、糖、烟、酒、茶、纤维、药材及香料等产品,人们的衣食住行等各种用品几乎都直接或间接地来源于被子植物。

(六) 动物界

1. 动物的基本特征

　　动物最基本的特征就是能够自主移动。它们以植物、微生物或其他动物作为营养来源,都是异养生物。与此相适应,动物界逐步分化出行使特定功能的基本组织,即上皮组织、结缔组织、肌肉组织和神经组织。这些组织又形成不同的器官系统,执行不同的功能。皮肤系统、骨骼系统和肌肉系统具有保护、支持和运动的功能;运动系统扩大了动物的生活圈,使动物能够在更大的范围内取食、交配和避敌;消化系统将摄取的食物进行消化吸收,然后通过血液循环系统输送给全身各处的细胞;呼吸系统和排泄系统使动物能够与环境之间进行气体交换和排出废物,并维持动物体内的水盐平衡;生殖系统使动物的种族得以延续和扩大,各个器官系统在神经系统和内分泌系统的协调和控制下彼此保持着高度的统一,并使动物与外界环境相适应。这些独特的结构使动物具有完备的生理功能和复杂的行为能力。

2. 动物的分类

　　目前发现的动物有150多万种,分为35门,其中常见的有海绵动物门、腔肠动物门、扁形动物门、线形动物门、环节动物门、软体动物门、节肢动物门、棘皮动物门、原索动物门和脊索动物门。动物界的主要门类及其进化关系如图1-5所示。下面介绍几种常见的动物门。

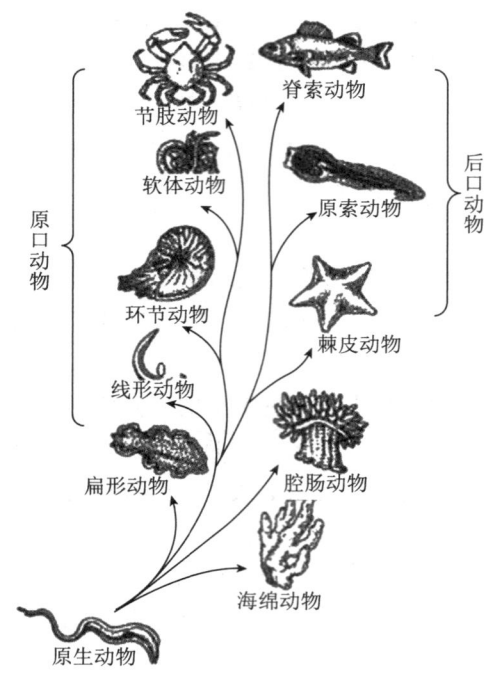

图 1-5 动物界的主要门类及其进化关系

(1) 扁形动物。扁形动物是最早出现两侧对称和中胚层的动物。其身体扁平,两侧对称,出现了前、后、左、右和背、腹的分化,在功能上相应有了分工:腹面主要承担运动和摄食的功能,背部起保护作用,神经系统和感觉器官向前集中,有利于对多变的环境产生及时而迅速的反应,运动也由不定向趋于定向,同时促进了脑的分化和发展。两侧对称的身体,使动物不仅能游泳,而且也能在水底爬行,加大了活动范围。从进化的角度来看,为动物从水生生活进入陆生生活创造了条件。扁形动物多数营寄生生活,不少是以人和动物为寄主的吸虫类和绦虫类。常见的有华支睾吸虫,成虫寄生于人、猫、狗的肝管和胆囊,引起肝脏疾病;日本血吸虫成虫寄生于人和家畜的静脉血管和肠系膜中,危害极大。

(2) 节肢动物。节肢动物对生活环境有高度的适应能力,是动物界中种类最多、数量最大、分布最广的一类动物。现在已知的节肢动物在 100 万种以上,远远超过了其他各种动物的总和。

节肢动物的身体由许多体节组成,但体节数显著减少且愈合。其身体分化为头、胸、腹三部分。头部是感觉和摄食的中心,胸部是运动的中心,腹部是营养和生殖的中心。节肢动物体具有复杂的附肢,而且附肢也分为许多节。节与节之间均以关节相连,运动极为灵活,用于游泳和爬行,并适于多种功能,如感觉、捕食、呼吸和生殖等。节肢动物体表具有由表皮分泌形成的几丁质外骨骼,有效地保护了身体,并防止体内水分蒸发,使其高度适应陆生环境。由于外骨骼坚硬,限制了体躯的增长,因此节肢动物在生长过程中需要蜕皮,即蜕去原来较小的外壳,再长出新的。节肢动物的肌肉很发达,附着在外骨骼的内壁上。常见的节肢动物有螃蟹、蜘蛛、蝎子、蜈蚣、马陆、知了、蝗虫等。

节肢动物门中的昆虫纲与人类的关系非常密切。很多昆虫危害农作物及森林果树,破坏建筑物等；也有很多昆虫对人类有益，如可传播花粉，使果树多结实；有些昆虫如蜜蜂可酿蜜；还有一些昆虫如蚕、白蜡虫、紫胶虫可提供重要的工业原料。

（3）脊索动物。脊索动物是动物界中最高等的类群。其身体结构复杂，机能完善，生活方式多样。少数种类在幼体或终生具有脊索，大多数种类仅在胚胎时期具有脊索，故称脊索动物。脊索动物的各类动物差异很大，但它们具有3个共同的特征。

① 都有脊索。脊索位于消化道背面，是一条支持身体的棒状结构，由富含液泡的细胞所组成，外包有脊索鞘，使脊索具有一定的硬度和弹性，起支撑作用，成为原始的中轴骨骼。低等脊索动物的脊索终生存在，或仅存在于幼体阶段。高等脊索动物的脊索仅存在于胚胎期，随后被起源于中胚层的脊椎骨组成的脊柱所代替。生物学家常将动物分为具有脊椎骨的脊椎动物和无脊椎骨的无脊椎动物。

② 都有神经管。与无脊索动物位于身体腹部的实心神经索不同，神经管是原始的中枢神经系统，位于脊索背面，是一条中空的神经索。脊椎动物的神经管前端发育为大脑，后端发育为脊髓。

③ 都有咽鳃裂。位于消化道前段的咽部两侧，左右成对排列、数目不等的裂孔，直接或间接与外界相通，称为咽鳃裂，为呼吸器官。低等水生动物的鳃裂终生存在，高等陆生动物的鳃裂仅存在于胚胎发育早期，幼体出生后用肺呼吸。

脊索动物分为4个亚门，即半索动物亚门、尾索动物亚门、头索动物亚门和脊椎动物亚门。前三个亚门为海栖脊索动物。脊椎动物亚门是动物界发展到最高等的类群。脊椎动物具有发达而集中的神经系统，背部有一系列脊椎骨组成的脊柱，脊柱与其前端分化的头骨组成了中轴骨骼，具有支持和保护作用。

脊椎动物的水生种类用鳃呼吸，陆生种类用肺呼吸。其类型及其进化关系如图1-6所示。现代人属于脊椎动物亚门、哺乳动物纲、灵长目、人科、人属、智人种。

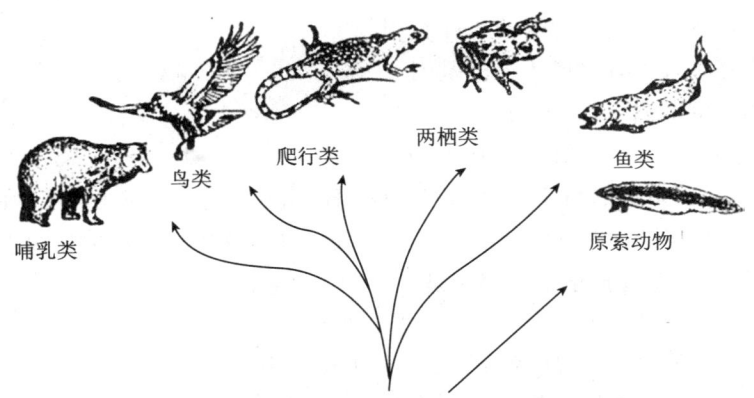

图1-6　脊椎动物的类型及其进化关系

思考与练习

一、单项选择题

1. 下列关于生物多样性的叙述,错误的是(　　)。
   A. 生态系统中捕食者的存在可以促进物种多样性的增加
   B. 把沼泽地改造成人造林是增加生物多样性的重要手段
   C. 花费大量人力物力保护无经济价值的物种是为人类生存发展保留空间
   D. 农田是具有高度目的性的人工生态系统,清除杂草与保护生物多样性的原则不矛盾

2. 全球范围内生物多样性有降低的趋势,对此所作的分析正确的是(　　)。
   A. 栖息地总量减少和栖息地多样性降低是重要原因
   B. 栖息地破碎化造成小种群有利于维持生物多样性
   C. 这种变化是由于新物种产生量少于现有物种灭绝量
   D. 过度的人为干扰导致生物多样性降低

3. 湿地是地球上重要的生态系统,具有稳定环境、物种保护及资源供应等功能。要恢复被破坏的湿地生物多样性,在无机环境得到改善的基础上,生态系统组成成分中首先应增加的是(　　)。
   A. 分解者　　　　　B. 消费者　　　　　C. 生产者　　　　　D. 寄生者

4. 小草一般不会引起人们的特别关注,从保护生物多样性的角度来看,它却有其存在的价值,但不包括(　　)。
   A. 它属于该地区生态系统中的生产者
   B. 它对于生态系统中其他种群的生存有利无害
   C. 它可能含有对人类有重要价值的基因
   D. 它为昆虫提供了栖息地

5. 下列关于生命起源和进化的叙述,错误的是(　　)。
   A. 生物进化是自然现象,可丰富生物多样性　　B. 生物进化是单向的,不可逆的
   C. 生物进化的直接证据是化石　　　　　　　D. 自然选择是生物进化的主要机制

6. 下列不是达尔文自然选择学说内容的是(　　)。
   A. 生物具有过度繁殖的倾向
   B. 生物在生存斗争中,适应环境的个体容易生存下来
   C. 生物进化的方向是由神或某种超自然力量决定的
   D. 在长期的生存斗争中,通过自然选择,适者生存,不适者被淘汰

7. 生物分类的基本单位是(　　)。
   A. 种　　　　　　　B. 属　　　　　　　C. 科　　　　　　　D. 目

8. 下列不属于生物分类等级的是(　　)。
   A. 门　　　　　　　B. 纲　　　　　　　C. 目　　　　　　　D. 群

9. 界、门、纲、目、科、属、种这七个等级中,生物共同特征最多的是(　　)。
   A. 界　　　　　　B. 门　　　　　　C. 目　　　　　　D. 种
10. 生物分类的主要依据是(　　)。
    A. 形态结构　　　　　　　　　　B. 生活习性
    C. 遗传信息　　　　　　　　　　D. 进化关系
11. 生物分类的目的是弄清不同类群之间的(　　)。
    A. 形态结构和生理功能关系　　　B. 遗传信息和进化关系
    C. 亲缘关系和进化历史　　　　　D. 生态位和分布范围
12. 生物六界分类系统中不包括(　　)。
    A. 古细菌界　　　B. 真细菌界　　　C. 病毒界　　　D. 动物界
13. 下列关于古细菌界的叙述,错误的是(　　)。
    A. 古细菌是不含有细胞核的原核生物
    B. 古细菌界中有自养生物和异养生物
    C. 古细菌主要生活在海底、盐水中和温泉中
    D. 古细菌是地球上最早出现的生命形式之一,但与现代细菌亲缘关系较远
14. 下列生物属于真细菌界的是(　　)。
    A. 蘑菇　　　　　B. 酵母菌　　　　C. 乳酸菌　　　　D. 海藻
15. 下列关于原生生物界的叙述,正确的是(　　)。
    A. 原生生物都是单细胞的
    B. 原生生物都是异养生物
    C. 原生生物含有细胞核,是真核生物
    D. 原生生物与细菌在形态结构上完全相同
16. 下列关于植物界的叙述,错误的是(　　)。
    A. 植物都是多细胞的真核生物　　B. 植物是自养生物,能自己合成食物
    C. 所有的植物都开花结果　　　　D. 植物界品种繁多,形态各异
17. 下列生物属于动物界的是(　　)。
    A. 细菌　　　　　B. 真菌　　　　　C. 藻类　　　　　D. 哺乳动物
18. 生物六界分类系统是根据(　　)进行划分的。
    A. 生物的形态结构　　　　　　　B. 生物的生活习性
    C. 生物的遗传信息　　　　　　　D. 生物的进化关系和细胞结构差异
19. 下列不是生物分类意义的是(　　)。
    A. 揭示生物的多样性及其亲缘关系
    B. 为生物研究提供基本的分类框架
    C. 揭示生物之间的进化关系,为生物进化论提供实证基础
    D. 为人类提供食物来源和医药资源
20. 生物分类的"双名法"是由(　　)提出的。
    A. 林奈　　　　　B. 达尔文　　　　C. 孟德尔　　　　D. 巴斯德

二、填空题

1. 生物多样性是指一定时空范围内，多种多样活的有机体有规律地_____的总称。
2. 生物多样性保护具有巨大的经济价值，还具有无法用货币来衡量的_____和美学价值。
3. 生物多样性为人类提供_____来源。
4. 生物多样性为人类提供_____来源（答案不能与第3题一样）。
5. 生物多样性在维护自然界的生态平衡，保持水土，调节气候以及促进重要的营养元素的物质循环等方面都起着_____的作用。
6. 生命进化的推动力有自然选择、性选择、_____等因素。
7. 达尔文的进化论提供了关于_____的重要思想框架。
8. 生物的分类可以根据是否具有细胞结构分为两大类，一类是没有细胞结构的生物，如病毒；另一类是具有细胞结构的生物，包括_____和真核生物。
9. 原核生物包括细菌、放线菌、支原体和_____等。
10. 真核生物包括动物、植物、真菌和_____等。
11. 病毒按遗传物质来分，可以分为DNA病毒和_____病毒。
12. 酵母菌是一种_____生物。
13. 在生物六界分类系统中，蓝藻属于_____界。
14. 在生物六界分类系统中，酵母菌属于_____界。
15. 在生物六界分类系统中，流感病毒属于_____界。

三、判断题

1. 生物多样性通常包含物种多样性、遗传多样性和生态系统多样性三个层次。　　（　）
2. 生物多样性的直接价值不包括生态系统服务。　　（　）
3. 生物多样性的丧失会导致生态系统稳定性下降。　　（　）
4. 建立自然保护区是保护生物多样性最为有效的措施。　　（　）
5. 外来物种的入侵不会对生物多样性造成威胁。　　（　）
6. 保护生物多样性就是保护基因的多样性。　　（　）
7. 生物多样性的间接价值主要表现为生态功能，如涵养水源、净化水质等。　　（　）
8. 生物多样性的丧失会导致环境适应性增强。　　（　）
9. 生物多样性的价值可以分为直接价值、间接价值和潜在价值。　　（　）
10. 地球上最原始的生命体是在原始海洋中诞生的。　　（　）
11. 米勒的实验模拟了原始大气中由无机小分子形成有机小分子的过程。　　（　）
12. 环境变化是生物进化的根本原因。　　（　）
13. 生物进化的方向是自然选择决定的。　　（　）
14. 原始生命诞生在原始大气中。　　（　）
15. 直立行走是人猿分界的重要标志。　　（　）
16. 生物通过遗传、变异和自然选择，不断进化。　　（　）
17. 生物分类的基本单位是种。　　（　）

18. 生物分类的依据包括形态结构、营养方式、在生态系统中的作用以及进化上的亲疏远近关系。（　　）
19. 生物分类单位由大到小的顺序是界、门、纲、目、科、属、种。（　　）
20. 生物分类有助于识别和描述新物种，以及理解物种之间的亲缘关系。（　　）
21. 病毒界主要包括病毒和亚病毒。（　　）
22. 植物界中的生物都能进行光合作用。（　　）
23. 真菌界中的生物都没有叶绿体。（　　）
24. 原生生物界中的生物都是单细胞生物。（　　）
25. 动物界中的生物都是多细胞生物。（　　）

四、简答题

1. 什么是生物多样性？其保护意义有哪些？

2. 什么是生物分类？其意义是什么？

3. 简述生物六界分类系统。

4. 生物多样性丧失和生态系统退化对人类生存和发展有哪些风险？

第二章 生命的构成

学习目标

1. 熟悉生物体内的组成元素和化合物，无机化合物的存在形式和作用，有机化合物的种类、结构和作用。
2. 掌握植物细胞和动物细胞的基本结构和特有结构，以及相应的功能，熟悉显微镜基本结构，会制作组织和细胞临时装片，并熟练操作使用显微镜观察和识别植物细胞结构、质壁分离和复原。
3. 熟悉细胞膜的结构、物质运输方式和特点。
4. 熟悉植物细胞和动物细胞的亚显微结构，能看图识别常见细胞器，并熟悉其特点和功能。
5. 掌握细胞的分裂周期和分裂方式，能使用显微镜观察和识别植物细胞的有丝分裂过程。
6. 熟悉植物和动物的组织类型、基本结构及其功能。
7. 熟悉植物六大器官的构成、类型、生理作用，了解动物各系统核心器官的结构和生理作用。
8. 了解植物和动物系统的划分及各系统的主要功能。
9. 熟悉动植物生殖系统的组成。

第一节 生命的物质组成

一、组成生物体的化学元素

细胞是构成生物体结构与功能的基本单位。它们的形态、结构虽存在一定的差异，但其化学组成基本上是相似的。

细胞中，碳（C）、氢（H）、氧（O）、氮（N）这4种元素是含量最高的，约占细胞总量的90%，是组成各种有机物的主要成分。其他元素有硫（S）、磷（P）、钠（Na）、钾（K）、钙（Ca）、镁（Mg）、铁（Fe）、氯（Cl）等。这12种元素约占细胞质量的99%。还有极微量的元素，如铜（Cu）、硼（B）、锰（Mn）、硅（Si）、锌（Zn）等，也在生命活动过程中起重要作用。

二、构成生物体的化合物

细胞的化学成分主要是指构成细胞的各种化合物,这些化合物分为无机化合物和有机化合物两大类。

(一)无机化合物

细胞中的无机化合物包括水和无机盐。

1. 水

(1)水在生物体和细胞内的存在状态

① 结合水。吸附和结合在有机固体物质上的水,主要依靠氢键与蛋白质的极性基(羧基和氨基)相结合形成亲水胶体。多糖、磷脂也以亲水胶体形式存在。结合水不能蒸发、不能析离,失去了流动性和溶解性,是生物体的构成物。

② 自由水。填充在有机固体颗粒之间的水分,可流动、易蒸发,加压力后可析离,是可以参与物质代谢过程的水。

(2)水在生物体内的作用

水是生物体内必不可少的物质,在生物体内扮演着非常重要的角色。

① 溶剂作用。水可以溶解许多生物分子,如葡萄糖、氨基酸、核苷酸等,使它们能够在体内运输和反应。

② 维持体内温度稳定。水的比热容大,可以吸收和释放热量来保持生物体内的温度稳定。

③ 维持细胞形态。细胞的形态与水的含量密切相关,水可以让细胞保持形态和结构的稳定。

④ 参与代谢反应。许多生物反应都需要水,例如水解反应、合成反应和氧化反应等。

⑤ 运输物质。水是生物体内许多物质的运载剂,例如,血液中的氧气、二氧化碳和营养物质等都需要通过水来运输到身体各部位。

2. 无机盐

细胞中的无机盐含量很少,约占细胞质量的1%~1.5%,一般都是以离子态存在于细胞中。细胞中含量较多的阳离子的有 Na^+、K^+、Mg^{2+}、Ca^{2+} 等,含量较多的阴离子有 Cl^-、PO_4^{3-}、HCO_3^- 等。

无机盐在细胞中含量虽然少,但有重要作用。无机盐在生物体和细胞中的作用主要有以下几点。

(1)是构成细胞或生物体某些结构的重要成分

例如,Mg^{2+} 是形成叶绿素的原料,Fe^{3+} 是形成细胞色素与血红素的原料,Co^{3+} 是形成维生素 B_{12} 的原料,PO_4^{3-} 是合成磷脂及核苷酸的原料,Ca^{2+} 与骨骼生长、牙齿坚固密切相关,血液中缺少 Ca^{2+} 时,哺乳动物就会出现抽搐。

(2)参与并调节生物体的代谢活动

例如,锌(Zn)与 70 多种酶的活性有关;钴(Co)参与核酸的合成过程;铁(Fe)参与氧的运输和呼吸作用中的电子传递过程等。

（3）维持生物体内的平衡

只有维持体内平衡，才能使细胞具有稳定的结构和功能，才能使生物维持正常的代谢和生理活动。有关体内平衡的内容很复杂，情况也多变。其中的 3 个主要方面与无机盐含量的稳定密切相关。

① 渗透压平衡。细胞内外的无机盐含量是维持细胞渗透压的重要因素。

② 酸碱平衡（即 pH 平衡）。pH 调节着细胞的一切生命活动，它的改变影响着细胞组成物的所有特性以及在细胞内发生的一切反应。例如，各种蛋白质对于 pH 的改变非常敏感。人体血浆 pH 降低 0.5，人就会立即发生酸中毒。如 $HPO_4^{2-}/H_2PO_4^-$ 和 H_2CO_3/HCO_3^- 等，组成重要的缓冲体系来调节并维持 pH 平衡。

③ 离子平衡。动物细胞内外的 Na^+、K^+、Ca^{2+} 的浓度比例是相对稳定的。细胞膜外 Na^+ 浓度高、K^+ 浓度低，细胞膜内 K^+ 浓度高、Na^+ 浓度低。K^+、Na^+ 这两种离子在细胞膜内外分布的浓度差，是使细胞保持反应性能的重要条件。此外，在细胞膜外 Na^+ 浓度高、Ca^{2+} 浓度低时，神经细胞就会失去稳定性，对于外来刺激就会过于敏感。

（二）有机化合物

细胞中的有机化合物包括糖类、脂质、蛋白质、核酸。

1. 糖类

糖类分子都是由 C、H、O 3 种元素构成的，是生物细胞中含量较多的一类有机物，是生物体进行生命活动主要的能源物质。植物的含糖量最多，约占干重的 80%；人和动物脏器、组织中的含糖量约占干重的 2%；微生物中的含糖量约占菌体干重的 10%～30%。

（1）糖类的分类

糖类分为单糖、二糖和多糖。

① 单糖是结构最简单的糖。细胞中重要的单糖有核糖、脱氧核糖、葡萄糖、果糖，其中核糖和脱氧核糖为遗传物质的重要组成成分，葡萄糖和果糖为细胞供能物质。

② 二糖水解后能生成两分子的单糖。常见的二糖有麦芽糖、蔗糖。种子在发芽时，会产生大量麦芽糖，从甘蔗、甜菜中提取的糖是蔗糖，可供食用。

③ 多糖水解后能够生成单糖，是自然界中含量最多的糖类。植物细胞中含量较多的多糖是淀粉和纤维素，淀粉存在于植物体种子、块根、块茎中，是储存能量的物质。纤维素是植物细胞壁的基本成分，有巩固细胞结构和固定形状的作用。动物和人体细胞中的多糖是糖原，存在于肝脏和肌肉中，俗称动物淀粉，为动物体新陈代谢提供能量。

（2）糖类的功能

① 糖类是生物体的主要能源和碳源物质。糖类物质可以通过分解而释放出能量，这是生命活动所必需的。糖类还可以在生物体内转化成其他化合物（如某些氨基酸、核苷酸、脂肪酸等），并提供碳原子和碳链骨架，是构成组织和细胞的成分。

② 糖类与生物体的结构有关。纤维素和壳多糖都不溶于水，有平坦伸展的带状构象，并且堆砌得很紧密，所以它们彼此之间的作用力很强，适于用作强韧的结构材料。纤维素是植物细胞壁的主要成分。壳多糖是昆虫等生物体外壳的主要成分。细菌的细胞壁由刚性的

肽聚糖组成,它们保护着细胞膜免受机械力和渗透作用的损伤。细菌的细胞壁还使细菌具有特定的形状。

③ 糖类是储存的养料。糖类以颗粒状态储存于细胞质中,如植物的淀粉、动物肝脏和肌肉中的糖原。

④ 糖类是细胞通信识别作用的基础。细胞表面可以识别其他细胞或分子,并接收它们携带的信息,同时细胞也通过表面上的一些大分子来表现其本身的活性。细胞与细胞之间的相互作用,是通过一些细胞表面复合糖类中的糖和与其互补的大分子来完成的。

⑤ 糖类具有润滑保护作用。黏膜分泌的黏液中有黏稠的黏多糖,可以保护润滑表面。关节腔的滑液就是透明质酸经过水化而形成的黏液。

2. 脂质

脂质主要由 C、H、O 3 种化学元素组成,很多种脂类物质还含有 P 和 N 等元素。常见的脂质包括脂肪、类脂和固醇等,这些物质普遍分布于生物体内。

(1) 脂肪

脂类也是组成生物体的重要成分,是生物体的能量提供者。脂肪的生理功能主要如下。

① 是生物体内储存能量的物质并供给能量。1 g 脂肪在体内分解成二氧化碳和水并产生 38 kJ 能量,比 1 g 蛋白质或 1 g 碳水化合物高 1 倍多。

② 构成一些重要生理物质。脂肪是生命的物质基础,是人体内的三大组成部分(蛋白质、脂肪、糖类)之一。磷脂、糖脂和胆固醇构成细胞膜的类脂层,胆固醇又是合成胆汁酸、维生素 D_3 和类固醇激素的原料。

③ 维持体温和保护内脏、缓冲外界压力。皮下脂肪可减少身体热量散失,也可阻止外界热能传导到体内,有维持正常体温的作用。内脏器官周围的脂肪垫有缓冲外力冲击、保护内脏的作用,并减少内部器官之间的摩擦。

④ 提供必需脂肪酸。动物体所需的脂肪酸主要来自脂肪的分解。

⑤ 是脂溶性维生素的重要来源。鱼肝油和奶油富含维生素 A、D,许多植物油富含维生素 E。脂肪还能促进这些脂溶性维生素的吸收。

⑥ 增加饱腹感。脂肪在胃肠道内停留时间长,所以有增加饱腹感的作用。

(2) 类脂

类脂包括磷脂。磷脂是重要的两亲性物质,是构成生物膜的重要成分,也是构成多种细胞器膜的重要成分,还可作为乳化剂和表面活性剂。磷脂是含有磷脂根的类脂化合物,是生命基础物质。而细胞膜就是由 40% 左右的蛋白质和 50% 左右的脂质(磷脂为主)构成。磷脂由卵磷脂、肌醇磷脂和脑磷脂等组成,对人体的各部位和各器官起着相应的功能。

(3) 固醇

固醇类化合物广泛分布于生物界。胆固醇是高等动物细胞的重要组分。它与长链脂肪酸形成的胆固醇酯是血浆脂蛋白及细胞膜的重要组分。植物细胞膜则含有其他固醇如豆固,醇及谷固醇。真菌和酵母则含有菌固醇。胆固醇是动物组织中其他固醇类化合物如胆汁醇、性激素、肾上腺皮质激素、维生素 D_3 等的前体。

3. 蛋白质

蛋白质是一种高分子化合物,是细胞中除水以外含量最多的物质,占细胞干重的50%～60%。蛋白质是生命活动的基础之一,没有蛋白质便没有生命。

蛋白质的种类很多,结构很复杂,但每种蛋白质都含有C、H、O、N 4种元素。蛋白质的基本组成单位是氨基酸(结构通式如图2-1所示),组成蛋白质的氨基酸有20种。蛋白质是由许多氨基酸连接而成的,连接两个氨基酸分子的键叫肽键。由两个氨基酸分子缩合而成的化合物叫二肽(图2-2)。由多个氨基酸分子缩合而成的化合物叫多肽。多肽形成肽链。一个蛋白质分子可以含有一条或几条肽链。蛋白质分子结构的多样性决定了蛋白质分子具有多种重要功能,具体如下。

(1) 有些蛋白质有催化功能。在生物的新陈代谢过程中,催化各种生化反应的酶都是蛋白质。

(2) 有些蛋白质有机械支持功能。动物皮肤和骨骼中的胶原蛋白形成的纤维具有抗牵拉作用。

(3) 有些蛋白质有免疫防护作用。抗体是高度特异性的蛋白质,可防止疾病的发生,起免疫防护作用。

(4) 有些蛋白质有运输功能。如血红蛋白能够运输氧气。

(5) 有些蛋白质有调节功能。动物体内的激素也是蛋白质,能够调节人和动物的生长发育。

(6) 有些蛋白质是构成细胞和生物体的重要物质。例如人和动物的肌肉主要是蛋白质。

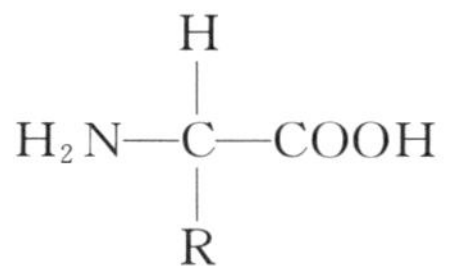

$$H_2N-\overset{\overset{\displaystyle H}{|}}{\underset{\underset{\displaystyle R}{|}}{C}}-COOH$$

图 2-1 氨基酸的结构通式

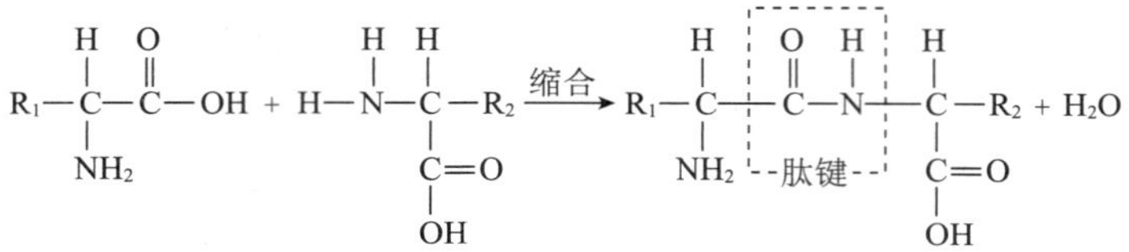

图 2-2 氨基酸脱水缩合示意

4. 核酸

核酸是由C、H、O、N、P 5种元素组成的高分子化合物,是细胞内具有遗传特性的物质,与生物的遗传、变异和蛋白质的生物合成有着极为密切的关系。组成核酸的基本单位是核苷酸。它是由多个核苷酸分子经脱水聚合而成的。一个核苷酸由一分子含氮碱基、一分子五碳糖和一分子磷酸组成,其中五碳糖(包括核糖或脱氧核糖)和含氮碱基合称为核苷(图2-3)。

图 2-3 核苷酸的组成

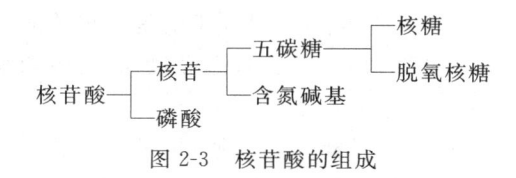

根据五碳糖的不同,核酸分为脱氧核糖核酸(DNA)和核糖核酸(RNA)两类。DNA 主要分布在细胞核中,在线粒体和叶绿体中也存在,是主要的遗传物质;RNA 主要分布在细胞质的线粒体中,在蛋白质的合成中起重要作用。RNA 也是遗传物质,有的病毒核中只有 RNA,称之为 RNA 病毒。

核酸的功能主要体现在以下几点。

(1) 核酸是生物体具有遗传特性的物质基础,是一切生物的遗传物质。

(2) 核酸与生物的发育、繁殖、遗传和变异都有密切的关系。

(3) 核酸与蛋白质的合成有直接关系。

(4) 核酸是遗传信息的携带者,是生命活动的重要物质基础。

生命是蛋白体的存在方式,而蛋白体是由蛋白质和核酸等复杂物质所组成的,其物质组成和化学性质体现了生命现象的本质。

第二节　生命的结构基础——细胞

一、细胞形态和大小

细胞的形态多种多样,有圆球形、椭圆球形、立方形、扁平形、长柱状、长筒状、纺锤形和星形等(图 2-4)。

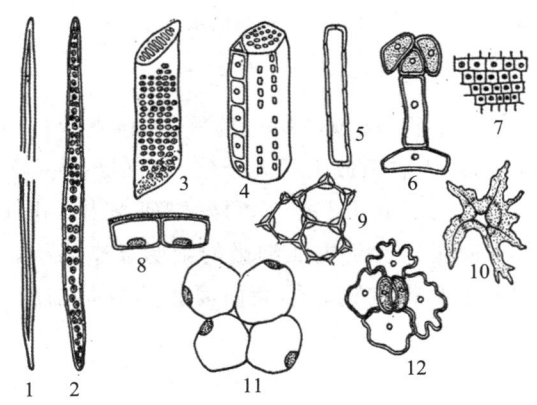

1—纤维；　　　　　2—管胞；　　　　3—导管分子；　　4—筛管分子和伴胞；
5—木薄壁组织细胞；6—分泌毛；　　　7—分生组织细胞；8—表皮细胞；
9—厚角组织细胞；　10—分枝状石细胞；11—壁组织细胞；12—表皮和保卫细胞。

图 2-4　各种形状的植物细胞

细胞的形态与它所处的环境条件及其生理机能是密切相关的。例如,植物体中担负输导作用的导管呈长筒状,机械组织的纤维呈长纺锤形,贮藏组织的细胞呈圆球或椭圆球状,红细胞是圆盘状,神经细胞是星状分枝的等。

细胞一般都很小,但差异很大。测量细胞的常用长度单位是微米(μm)和纳米(nm)。最小的细胞支原体,直径约 0.1 μm,需用电子显微镜才能看到。鸵鸟卵黄直径约 70 mm,长颈鹿的神经细胞可长达 3 m,人的白细胞直径 8~10 μm,西瓜果肉细胞直径约 1 000 μm。一般情况下,大多数细胞的直径在几微米至几十微米之间。

二、细胞的结构

生物可分为原核生物和真核生物,其主要区别就在于其细胞结构不同。细胞按其复杂程度分为原核细胞和真核细胞两大类。

(一) 原核细胞

在光学显微镜下,原核细胞没有核膜和核仁,只有核区,结构很简单(图 2-5)。核区有分散的核物质,直径为 1~10 μm,细胞质中有核糖体、色素体等,细胞壁的主要成分是肽聚糖。

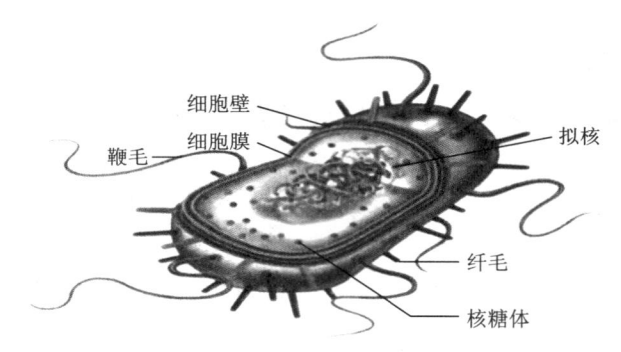

图 2-5 原核细胞结构

(二) 真核细胞

地球上大多数生物都是真核生物,细胞结构比较复杂,在光学显微镜下,我们只能看到细胞膜、细胞质、细胞核等部分,因为它只放大了几十倍、几百倍。一般把在光学显微镜下看到的细胞结构称作细胞的显微结构。近几十年来,科学家研制出了电子显微镜,它能够将细胞放大几万倍,甚至几十万倍,使我们看到更加细微的细胞显微结构,一般把在电子显微镜下看到的细胞结构称作细胞的亚显微结构。下面简要叙述真核细胞的显微及亚显微结构(图 2-6、图 2-7)和功能。

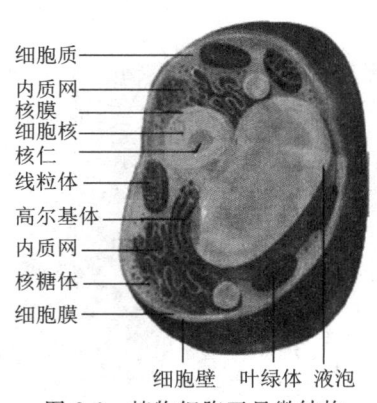

图2-6 植物细胞亚显微结构

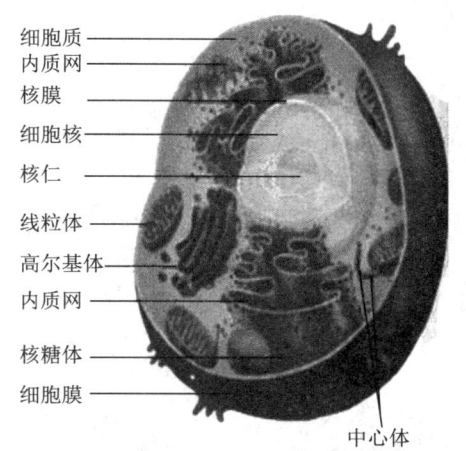

图2-7 动物细胞亚显微结构

1. 细胞膜和细胞壁

细胞膜又称为生物膜,是指由脂类物质和蛋白质组成的具有一定结构和生理功能的胞内所有被膜的总称。按其所处的位置,细胞膜可分为两类:一是包围细胞原生质的外膜,叫质膜;二是包围或组成各种细胞器的膜,叫内膜。

(1)细胞膜的分子结构

细胞膜很薄,而光学显微镜的分辨力低,因此,在光学显微镜下看不清细胞膜,只有在电子显微镜下才能真正看到一层厚约8 nm的膜。通过对细胞膜的化学分析知道,细胞膜主要是由磷脂分子和蛋白质分子构成的。关于膜结构的学说很多,以1972年美国桑格和尼克森提出的"流动镶嵌模型"最为大家接受(图2-8)。流动镶嵌模型认为:磷脂双分子层构成了生物膜的基本支架,这个支架不是静止的,其中磷脂分子的亲水性头部朝向两侧,疏水亲脂性的尾部相对朝向内侧;蛋白质分子以各种镶嵌形式与磷脂双分子层相结合,有的镶在磷脂双分子层表面,有的全部或部分嵌入磷脂双分子层中,有的贯穿于整个磷脂双分子层;大多数蛋白质分子和磷脂分子都能够运动,体现了膜具有一定的流动性。

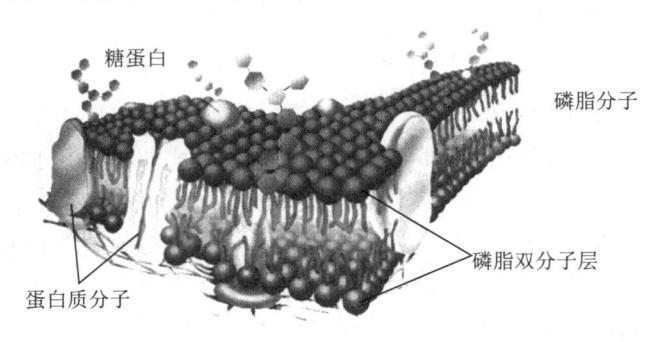

图2-8 细胞膜的结构

在细胞膜的外表面,有一层由细胞膜上的蛋白质与多糖结合形成的糖蛋白,叫作糖被。它在细胞生命活动中具有重要的功能。例如,消化道和呼吸道上皮细胞表面的糖蛋白有保护和润滑作用;糖被与细胞表面的识别有密切关系。经研究发现,动物细胞表面糖蛋白的识别作用,好比细胞与细胞之间或者细胞与其他大分子之间互相联络用的文字或语言。

（2）物质的运输方式

活细胞不停地进行新陈代谢作用,它必须不断地与周围环境交换物质,物质通过细胞膜进出细胞。离子和小分子物质进出细胞主要通过自由扩散和主动运输等方式,而大分子和颗粒性物质主要通过胞吞作用进入细胞。物质运输方式如图2-9、图2-10所示。

（1）自由扩散　　　　　　（2）协助扩散　　　　　　（3）主动运输

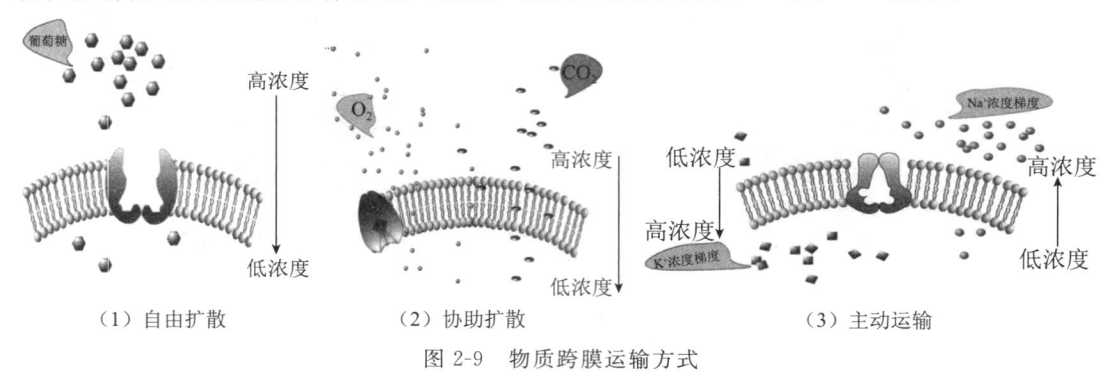

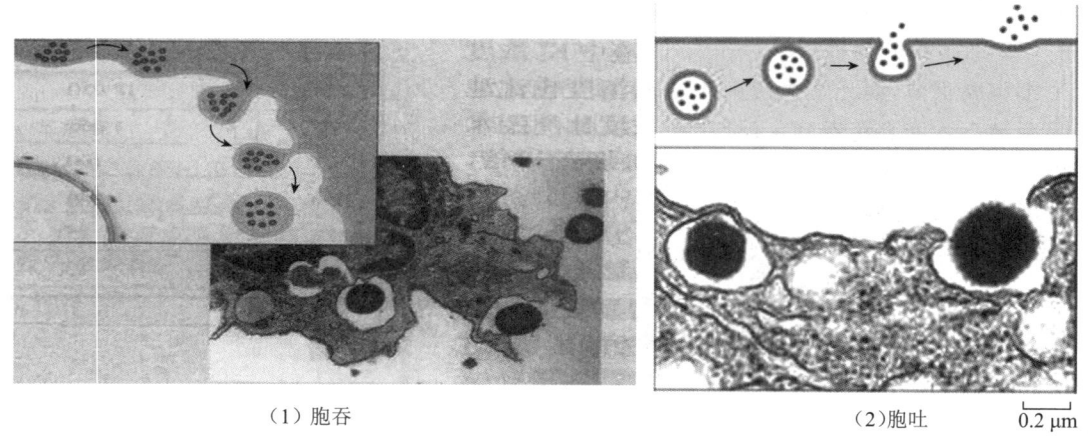

图2-9　物质跨膜运输方式

（1）胞吞　　　　　　　　　　　　（2）胞吐

图2-10　胞吞作用和胞吐作用

① 自由扩散。被选择吸收的物质从浓度高的一侧通过细胞膜向浓度低的一侧转运,例如 O_2、CO_2、甘油、乙醇、苯等物质,这种物质出入细胞的方式叫作自由扩散[图2-9(1)]。自由扩散不需要消耗细胞内新陈代谢所释放的能量,是一种简单的运输方式。

② 协助扩散。被选择吸收的物质借助载体蛋白从浓度高的一侧通过细胞膜向浓度低的一侧转运,但不需要消耗细胞内新陈代谢所释放的能量,如葡萄糖这种物质出入细胞的方式叫作协助扩散[图2-9(2)]。自由扩散与协助扩散都属于被动运输。

③ 主动运输。主动运输的特点是被选择吸收的物质是从浓度低的一侧,通过细胞膜运输到浓度高的一侧,必须有载体蛋白质的协助,需要消耗细胞内新陈代谢所释放的能量[图2-9(3)]。如轮藻细胞中 K^+ 的含量比它所生存的水环境中的 K^+ 高63倍,人的红细胞中 K^+ 的浓度比血浆中 K^+ 的浓度要高出30倍,而红细胞中 Na^+ 的浓度却是血浆中的1/6。

可见,轮藻细胞和人的红细胞具有不断地积累 K^+ 和运出 Na^+ 的能力,从而不会使细胞膜内外的 K^+ 和 Na^+ 的浓度达到平衡。因为这种物质出入细胞的方式一般是从浓度低的一侧到浓度高的一侧,所以需要消耗细胞内新陈代谢所释放的能量。

主动运输这种物质出入细胞的方式,能够保证活细胞按照生命活动的需要,主动地选择吸收所需要的营养物质,排出新陈代谢产生的废物和对细胞有害的物质。可见,主动运输对于活细胞完成各项生命活动有重要作用。

上面讲述的物质通过细胞膜出入细胞的 3 种方式,可以说明细胞膜是一种选择透过性膜。这种膜可以让水分子自由通过,细胞要选择吸收的离子和小分子也可以通过,而其他的离子、小分子和大分子则不能通过。

④ 胞吞作用。大分子和颗粒性物质主要通过胞吞作用进入细胞[图 2-10(1)]。这些物质附着在细胞膜上,细胞膜内陷形成小囊,这些物质就被包围在小囊内。然后,小囊从细胞膜上分离下来而形成小泡,并且进入细胞内部,这种现象叫作胞吞作用。

⑤ 胞吐作用。与胞吞作用相反,有些物质在细胞膜内被一层膜所包围,形成小泡,小泡逐渐移到细胞表面,小泡膜与细胞膜融合在一起,并且向细胞外张开,使内含物质排出细胞外,这种现象叫作胞吐作用[图 2-10(2)]。细胞通过胞吐作用向外分泌物质。

(3) 细胞膜的功能

细胞膜在细胞的生活中具有非常重要的功能,可概括为以下几个方面:

① 分室作用。细胞的膜系统不仅把细胞与外界环境隔离开来,形成一个稳定有序的、受严格控制的、有利于生命活动进行的内部环境,而且能把细胞内部的空间分隔成许多小室,即形成各种细胞器,执行着不同的功能。同时,由于内膜系统的存在,又可将各个细胞器有机地联系起来,共同完成各种连续的生理生化反应。

② 物质运输。细胞与环境之间、细胞器与胞质之间的物质运输是借助细胞膜完成的。

③ 能量转换。众多生理反应过程都是需要提供能量的。细胞内的氧化磷酸化、光合磷酸化等能量代谢过程分别是在线粒体内膜和叶绿体类囊体膜上完成的。

④ 信息传递和识别。植物细胞膜上的糖蛋白可以识别含甲壳质的病原体细胞和根瘤菌等;此外,激素的作用、植物对光周期的反应、花粉与柱头的亲和性,以及接穗的成活、病原菌的识别等都与细胞膜上的受体蛋白、糖蛋白具有的信息传递、信号转导和识别功能有密切关系。

⑤ 抗逆能力。研究表明,抗寒性强的植物,其细胞的膜脂中脂肪酸不饱和指数一般较高,有利于保持膜在低温时的流动性,可增强抗寒性;而抗热性强的植物,膜脂饱和脂肪酸的含量较高,有利于保持膜在高温时的稳定性,可增强抗热性。

⑥ 物质合成。分布于细胞质中的膜结构内质网是蛋白质、脂类合成的部位,高尔基体是多种多糖生物合成的场所。质膜上有纤维素合成酶复合体,与纤维素微纤丝的伸长有密切关系。

(4) 细胞壁

植物细胞在细胞膜的外面还有一层细胞壁,是植物细胞所特有的,也是区别于动物细胞的显著特征,它的化学成分主要是纤维素和果胶。

细胞壁分为胞间层、初生壁和次生壁 3 层。胞间层是相邻两个细胞之间共有的一层,也是细胞壁最外的一层,其主要成分微果胶,容易被分解。初生壁是细胞在停止生长前,原生质体分泌物质形成的细胞壁层,位于胞间层内侧,主要成分为纤维素、半纤维素和果胶。次生壁是细胞停止生长后,某些特殊细胞在初生壁内侧继续沉淀物质形成的,主要成分为纤维素,此外还含有大量的木质素、木栓质等。

细胞壁的主要功能如下。

① 稳定细胞形态和起保护作用。细胞壁是包围在质膜外的一层坚硬外壳,具有一定的抗张力,对细胞有重要的保护作用。当细胞吸水产生膨压时,由壁产生作用方向相反的壁压,可以防止细胞破裂,并维持细胞的大小与形状。

② 控制细胞生长扩大。细胞壁是由纤维素微纤丝网格和伸展蛋白网络相互交织而成的,因此细胞壁的伸展生长受其限制。

③ 参与胞内外信息的传递。细胞壁中存在 Ca^{2+} 等物质,这表明细胞壁可能在沟通细胞信息通路及与胞内信号联系方面有重要作用。

④ 防御。细胞壁不仅作为结构屏障阻止胞外病原微生物的进入,而且在细胞受到感染和伤害时,能积极参与防御反应。

⑤ 识别。例如豆科植物根细胞壁中的凝集素能识别根瘤菌细胞壁中的糖蛋白,并由此决定豆科植物能否与根瘤菌之间建立共生关系。

⑥ 参与物质运输。植物根部吸收物质和体内物质运输的重要途径如质外体运输都是通过细胞壁、细胞间隙、导管进行的。根细胞向外分泌的有机酸、氨基酸、多糖等也是通过细胞壁进行的。

2. 细胞质

真核细胞中的细胞质是指在质膜以内、细胞核以外的原生质部分,包含细胞基质和各种细胞器。光学显微镜下看到的细胞质是透明的胶体物质。细胞质中呈液态的部分称为细胞质基质,其中的颗粒是细胞器或细胞内含物质。细胞质在细胞内可以缓缓流动,对于完成各项生命活动具有重要的作用。细胞内含物是细胞营养物质或代谢产物。细胞器指细胞质中具有一定化学组成和形态,并表现某些特殊功能的结构,包括线粒体、质体、内质网、核糖体、高尔基体、溶酶体、中心体、细胞骨架、液泡、过氧化酶体等。

(1) 线粒体

普遍存在于植物细胞和动物细胞中,是细胞有氧呼吸的主要场所。细胞中进行各项生命活动所需的能量,约95%来自线粒体,因此,有人称线粒体为细胞内的"动力站"。

线粒体在光学显微镜下呈粒状、柱状或棒状(图2-11),直径 0.2~1 μm,长 2~8 μm,不同细胞的线粒体数目是不同的。如大鼠肝细胞中线粒体可达 800 个,而某些鞭毛虫细胞中只有 1 个。能够飞翔的鸟类胸肌细胞内的线粒体数目比不能飞翔的鸟类多得多,长期坚持锻炼的运动员肌细胞内的线粒体比缺乏锻炼的人要多得多。

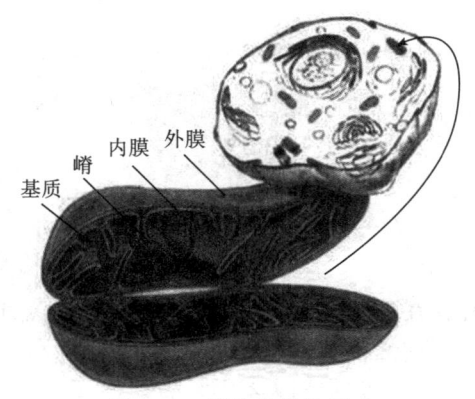

图 2-11 线粒体结构示意

(2) 质体

质体是植物细胞特有的细胞器,根据所含色素的不同分为以下 3 种。

① 白色体。无色、不含色素的颗粒,主要功能为贮存作用,常存在于植物体具有贮存功能的细胞中。

② 有色体。呈黄色、橙色或橙红色的颗粒,主要功能为积累淀粉和脂类,常存在于花、果实、种子、叶子中。

③ 叶绿体。含叶绿素、类胡萝卜素,主要存在于植物的叶肉细胞中。叶绿体的功能是进行光合作用,为植物体提供营养物质。

叶绿体一般呈扁平椭圆形(图 2-12),直径 4~6 μm,厚约 2.3 μm,每个植物细胞可含有几个到几十个叶绿体。每个叶绿体都由双层膜包围着,腔内充满液态的基质,内部悬浮着由排列整齐的扁平囊状体组成的膜系统。每个囊状体称为基粒,每个基粒由数十个基粒片层组成,基粒片层含有色素,叶绿体内含有光合作用所需要的酶类。

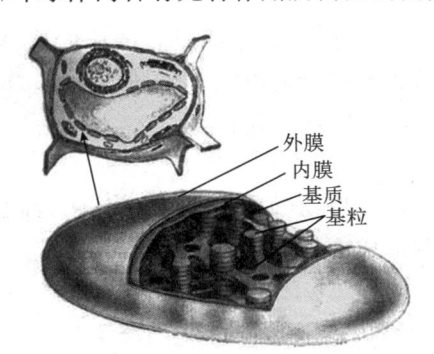

图 2-12 叶绿体结构示意

(3) 内质网

内质网是由单层膜包围而成的扁平囊或分支管状物(图 2-13),厚度 5~6 μm,在细胞基质内以多次折叠的膜结构形式存在。有的内质网膜表面光滑,称为光面内质网;有的内质网膜上附着有核糖体,称为糙面内质网。内质网增大了细胞内膜的表面积,有利于酶的分布和各种化学反应的进行。内质网与蛋白质等物质的合成和运输有密切关系。

图 2-13　内质网结构示意

(4) 核糖体

核糖体在细胞中有两种存在形式:一种是附着在内质网膜的外表面,另一种是游离在细胞质中。核糖体像两个大小不同的椭圆形叠在一起,直径 8~30 nm。核糖体是细胞中合成蛋白质的场所,称为蛋白质的装配机器。原核细胞的核糖体较小,其沉降系数为 70 s,真核细胞核糖体的沉降系数为 80 s,这是原核生物与真核生物的区别之一。

(5) 高尔基体

高尔基体广泛存在于动、植物细胞中,由单层膜围成的扁平囊和周围的小泡组成(图 2-14)。在植物细胞中,细胞分裂时新细胞膜和细胞壁的形成与高尔基体有关;在动物细胞中,细胞分裂时缢裂的产生及新细胞膜的形成也与高尔基体有关。

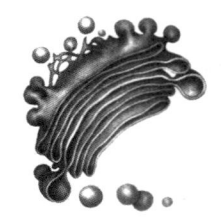

图 2-14　高尔基体结构示意

(6) 溶酶体

溶酶体普遍存在于动、植物细胞中,是由单层膜围成的球体。溶酶体中含多种水解酶类,其作用:一是在细胞衰老或损伤时释放出水解酶,促使细胞自溶,便于更新细胞内的衰老细胞;二是帮助细胞消化吞噬的物体,起消化作用。

(7) 中心体

中心体是动物细胞和某些低等植物(如蕨类及裸子植物)细胞特有的。它与细胞有丝分裂和减数分裂过程中纺锤丝的形成有关。

(8) 细胞骨架

细胞骨架是细胞质和细胞核间的蛋白质纤维网络支架。它具有一定的形状和动态结构,被认为是细胞的骨骼和肌肉。细胞骨架能使细胞保持一定的形状,并形成物质运输的通道,能够进行细胞间的信息传递和能量转换。

(9) 液泡

液泡存在于植物细胞中,是由单层膜包围的充满水溶液的囊或泡(图 2-15)。外围的膜称液泡膜,膜内的液体称为细胞液。液泡成分复杂,主要为水、无机盐、糖类、蛋白质、有机酸、色素及单宁等。植物细胞的细胞液经常处于饱满的状态,细胞液中的色素与植物的花、果实、种子和叶的色泽有关,并在不同生长时期使植物体现出酸、甜、苦等不同味道。

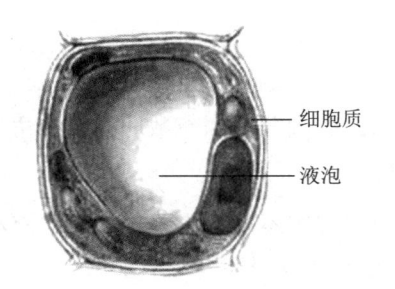

图 2-15　液泡结构示意

3. 细胞核

细胞核是生物遗传物质 DNA 存在与复制的主要场所，它是细胞遗传、代谢、分化和繁殖的控制中心。细胞核由核膜、染色质、核仁和核液组成（图 2-16）。

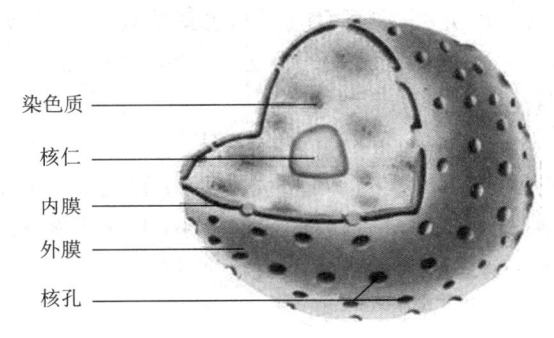

图 2-16　细胞核结构示意

（1）核膜

细胞核由双层膜包围。核膜上的小孔称核孔，直径 50～100 nm，是物质的运输通道。有核膜包被的细胞核是真核细胞最显著的特征之一。

（2）染色质

细胞核内有染色质（核质），主要由 DNA 和蛋白质组成，也含少量 RNA。染色质和染色体是同一物质在细胞周期中不同时期的两种表现。细胞间期，核内染色质呈细长丝状，称为染色质纤丝。细胞开始分裂，染色质缩短变粗，成为染色体，细胞中大部分 DNA 都集中在染色体上，因此染色体是遗传密码的载体，是细胞中主宰遗传的结构中心；有丝分裂结束时，染色体重新变细成为染色质纤丝。不同物种，染色体的数目和形态各不相同，呈现种的特异性。

（3）核仁

核仁是透明的均匀球体，对于不同生物，细胞核质中的核仁有一个至几个，核仁的形态、大小、位置不定，无膜结构，是核糖体 RNA 合成、加工及核糖体亚单位装配的场所。

（4）核液

核液是充满细胞核内空隙的基质，染色质悬浮在其中。

三、细胞分裂

细胞的分裂方式有无丝分裂、有丝分裂和减数分裂 3 种方式。

(一) 无丝分裂(直接分裂)

无丝分裂非常简单,其分裂过程中不产生染色体,不形成纺锤丝。细胞分裂时核仁拉长纵裂为二,细胞质中部收缩,将细胞一分为二,一个细胞便形成了两个子细胞。无丝分裂是原核细胞分裂的主要形式。

(二) 有丝分裂(间接分裂、等数分裂)

有丝分裂是真核细胞最普遍的分裂方式,是高等生物体细胞增殖的主要分裂方式,其分裂过程比较复杂,细胞核、细胞质都要发生很大变化。由于有染色体和纺锤丝的出现,所以称有丝分裂。体细胞进行有丝分裂是有周期性的,也就是具有细胞周期。

细胞周期指细胞从第一次分裂完成时开始到下一次分裂完成时为止的时期。细胞周期包括两个阶段:分裂间期和分裂期。

1. 分裂间期

细胞完成上一次分裂后到下一次开始分裂之前的一段时间,这是为分裂期做准备的阶段。在这个时期,细胞体积增大,蛋白质开始合成,DNA 分子开始复制,形成形态相同的两条染色单体,是物质与能量合成的准备阶段。

2. 分裂期

分裂期是细胞分裂的连续变化过程。这个过程比较复杂,人们为了研究方便,把分裂期又分为 4 个时期:前期、中期、后期和末期(图 2-17)。

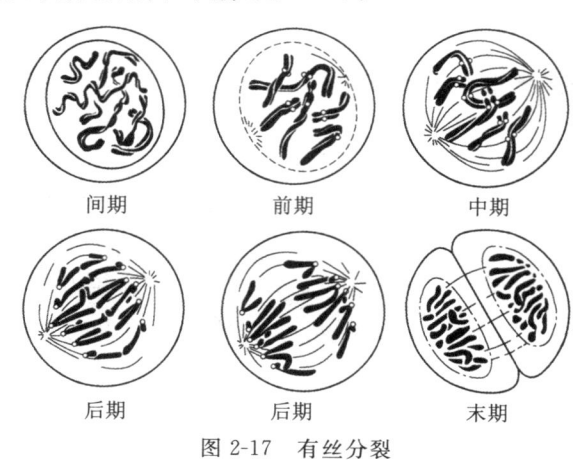

图 2-17 有丝分裂

(1) 前期。主要特点是染色质纤丝逐渐缩短变粗为染色体,复制后的染色体纵裂为两条染色单体,但不分开。中间由着丝粒相连接。这时核仁、核膜逐渐消失,细胞两极出现纺锤丝。动物细胞的分裂数与中心体有关。

(2) 中期。染色体继续缩短变粗,纺锤丝牵引着染色体排列在细胞中央的平面上,形成赤道板,这一时期染色体形态、数目比较固定清晰,是分析染色体核型的最佳时期。

（3）后期。着丝粒一分为二，两条染色单体分开成为独立的染色体，分别移向细胞两极，两极各具有一套形态、数目相同的染色体。

（4）末期。到达两极的染色体，又逐渐变细变长，盘曲为丝状染色质，恢复了原来的形态。同时纺锤丝逐渐消失，核仁、核膜重新出现，一个细胞分裂成为两个子细胞。

细胞有丝分裂的重要意义是将亲代细胞的染色体经过复制以后，精确地平均分配到两个子细胞中去。由于染色体上有遗传物质，因而在生物的亲代和子代之间保持了遗传性状的稳定性。可见，细胞的有丝分裂对生物的遗传具有重要的意义。

（三）减数分裂（成熟分裂）

减数分裂是一种特殊方式的有丝分裂，它与有性生殖细胞的形成有关。关于减数分裂的过程，将在第五章介绍。

第三节　组织

形态、结构、生理功能相似的细胞群称为组织。

一、植物组织

植物组织分为两大类：分生组织和成熟组织。

（一）分生组织

分生组织位于植物体的分生区部位，其特点为：细胞代谢活跃，有旺盛的分裂能力；细胞体积小，排列紧密，无细胞间隙；细胞壁薄，不特化；细胞质浓厚，无大液泡；细胞核较大，并位于细胞中央。根据在植物体内的分布位置，分生组织可分为3种：顶端分生组织、居间分生组织和侧生分生组织（图2-18）。

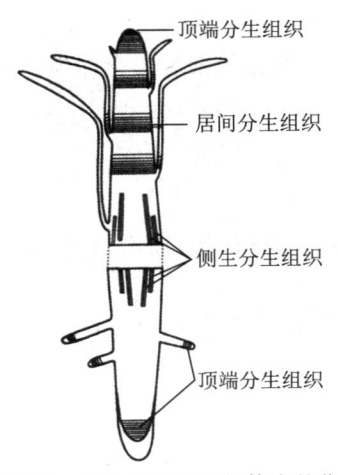

图2-18　分生组织在植物体内的位置

(二) 成熟组织(永久组织)

由分生组织分裂产生的细胞,经过生长、分化,逐渐丧失分裂能力,形成具有特定形态和稳定生理功能的组织,这类组织称成熟组织。成熟组织已失去分生能力,故又称永久组织。根据生理功能的不同,成熟组织可分为以下5类。

1. 保护组织

保护组织是覆盖于植物体表面起保护作用的组织,具有防止体内水分过度散失,避免病虫侵害和抵抗外界机械损伤的作用。按其来源可分为初生保护组织(表皮)和次生保护组织(周皮)。

2. 薄壁组织

薄壁组织广泛分布于植物体内,是构成植物器官的基本组织。其特点为:细胞体积较大,排列疏松,有细胞间隙,细胞壁薄,细胞质少,液泡较大。细胞分化的程度较低,大多数具有潜在的分生能力。薄壁组织根据其主要功能分为吸收组织、同化组织、贮藏组织、通气组织4种。

3. 机械组织

机械组织主要起机械支持的作用,分布于幼茎、叶柄和果实中。其特点为:具各种加厚的细胞壁。可分为厚角组织和厚壁组织。

厚角组织为生活细胞,常含叶绿体,其细胞壁在角隅处加厚,存在于幼茎和叶柄内,既可进行光合作用,又具有支持的功能。厚壁组织是没有原生质体的死细胞,细胞壁均匀加厚,通常可分为纤维和石细胞两类。

4. 输导组织

输导组织是植物体内运输水分、无机盐以及有机物质的组织。其细胞特点是呈长管形,在植物体内纵向分布,形成贯穿各器官的网络。

根据运输物质的不同,输导组织可分为两大类:运输水分和无机盐的组织为导管和管胞,运输有机物质的组织为筛管和伴胞。

5. 分泌结构

植物体内的有些细胞能分泌产生一些特殊物质,如树脂、乳汁、蜜汁、黏液及挥发油等。凡能产生分泌物质的有关细胞群或特化的细胞组合称为分泌结构。通常根据分泌结构的发生部位和分泌物的溢排情况,将分泌结构划分为外分泌结构和内分泌结构两类。

二、动物组织

动物组织分为4类:上皮组织、结缔组织、肌肉组织、神经组织(图2-19)。

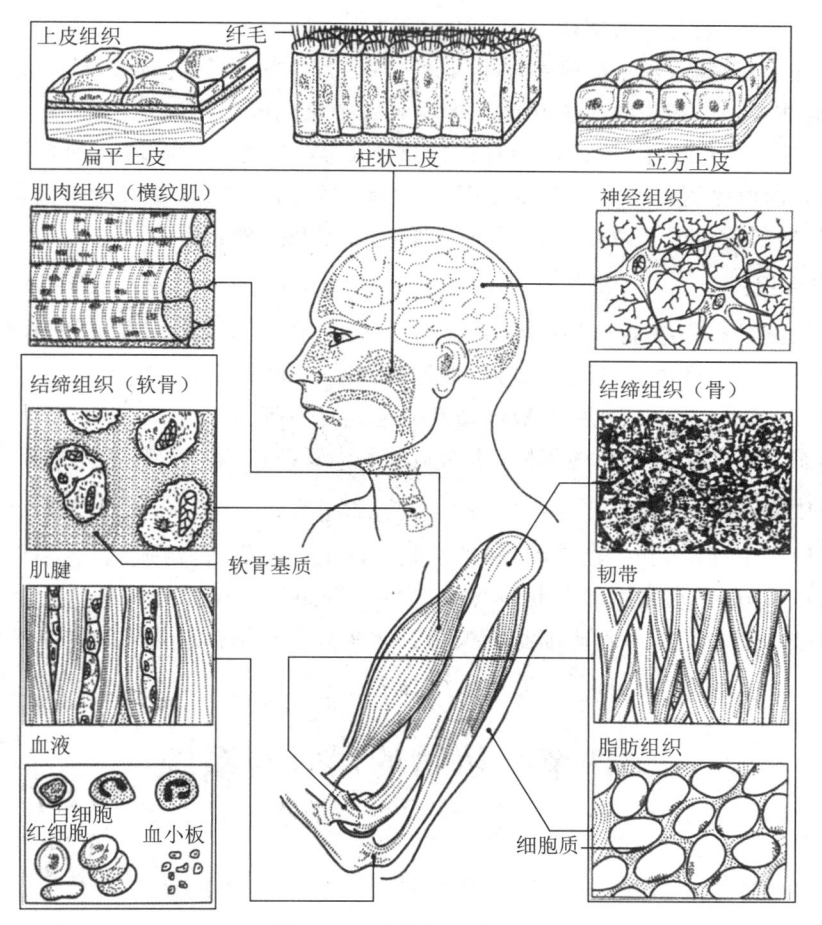

图 2-19 动物的 4 种组织

（一）上皮组织

上皮组织是由紧密排列的上皮细胞和少量的细胞间质组成的膜状结构。被覆于身体表面和体内各种腔、管、囊、窦的内表面及某些器官的表面，如表皮、黏膜等。主要功能是保护、吸收、分泌、排泄和感受某些物理化学刺激等。

（二）结缔组织

结缔组织由细胞和大量细胞间质构成，分布在各个组织或各器官之间，有连接、支持、防御、保护、修复和运输等作用，是动物体内分布最广、形态结构多样的一类组织。

根据形态和生理功能，结缔组织可分为疏松结缔组织、致密结缔组织、脂肪组织、网状结缔组织、软骨组织、骨组织和血液等。

血液由血浆和悬浮于其中的血细胞组成。

血浆是以水为溶剂，包含电解质、营养物质等晶体物质和血浆蛋白等胶体物质的复杂体液系统。晶体物质的主要功能是形成血浆晶体渗透压。血浆的另一成分是血浆蛋白，血浆蛋白是血浆中多种蛋白的总称，分为白蛋白、球蛋白和纤维蛋白原 3 类。血浆蛋白的主要功能是：形成血浆胶体渗透压，可保持部分水于血管内；作为载体运输脂质、离子、维生素、代谢废物等小分子物质;参与血液凝固。

血细胞分为红细胞、白细胞和血小板3类,其中红细胞的数量最多,约占血细胞总数的99%,白细胞最少。红细胞的主要功能是运输氧和二氧化碳。白细胞可分为中性粒细胞、嗜酸性粒细胞、嗜碱性粒细胞、单核细胞和淋巴细胞5类,各类白细胞均有参与机体防御的功能。血小板表面可吸附血浆中多种凝血因子,如果血管内皮破损,随着血小板黏附和聚集于破损的局部,局部凝血因子浓度升高,有利于血液凝固和生理止血。

(三) 肌肉组织

肌肉组织由具有收缩能力的肌细胞组成。细胞无间质,一般呈细长纤维状,又叫肌纤维。主要功能是将化学能转变为机械能,使肌纤维产生收缩能力,产生运动,适应外界环境的变化,如四肢运动、消化、心跳、血液流动及分泌物排出等。

根据形态、结构、功能分布的不同,肌细胞可分为骨骼肌、心肌、平滑肌3种。

(四) 神经组织

神经组织是由神经元(神经细胞)和神经胶质细胞组成的,是组成脑、脊髓以及周围的神经系统的基本成分,是动物组织分化程度最高的一种组织。神经元有高度发达的感受机体内外传导冲动的能力。神经胶质细胞有扶持、保护、营养和修补神经元细胞的作用。

第四节 植物的器官与系统

一株完整的植物由根、茎、叶、花、果实和种子这几个部分组成,并能行使一定的生理功能,这些部分称作器官。

不同的植物器官执行不同的生理功能。根据功能的不同,器官分为两类,即营养器官和繁殖器官。根、茎、叶的主要功能是吸收、运输、制造营养物质,叫作营养器官。植物生长到一定时期就要开花、传粉、受精,最后结出果实和产生种子,种子又可以繁殖后代,因此,花、果实和种子称作繁殖器官。

一、营养器官的形态和结构

(一) 植物的根

根从外形上看是圆形的。一株植物所有的根即为根系。根系可分为直根系和须根系(图2-20)。种子萌发时,胚根突破种皮,向下生长、发育而成的根是主根。主根向下垂直生长,并产生各级分枝,称侧根。主根、侧根都为定根。而在茎、叶和胚轴上产生的根称不定根。主根始终保持旺盛的垂直生长状态,与侧根有明显区别,这种根系称直根系,如大豆、棉花等绝大多数双子叶植物的根系。主根生长不久便停止生长或死亡,在胚轴和茎基部的节上生出许多粗细不等的不定根。不定根上又可产生侧根,整个根系的外形呈须状,称为须根系,如水稻、小麦等。禾本科植物和多数单子叶植物的根系属于此类。

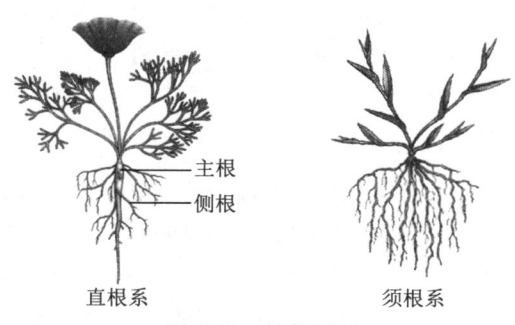

图 2-20　植物根系

从根的顶端到着生根毛的部分称为根尖,其长度为 0.5~1 cm,根尖从顶端起依次可分为根冠、分生区、伸长区、成熟区(开始长根毛的区域)4 个部分。

根的主要功能是吸收营养物质和固定植物体。

(二) 植物的茎

植物的茎是地上部分的骨干。

大多植物茎外形呈圆柱形,也有四棱形茎(如蚕豆、薄荷、芝麻等)、三棱形茎(如莎草等)、扁形茎(如仙人掌等)。茎上长叶的地方叫节,两节之间的部分叫节间。禾本科植物节间明显,如竹、甘蔗、小麦、水稻及玉米等。着生叶和芽的部分叫枝条。枝条顶端有顶芽。枝条与叶片间的夹角叫叶腋。叶腋处有腋芽(也称侧芽)。木本植物茎上浅色的隆起叫皮孔。落叶植物茎上落叶后留下的痕迹叫叶痕。芽开展后鳞片脱落时留下的痕迹叫芽鳞痕,两次芽鳞痕间的距离即是枝条上一个生长季内的生长长度。图 2-21 为植物的茎示例。

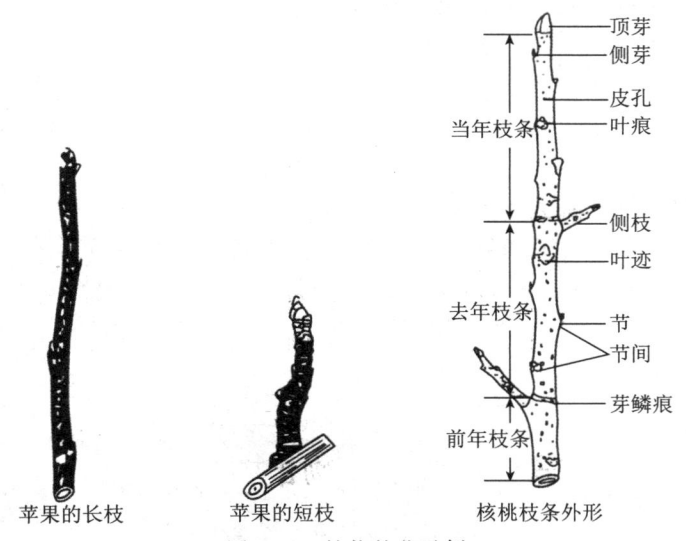

图 2-21　植物的茎示例

不同植物的茎在长期进化过程中,各自有着不同的生长习性,以适应周围的环境条件。植物的茎分为直立茎(大多数植物)、匍匐茎(如甘薯、草莓、地锦等)、攀缘茎(如爬山虎、常春藤、葡萄等)、缠绕茎(如牵牛、菜豆等)。

茎的顶端称茎尖,茎尖自上而下可分为分生区、伸长区和成熟区,茎的伸长是在茎尖进行的。茎的主要功能是联系根、叶,输导水分、无机盐和有机物。

(三)植物的叶

叶是种子植物重要的营养器官。

双子叶植物的叶一般由叶片、叶柄和托叶组成。叶片是叶的主体,通常绿色、扁平。不同种类的植物有不同的叶形、叶尖、叶基、叶缘和叶脉等。叶柄通常位于叶片下方,细长能扭转,并与茎相连,具支持和连接茎、叶,输导水分与营养物质的作用。托叶为叶柄基部成对而生的小型叶片。

具备叶片、叶柄和托叶三部分的叶称完全叶,如桃、梨、棉花等。缺少其中任一部分的叶称不完全叶,如柑橘、油菜、丁香等。禾本科植物叶在外形上仅能分出叶片和叶鞘两个部分。在叶片和叶鞘交界内侧有很小的膜状突起物,称为叶舌。叶舌两侧有一对耳毛状小突起,称叶耳。双子叶和单子叶植物叶的各部分如图 2-22 所示。

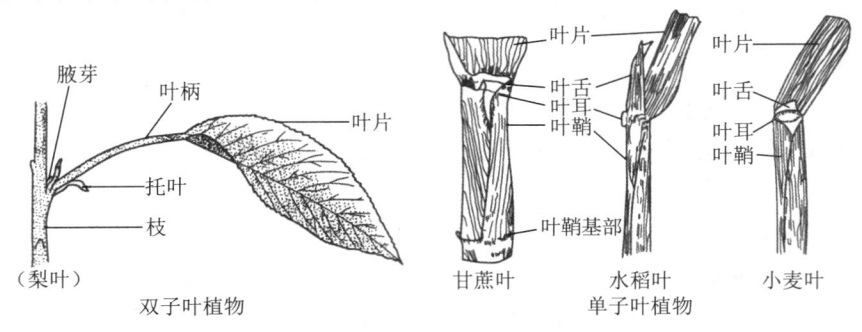

图 2-22 双子叶和单子叶植物叶的各部分示例

叶的主要功能是进行光合作用和蒸腾作用。

二、繁殖器官的形态和结构

(一)植物的花

花是种子植物有性生殖的一个重要器官,是果实和种子形成的基础。一朵典型的花由花柄、花托、花萼、花冠、雄蕊群和雌蕊群组成,通常把具有花萼、花冠、雄蕊和雌蕊的花称完全花,缺少其中任一部分或几部分的花称不完全花。花的形态结构如图 2-23 所示。

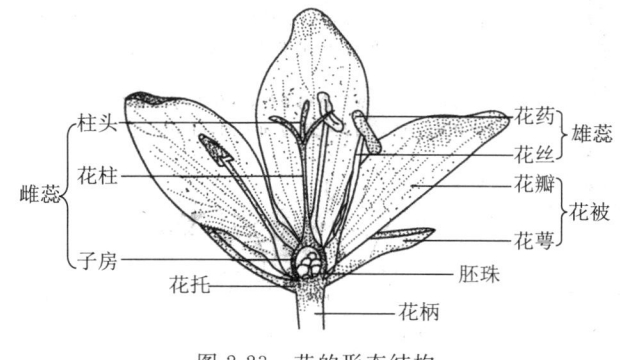

图 2-23 花的形态结构

1. 花的组成

① 花柄。着生花的小枝,起支持和供给营养物质的作用。

② 花托。花柄顶端膨大部分,花的各部分着生于花托上。

③ 花萼。花的最外层,由若干萼片组成。通常花萼为绿色叶片状,可保护幼花。

④ 花冠。位于花萼内,由若干花瓣组成。花瓣中含有花青素和有色体,使花瓣呈现各种颜色。花瓣中也常有挥发油类,花冠基部有蜜腺,有保护花冠和招引昆虫传粉的作用。花冠因植物种类不同而形态各异,是植物分类的依据之一。常见的有十字形花冠、蔷薇形花冠、蝶形花冠、唇形及舌形花冠、钟状及筒状花冠、漏斗形花冠等。

⑤ 雄蕊。雄蕊位于花冠内方,由花药和花丝两部分组成,花药是花丝顶端的膨大部分,是雄蕊的重要组成,通常由4个花粉囊组成,分为左右两半,是产生花粉粒的场所。花粉粒成熟后,花药壁开裂、花粉粒散出,进行传粉。

⑥ 雌蕊。雌蕊位于花冠中央,由柱头、花柱和子房三部分组成。柱头是雌蕊顶端的膨大部分,是接受花粉和花粉粒萌发的部位。花柱是连接柱头与子房的部分,一般呈细长柱状,是花粉管伸展进入子房的通道。子房是雌蕊基部的膨大部分,着生在花托上。子房由子房壁、子房室、胚座和胚珠等部分组成。子房室内的胚珠是种子的前身,是雌蕊的核心。

2. 禾本科植物的花

禾本科植物的花与一般花的形态不同。禾本科植物无花萼和花冠,而是变为浆片。花由2枚浆片、3或6枚雄蕊和1枚雌蕊组成;花及其外围的内稃和外稃组成小花;1至多朵小花、2枚颖片和它们着生的小穗轴组成小穗。禾本科植物以小穗为单位组成各种花序。

3. 花序

花在花轴上排列的情况称花序。根据花轴长短、分枝与否、有无花柄及开花顺序,将花序分为无限花序和有限花序两大类。

(二)植物果实与种子

植物经开花、传粉(雄蕊的花粉落在雌蕊的柱头上)、受精(雌、雄蕊中的生殖细胞结合)后,花的各部分发生显著的变化,子房膨大形成果实,胚珠发育成为种子。与此同时,花萼脱落或宿存,花冠大多凋落,柱头、花柱枯萎,珠被发育成种皮包被种子,子房壁发育为果皮包被果实,果皮连同其中的种子共同组成果实。

1. 果实的结构与类型

(1) 果实结构

单纯由子房发育而成的果实叫真果,如桃、李等。真果结构较简单,成熟的果实,果皮内含种子。果皮分为3层:外果皮、中果皮、内果皮。外果皮很薄;中果皮一般很厚,肉质;内果皮有些坚硬,有的是肉质。

假果的结构比较复杂,果皮除由子房壁发育而成外,还有花的其他部分(如花托、花萼等)参与果实的形成。梨、苹果主要食用部分就是由花托发育而来的,由子房发育的3层果皮仅占果实中央很小部分,其内为种子。苹果的结构如图2-24所示。

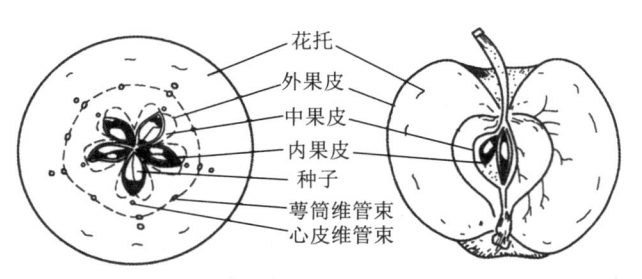

图 2-24 苹果果实的横切面和纵切面

(2) 果实的类型

果实因雌蕊心皮数目和离合情况不同、果皮性质不同,形成不同的果实类型。有单果、聚合果和聚花果等类型。

① 单果。一朵花仅具一个雌蕊形成的单个果实称单果。根据成熟后的肉质程度和开裂情况,又分为两种类型:肉质果和干果。肉质果果实成熟后肉质多浆,又可分为核果、浆果、柑果、梨果及瓠果等。干果果实成熟后,果皮干燥、开裂或不开裂,又可分为裂果和闭果,裂果有荚果、角果、蒴果及瞢葖果,闭果有瘦果、颖果、翅果、坚果及分果。

② 聚合果。一朵花中有两个以上的离生雌蕊,每一雌蕊形成一个小果,聚生在花托上,称为聚合果。如草莓、悬钩子、莲及芍药等。

③ 聚花果。由整个花序发育成的果实称聚花果,也称复果,如无花果、桑、菠萝等。

2. 种子的形态和结构

种子由胚珠发育而成,是种子植物有性生殖的器官。被子植物的种子包被在果皮以内,种子因植物种类不同,在形态、大小、色泽、质地等方面有很大的差异,但其基本结构相同,一般由种皮、胚和胚乳组成。菜豆种子、蓖麻种子、小麦种子的剖面图分别如图 2-25、图 2-26、图 2-27 所示。

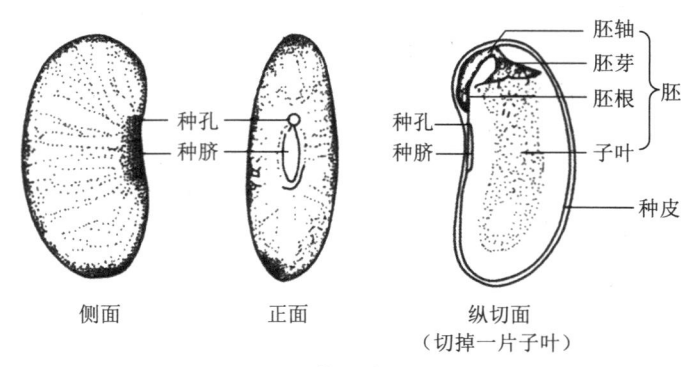

图 2-25 菜豆种子的结构

(1) 种皮

种皮包围在种子外面的保护层,由珠被发育而成。种皮的厚薄、色泽、质地、层数因植物种类不同而异。种皮上可看到种子由母体脱落时留下的痕迹——种脐。种脐的一端有种孔(原珠孔),为水分、气体进出种子的门户。种皮常木质化或栓质化,可减少水分散失,增强对环境的抵抗力。

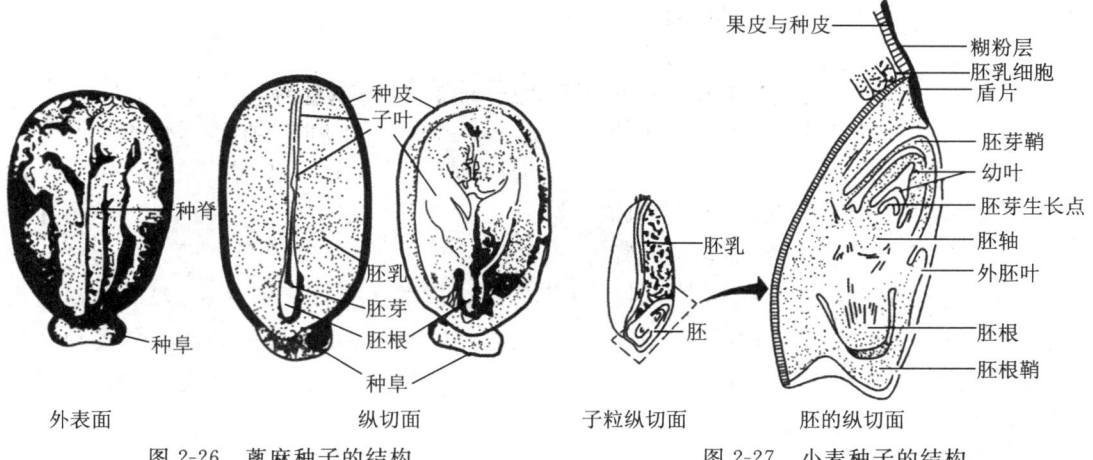

图 2-26 蓖麻种子的结构   图 2-27 小麦种子的结构

(2) 胚

胚存在于种子内,是种子的主要组成部分。胚由四部分组成,即胚芽、胚轴、子叶、胚根。种子萌发时胚芽向上生长形成茎,胚根向下生长形成根,胚轴为胚芽和胚根之间的部分,子叶着生在胚轴上,以后形成幼叶。被子植物的种子中有两片子叶的称双子叶植物,有一片子叶的称单子叶植物,禾本科植物为单子叶植物。

(3) 胚乳

胚乳是种内贮藏营养物质的地方,种子萌发时为胚生长提供营养物质。

三、植物的系统

被子植物主要有三大系统,即皮系统、基本系统和维管系统。

(一) 皮系统

包括表皮和周皮,覆盖于植物各器官表面,是一个连续的保护层。

(二) 基本系统

包括各类薄壁组织、厚角组织、厚壁组织,是植物体各器官的基本组成。

(三) 维管系统

植株或器官中的全部维管组织,总称维管系统,由木质部和韧皮部组成。木质部一般由导管、管胞、木纤维及木薄壁细胞组成,输导水分和无机盐;韧皮部一般由筛管、伴胞、韧皮纤维及韧皮薄壁细胞组成,输导有机物质。

木质部与韧皮部贯穿于植物体各器官中,组成一个复杂的、具有输导和支持作用的维管系统。它们连续地贯穿于整个植物体,把生长区、发育区与有机养料制造区和贮藏区连接起来,形成了一个有机的统一体。

第五节　动物的器官与系统

动物体由若干器官组成。器官是具有一定形态特征和生理功能的结构单位,是由几种不同类型的组织综合形成的,如心、肝、肾等。

系统是指能够协同完成一种或几种生理机能而组成的多个器官的总和,如消化系统由口、咽、胃、小肠、肝、胰和唾液腺等组成,行使消化食物、吸收营养物质的功能。哺乳动物根据其生理机能,一般具有皮肤系统、运动系统、消化系统、循环系统、呼吸系统、泌尿系统、生殖系统、神经系统及内分泌系统等九大系统。

在动物体内,各系统具有各自的基本生理活动,并在神经系统和内分泌系统的调节下相互联系、相互制约,共同完成整个机体的新陈代谢活动,使生命得以生存和延续。

一、皮肤系统

皮肤被覆于动物体表,具有保护、感觉、分泌、排泄、呼吸等功能。皮肤由表皮、真皮、皮下组织三部分组成,毛、蹄、角、汗腺、皮脂腺和乳腺等为皮肤的衍生物。皮肤结构如图2-28所示。

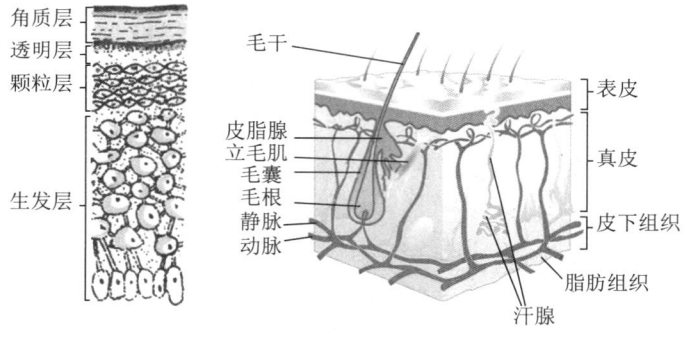

图2-28　皮肤结构

(一) 表皮

表皮是皮肤的最表层。动物体表部位不同,其薄厚有一定差异。凡长期受摩擦和受压处表皮较厚,角化也较显著。不同的动物表皮薄厚不一,如绵羊皮肤的表皮比山羊的表皮薄。

典型的表皮由内向外,可分为生发层、颗粒层、透明层和角质层。

生发层位于表皮最深层,深部的细胞直接与真皮相连。生发层的细胞增殖能力很强,能不断分裂产生新的细胞,补充表层角化脱落的细胞。角质层位于皮肤最表层,由大量角化的扁平细胞构成,胞质中充满角蛋白,表层细胞会不断脱落形成皮屑。人的头皮屑就是这样形成的。

(二) 真皮

真皮位于表皮下面,是皮肤主要的、最厚的一层,由致密的结缔组织构成。真皮内分布有毛、汗腺、皮脂腺、血管、淋巴管、神经等。皮革就是由真皮鞣制而成的。家畜中以牛的真皮最厚,绵羊的最薄。

(三) 皮下组织

皮下组织位于皮肤最深层,由疏松的结缔组织构成,其中有堆积成层的脂肪细胞,是连接皮肤和肌肉之间的组织,具有维持体温和缓冲机械压力的作用。

(四) 皮肤衍生物

皮肤衍生物主要包括毛、蹄、角、汗腺、皮脂腺及乳腺等。

毛是由表皮角化而成,坚韧而有弹性,具有保暖作用。毛可分为针毛和绒毛,猪仅有针毛,细毛羊仅有绒毛,而刺猬体表的刺是数根针毛集合变态而成的。毛的结构可分为毛干和毛根两部分,毛干露于体表,是人们肉眼看到的部分,毛根埋于皮肤中。

皮肤腺由表皮生发层细胞转化而成,具有分泌、排泄等功能。主要的皮肤腺有皮脂腺、汗腺、乳腺及气味腺。皮脂腺能分泌油脂或蜡质,有润泽毛发及皮肤的功能。汗腺为管状腺,外包丰富的血管。汗腺可通过体表蒸发水分,有排泄和调节体温的作用。乳腺为泡状腺,有分泌乳汁的功能。气味腺能分泌带有气味的化学物质,有招引或驱避作用。许多动物分泌特殊气味,用于向对方传达特殊信息。

二、运动系统

运动系统由骨骼、关节和骨骼肌组成。骨骼可支持身体,在维持体型、保护脏器、支持体重方面起着重要的作用。关节是骨骼之间相连接的地方,一般可以活动。骨骼肌是构成机体的主要肌肉,肌肉收缩时,以关节为支点,牵引骨骼改变位置,产生各种运动。因此,在运动中,骨骼起杠杆作用,关节是运动的枢纽,肌肉则是运动的动力。

(一) 骨骼的组成

动物全身骨骼可分为中轴骨和附肢骨两大部分(牛的全身骨骼如图 2-29 所示)。

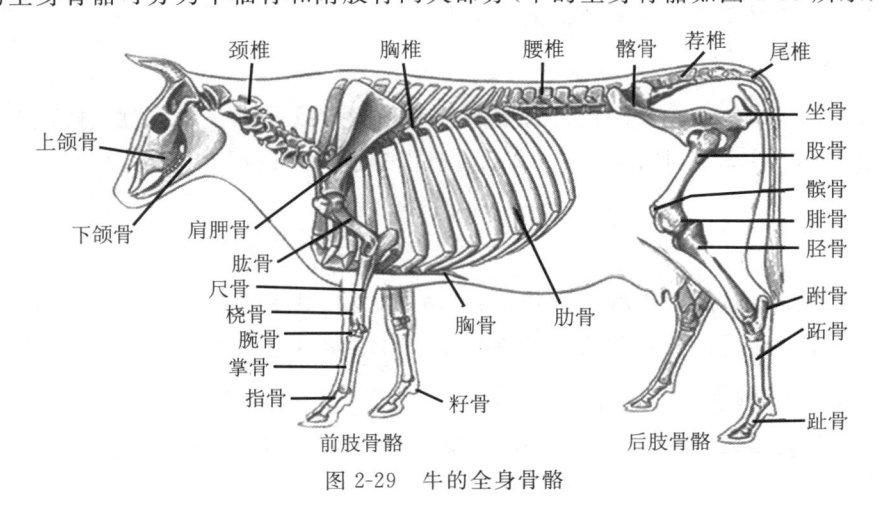

图 2-29　牛的全身骨骼

1. 中轴骨

中轴骨由头骨和躯干骨组成。

头骨分为颅骨和咽骨。

躯干骨由脊柱骨、肋骨和胸骨组成。脊柱为支持身体的主轴,并有保护脊髓的功能,由颈椎、胸椎、腰椎和尾椎组成。颈椎一般只有 7 枚;肋骨位于胸椎骨两侧,细而长,呈弓形弯曲;胸骨位于胸前部正中。肋骨、胸骨及胸椎共同构成胸廓,保护心脏和肺,并协助呼吸。

2. 附肢骨

附肢骨包括肢骨和带骨。

肢骨可分为前肢和后肢。前肢骨有肱骨、桡骨、尺骨、掌骨和指骨;后肢骨有股骨、腓骨、胫骨、跗骨、跖骨和趾骨。

带骨可分为肩带骨和腰带骨。肩带骨包括肩胛骨、乌喙骨和锁骨等;腰带骨包括髂骨、坐骨和耻骨。

(二)骨骼的连接

骨与骨之间借纤维组织、软骨或骨组织相连,形成骨连接。骨连接根据能否活动和活动范围的大小,通常可分为不动连接、微动连接和关节 3 种。

1. 不动连接

两骨间由致密结缔组织或软骨相连接,不能活动,如头骨骨片间的连接。

2. 微动连接

微动连接是不动连接和关节间的过渡类型,两骨借纤维软骨直接相连,如椎体之间的连接,可有小范围活动。

3. 关节

关节是骨骼之间相连接的地方。骨与骨之间形成关节腔,可做灵活的运动,如四肢关节。这种连接方式是骨连接中较普遍的一种形式。

(三)骨骼肌

骨骼肌是构成机体的主要肌肉。骨骼肌按其形状可以分为长肌、短肌、阔肌和轮匝肌。肌肉借肌腱附着于骨面上,肌肉收缩时牵动骨骼而迅速产生运动。

三、消化系统

消化系统就是把从外界摄取的食物,经过消化,吸收其中的营养物质,并将食物残渣排出体外。消化系统包括消化管和消化腺两部分,人的消化系统如图 2-30 所示。

(一)消化管的组成

消化管是食物通过的通道,起于口腔,经咽、食管、胃、小肠和大肠,止于肛门。

1. 口腔

口腔为消化管起始部,有采食、吸吮、泌涎、味觉、咀嚼和吞咽功能。

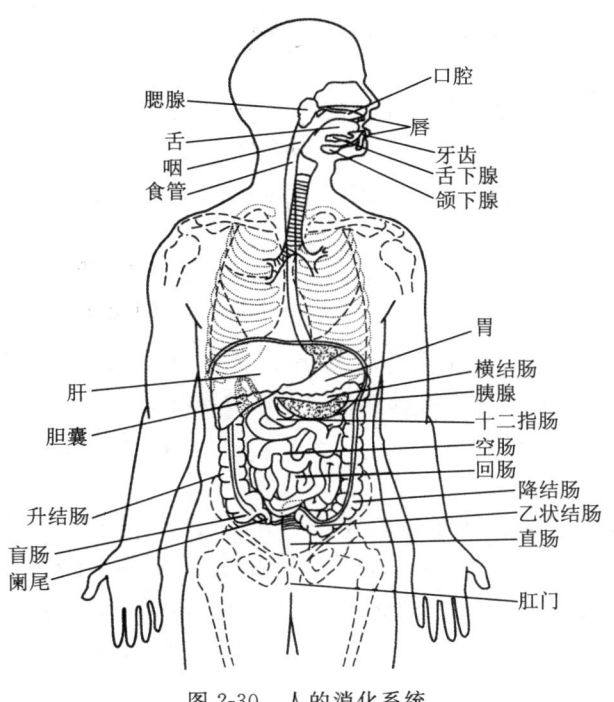

图 2-30 人的消化系统

2. 咽

咽为漏斗状肌性囊,为消化与呼吸的共同通道,位于口腔和鼻腔的后方,喉和食管的前上方。淋巴组织在咽背壁常集中形成扁桃体。

3. 食管

食管是位于咽部之后的一段消化管,是食物入胃的通道。

4. 胃

胃位于食管之后,为一囊状器官,可暂贮食物,分泌胃液,混合食物并进行初步消化。哺乳动物的胃按其外形可分为单室胃和多室胃。大多数哺乳动物的胃为单室胃。多室胃由两个或两个以上胃室组成,如草食啮齿类绢鼠为二室胃,海豚为三室胃,偶蹄反刍类如牛、羊、鹿的胃为四室(包括瘤胃、网胃、瓣胃和皱胃)。

5. 小肠

小肠前端连接胃,可分为十二指肠、空肠和回肠三部分。小肠的功能是进一步消化来自胃的食糜,并吸收其中的营养物质。

6. 大肠

大肠分为盲肠、结肠和直肠。其功能是消化纤维素,分泌大肠液,吸收水分、盐类和维生素,残渣形成粪便。

7. 肛门

肛门是消化管终端的一段短管,粪便经肛门排出体外。

(二)消化腺

消化腺是分泌消化液的腺体,包括大消化腺(唾液腺、胰腺、肝等)和小消化腺(胃腺、肠腺等）。

1. 唾液腺

唾液腺指能分泌唾液的腺体。口腔壁内的小唾液腺，如唇腺、颊腺、舌腺和腭腺等位于口腔黏膜内。壁外的大唾液腺有3对，即腮腺、颌下腺和舌下腺。在唾液组成中水分约占99%，有机物主要是蛋白质，包括黏蛋白、唾液淀粉酶和溶菌酶等。唾液主要有浸润食物、利于咀嚼、便于吞咽、清洁口腔和参与消化等作用。

2. 胰腺

胰腺位于腹腔膜后面，附着在十二指肠的旁边，是一种复合腺。胰由外分泌部和内分泌部两部分组成。外分泌部占腺体大部分，分泌胰液，内含多种消化酶，对蛋白质、脂肪和糖的消化有重要作用。内分泌部称胰岛，分泌胰岛素和胰高血糖素等多种激素，调节糖代谢。

3. 肝

肝是动物体内最大的腺体，位于胃后方。

肝的重要功能是参与物质代谢，可进行蛋白质、脂肪和糖的分解、合成、转化、贮存，有解毒（清除对机体有害的物质）及参与防卫体系建立的作用。此外，胚胎时期的肝还有造血功能。

四、循环系统

循环系统是动物体内供血液和淋巴流通的封闭式管道系统，包括心血管系统和淋巴管系统。其中，心血管系统是主要的，由心脏和血管组成，淋巴系统是静脉的辅助管道。

（一）心血管系统

心血管系统是由心脏（人的心脏结构如图2-31所示）、动脉、毛细血管和静脉组成的供血液流通的管道系统。它的主要功能是运输：一方面，把从消化系统吸收来的营养物质和肺吸进的氧运送到全身各部组织、细胞，供其生理活动需要；另一方面，把组织、细胞产生的代谢产物如二氧化碳和尿素等运送到肺、肾和皮肤，排出体外。体内的各种分泌腺所分泌的激素也是通过血液运送到全身，对机体的生长、发育和生理机能起着调节作用。此外，心血管系统还有保护机体和调节体温等作用。

（二）淋巴管系统及淋巴器官

供淋巴流动的管道系统称为淋巴管系统，包括淋巴管和淋巴器官。

淋巴器官主要由淋巴组织构成，淋巴组织是富含淋巴细胞的网状结缔组织。淋巴器官包括胸腺、淋巴结、脾、扁桃体等。它们在体内的重要作用是防卫外来物入侵机体，一方面参与机体免疫反应，另一方面能吞噬进入体内的细菌等异物，具有过滤作用。

五、呼吸系统

呼吸系统是动物与环境之间进行气体交换的器官系统，由呼吸道和呼吸器官组成。呼吸道是气体进入肺的通道，包括鼻腔、咽、喉、气管、支气管。呼吸器官主要是肺，内有薄壁的肺泡，血液和空气在这里进行气体交换。

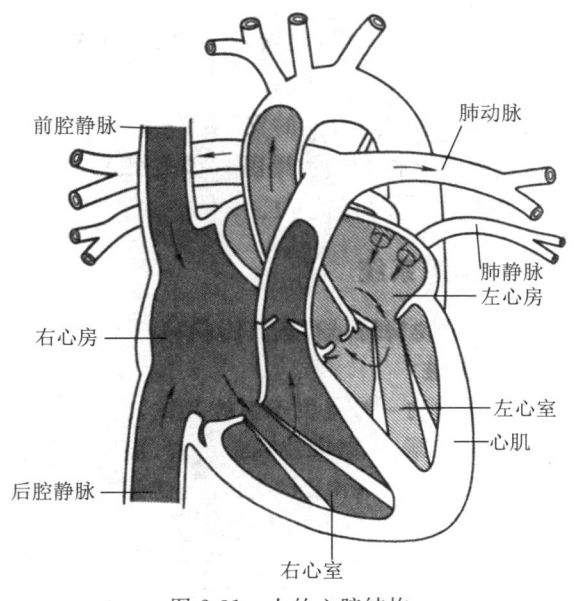

图 2-31　人的心脏结构

(一) 鼻

鼻既是气体进入肺的通道，又是嗅觉器官，包括鼻腔和鼻旁窦。鼻腔是呼吸道起始部，鼻腔黏膜内有丰富的血管和腺体，分泌的黏液能黏附空气中的灰尘、粉末等小颗粒，还能增加吸入气体的温度和湿度。

(二) 咽喉

喉位于下颌间隙的后方，在头颈交界处的腹侧，前端以喉口与咽相通，后端与气管相通。喉既是空气入肺的通道，又是调节空气流量和发声的器官。

(三) 气管和支气管

气管为由气管软骨环做支架构成的圆筒状长管，前端与喉相接，向后沿颈部腹侧正中线进入胸腔，分为左、右两条支气管，分别进入左肺和右肺。气管分支模式如图 2-32 所示。

(四) 肺

肺位于胸腔内，呈海绵状，在胸腔纵隔两侧，左右各一，右肺通常较大。

肺实质是由一再分支的支气管树和具呼吸性的分支管泡状结构组成。肺泡管的周围有很多肺泡，肺泡是肺实现气体交换的结构和功能单位。

六、泌尿系统

泌尿系统由肾脏、输尿管、膀胱和尿道组成。主要功能是生成和排出尿液。

(一) 肾脏

哺乳动物的一对肾位于腹腔背壁，腰椎两侧，其形态和大小因动物种类不同及个体差异

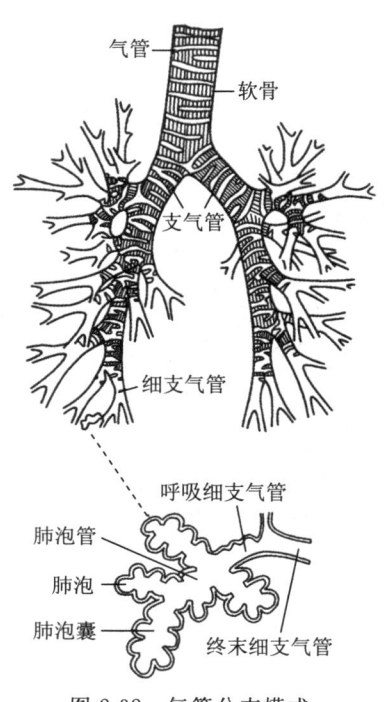

图 2-32　气管分支模式

而不同。

肾实质由许多肾单位构成，人的每个肾有 100 多万个肾单位。肾单位是肾脏的基本功能单位，每个肾单位包括肾小体和肾小管两部分。

（二）输尿管和膀胱

输尿管为一对细长的肌性管，上接肾盂，下接膀胱。输尿管平滑肌较厚，其蠕动能够推动尿液进入膀胱。

膀胱是一个伸缩性很大的肌性囊，为贮存尿液的器官。

（三）尿道

尿道是将尿液从膀胱排出体外的管道。雌性动物的尿道较短，开口于阴道前庭；雄性动物的尿道较长，开口于阴茎末端。

七、生殖系统

生殖系统是产生生殖细胞和繁衍后代的器官系统，可分为雄性生殖器官和雌性生殖器官。

（一）雄性生殖器官

雄性生殖器官主要包括睾丸、附睾、输精管、副性腺和阴茎。

1. 睾丸

睾丸是产生精子和雄性激素的重要器官。左右各一，成对存在于阴囊内。

2. 附睾

附睾是贮存精子和精子进一步成熟的场所。附睾位于阴囊内,紧贴于睾丸的后上缘,形如逗号。附睾分附睾头、附睾体和附睾尾。

3. 输精管

输精管由附睾管直接延续而成,是排精通道。

4. 尿生殖道

雄性动物的尿道兼有排精作用,所以称为尿生殖道。

5. 副性腺

副性腺包括前列腺、精囊腺及尿道球腺。其分泌物与输精管壶腹部的分泌物,以及睾丸生成的精子共同组成精液。副性腺的分泌物有稀释精子、营养精子等作用,有利于精子的生存和运动。

6. 阴茎与包皮

阴茎为雄性交配器官,可分阴茎根、阴茎体、阴茎头三部分。阴茎主要由阴茎海绵体和尿生殖道阴茎部构成。

包皮为皮肤折转而形成的一管状鞘,有容纳和保护阴茎头的作用。

(二)雌性生殖器官

雌性生殖器官主要包括卵巢、输卵管、子宫和阴道。

1. 卵巢

卵巢为扁椭圆形,成对存在,内含大量不同发育阶段的卵泡和黄体,性成熟时,产生卵子并分泌雌性激素。

2. 输卵管

输卵管为细长而弯曲的管道,位于卵巢和子宫角之间,有输送卵细胞的作用,同时也是卵细胞受精的场所。

3. 子宫

子宫是一个中空的肌质性器官,富有伸展性,是胚胎生长发育的场所。子宫由子宫角、子宫体、子宫颈三部分构成。

4. 阴道

阴道为雌性动物交配的器官,也是产道。

八、神经系统

神经系统由位于颅腔与椎管内的脑和脊髓,以及分布于全身各处的周围神经组成。体内不同的器官和系统,在神经系统的统一调节和控制下,互相影响,互相制约,互相协调,成为统一整体,并使动物体适应不断变化的外界环境,以完成正常的生命活动。

神经系统的基本结构和功能单位是神经元,神经系统的基本活动方式是反射,通过这一基本活动方式支配、调节各器官活动。神经调节迅速而准确。

神经系统在形态和机能上是完整不可分割的整体,为了学习方便,通常根据其位置和功能,分为中枢神经和周围神经两部分。

(一) 中枢神经

中枢神经包括脑和脊髓两部分。

1. 脑

脑是中枢神经系统前端膨大的部分,位于颅腔内,由后向前顺次分为延髓、小脑、间脑和大脑。

(1) 延髓。直接与脊髓相连,是调节呼吸、吞咽和心搏等活动的中枢。

(2) 小脑。位于延脑背侧,在高等动物中,小脑分化成两个小脑半球。小脑是身体平衡和运动的中枢。

(3) 间脑。位于中脑和大脑之间,可分为上丘脑、丘脑和下丘脑三部分。下丘脑主要是整合和控制身体的自主功能,如水代谢、盐代谢、体温、食欲、性行为以及情感活动等。

(4) 大脑。一般形成两个大脑半球和前端一对小突出物——嗅球。大脑半球的外壁具发达的灰质,也称大脑皮质(人的大脑皮质平均厚度为 2～3 mm)。在高等动物大脑皮质表面有许多凹陷的沟和隆起的回,因而增加了大脑皮质的总面积和神经元的数量。大脑皮质是调节机体生理活动的最高级中枢,其中重要的中枢有躯体运动中枢、躯体感觉中枢、视觉中枢、听觉中枢等。

2. 脊髓

脊髓位于椎管内,呈上下略扁的圆柱形,具有传导和反射功能。如全身(除头外)感觉要通过脊髓白质才能传导到脑,产生感觉。若脊髓受损伤,其传导功能便发生阻滞,引起一定的感觉障碍和运动失调,甚至瘫痪。

(二) 周围神经

周围神经由联系中枢神经和各器官之间的神经纤维构成,包括除中枢神经以外的全部神经和神经节。

1. 脑神经

脑神经共 13 对,多数从脑干发出,沿两侧经颅骨的一些孔道穿出,绝大部分分布到头部的感觉器官以及皮肤和肌肉等处。其中有的是感觉神经,有的是运动神经,有的是含有感觉纤维和运动纤维的混合神经。

2. 脊神经

脊神经是由脊髓发出的周围神经,成对存在,数目随动物种类而异,如人为 31 对,兔为 37 对。根据其发出的部位,脊神经可分为颈神经、胸神经、腰神经、荐神经和尾神经。

3. 内脏神经

内脏神经是分布在内脏器官、血管、皮肤的平滑肌、心肌和腺体等的神经,负责内脏的活动功能,如体液循环、气体交换、物质的吸收和排泄、生殖生长等。内脏神经不受意志支配,故又称自主神经。

九、内分泌系统

内分泌系统是动物体内进行体液调节的所有内分泌腺和散在的内分泌细胞的总称。内分泌腺无导管,其所分泌的活性物质称激素,直接进入组织液、血液或淋巴,随血液循环流遍全身,以调节各器官系统的活动,这种调节是在神经系统的支配下进行的,因此也称为神经-体液调节。

主要的内分泌腺包括垂体、甲状腺、甲状旁腺、肾上腺和分散在其他器官中调节生命活动的腺体或细胞,如胰腺中的胰岛,睾丸中的间质细胞,卵巢中的卵泡细胞、黄体细胞等。

(一) 垂体

垂体是体内重要的内分泌腺。垂体为一卵圆形小体,位于间脑的腹面,重不到 1 g。垂体可分为腺垂体和神经垂体。腺垂体是体内重要的内分泌腺,能分泌多种激素,其作用极为广泛和复杂,主要分泌的激素有生长激素、促甲状腺激素、促肾上腺皮质激素、促性腺激素及催乳素等。神经垂体释放两种激素,即加压素和催产素。

(二) 甲状腺

甲状腺是动物体内最大的内分泌腺,位于喉和气管两侧。甲状腺分泌甲状腺激素,有促进细胞氧化、机体新陈代谢和生长发育等功能。

(三) 甲状旁腺

甲状旁腺是位于甲状腺近旁的椭圆形小体。其分泌物为甲状旁腺素,能调节血液中钙和磷的含量。

(四) 肾上腺

肾上腺是位于肾脏上的红褐色器官,左右各一。肾上腺皮质分泌盐皮质激素和糖皮质激素,对于维持体内电解质和水的平衡,参与蛋白质、脂肪和糖类代谢有十分重要的意义。髓质分泌肾上腺素和去甲肾上腺素。

第六节　显微镜与临时制片

一、显微镜的构造及保养

显微镜是观察细胞结构及组织结构,了解生物体切片的常用仪器。了解显微镜的构造和保养,对掌握显微镜的使用技术是十分必要的。

(一) 显微镜的构造

植物学实验通常使用普通光学显微镜,其构造分为机械部分和光学部分。

1. 机械部分

(1) 镜座。显微镜的底座,使显微镜平稳放置于实验台上。
(2) 镜柱。镜座上的直立部分,它的上端有倾斜关节与镜臂相连,镜柱上还安有反光镜。
(3) 镜臂。镜的支架弯臂,是拿显微镜时手握的部分,基部与镜柱相接,顶端连接镜筒。
(4) 倾斜关节。镜柱与镜臂之间的关节,用于使臂倾斜以便于观察。

(5) 镜筒。镜臂前方的圆筒,镜筒上端置放目镜,下端连接物镜转换盘。

(6) 物镜转换盘。上有3~4个螺旋孔,用于安装物镜。

(7) 调焦螺旋。位于镜前方,用于观察时调准视距焦点,向前转动时使镜筒下降,向后转动时使镜筒上升。调焦螺旋大、小两个:大的旋转一周可使镜筒升降10 mm,称粗调螺旋;小的升降0.1 mm,称微调螺旋。

(8) 载物台。方形或圆形,用于放置玻片标本,台中央有圆形通光孔,台上有两个压片夹,用于固定玻片位置,较精密的显微镜装有纵、横坐标式固定架。

(9) 光调节器。又称光圈,是载物台下一片金属板,上有大、小不同的圆孔,转动此板,可用大、小不同的孔调节光量。较精密的显微镜有聚光器,装有虹彩光圈,并可升降以调节光的反射。

2. 光学部分

(1) 目镜。用于放大物镜所放大的物像,装在镜筒上端。目镜通常有2~3个,镜筒上刻有"10×"、"15×"等字样,表示该目镜放大10倍、15倍。

(2) 物镜。装在镜筒下端的物镜转换盘上,由复式透镜组成。物镜分为干燥系物镜和油浸系物镜两类,干燥系物镜镜面直径大,透光性较好,其中刻有"10×"的为放大10倍的低倍镜,刻有"45×"的为放大45倍的高倍镜。油浸系物镜简称油镜,刻有"100×"的字样,镜面直径较小,透光少,因此观察时必须在玻片上滴上香柏油,使镜头浸于香柏油中,以增大透镜折光率。显微镜的放大倍数是目镜放大倍数与物镜放大倍数的乘积。例如,目镜为10×,物镜为45×,物像放大倍数为10×45=450倍。

(3) 反光镜。装在光圈下面,连接于镜柱。反光镜是一面平、另一面凹的双面镜,可以上下翻转及左右转动,将光线反射和聚集于通光孔上。平面镜用于反射;凹面镜有反射兼聚光作用,适用于光线较弱的情况。

(二) 显微镜的保养

显微镜是精密光学仪器,必须按操作规程使用并注意保管。

(1) 取用显微镜时,必须右手紧握镜臂,左手托住镜座,不能用一只手提起镜臂,以免镜身倾倒。

(2) 显微镜放置于离实验台边缘大约10 cm处,以免失手坠地。

(3) 使用前必须先检查显微镜各部分有无损坏,如发现损坏,应及时报告。显微镜备有使用卡片,使用后在卡片上记录使用日期并签名,以便加强保管。

(4) 显微镜镜头如有玷污,不可用手或毛巾揩拭,只能用特制的擦镜纸揩拭;如有污点不易擦去或使用油镜后,可略蘸二甲苯少许轻轻擦拭。其他部分可用清洁的细软布擦拭。

(5) 移动显微镜时,应轻拿、轻放,避免强烈震动;转换镜头、调节焦距时,要轻微用力,谨慎操作。

(6) 显微镜使用完毕,须把显微镜擦干净,将各部转回原处,使两个物镜跨于通光孔两侧,再下降镜筒,使物镜将要接触载物台为止,再盖好绸布或镜罩,放入橱中。

(7) 显微镜应放在干燥而尘埃少的房间,镜橱应放入干燥剂,同时避免日光暴晒,或与挥发性化学药品靠近。梅雨季节前后将光学部分擦拭一次,保持干净,避免发霉损坏镜面。

(8) 学生以班级为单位按人数进行编号,上课时对号使用。用后签名,放回原处,以便显微镜被损坏时有据可查。

二、临时制片

临时制片适用于观察新鲜材料,对不易保存的材料多用临时制片观察,通常观察后不再保存。临时制片常用方法有以下几种。

(一) 整体装片

整体装片适用于形体小或扁平的材料,如真菌的菌丝、孢子囊或单细胞藻类、藓类、苔类、蕨类植物的原叶体等。

方法:在清洁的载玻片上滴一滴清水,用镊子取少量材料置于水滴中。将材料摊平,为使材料与玻片之间不产生气泡,用镊子夹住盖玻片的一侧,使盖玻片另一侧与水滴相接成45°,徐徐放下盖玻片,使水滴自然弥散于盖玻片内。水滴的大小以均匀散布于盖玻片内而不溢出为宜,如从盖玻片下溢出多余的水滴,可用吸水纸吸干后观察。

(二) 撕片法

撕片法适用于某些茎、叶表皮容易撕下的植物,如菠菜、天竺葵叶表皮,洋葱、百合鳞茎的表皮等,用镊子挑破表皮,夹住膜质的表皮轻轻地撕下,置于载玻片的水滴上,展平加盖玻片观察(方法同上)。

(三) 涂抹法

涂抹法适用于分散的细胞或微小生物(如细菌、酵母菌、花粉粒),以及易于解离成单层细胞层的松散组织(如动物骨髓或植物分生组织)。

方法:用解剖针挑取少量材料(如细菌、酵母、花粉粒),或用小刀刮取(如马铃薯的淀粉粒、辣椒果肉的有色体),或用镊子将材料(如鸭跖草的叶肉)置载玻片上挤压出液汁,然后用解剖针均匀涂成一薄层,加一滴清水,盖上盖玻片观察。细菌的涂片还须在火焰上固定。

(四) 压片法

压片法适用于幼嫩组织中单个细胞的观察,如根尖生长点的细胞有丝分裂以及花粉母细胞的染色体观察等。

方法:将发芽的种子取根尖部分,用酒精、冰醋酸固定液固定 0.5~1 h,取出置于载玻片上,用解剖刀及解剖针将根尖切开,取出生长点组织,然后在玻片上研散,加入一滴醋酸洋红染色液,加上盖玻片,用手轻轻加压,使组织散成一薄层,然后观察,可看到散开的生长点细胞,其中有不同时期的有丝分裂。这种方法比制作石蜡切片简易可行,但不易保存。

(五) 徒手切片法

徒手切片法是直接用手拿刀(双面刀、单面刀或剃刀)将材料切成薄片的方法,适用于尚未完全木化的器官切片,如一年生和二年生植物的根、茎、叶或变态的贮藏组织等。

方法:将要切片的新鲜或已固定过的材料切成 2~3 cm 长的小块(以能用手捏紧为原则),直径不宜超过 0.5 cm,切时用左手大拇指、食指和中指捏紧材料,将切面露出指尖之上 0.5 cm 左右,然后右手拿刀片,沿水平方向轻轻压在材料上,与材料垂直,然后自左外方向右内方轻轻而均匀地用力割切,中间不要停顿,也不要来回锯割,切时两手不要紧靠身体或压在桌上,必须使手完全自由,用臂力将刀片自左向右切下,同时将刀片蘸水使之润滑,直到刀上切有一定数量的薄片时,将刀放入盛有清水的玻璃器皿中,然后选取最透明而完整的薄片观察。

徒手切片方法简单,不需药品处理,也不需要机械设备,是教学和科研中常用的方法。但是要有熟练操作技巧才能切出比较理想的切片,这要求在实践中反复练习领会操作要领。

第七节　实验一:显微镜的构造和使用

一、目的要求

了解显微镜的构造、使用和保养方法,学会使用低倍镜和高倍镜。

二、仪器及用品

普通生物显微镜(图 2-33),擦镜纸、小块绒布及绸布等。

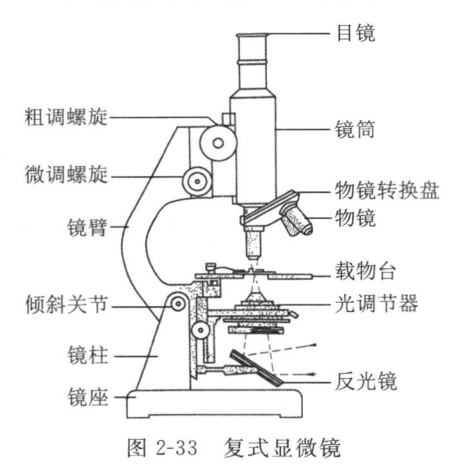

图 2-33　复式显微镜

三、内容与方法

(一) 低倍镜的使用

(1) 对光。移动物镜转换盘,将低倍物镜对准载物台圆孔,轻轻转动反光镜,使光反射至圆孔上,直至从目镜中观察视野最明亮为止。

(2) 固定位置。将要观察的切片(预先在载玻片上贴上极小的易于区分上下左右的字,也可用树胶封藏永久使用)放在载物台上,并将观察目的物对准圆孔,用压片夹压紧玻片以固定位置。

（3）调准焦距。转动粗调螺旋,并从侧面看物镜下降,使物镜下降至接近载玻片,然后从目镜中观察,同时慢慢使镜筒上升至找到物像为止,再上下转动微调螺旋,调准焦距,使物像清晰(有些显微镜的结构是镜筒固定,而载物台可以上下升降,因此升降方向相反。使用这种显微镜时,先将镜台上升接近物镜,然后慢慢下降寻找物像)。在目镜中观察时,必须练习两眼同时睁开,左眼用于看目镜,右眼用于描图。

（4）观察与移动载玻片。观察时注意视野中看到的字与制片上的字有何不同,然后边观察边上、下、左、右轻轻移动载玻片,注意载玻片移动方向与目镜中所观察的物像移动方向是否一致,找出它的规律。

（二）高倍镜的使用

使用高倍物镜时,要先用低倍物镜按上述方法找到物像,然后将要放大观察的部分移至视野的中央,再旋转粗调螺旋以略提高镜筒,转换镜头后,再细心将镜筒下落至接近玻片,这时必须从侧面看着镜头,防止碰着切片或载物台。然后用目镜观察,如光线不亮,要增强亮度,并缓慢旋转微调螺旋以提升镜筒至物像完全清晰为止。

上述低、高倍镜使用练习可反复进行多次,以达到能顺利找到物像并保证使用高倍镜时不致有损坏镜头及压碎玻片的情况发生。

四、实验报告

① 使用显微镜时,载物台上玻片的移动方向与目镜中所观察的是否一致?
② 使用高倍镜时,特别要注意什么问题?如何避免意外情况发生?

第八节　实验二:动植物细胞的结构

一、实验目的

了解细胞的基本结构,比较动植物细胞的异同,学习临时标本片的制作方法。

二、实验用品

显微镜、载玻片、盖玻片、牙签、镊子、剪刀、吸管、培养皿、洋葱、2%碘酒、示教标本片。

三、内容与方法

（一）制作临时标本片

1. 洋葱表皮细胞

（1）擦净载玻片和盖玻片。

(2) 在载玻片的中央部位滴一滴2%碘酒。

(3) 用镊子撕取一片洋葱鳞片叶外表皮,用剪刀剪取表皮最薄的部分。

(4) 将所取洋葱表皮铺展在玻片的碘酒上,加盖玻片,染色10~15 min。

(5) 先用低倍镜,再换高倍镜,观察洋葱表皮细胞的结构。

细胞形状是六角形,细胞壁被碘酒染成黄色;细胞核染色较深,核内有核仁;细胞质染色较淡,液泡在细胞内呈大小不一的明亮区域。

2. 口腔黏膜上皮细胞

(1) 擦净载玻片和盖玻片。

(2) 漱口后用牙签刮取口腔颊部黏膜,将刮取物单向均匀地涂在载玻片上(不要来回涂),滴2%碘酒染色10~15 min,加盖玻片。

(3) 分别用低倍镜、高倍镜观察。

细胞呈鳞状不规则的扁平形,细胞质染色浅,呈透明状;细胞核圆形,多位于细胞中央,着色深。

(二) 观察玻片标本

(1) 神经细胞:重点观察神经细胞的结构特点,呈多角形,有多个突起。

(2) 平滑肌细胞:梭形,细胞核位于中央。

(3) 线粒体:位于细胞质内的线状、短棒状、颗粒状物质。

(4) 高尔基体:在细胞核周围成网状或鳞片状。

(5) 中心体:在细胞核附近,由中心粒和中心球组成。中心粒有两条,呈圆柱状;中心球是浓稠的透明物质,包在中心粒周围。

五、实验报告

(1) 比较动植物细胞结构的异同。

(2) 绘洋葱鳞片叶表皮细胞结构简图,注明各部分名称。

(3) 绘口腔黏膜上皮细胞结构简图,注明各部分名称。

思考与练习

一、单项选择题

1. 形成叶绿素的原料是(　　)。
   A. Mg^{2+}　　　　B. Fe^{3+}　　　　C. Co^{3+}　　　　D. PO_4^{3-}

2. 下列属于细胞中重要的多糖的是(　　)。
   A. 淀粉　　　　B. 核糖　　　　C. 葡萄糖　　　　D. 果糖

3. 下列关于蛋白质功能的表述,错误的是(　　)。
   A. 有些蛋白质有催化功能　　　　B. 有些蛋白质有机械支持功能
   C. 有些蛋白质有免疫防护作用　　　　D. 有些蛋白质是遗传信息的携带者

4. 下列物质中,通过主动运输进出细胞的是( )。
　　A. 甘油　　　　　　B. 乙醇　　　　　　C. 葡萄糖　　　　　　D. K$^+$
5. 花粉与柱头的亲和性与细胞膜( )功能密切相关。
　　A. 物质运输　　　　　　　　　　　B. 信息传递与识别
　　C. 抗逆　　　　　　　　　　　　　D. 能量转换
6. 被称为细胞内"动力站"的是( )。
　　A. 线粒体　　　　B. 叶绿体　　　　C. 高尔基体　　　　D. 中心体
7. 下列具有双层膜的细胞器是( )。
　　A. 线粒体　　　　B. 中心体　　　　C. 内质网　　　　　D. 核糖体
8. 在动物细胞中,为细胞分裂时横溢的产生及新细胞膜的形成提供材料的是( )。
　　A. 液泡　　　　　　　　　　　　　B. 线粒体
　　C. 高尔基体　　　　　　　　　　　D. 细胞骨架
9. 被认为是细胞的骨骼和肌肉的是( )。
　　A. 内质网　　　　　　　　　　　　B. 细胞骨架
　　C. 高尔基体　　　　　　　　　　　D. 核糖体
10. 原核细胞分裂的主要形式是( )。
　　A. 无丝分裂　　　　　　　　　　　B. 有丝分裂
　　C. 减数分裂　　　　　　　　　　　D. 成熟分裂
11. 着丝粒一分为二,两条染色单体分开成为独立的染色体发生于分裂( )。
　　A. 前期　　　　　B. 中期　　　　　C. 后期　　　　　　D. 末期
12. 下列属于须根系植物的是( )。
　　A. 大豆　　　　　B. 棉花　　　　　C. 苹果　　　　　　D. 水稻
13. 下列属于聚花果的是( )。
　　A. 草莓　　　　　B. 悬钩子　　　　C. 芍药　　　　　　D. 无花果
14. 人体结构层次由小到大依次排列成( )。
　　A. 细胞→器官→系统→人体
　　B. 人体→组织→器官→系统→细胞
　　C. 人体→系统→器官→细胞
　　D. 细胞→组织→器官→系统→人体
15. 家畜中真皮最薄的是( )。
　　A. 猪　　　　　　B. 绵羊　　　　　C. 牛　　　　　　　D. 马
16. 能分泌带有气味的化学物质,有招引或驱避作用的是( )。
　　A. 皮脂腺　　　　B. 汗腺　　　　　C. 乳腺　　　　　　D. 气味腺
17. 消化管起始部是( )。
　　A. 口腔　　　　　B. 咽　　　　　　C. 食管　　　　　　D. 小肠
18. 绢鼠为( )。
　　A. 单室胃　　　　B. 二室胃　　　　C. 三室胃　　　　　D. 四室胃

19. 下列不是由垂体分泌的是（　　）。
    A. 生长激素　　　　　　　　　　B. 促甲状腺激素
    C. 促性腺激素　　　　　　　　　D. 甲状腺激素
20. 下列属于显微镜机械部分的是（　　）。
    A. 镜筒　　　　B. 目镜　　　　C. 物镜　　　　D. 反光镜

二、多项选择题
1. 下列属于细胞中的有机化合物的有（　　）。
    A. 糖类　　　　B. 脂质　　　　C. 蛋白质　　　　D. 核酸
2. 细胞膜的主要构成物质有（　　）。
    A. 磷脂　　　　B. 蛋白质　　　　C. 核酸　　　　D. 葡萄糖
3. 下列关于细胞膜在细胞的生活中的功能表述，正确的有（　　）。
    A. 分室作用和物质运输　　　　B. 能量转换
    C. 信息传递和识别　　　　　　D. 抗逆和物质合成
4. 完全叶包括（　　）。
    A. 叶片　　　　B. 叶柄　　　　C. 托叶　　　　D. 叶耳
5. 下列属于韧皮部组成的是（　　）。
    A. 筛管　　　　　　　　　　　　B. 伴胞
    C. 韧皮纤维　　　　　　　　　　D. 韧皮薄壁细胞

三、判断题
1. 水的比热容小，可以吸收和释放热量来保持生物体内的温度稳定。（　　）
2. 血液中缺少铁盐时，哺乳动物就会出现抽搐。（　　）
3. 细胞中的无机盐一般都是以离子态存在于细胞中。（　　）
4. 动物和人体细胞中的多糖是糖原，存在于肝脏和肌肉中，俗称动物淀粉，为动物体新陈代谢提供能量。（　　）
5. 协助扩散的特点是被选择吸收的物质是从浓度低的一侧运输到浓度高的一侧，必须有载体蛋白质的协助，需要消耗细胞内新陈代谢所释放的能量。（　　）
6. 不同细胞的线粒体数目是不同的，如长期坚持锻炼的运动员肌细胞内的线粒体比缺乏锻炼的人要多得多。（　　）
7. 细胞核质中的核仁有一个至几个，核仁属于无膜结构。（　　）
8. 细胞无丝分裂的重要意义是将亲代细胞的染色体经过复制以后，精确地平均分配到两个子细胞中去。（　　）
9. 神经元细胞有扶持、保护、营养和修补神经胶质细胞的作用。（　　）
10. 一朵花中有2个以上的离生雌蕊，每一雌蕊形成1个小果，聚生在花托上，称为聚花果。（　　）
11. 微动连接是不动连接和关节间的过渡类型，两骨借纤维软骨直接相连。（　　）
12. 小肠分为盲肠、结肠和直肠。（　　）
13. 循环系统是动物与环境之间进行气体交换的器官系统。（　　）

14. 雌性动物的尿道较短,雄性动物的尿道较长。（　　）
15. 雄性动物的尿道兼有排精作用,所以称为尿生殖道。（　　）
16. 内脏神经又称自主神经。（　　）
17. 甲状腺是动物体内最大的内分泌腺,分泌甲状旁腺素。（　　）
18. 显微镜镜头如有玷污,用手或毛巾揩拭干净即可。（　　）
19. 徒手切片方法简单,不需要药品处理,也不需要机械设备,是教学和科研中常用的方法。
（　　）
20. 显微镜使用过程中,在目镜中观察时,一般是一只眼睛闭着,一只眼睛睁开。（　　）

四、填空题

1. 核酸根据五碳糖的不同,分为_____和_____两类。
2. _____、_____和_____称作繁殖器官。
3. _____是动物组织分化程度最高的一种组织。
4. 神经垂体释放两种激素,即_____和_____。
5. 植物学实验通常使用的普通光学显微镜,其构造分为_____和_____。

五、连线题

1. 将下列左侧的细胞器与右侧相对应的功能用直线连接起来。
   (1) 叶绿体　　　　　　a. 有氧呼吸的主要场所
   (2) 线粒体　　　　　　b. 光合作用
   (3) 核糖体　　　　　　c. 与纺锤丝的形成有关
   (4) 液泡　　　　　　　d. 蛋白质的装配机器
   (5) 中心体　　　　　　e. 使植物体现出酸、甜、苦等不同味道

2. 将下列左侧的系统与右侧相对应的功能用直线连接起来。
   (1) 皮肤系统　　　　　a. 生成和排出尿液
   (2) 生殖系统　　　　　b. 保护、感觉、分泌、排泄、呼吸等功能
   (3) 消化系统　　　　　c. 产生生殖细胞和繁衍后代
   (4) 呼吸系统　　　　　d. 摄取、消化、吸收物质,并将食物残渣排出体外
   (5) 泌尿系统　　　　　e. 气体交换

六、简答题

1. 什么是细胞？简述植物细胞的基本结构和特有结构。

2. 什么叫组织？植物组织有哪几类？动物组织有哪几类？

3. 什么是细胞周期？细胞周期包括哪几个阶段？细胞分裂的方式有哪些？

第三章 生物的新陈代谢

学习目标

1. 掌握新陈代谢的概念，熟悉绿色植物和动物新陈代谢的类型。
2. 掌握酶的概念、酶的基本特征，以及酶和 ATP 在新陈代谢中的作用。
3. 掌握光合作用的概念、意义、叶绿体的色素组成、提高植物光能利用率的途径。
4. 熟悉绿色植物光合作用的过程和影响因素。
5. 掌握绿色植物呼吸作用的概念、类型、生理意义，以及其在农业生产上及粮油储存中的应用。
6. 熟悉绿色植物矿质元素的种类、根吸收矿质元素的过程、植物营养元素缺乏症及诊断方法（以 N、P、K 为主），以及合理施肥。
7. 了解植物细胞吸水的原理及植物水分的运输、利用和散失过程。
8. 熟悉糖在体内的消化吸收和代谢过程，了解糖代谢产生的能量和产物。
9. 熟悉蛋白质在体内的消化吸收和代谢过程，了解蛋白质的生物合成过程。
10. 熟悉脂肪在体内的消化吸收和代谢过程，人类对脂肪的吸收情况，了解类脂类代谢的过程。
11. 了解动物的能量释放和转移。

第一节　新陈代谢概述及类型

一、新陈代谢概述

细胞是构成生物有机体形态、结构和生命活动的基本单位。水、无机盐和有机物是构成生物体的重要物质。构成生物体的基本有机生物分子（如氨基酸、含氮碱基、核糖、葡萄糖、甘油等）进一步结合成生物大分子（如蛋白质、核酸、多糖、脂质等）。生物体内的生物大分子再进一步聚集缩合，形成超分子的复合物（如生物膜、核蛋白等）。超分子的复合物再进一步形成各种细胞器（如细胞核、线粒体、叶绿体等）。各种细胞器组织起来构成细胞。由此可见，生物是由一套复杂性逐步增加的生物分子构成的。

生物基础

在自然界,从低等生物到高等生物,尽管它们的形态、大小、结构千差万别,但它们的生长、发育、运动等生命活动都是通过新陈代谢来实现的。生物体内生命活动的基本特征是新陈代谢。

生物体为了维持其生命活动,不断地从外界环境摄取所必需的营养物质,并通过一系列的生物化学反应转变为自身的组成成分。概括地说,新陈代谢是指生物体与外界环境之间物质和能量的交换,以及生物体内物质和能量的转变过程。新陈代谢也可以简称为代谢。

新陈代谢是生命的最基本特征,新陈代谢包括物质代谢和能量代谢两个方面。物质代谢是指生物体与外界环境之间物质的交换和生物体内物质的转变过程。能量代谢是指生物体与外界环境之间能量的交换和生物体内能量的转变过程。

新陈代谢由同化作用和异化作用组成。同化作用指生物从外界吸取所需物质和能量,经过复杂的生物化学变化,转化成自身的物质,并贮存能量。异化作用指生物分解自身的物质,同时释放能量,是进行生命活动及合成生物大分子所必需的。同化作用又称合成代谢,异化作用又称分解代谢。细胞不断地进行同化作用和异化作用,使机体不断地自我更新,从而保证机体生长、发育、繁殖、运动等生命活动正常进行。同化作用和异化作用都包括物质代谢、能量代谢(表3-1),这两方面密切联系在一起,因为物质和能量的转换、传递是不可分割的。所以,从某种意义上来说,生物是一个物质和能量转换、传递的系统。生物正是在物质和能量的转换、传递中不断地实现自我更新。这也是生命运动区别于非生命运动最本质的特征。

表 3-1 新陈代谢组成

新陈代谢	同化作用(合成代谢)	异化作用(分解代谢)
物质代谢	生物小分子转为生物大分子	生物大分子转为生物小分子
能量代谢	贮存能量	释放能量

二、生物的新陈代谢类型

地球上的生物种类繁多。生物在长期的发展过程中,不断地与所处的环境相互发生关系,在这种关系的作用下,逐渐在代谢方式上形成了不同的类型,以适应不同的外界环境。按照生物体同化作用方式的不同,即根据生物体在同化过程中能不能利用无机物制造有机物来维持自身的生命活动,将生物新陈代谢的基本类型分为自养型和异养型两种。

(一)自养型

各种绿色植物,包括各种树木花草和水中的藻类,利用光能,通过光合作用来制造有机物、贮存能量,用以进行各种生命活动。这种生物体在同化作用过程中,能够直接把从外界摄取的无机物转变成为自身组成的有机物质,并贮存能量,这种新陈代谢类型称为自养型。

还有一些自养生物,不是利用光能,而是利用体外环境中无机物氧化所释放出的能量来合成有机物,这种合成作用称为化能合成作用。能进行化能合成作用的生物称为化能自养生物,这类生物多为细菌。例如,硝化细菌就是一类进行化能合成作用的自养生物,广泛存在于中性或微碱性、通气良好、含有氨态氮或铵盐的土壤和水中。硝化细菌主要有两类:一类是亚硝酸细菌,可将氮氧化成亚硝酸;另一类是硝酸细菌,可以把亚硝酸氧化成硝酸。硝化细菌将这个氧化过程中放出的能量大部分转移给 ATP,用于将 CO_2 和 H_2O 合成自身的有机物。

硝化细菌对自然界中的氮循环有着重要意义。自然界中异养微生物使动物、植物残迹遗尸中的含氮有机物如蛋白质分解成氨,以铵盐(NH_4^+)形式存在于土壤中。但植物不能吸收氨态氮。而硝化细菌把氨逐步转化成硝酸后,硝酸又可以形成硝酸盐(NO_3^-)被植物吸收,用于合成蛋白质、核酸等物质。通过食物链,氮元素得以在自然界中循环。因此,硝化细菌对氮循环具有重要的意义。

(二)异养型

包括人在内的各种动物与绿色植物和硝化细菌不同,这类生物体在同化作用的过程中,不能直接利用无机物生成有机物,只能从外界摄取现成的有机物转变为自身的组成物质,并贮存能量,这种新陈代谢类型称为异养型。异养生物包括各种动物和营腐生生活(如蘑菇)、寄生生活(如青霉)的菌类。

异化作用有两种不同类型。可以根据生物体在异化作用过程中对氧的需求情况不同,将生物新陈代谢的异化作用分为需氧型和厌氧型两种。

1. 需氧型

生物体必须不断地从外界环境中摄取氧来氧化分解自身的有机物质,并释放能量和排出二氧化碳,这种新陈代谢类型称为需氧型,又称为有氧呼吸型。大多数生物属于需氧型,因为大多数生物生活在有氧气的环境中,如常见的动植物和大多数菌类植物。

2. 厌氧型

生物体在异化作用的过程中,在缺氧的条件下,依靠酶的作用使自身的有机物分解,以获得进行生命活动所需要的能量,这种新陈代谢类型称为厌氧型,又称为无氧呼吸型。包括动物体内的寄生虫、乳酸菌等。乳酸菌可以在使葡萄糖分解成为乳酸的过程中获得能量。此外,酵母菌在缺氧条件下,也可以在使葡萄糖分解成为酒精和二氧化碳的过程中获得能量。厌氧型生物的一个主要特征是,在有氧存在时,发酵作用就会受到抑制。

由此可见,生物体的新陈代谢,按照生物体同化作用方式不同分为自养型和异养型;异养型按照生物体异化作用中对氧的要求方式不同,又分为需氧型和厌氧型。由于新陈代谢包括同化作用和异化作用两个方面,因此,每种生物新陈代谢的基本类型都属于自养型和异养型中的一种以及需氧型和厌氧型中的一种,即自养需氧型、自养厌氧型、异养需氧型和异养厌氧型。

第二节 酶和 ATP 在新陈代谢中的作用

一、酶在新陈代谢中的作用

生物体在生命活动过程中,不停地进行着各种物质的分解与合成。在生物体内含有一类特殊的催化剂——酶,使生物细胞内进行的种类繁多的生物化学反应在常温、常压、酸碱适中的温和条件下能迅速而顺利地完成。

(一) 酶是特殊的催化剂

酶是活细胞所产生的具有催化能力的一类特殊的蛋白质。酶在适宜的温度和其他条件(如适宜的 pH 等)下,能够使生物体内的许多复杂的化学反应顺利而迅速地进行,而酶本身却不发生变化,是生物催化剂。

(二) 酶的特性

1. 酶的高效性

酶的催化作用具有高效性的特点,反应速度很快,少量的酶就可以起到很强的催化作用。例如,过氧化氢酶和无机催化剂 Fe^{3+} 的催化效率不同,过氧化氢酶的催化效率要高许多。一般来说,酶的催化效率是无机催化剂的 $10^7 \sim 10^{13}$ 倍。这就是说,酶的催化作用具有高效性的特点。

2. 酶的专一性

酶对所作用的底物有严格的选择性。一种酶仅能作用于一种物质,或一类分子结构相似的物质,促使其进行一定的化学反应,产生一定的反应产物,这种选择性作用称为酶的专一性。

3. 酶的多样性

由于生物体内化学反应的种类繁多,而每一种酶只能对特定的化学反应产生催化作用,因此生物体内的酶的种类是很多的,现在已经知道的生物体内的酶就有 4 000 种以上。酶的多样性是由蛋白质结构的多样性决定的。多样的结构也决定特定的酶只能和特定的物质结合而起催化作用,即结构也决定了酶的专一性。

4. 酶的高度不稳定性

酶的活性易受温度、酸碱度的影响(图 3-1、图 3-2)。在生物体内,酶活性最适温为 30～50 ℃,多数酶的最适 pH 接近中性,只有少数例外(如胃蛋白酶)。酶是蛋白质,对环境条件的变化极为敏感。凡是能引起蛋白质变性的因素如高温、高压、强酸、强碱以及重金属盐等,都能使酶变性而丧失催化活性。酶的催化作用一般都要求生物有较为温和的环境条件,如体温的温度、常压、近中性的酸碱度等。

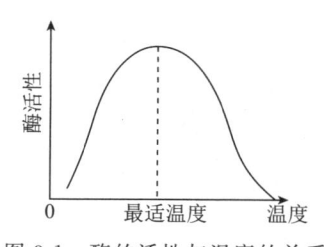

图 3-1 酶的活性与温度的关系

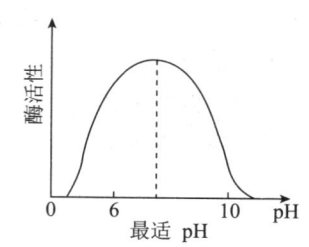

图 3-2 酶的活性与 pH 的关系

正是因为酶具有高效性、专一性、多样性和不稳定性的特点,所以,酶对于生物体内新陈代谢的正常进行是极为重要的。

二、ATP 在新陈代谢中的作用

生物体内的能量是推动生物进行各项生命活动的动力。生物体的生理功能,如光合作用、呼吸、肌肉收缩、腺体分泌、维持体温等,都需要消耗能量。不论哪种生物,只有不断地获得能量,才能生活下去。

ATP 是生物体细胞内普遍存在的一种含有高能量的有机化合物,属于高能化合物。它是生物体各种生物活动所需能量的直接来源。ATP 是腺苷三磷酸的英文缩写符号,其中 A 表示腺苷,T 表示 3,P 表示磷酸基。ATP 的分子式可以简写成 A—P~P~P,简式中的"~"代表一种特殊的化学键,叫作高能磷酸键,ATP 分子中大量的化学能就储存在高能磷酸键内。高能磷酸键水解时,能够释放出较高的能量。

$$ATP \xrightleftharpoons{酶} ADP + Pi + 能量$$

在 ATP 分子中,远离 A 的那个高能磷酸键,在一定条件下很容易水解和重新形成,并且相应地伴随有能量的释放和储存。在有关酶的作用下,ATP 分子中远离 A 的那个高磷酸键水解,储存在这个高能磷酸键中的能量就释放出来,远离 A 的那个磷酸基脱离开,形成磷酸(Pi),三磷酸腺苷就转变成二磷酸腺苷(ADP,其中 D 表示 2)。上述的反应是可逆的。这就是说,在酶的作用下,ADP 接受了能量,并与一个磷酸结合,转变成 ATP。

伴随着 ATP 与 ADP 的相互转化,存在着能量的释放和储存。ATP 是生物体内能量的流通"货币"。生物体内 ATP 的含量不多,生物体可使 ADP 转变成 ATP,保证能量的持续供应。对于动物和人来说,ADP 转变成 ATP 时所需的能量主要来自呼吸作用。对于绿色植物来说,ADP 转变成 ATP 时所需的能量,除来自呼吸作用外,还来自光合作用。

ATP 和 ADP 在活的细胞中无休止地进行循环,使 ATP 不会因为能量的不断消耗而用尽,从而保证生物体的生命活动由于能够及时地得到能量而顺利地进行,新陈代谢也才能够顺利地进行下去。

第三节 绿色植物的新陈代谢

绿色植物在生活过程中,不断地从周围环境中吸收水分和矿质元素等,利用这些物质合成有机物并储存能量;同时还不断地分解体内的一部分有机物,释放出其中的能量,用以维持自身的各项生命活动,这些生理活动就构成了绿色植物新陈代谢的基本过程。

一、水分代谢

水分代谢是指水分的吸收、运输、利用和散失。绿色植物各个器官都可以吸收水分,但绿色植物吸收水分的主要器官是根,根吸收水分最活跃的部位是根毛区的表皮细胞。

(一) 绿色植物细胞的吸水方式

植物细胞吸水的方式有两种,即吸胀作用吸水和渗透作用吸水。植物细胞在形成液泡之前,主要靠吸胀作用吸水。例如,干燥的种子(死的或具有生活力的)细胞就是靠吸胀作用来吸收水分的。除干燥的种子外,吸胀作用吸水也常常发生于根尖或茎尖生长点的细胞,以及未形成液泡的其他细胞,在植物细胞形成大液泡之后,则主要靠渗透作用吸水。

(二) 渗透作用的原理

成熟的植物细胞,细胞质基质中有一个大的液泡,叫中央液泡。植物细胞在形成中央液泡以后,主要靠渗透作用吸收水分,这种靠渗透作用吸收水分的过程,叫作渗透吸水。

水分子(或其他溶剂分子)从低浓度溶液一侧透过半透膜进入高浓度溶液一侧的现象,叫作渗透作用。

渗透作用的产生必须具备两个条件:一是具有一层半透膜;二是这层半透膜两侧的溶液具有浓度差。

细胞壁是一层水和溶质都可以透过的透性膜。细胞膜和液泡膜与细胞壁不同,它们都是选择透过性膜:水分子可以自由通过,细胞要选择吸收的离子和小分子也可以通过,而其他的离子、小分子(如蔗糖分子)和大分子则不能通过。从整个植物细胞来看,我们可以把原生质层(主要包括细胞膜、液泡膜和这两层膜之间的细胞质)看作是一层半透膜。这层膜把液泡里面的细胞液与外界溶液隔离开来。细胞液中含有许多溶于水的物质,因此具有一定的浓度。外界溶液同样具有一定的浓度。

由于原生质层相当于一层半透膜,并且原生质层两侧的溶液通常具有浓度差,因此,当成熟的植物细胞与外界溶液接触时,细胞液就会通过原生质层与外界溶液发生渗透作用。

(三) 植物细胞的吸水和失水

成熟的植物细胞能够与外界溶液发生渗透作用,这可以通过植物细胞的质壁分离和质壁分离复原实验来探讨。

把成熟的植物细胞放入浓蔗糖溶液中,由于细胞液的浓度小于外界溶液的浓度,细胞液中的水分就透过原生质层进入外界溶液中,使细胞壁和原生质层都出现一定程度的收缩。由于原生质层比细胞壁的伸缩性大,当细胞不断失水时,原生质层就会与细胞壁逐渐分离开来,也就是逐渐发生了质壁分离(图 3-3)。

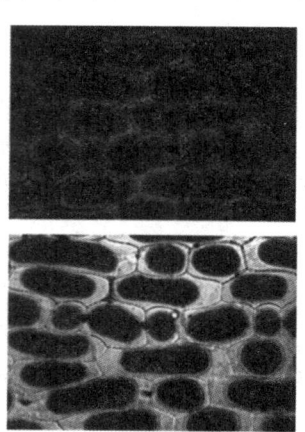

图 3-3 植物细胞的质壁分离

(上图表示开始发生质壁分离,下图表示已明显发生质壁分离)

如果把已经发生质壁分离的细胞放入清水或浓度比细胞液低的蔗糖溶液中,由于细胞液的浓度大于外界溶液的浓度,外界溶液中的水分就透过原生质层进入细胞液中,整个原生质层就会慢慢地恢复成原来的状态,使植物细胞逐渐发生质壁分离复原。

上述的实验可以证明,当外界溶液的浓度大于细胞液的浓度时,植物细胞就通过渗透作用失水;当外界溶液的浓度小于细胞液的浓度时,植物细胞就通过渗透作用吸水。

(四) 水分的运输、利用和散失

根从土壤中吸收的水分,主要通过根、茎、叶中的导管运输到植物的地上部分。具体的运输过程是,土壤溶液中的水→根毛→根的导管→茎的导管→叶的导管→叶上的气孔→空气。水分通过以上各组织的运输是连续的,构成了土壤-植物-大气水分连续体(图3-4)。

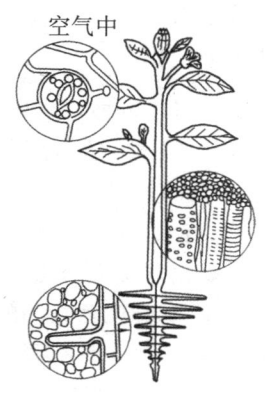

图 3-4 植物体内水分上升的途径

植物体内的水分主要以水蒸气的形式通过植物体表(主要是叶片的气孔)散失到大气中,这就是蒸腾作用。植物体吸收的水分约99%通过蒸腾作用散失掉了,只有约1%参与光合作用等新陈代谢活动。植物通过蒸腾作用使水分散失有着重要的意义。

(1) 蒸腾作用产生了巨大的蒸腾拉力,是植物体对水分的吸收和水分在植物体内运输的动力。正是靠蒸腾作用产生的蒸腾拉力,高大植物的茎、叶才能得到充足的水分。

(2) 蒸腾作用促进矿质营养的吸收、运输以及分配。溶解在水中的矿质营养随着水分在植物体内运输而到达植物体的各个器官和组织。

(3) 蒸腾作用中水分由液态转化为气态的水蒸气时,吸收植物体内的热量,从而降低了植物体特别是叶片的温度,使叶片在烈日下不至于因温度过高而受到灼伤。

(4) 蒸腾作用有利于气体交换,CO_2 易进入叶内作为光合作用的原料,促进光合产物的积累。

虽然植物在多方面受益于蒸腾作用,但是,在某些情况下(如干旱等),蒸腾作用的进行会导致植物水分亏缺,严重时危及生命。因此,人们有时需要采取措施控制蒸腾作用,保持植物体必要的含水量。例如,在移栽植物时去掉一部分叶,以降低蒸腾作用,有利于植物的成活。

(五) 合理灌溉

合理灌溉就是要使灌溉能以最低的用水量获得最大的增产效果。植物在一生中需要不断地从环境中吸收水分,要做到合理灌溉就要掌握作物的需水规律。不同植物的需水量不同。例如，水稻比小麦的需水量多，玉米比高粱的需水量少。同一植物的不同生长发育时期，需水量也不同。禾谷类作物在籽粒灌浆至乳熟末期，对水分最敏感时期不能缺水，否则谷粒瘦小。因此，灌溉时要把这些因素考虑在内，尽量做到合理灌溉，用最少的水量获得最大的收成。

二、矿质代谢

植物维持正常的生命活动，不仅要不断地从环境中吸收水分，还要从环境中摄取矿质养分。植物的很多部位都能吸收矿质养分，但是，由于矿质营养是以无机盐的形式存在于土壤中，所以根成为植物吸收矿质营养的主要器官。

(一) 植物必需的矿质元素及其生理作用

目前，科学家发现植物体中的元素有 60 多种，但其中大部分元素并不是植物生活所必需的元素。目前公认的植物必需元素是 16 种：碳、氢、氧、氮、磷、钾、硫、钙、镁、铁、锰、硼、锌、铜、钼、氯。必需元素中需要量比较大的有 9 种：碳、氢、氧、氮、磷、硫、钾、钙、镁，称作大量元素；其余 7 种需求量很小，称作微量元素。

矿质元素是指除 C、H、O 以外，主要由根系从土壤中吸收的元素，如 N、P、K 等。土壤中的矿质元素有许多种，如果除去某一种矿质元素后，植物的生长发育仍然正常，就说明这种元素不是植物必需的矿质元素；如果除去某一种矿质元素后，植物的生长发育不正常了，而补充这种元素，植物的生长发育又恢复正常的状态，就说明这种矿质元素是植物必需的矿质元素。

植物必需的矿质元素有 13 种，其中 N、P、K、S、Ca、Mg 属于大量元素，Fe、Mn、B、Zn、Cu、Mo、Cl 属微量元素，这些必需矿质元素在植物体内有着重要的生理作用，有的是细胞结构物质的组成成分，有的从多方面调节植物的生命活动，例如 N、S、P 等参与组成了糖类、脂类、蛋白质和核酸等有机物；Mg 是叶绿素的组成元素，参与光合作用；Ca 在植物体内不易移动，是构成细胞壁的重要组成成分；K 主要集中在生长最活跃的部位，起着调节生命活动的作用，对于植物的生殖过程有重要影响。一旦缺乏某一种必需矿质元素，植物体就会表现出相应的缺乏症。

与正常的大豆相比，缺 N 的大豆植株矮小瘦弱，叶片颜色发黄；缺 P 的大豆植株特别矮小，叶色暗绿；缺 K 的大豆茎秆软弱，老叶出现黄斑，然后逐渐焦枯。植物缺 B 表现为花器官发育不正常，生育期延长；植物缺 Zn 则表现为叶片明显变小，枝条顶端节间明显缩短，小叶丛生，出现矮化和小叶病。我们在作物栽培中要特别注意的是，植物对 N、P、K 这 3 种矿质元素的需要量比较大，而土壤的供给常常不足，需要通过施肥来加以补充，因此，把这 3 种矿质元素叫作肥料"三元素"。

(二) 植物对矿质元素的吸收

植物体的地上部分也可以吸收矿质养分，但在一般情况下，植物体内的矿质营养是通过根来吸收的。根从土壤中吸收矿质元素的步骤如下。

1. 矿质元素离子吸附在根细胞膜的表面

各种矿质元素都是以离子状态被根吸收的。土壤中各种矿质离子，有些溶解在土壤溶液中,有些被吸附在土壤颗粒上,被吸附在土壤颗粒上的离子和土壤溶液中的离子都可以被植物的根选择吸收。

根细胞吸收土壤溶液中各种矿质元素的离子,与根细胞的呼吸作用有密切的关系。根细胞通过呼吸作用产生二氧化碳(CO_2),二氧化碳溶于水中,生成碳酸(H_2CO_3),碳酸可以离解成 H^+ 和 HCO_3^-,吸附在根细胞膜表面的 H^+ 和 HCO_3^- 可以分别与土壤溶液中的阳离子(如 K^+、NH_4^+)和阴离子(如 NO_3^-)发生交换。这样,H^+ 和 HCO_3^- 就进入土壤溶液中,而 K^+、NH_4^+ 等土壤溶液中的一些阳离子和 NO_3^- 等阴离子则被吸附到根细胞的表面上。即根细胞膜上所吸附的 H^+ 和 HCO_3^- 与土壤溶液中的阳离子和阴离子发生了交换,这个交换过程称交换吸附。在交换吸附过程中,根细胞膜附近土壤溶液中的阳离子和阴离子减少了,距离根细胞膜较远处土壤溶液中的阳离子和阴离子,可以通过扩散作用向根区移动过来。交换吸附是不需要能量的,而且吸附的速度很快。

2. 矿质元素离子进入根细胞

根细胞膜表面吸附的矿质元素离子要进一步转移到根细胞的内部,必须消耗根细胞通过呼吸作用释放出的能量,同时借助搬运离子的蛋白质载体的运输,将矿质元素离子从细胞膜外转运至细胞膜内,因此这是一个主动运输过程。由此也可看出,根吸收矿质元素离子和根吸收水分是两个相对独立的过程。

3. 植物对矿质元素的吸收具有选择性

根细胞对矿质元素离子的吸收是有选择性的,其表现如下。

(1) 不同种类植物的根系对不同离子的吸收量不同。这与根细胞膜上蛋白质分子载体的种类和数量有直接关系,某种蛋白质分子多,由这种蛋白质分子所运载的矿质元素离子就多,根吸收这种矿质元素离子也就多;反之则少。例如,在同一种培养液中培育水稻和番茄,水稻吸收硅多,番茄吸收钙、镁多。

(2) 对同一种无机盐的阳离子和阴离子吸收有差异。例如,在土壤中施入硫酸铵时,根吸收的 NH_4^+ 多于 SO_4^{2-},若长期施用硫酸铵,就会使土壤呈酸性。因为根在吸附 NH_4^+ 时,要与吸附在根细胞膜表面的 H^+ 交换,这样一来,就有许多 H^+ 残留在土壤溶液中,时间长了,土壤就逐渐酸化。像硫酸铵这样由于根细胞的选择吸收而使土壤溶液变成酸性的盐,称为生理酸性盐。除硫酸铵以外,氯化铵、硫酸钾和氯化钾等都属于生理酸性盐。如果在土壤中长期施入硝酸钙,由于根细胞对 NO_3^- 的吸收多于 Ca^{2+},而根细胞在吸收 NO_3^- 时要与吸附在根细胞膜表面的 HCO_3^- 交换,使许多 HCO_3^- 残留在土壤溶液中,HCO_3^- 水解后会产生 OH^-,土壤溶液中的 OH^- 不断增加,导致土壤变为碱性,我们称硝酸钙这类盐为生理碱性盐。除硝酸钙以外,硝酸钠等也属于生理碱性盐。当土壤中施用硝酸铵作肥料时,根细胞对 NH_4^+ 和 NO_3^- 几乎是等量吸收,不会使土壤的 pH 发生变化,我们称硝酸铵这类盐为生理中性盐。除硝酸铵以外,磷酸铵、硝酸钾等也属于生理中性盐。因此,在生产实践中,切忌长期使用一种化肥,以免土壤酸化或碱化;生理酸性盐不宜施用在酸性土壤中,生理碱性盐不宜施用在碱性土壤中。

(三) 植物对矿质元素的利用

根细胞吸收的矿质元素随着植物体内水分的运输而被运送到植物体的各部分,矿质元素在植物体内积累最多的部位是生长最旺盛的部位,如根尖、茎尖、嫩叶和正在生长的果实等。有些元素(例如 K)进入植物体后,仍呈离子状态,易于移动;有些元素(例如 N、P、Mg)进入植物体后,形成不稳定的化合物,这些化合物分解后,释放出来的矿质离子又可以转移到其他部位被重新利用;有些元素(例如 Ca、Fe)进入植物体后,形成难溶解的稳定化合物,不能再移动,只能被利用一次。

(四) 合理施肥

作物不断从土壤中摄取营养物质,因此,必须通过施肥给予补充,合理施肥是提高作物产量的有效措施之一。所谓合理施肥,是根据矿质元素对植物所起的作用,结合植物的需肥规律,适时、适量地施用肥料,从而达到少肥高效的效果,合理施肥应遵循以下几条规律:

1. 不同植物对 N、P、K 等矿质元素的需要量不同

例如,菠菜、白菜等叶菜类作物对 N 的需要量较大;大豆、豌豆等豆类作物对 P 的需要量较大;马铃薯、红薯、甘蔗等作物对 P、K 的需要量较大,有利于糖的积累。

2. 不同作物需要不同形态的肥料

如一般作物对铵态氮利用得好,难以利用硝态氮。但是烟草既需要铵态氮,又需要硝态氮,因此给烟草施用硝酸铵效果最好。

3. 同一种植物在不同的生长发育时期,对 N、P、K 等矿质元素的需要量不同

例如,对于开花后仍继续生长的作物(如棉花),开花前期不宜大量施氮肥,以免营养生长过旺而造成徒长;在开花后期则需要及时追肥,以保证花、果实生长的需要。在农业生产中,施肥时一定要考虑到上述情况,做到合理施肥。

三、有机物的合成与运输

(一) 光合作用的概念

光合作用是指绿色植物通过叶绿体,利用光能,把二氧化碳和水合成储藏着能量的有机物,并且释放出氧气的过程。光合作用合成的有机物通常指葡萄糖。

光合作用的原料是二氧化碳和水,动力是光能,叶绿体是进行光合作用的场所,葡萄糖和氧气是光合作用的产物。

(二) 叶绿体色素

绿色植物的光合作用是在细胞的叶绿体中进行的,叶绿体主要存在于绿色植物的叶肉细胞中。叶绿体是双层膜的细胞器,内部充满了无色的基质和绿色的基粒。在叶绿体基质中,含有进行光合作用所需的多种酶,这些酶用来催化光合作用过程中的一系列化学反应;每个基粒都是由一个个囊状的结构垛叠而成的,这些由膜围成的囊状结构叫作类囊体,在类囊体的膜上,有进行光合作用的色素。

光合色素有 3 类:叶绿素、类胡萝卜素和藻胆色素。高等植物叶绿体中的色素可以分为两大类,即叶绿素和类胡萝卜素。叶绿素包括叶绿素 a(呈蓝绿色)和叶绿素 b(呈黄绿色)。类胡萝卜素包括胡萝卜素(呈橙黄色)和叶黄素(呈黄色)。在绿色植物的叶片中,叶绿素的含量约占总量的 3/4,而类胡萝卜素仅占 1/4,所以通常情况下,植物的叶片总是呈现绿色。

藻胆色素存在于藻类植物中,如蓝藻类含有藻蓝素,褐藻类含有藻黄素,红藻类含有藻红素。因此,这些植物各自呈现出不同的颜色。

叶绿体中色素的作用是吸收可见的太阳光。叶绿素主要吸收蓝紫光和红光;胡萝卜素主要吸收蓝紫光。这些色素所吸收的光能都能用于光合作用。叶绿素 a 和叶绿素 b 对绿光的吸收量最少,正因如此,绿光被反射出来,叶绿体才呈现绿色。

(三) 光合作用的过程

光合作用的总过程可以用下列反应式来表示:

$$6CO_2 + 12H_2O^* \xrightarrow[\text{叶绿体}]{\text{光能}} C_6H_{12}O_6 + 6H_2O + 6O_2^* \uparrow \quad (\text{标 * 的为}^{18}O)$$

光合作用是一个非常复杂的过程,包括许多个化学反应。总的说来,光合作用的过程,根据是否需要光的照射,可以分为光反应和暗反应两个阶段。(光合作用过程如图 3-5 所示。)

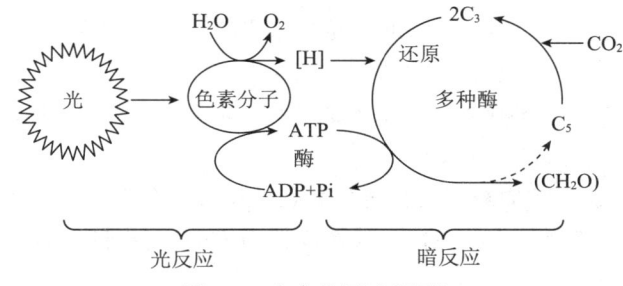

图 3-5 光合作用过程图解

1. 光反应

光反应阶段中的化学反应,只有在光的照射下才能进行。光反应阶段的化学反应是在叶绿体内的类囊体上进行的。在光反应阶段中,叶绿体中的色素吸收光能,这些光能有两方面的用处。

(1) 将水分子分解成氧和氢,氧直接以分子状态释放出去,光合作用所产生的氧就是从水中分解而来的。氢是活泼的还原剂,参与到暗反应阶段中的化学反应中去。

(2) 叶绿体中的色素,在酶的作用下,利用所吸收的光能,促成 ATP 的形成。这些 ATP 也参与到暗反应阶段中的化学反应中去。

2. 暗反应

暗反应阶段中的化学反应不需要光,有没有光的照射都可以进行。暗反应阶段中的化学反应是在叶绿体内的基质中进行的。暗反应需要许多种酶参加催化,还需要光反应过程中产生的氢和 ATP 才能正常进行。绿叶从外界吸收来的二氧化碳,化学性质不活泼,不能直接被氢还原,它必须先与植物体内的一种五碳化合物(含有 5 个碳原子的化合物,用 C_5 表示)相结合,这个过程就叫作二氧化碳的固定。一个二氧化碳分子被一个五碳化合物分子固定以后,形成两个三碳化合物分子(含有 3 个碳原子的化合物,用 C_3 表示),一些三碳化合物在 ATP 和酶的作用下,接受光反应时水分解所产生的氢,并且被氢还原,然后经过一系列复杂的变化,形成具有 6 个碳原子的葡萄糖。这样,ATP 中的能量就释放出来,储存到葡萄糖中。另一些三碳化合物经过复杂的变化,又形成了五碳化合物,从而使暗反应不断地进行下去。由此可见,光反应阶段和暗反应阶段是一个整体,在光合作用的过程中,两者紧密联系,缺一不可。

在暗反应阶段中,植物利用光反应产生的氢和ATP,把二氧化碳还原成糖类。在大多数情况下,二氧化碳固定后的初产物是三碳化合物,故而这个固定二氧化碳的过程称C_3途径。这条途径是卡尔文等于20世纪50年代初提出来的,故而也称为卡尔文循环。小麦、水稻、棉花、大豆、烟草和大多数树木通过C_3途径来固定二氧化碳。这类植物称C_3植物。20世纪60年代中期,哈奇·斯拉克等人发现一些起源于热带的植物,如玉米、高粱、甘蔗等,二氧化碳固定后的初产物是四碳化合物,这个固定二氧化碳的过程称C_4途径。这类植物称C_4植物。C_4植物的光合作用效率比C_3植物高,因此一般情况下,C_4植物比C_3植物产量高。

(四) 光合作用的意义

地球上广泛分布着绿色植物,它们进行光合作用的规模非常大,从物质转变和能量转变的过程来看,光合作用是生物界最基本的物质代谢和能量代谢。光合作用对于整个生物界以至整个自然界都具有极其重要的意义,是地球上一切生物生存、繁荣和发展的基础。其意义主要表现在:

1. 绿色植物的光合作用完成了自然界规模巨大的物质转变

光合作用把无机物转变成有机物,不仅构成植物体的本身,同时也为异养生物以及人类制造了食物和其他生活原料。

2. 绿色植物的光合作用完成了自然界规模巨大的能量转变

光合作用过程中,绿色植物把太阳投射到地球表面的一部分光能转变为贮存在有机物中的化学能。大多数生物不能直接利用光能,而只能利用贮藏在有机化合物中的化学能,因而这个能量几乎是所有生物生命活动所需要能量的最初来源。

3. 绿色植物的光合作用使大气中的氧气和二氧化碳的含量相对稳定

据科学家估计,全世界生物的呼吸和燃烧所消耗的氧气,每秒可达10^7 kg左右。照这样的速度,大气中的氧气在3 000年左右就会被用完。绿色植物好比一台天然的"空气净化器",不断地通过光合作用吸收二氧化碳和释放氧气,使得大气中的氧气和二氧化碳的含量相对稳定,维持了生物圈内的生态平衡,为人类和其他生物的生存、发展创造了适宜的条件。

(五) 影响光合作用的因素

植物的光合作用和其他生命活动一样,也经常因外部因素和内部因素的影响而不断地发生变化。在影响光合作用的外部因素中,主要有光照强度、二氧化碳的浓度、温度、水分等。

1. 光照强度

光是光合作用的能量来源,又是叶绿素形成的条件,光照强度还影响气孔的开闭,从而影响二氧化碳的进入。在气温低、自然光线弱的季节里,利用人工光照栽培(最好用日光灯,因为日光灯的光谱与日光近似)增加温室或塑料大棚内的光照强度,可以提高农作物的光合作用速度。

光的波长影响植物光合作用的速度。在红光照射下,植物光合作用的速度最快,蓝、紫光次之,绿光最差。科学研究证明,在蓝紫光照射下,光合作用产物中蛋白质和脂肪的含量较多;在红光照射下,光合作用产物中糖类的含量较多。这个发现在塑料大棚和人工光照的温室中极具价值。例如,在培育水稻秧苗时,蓝色的塑料薄膜具有壮秧的效果。现在,利用蓝色的塑料薄膜栽培农作物这一科研成果已在不少地方推广使用。

2. 二氧化碳的浓度

二氧化碳是光合作用的主要原料。植物在光合作用时吸收二氧化碳的数量很大,一般农作物每天每平方米叶面积吸收 20~30 g 二氧化碳,相当于 4 万~5 万 L 空气中的二氧化碳量。然而,空气中二氧化碳含量只占空气体积的 0.033%(即 330 ppm)左右。这一含量对植物光合作用来说是比较低的,在较强的光照下,它限制了光合作用的速度。因此,单靠空气中二氧化碳浓度差所造成的扩散作用,是远远不能满足植物对二氧化碳的需要的,空气只有以适当的速度移动,才能有比较充足的二氧化碳供应。可见,保证农田通风良好是获取高产的一个十分重要的因素。

此外,增加空气中二氧化碳的浓度也是获得高产的有效措施。据报道,在温室中把空气二氧化碳浓度提高到空气体积的 90%~180% 时,黄瓜可增产 36%~69%,菜豆增产 17%~82%。在大田中进行二氧化碳施肥,可以采用增施有机肥料来促进微生物活动,分解有机物,放出二氧化碳;在温室和塑料大棚中,可以使用干冰(固体二氧化碳),它在常温下升华为气态,或者用液化气等燃料燃烧以增加二氧化碳浓度;在果树行间铺上稻、麦等茎秆,经微生物分解后可直接增加空气中二氧化碳的含量,使果树产量有所提高。

3. 温度

光合作用中的暗反应是由酶所催化的化学反应,而温度直接影响酶的活性,因此,温度对光合作用的影响也很大。一般植物可在 10~35 ℃下正常地进行光合作用,其中以 25~30 ℃ 最适宜,在 35 ℃以上时光合作用效率就开始下降,40~50 ℃ 时即完全停止。在低温中,酶所催化的化学反应速度下降,故限制了光合作用的进行。低温对不同类型植物光合作用的影响有所不同:热带植物在低于 5~7 ℃ 的温度下就不能进行光合作用,而温带和寒带植物在 0 ℃ 以下仍能进行光合作用。光合作用在高温时效率降低,其原因是多方面的,高温破坏叶绿体和细胞质的结构,并使叶绿体的酶钝化。

4. 水

水分对光合作用的影响有直接的原因也有间接的原因。直接的原因是水分是光合作用的原料,但光合作用所利用的水比起植物所吸收的水,只占极小的比例,水分作为光合作用的原料是不会缺乏的。因此,缺水影响光合作用主要是间接的原因。水是植物体内各种化学反应的介质,水分还能影响气孔的开闭,影响二氧化碳进入植物体。因此,当土壤干旱和大气湿度较低时,都会减弱光合作用的效率。例如,小麦在土壤湿度为 1.0% 时,下午就会萎蔫。在这种状态下,整株小麦的光合作用效率比水分充足时要低 35%~40%。在农业生产中,如棉花、花生蹲苗时,要注意控制蹲苗程度,不能过头。水分过多也会影响光合作用。土壤水分太多、通气不良,会妨碍根系活动;雨水淋在叶片上,遮挡气孔影响气体交换,从而间接影响光合作用。

（六）植物栽培与光能的合理利用

光能是绿色植物进行光合作用的动力。所以，在植物的栽培中，只有合理地利用光能，才能使绿色植物更充分地进行光合作用。合理利用光能主要包括延长光合作用的时间和增加光合作用的面积两个方面。

1. 延长光合作用的时间

延长全年内单位土地面积上绿色植物进行光合作用的时间，是合理利用光能的一项重要措施。例如，同一块土地由1年之内只种植和收获1次小麦，改为1年之内收获1次小麦后，又种植并收获1次玉米，可以提高单位面积的产量。

2. 增加光合作用的面积

合理密植是增加光合作用面积的一项重要措施，只有足够的种植密度，才能充分吸收和更好地利用落在地面上的阳光。合理密植是指在单位面积的土地上根据土壤肥沃程度等情况种植适当数量的植物。如果种植得太稀，光能就得不到充分的利用；如果种植得太密，植株互相遮挡，植物也不会茁壮生长。因此，种植密度应合理。

四、有机物的分解与能量释放

绿色植物通过光合作用制造有机物并储存能量，又通过呼吸作用分解体内的有机物，释放能量，生成ATP，供给生命活动的需要。

（一）呼吸作用的概念

植物体内的有机物在细胞内经过一系列的氧化分解，最终生成二氧化碳或其他产物，并且释放出能量的过程，称为植物的呼吸作用（又称生物氧化）。呼吸作用是所有的生物都具有的一项重要的生命活动。

（二）呼吸作用的场所

植物的呼吸作用是在细胞质和线粒体中进行的。由于与能量转换关系更密切的一些步骤是在线粒体中进行，因此，常常把线粒体看成细胞的能量供应中心和呼吸作用的主要场所。

（三）呼吸作用的类型与过程

植物的呼吸作用包括有氧呼吸和无氧呼吸两种类型。

1. 有氧呼吸

有氧呼吸是指细胞在氧的参与下，通过酶的催化作用，把糖类等有机物彻底氧化分解，产生二氧化碳和水，同时释放出大量能量的过程。有氧呼吸是高等植物进行呼吸作用的主要形式，因此通常所说的呼吸作用就是指有氧呼吸。细胞有氧呼吸的主要场所是线粒体。

一般说来，葡萄糖是细胞进行有氧呼吸时最常利用的物质，因此，有氧呼吸的过程可以表示如下：

$$C_6H_{12}O_6 + 6O_2 \xrightleftharpoons{酶} 6CO_2 + 6H_2O + 能量$$

有氧呼吸的全过程可以分为 3 个阶段,如图 3-6 所示。

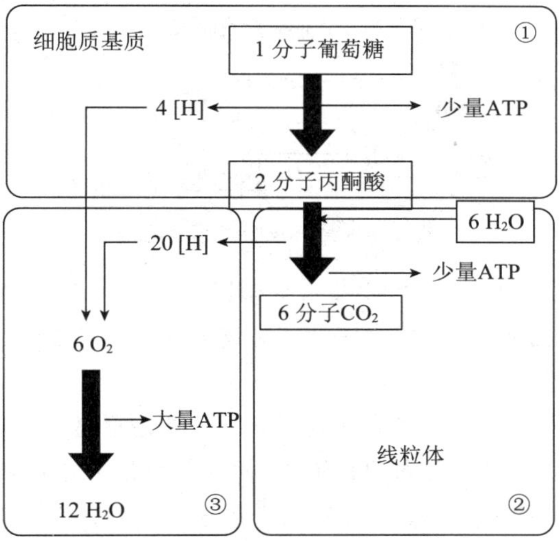

图 3-6 有氧呼吸过程图示

第一个阶段:1 分子葡萄糖分解成 2 分子丙酮酸,在分解的过程中产生少量的氢(用[H]表示),同时释放出少量的能量。这个阶段是在细胞质基质中进行的。

第二个阶段:丙酮酸经过一系列的反应,分解成二氧化碳和氢,同时释放出少量的能量。这个阶段是在线粒体中进行的。

第三个阶段:前两个阶段产生的氢,经过一系列的反应,与氧结合而形成水,同时释放出大量的能量。这个阶段也是在线粒体中进行的。

以上 3 个阶段中的各个化学反应是由不同的酶来催化的。

在植物体内,1 mol 葡萄糖在彻底氧化分解以后,共释放出 2 870 kJ 能量,其中有 1 255 kJ 左右的能量储存在 ATP 中,其余的能量都以热能的形式散失了。

2. 无氧呼吸

无氧呼吸一般是指植物细胞在无氧条件下,通过酶的催化作用,把葡萄糖等有机物质分解成不彻底的氧化产物,同时释放出少量能量的过程。这个过程对于高等植物来说,称为无氧呼吸。如果进行呼吸作用的生物是微生物,如乳酸菌、酵母菌,则习惯上称为发酵。细胞进行无氧呼吸的场所是细胞质基质。

高等植物的无氧呼吸可以将葡萄糖分解成酒精和二氧化碳,并释放少量的能量。例如,高等植物在水淹的情况下,可进行短时间无氧呼吸,以适应缺氧的条件。再如,苹果贮藏久了,会产生酒味。其反应式如下:

$$C_6H_{12}O_6 \xrightleftharpoons{酶} 2C_2H_5OH(酒精) + 2CO_2 + 能量$$

一些高等植物的某些器官,如马铃薯的块茎、甜菜的肉质根、玉米胚等,它们的细胞进行无氧呼吸时可以产生乳酸。其反应式如下:

$$C_6H_{12}O_6 \xrightleftharpoons{酶} 2C_3H_6O_3(乳酸) + 能量$$

无氧呼吸的全过程可以分为两个阶段(图3-7)。

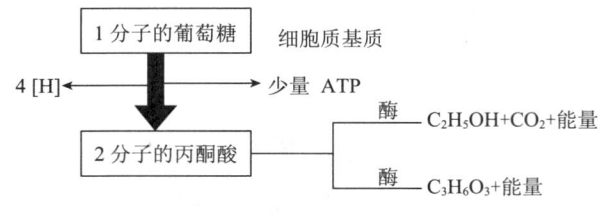

图 3-7　无氧呼吸过程示意

第一个阶段与有氧呼吸的第一个阶段完全相同；第二个阶段是丙酮酸在不同的酶的催化下，分解成酒精和二氧化碳，或者转化成乳酸。这两个阶段中的各个化学反应是由不同的酶来催化的。

无氧呼吸和有氧呼吸的过程虽然有明显的不同，但并不是完全不同的。从葡萄糖到丙酮酸，这个阶段完全相同，只是从丙酮酸开始，它们才分别沿着不同的途径形成不同的产物：在有氧条件下，丙酮酸彻底氧化分解成二氧化碳和水，全过程释放较多的能量；在无氧条件下，丙酮酸则分解成为酒精和二氧化碳，或者转化成乳酸。

在无氧呼吸中，葡萄糖氧化分解时所释放出的能量比有氧呼吸释放出的要少得多。例如，1 mol 葡萄糖在分解成乳酸以后，共放出 196.65 kJ 的能量，其中有 61.08 kJ 的能量储存在 ATP 中，其余的能量都以热能的形式散失了。在无氧状态下，植物体要维持正常生活所需要的能量，就要消耗大量的有机物，同时，产生酒精等有毒的物质，这对植物是很不利的。例如，长期堆放的种子发热，产生酒味变质；种子播种后久雨不晴，发生烂种；作物水淹后不能正常生活以致死亡等。一般来说，植物体维持各项生命活动所需要的能量，绝大部分来自有氧呼吸。

(四) 呼吸作用在植物生活中的意义

植物的任何一个生活细胞，在任何一个生活时期，都在不停地进行呼吸作用，一旦停止就意味着细胞的死亡。因此，对植物体来说，呼吸作用具有非常重要的生理意义，主要表现在以下方面。

1. 呼吸作用能为生物体的生命活动提供能量

呼吸作用释放能量的速度较慢，而且是逐步分解的，适合于植物对能量的需要和利用。呼吸作用释放的能量，一部分转变成热能散失掉了，另一部分以 ATP 形式贮存着，当 ATP 水解时，它贮存的能量就释放出来，供给植物体进行生命活动的需要。例如，植物体对于矿质营养的吸收，有机物的运输，各种生物大分子的合成，细胞分裂和生长，植物的生长、发育及生殖等等。

2. 呼吸过程能为体内其他化合物的合成提供原料

在呼吸过程中所产生的一些中间产物，可以成为合成体内一些重要化合物的原料。例如，葡萄糖分解时的中间产物丙酮酸是合成许多氨基酸的基础原料。

3. 呼吸作用在植物抗病免疫方面有着重要作用

植物受伤或受到病菌侵染时，通过旺盛的呼吸，促进伤口愈合，以减少病菌的侵染；还可以促进合成具有杀菌作用的物质,以增加植物的免疫能力。

(五) 影响呼吸作用的因素

影响呼吸作用的因素,有植物内部的因素,也有外部的因素。

从内部因素来看,不同种类的植物,呼吸作用的强弱不同。生长快的植物比生长慢的植物呼吸作用旺盛;低等植物比高等植物的呼吸作用旺盛。对于同一植物体,幼年器官(如根尖、茎尖)、生殖器官(如花、果实)的呼吸作用比衰老器官(如老根、老叶)、营养器官(如茎、叶)的呼吸作用旺盛;多年生植物的呼吸作用强弱表现为有节奏的四季变化,在温带一般以春季发芽及开花时最高,冬季最低。

从外部因素来看,温度、水分、氧和二氧化碳等都影响呼吸作用的强弱。

1. 温度

呼吸作用的化学反应大多是需要酶参加的反应,而温度直接影响酶的活性。在 0 ℃ 以下时,一般植物的呼吸作用很弱甚至几乎停止,呼吸作用的最适温度一般在 25～35 ℃,呼吸作用的最高温度一般在 45～55 ℃。

2. 水分

植物细胞含水量对呼吸作用的影响很大。例如,干燥种子的呼吸作用很微弱,当种子吸水后,呼吸作用迅速加强。

3. 氧和二氧化碳

氧是进行有氧呼吸的必要条件。大气中氧含量比较稳定,约为 21%,对于植物的地上器官来说,一般不会受到缺氧的危害。当氧浓度下降到 20% 以下时,植物呼吸作用便开始下降;氧浓度低到 5%～8% 时,无氧呼吸出现并逐步增强,有氧呼吸迅速下降。植物根系虽能适应较低的氧浓度,但当土壤中氧含量低于 5%～8% 时,其呼吸作用也会下降。因此,农作物生产中经常要中耕松土,以保证植物根部的良好通风状况。

二氧化碳是呼吸作用的最终产物。当环境中二氧化碳浓度增高时,呼吸作用受到抑制而减弱。实验证明,二氧化碳浓度高于 5% 时,有明显抑制呼吸作用的效应,这可利用在果蔬和种子的贮藏中。

(六) 呼吸作用原理在农业上的应用

粮油种子的贮藏原则是保持"三低",即降低种子的含水量、温度和空气中的氧含量。

多汁果实和蔬菜的贮藏、保鲜原则是,在尽量避免机械损伤的基础上,控制温度、湿度和空气成分 3 个条件,降低呼吸消耗,使果实蔬菜保持新鲜状态。降低温度但不宜过低,大多数适宜在 0～1 ℃,苹果为 0～5 ℃;一般保持相对湿度在 80%～90% 为宜;使用气调法降低氧浓度,增高二氧化碳浓度,大量增加氮的浓度,可抑制呼吸和微生物的活动。

块根和块茎的贮藏与果实、蔬菜有许多相似之处。避免机械损伤,保持较低的温度。如甘薯的最适温度为 11～13 ℃,相对湿度以 85%～90% 为宜。空气控制方面,可利用块根、块茎自体呼吸降低室内氧浓度,增加二氧化碳浓度,即所谓"自体保藏法",也有很好的贮藏效果。

在作物栽培方面,许多栽培措施都是为了直接或间接地保证作物呼吸作用的正常进行。例如,早稻浸种催芽时,用温水淋种并且时常翻动,目的就是使酶处在最适温度中,以及促进通风,加快萌发;在大田栽培中,适时中耕松土,防止土壤板结,有助于改善根际周围的氧气供应,保证根系的正常呼吸。在我国南方小麦灌浆期,雨水较多,容易造成高温高湿逼熟,导致植株提早死亡,籽粒不饱满。此时要特别注意开沟排涝,降低地下水位,增加土壤含氧量,以维持根系的正常呼吸。

第四节 动物的新陈代谢

动物在新陈代谢的过程中,不能像绿色植物那样直接利用无机物制造有机营养物质,必须直接或间接地以绿色植物为食物,这是动物新陈代谢不同于植物的一个显著特点。动物的新陈代谢包括物质代谢和能量代谢两个方面。

一、物质代谢

动物的物质代谢包括两个方面:一方面是动物要不断地从外界环境中摄取营养物质,并把它们转化成自身的组成物质;另一方面是动物要不断地分解自身的一部分组成物质,并且把分解的最终产物排出体外。动物所需要的营养物质都来自食物,食物所含的营养物质中,除水、无机盐和维生素因分子小,结构简单,溶于水,能被直接吸收利用以外,糖类(除单糖)、脂肪、蛋白质等大分子有机物都不能直接被吸收利用,必须分解成小分子物质才能通过细胞膜进入细胞内。也就是说,大分子有机物必须经过消化,才能被动物体吸收和利用。

(一) 食物的消化

各类动物消化食物的方式、特点是各不相同的,大致区别如表 3-2 所示。

表 3-2 各类动物的消化方式、特点比较

动物类别	消化方式	消化特点	举例
单细胞的原生动物	细胞内消化	把食物吞入细胞内,形成食物泡,依靠酶的作用消化食物	变形虫
低等的多细胞动物 (以腔肠动物为例)	细胞内消化	内胚层的一些细胞能够吞食食物,进行细胞内消化	水螅
	细胞外消化	食物在消化腔中,在内胚层的另一些细胞分泌的消化酶的作用下消化食物	
高等的多细胞动物	细胞外消化	食物都是在消化道内,在各种消化酶的作用下,进行细胞外消化	昆虫、狗

由于细胞内消化不能摄取体积较大的食物,摄食范围小,耗能比较多,因此细胞内消化比较低等。尽管消化方式是由细胞内消化向细胞外消化进化的,但在人或高等动物中仍存在细胞内消化,如人的白细胞吞噬病菌、异物等。

一般来说,动物摄取的食物是在消化道内进行消化的,首先通过物理性消化,即通过咀嚼、吞咽、反刍和胃肠的蠕动,将食物磨碎,并且与消化液充分混合;其次进行化学性消化,即通过消化腺所分泌的消化酶,将结构复杂的大分子物质分解成可以被细胞吸收的小分子物质,即蛋白质分解为氨基酸,淀粉分解为葡萄糖,脂肪分解成为甘油和脂肪酸。植食性动物

(如牛、羊、鹿等)比较特殊,除具有物理性消化和化学性消化以外,还具有微生物消化。微生物消化是指消化道内微生物所参与的消化过程。植食性动物的消化腺所分泌的消化液中没有能够消化纤维素的酶,但在这些动物的大肠内,栖息着大量的微生物,它们能产生分解纤维素的酶,在这些酶的作用下,纤维素被分解成可以被吸收的低级脂肪酸(如乙酸、丙酸等)。

动物和人的消化管是由口腔、咽、食管、胃、小肠、大肠和肛门组成。其中口腔、胃、小肠是消化食物的场所,由于小肠本身分泌多种消化酶,胰腺分泌的多种消化酶和肝分泌的胆汁也都通过胰管和胆总管进入小肠,可以对淀粉、蛋白质和脂肪进行彻底的消化,因此,小肠是消化的主要场所。当食物从口腔逐渐进入小肠后,糖类、脂类和蛋白质这些大分子有机物在各种酶的作用下,被分解成各种可以吸收的小分子有机物。食物中三大营养物质被消化成小分子的过程如下:

$$淀粉 \xrightarrow[\text{(唾液、胰、肠)}]{\text{淀粉酶}} 麦芽糖 \xrightarrow[\text{(胰、肠)}]{\text{麦芽糖酶}} 葡萄糖$$

$$蛋白质 \xrightarrow[\text{(胃、肠)}]{\text{蛋白酶}} 多肽 \xrightarrow[\text{(肠)}]{\text{麦芽糖酶}} 氨基酸$$

$$脂肪 \xrightarrow[\text{(乳化作用)}]{\text{胆汁}} 脂肪微粒 \xrightarrow[\text{(胰、肠)}]{\text{脂肪酶}} 甘油+脂肪酸$$

(二)营养物质的吸收

消化后形成的葡萄糖、氨基酸、甘油、脂肪酸,以及不用消化的水分、无机盐、维生素等均为小分子,其结构简单,是易溶于水的物质,可以直接被消化道所吸收。所谓营养物质的吸收,是指包括水分、无机盐、维生素、葡萄糖等在内的各种营养物质通过消化道的上皮细胞进入血液和淋巴的过程。消化道的不同部位对营养物质的吸收情况不同。口腔和食道基本上没有吸收能力;胃仅能吸收水分、无机盐和酒精,但是牛、羊等动物的胃则可以吸收大量的低级脂肪酸;大肠主要吸收水分、无机盐和部分维生素;小肠能吸收各种营养物质,所以说小肠是吸收营养物质的主要场所。这与小肠的结构特点是分不开的:小肠是消化道中最长的一段,可达 5~6 m;肠黏膜层上有许多环形皱襞,皱襞上有许多小肠绒毛,小肠绒毛的上皮细胞向着肠腔一面的细胞膜上突起许多微绒毛,如果将小肠的这些结构展开,则比原来的吸收面积扩大了 200 倍左右;小肠绒毛的壁仅有 1 层上皮细胞,绒毛内有丰富的毛细血管和毛细淋巴管,毛细血管和毛细淋巴管的壁也均为 1 层上皮细胞,因此肠腔内的营养物质只要经过这两层细胞,就可以进入血液和淋巴里去了。

大部分营养物质是进入毛细血管的,只有一部分脂类物质,如脂肪酸和乳糜微粒,先进入毛细淋巴管,经淋巴循环进入血液,再经血液循环输送到全身细胞中。小肠绒毛的上皮细胞吸收营养物质,水、胆固醇、甘油等是通过渗透作用和扩散作用吸收的,这种方式又称被动吸收;葡萄糖、氨基酸、Na^+、K^+ 等的吸收要消耗细胞内的能量,是细胞有选择性的主动转运过程,这种方式称主动运输。

(三)物质代谢的过程

人和动物通过食物所获得的糖类、蛋白质、脂肪这三大类营养物质,经过消化、吸收、运输进入细胞后,分别发生不同的变化,并被机体利用。

1. 糖类代谢

肠道中的葡萄糖经小肠上皮细胞吸收到体内后,有以下 3 种变化。

(1) 一部分葡萄糖随血液循环运往全身各处,在细胞中氧化分解,最终生成二氧化碳和水,同时释放出能量,供生命活动的需要。

(2) 血液中的葡萄糖——血糖除供细胞利用外,多余的部分可以被肝和肌肉等器官、组织合成糖原而储存起来。当血糖含量由于消耗而逐渐降低时,肝中的肝糖原可分解成葡萄糖,并陆续释放到血液中,以维持血糖含量的相对稳定。肌肉中的肌糖原则是作为能源物质,供给肌肉活动所需要的能量。

(3) 除上述变化外,如果还有多余的葡萄糖,则可以转变成脂肪和某些氨基酸等。给家畜、家禽提供富含糖类的饲料,使它们肥育,就是因为糖类在它们的体内转变成了脂肪。用填喂的方法使北京鸭在较短的时间内肥育,就是一个典型的例子。葡萄糖在机体内的变化归纳如下:

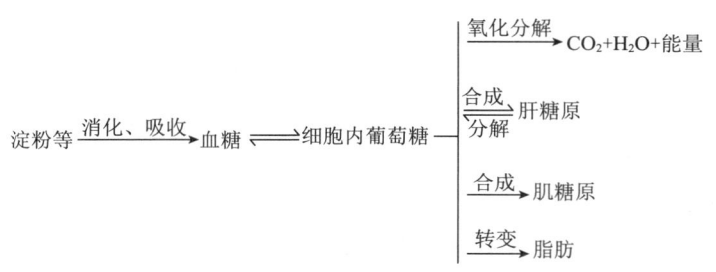

$$\text{淀粉等} \xrightarrow{\text{消化、吸收}} \text{血糖} \rightleftharpoons \text{细胞内葡萄糖} \begin{cases} \xrightarrow{\text{氧化分解}} CO_2+H_2O+\text{能量} \\ \xrightarrow[\text{分解}]{\text{合成}} \text{肝糖原} \\ \xrightarrow{\text{合成}} \text{肌糖原} \\ \xrightarrow{\text{转变}} \text{脂肪} \end{cases}$$

2. 蛋白质代谢

食物中的蛋白质,既有来自谷类、豆类等作物的植物性蛋白质,又有来自肉、蛋、奶的动物性蛋白质。蛋白质在人和动物的消化道内被分解成各种氨基酸。氨基酸被吸收以后,有以下 4 种变化。

(1) 直接被用来合成各种组织蛋白质,例如红细胞中的血红蛋白,肌肉细胞中的肌球蛋白和肌动蛋白等。有些组织蛋白质的合成速度是非常快的,例如,老鼠的肝被部分切除以后,可以在 10~20 天内恢复原状。又如,用同位素测定的方法可知,人的肝蛋白质和血浆蛋白质大约 10 天就更新一半。

(2) 有些细胞除能合成组织蛋白质以外,还能合成一些具有一定生理功能的特殊蛋白质。例如,肝细胞能够合成血浆蛋白中的纤维蛋白原和凝血酶原等,消化腺上皮细胞能够合成消化酶,某些内分泌细胞能够合成蛋白质类激素等。

(3) 通过氨基转换作用,把氨基转移给其他化合物,可以形成新的氨基酸。例如,谷氨酸和丙酮酸在谷丙转氨酶(GPT)的催化下,谷氨酸的氨基转移给丙酮酸,生成丙氨酸和另一种酮酸。在人和动物体内能够合成的氨基酸,称为非必需氨基酸,如丙氨酸、甘氨酸等。不能在人和动物体细胞内合成,只能够从食物中获得的氨基酸,称为必需氨基酸。例如,人体的必需氨基酸共有 8 种:赖氨酸、色氨酸、苯丙氨酸、亮氨酸、异亮氨酸、苏氨酸、甲硫氨酸和缬氨酸。

(4) 通过脱氨基作用,氨基酸分解成含氮部分(也就是氨基)和不含氮部分,其中氨基可以转变成尿素而排出体外;不含氮部分可以氧化分解成二氧化碳和水,同时释放能量,也可以合成糖类和脂肪。氨基酸在体内的变化归纳如下：

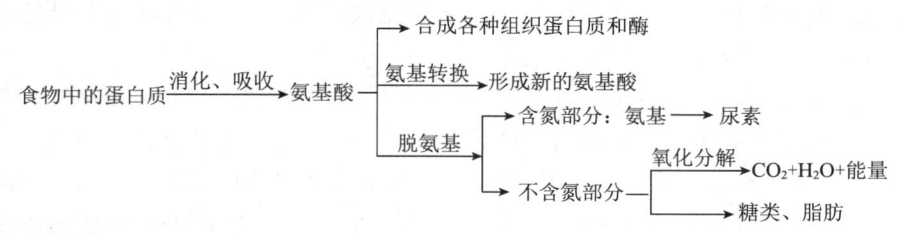

```
                                    ┌→ 合成各种组织蛋白质和酶
                消化、吸收           ├─氨基转换→ 形成新的氨基酸
食物中的蛋白质 ─────────→ 氨基酸 ─┤
                                    │         ┌→ 含氮部分：氨基 → 尿素
                                    └─脱氨基 ─┤                    ┌→ CO₂+H₂O+能量
                                              └→ 不含氮部分 ─氧化分解┤
                                                                    └→ 糖类、脂肪
```

3. 脂类代谢

食物中的脂类主要是脂肪（甘油三酯），同时还有少量的磷脂（主要是卵磷脂和脑磷脂）和胆固醇。

（1）脂肪。食物中的脂肪在人和动物体内经过消化，以甘油和脂肪酸的形式被吸收以后，大部分再度合成脂肪，随着血液运输到全身各组织器官中。在各组织器官中发生以下两种变化：一是在皮下结缔组织、腹腔大网膜和肠系膜等处储存起来，常以脂肪组织的形式存在；二是在肝和肌肉等处再度分解成甘油和脂肪酸等，然后直接氧化分解，生成二氧化碳和水，释放出大量的能量，或者转变为糖原等。

（2）磷脂。人和动物体内的磷脂，只有一小部分直接来自食物，大部分是在体内各组织细胞中合成的。合成磷脂的原料是甘油、脂肪酸、磷酸、胆碱或胆胺等。磷脂参与构成机体的组织，是构成细胞膜和细胞器膜以及神经髓鞘的主要成分。当磷脂在体内分解时，所分解的产物中的甘油和脂肪酸，既可以被氧化分解，生成二氧化碳和水，并释放出能量，也可以转变成脂肪。

（3）胆固醇。人和动物体内的胆固醇除少量来自动物性食物外，主要在体内合成，而肝是合成胆固醇的主要器官。胆固醇在体内发生以下两种变化：一是参与构成机体的组织，是细胞膜和细胞器膜以及神经髓鞘的主要组成部分；二是转化成其他一些具有重要生理作用的化合物，如某些类固醇激素（肾上腺皮质激素、性激素等）、维生素 D_3 和胆汁酸。脂类中的脂肪、磷脂和胆固醇在人和动物体内的变化归纳如下：

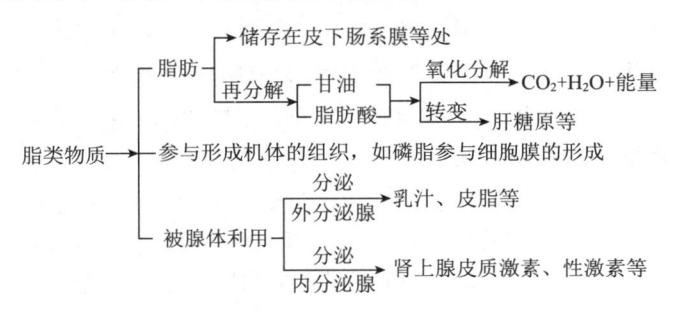

```
              ┌─ 脂肪 ─┬→ 储存在皮下肠系膜等处
              │        │                ┌ 甘油   ─氧化分解→ CO₂+H₂O+能量
              │        └→ 再分解 ─────┤ 脂肪酸  ─转变→ 肝糖原等
脂类物质 ─────┤
              ├─ 参与形成机体的组织，如磷脂参与细胞膜的形成
              │                    ┌ 外分泌腺 ─分泌→ 乳汁、皮脂等
              └─ 被腺体利用 ──────┤
                                   └ 内分泌腺 ─分泌→ 肾上腺皮质激素、性激素等
```

4. 三大营养物质代谢的关系

在同一细胞内，糖类、脂类和蛋白质这 3 类物质的代谢是同时进行的，它们之间既相互联系，又相互制约，共同形成一个协调统一的过程。

糖类、脂类和蛋白质之间是可以转化的。例如，糖类在分解过程中产生的一些中间产物（如丙酮酸）可以通过转氨基作用生成相对应的非必需氨基酸。但是，由于糖类分解时不能产生与必需氨基酸相对应的中间产物,因此,糖类不能转化成必需氨基酸。蛋白质在分解过程中产生的一些氨基酸可以通过脱氨基作用等转化成糖类。例如,丙氨酸可以通过脱氨基作用先形成丙酮酸,再转化成糖类。

三大类物质之间除相互转化外,还相互制约着。在正常情况下,人和动物体所需要的能量主要是由糖类氧化分解供给的,只有当糖类代谢发生障碍,如当人饥饿或动物冬眠引起供能不足时,才由脂肪和蛋白质氧化分解供给能量,保证机体的能量需要。当糖类和脂肪的摄入量都不足时,体内蛋白质的分解就会增加。而当大量摄入糖类和脂肪时,体内蛋白质的分解就会减少,此时糖类才会大量地转化为脂肪,将能量贮存起来。

5. 三大营养物质与人体健康

一般情况下,血糖的来源和去路如果能够保持相对平衡,就会使血糖含量保持在0.1%的相对稳定状态。当血糖降至0.07%时,人会出现饥饿感,这时肝糖原可以分解成葡萄糖进入血液,使血糖恢复正常。人在长期饥饿或肝功能减退的情况下,血糖降至0.04%而得不到补充时,就会出现头昏、心慌、出冷汗、面色苍白、四肢无力的低血糖症状。这时如果能喝一杯浓糖水或吃一些含糖量高的食品,就可以恢复正常,否则会出现惊厥或昏迷等。这是由于脑组织的活动所需能量主要来自葡萄糖的氧化分解,脑组织中含糖原极少,需要随时从血液中摄取葡萄糖氧化供能。出现上述症状,是由于血糖浓度过低,脑组织不能及时得到足够的能量而发生功能障碍,此时如给患者静脉输入葡萄糖溶液,症状也可得到缓解。

如果人多食少动,摄入的糖过多,而消耗的少,处于供大于求的状态,不但食物中的脂肪可以贮存在体内,而且体内过多的葡萄糖、蛋白质也可转变为脂肪贮存于体内,这就造成了肥胖。这种肥胖可以通过控制饮食,加强运动来减肥。对于某些因遗传或内分泌失调而引起的肥胖,则应该去医院诊断治疗。过度肥胖除有可能造成血脂高之外,还可引起血糖过高,肥胖时间过长,会诱导生成糖尿病。此病的糖、脂代谢常常都不正常,又被称为糖脂病。当糖尿病还处于轻度时,可通过控制饮食与加强运动克服。

在营养物质代谢过程中,脂肪来源太多(如高脂肪、高糖膳食)时,肝就要把多余的脂肪合成为脂蛋白,从肝中运出去。磷脂是合成脂蛋白的重要原料。如果肝功能不好,或是磷脂等的合成减少时,脂蛋白的合成受阻,脂肪就不能顺利地从肝中运出去,因而造成脂肪在肝中的堆积,形成脂肪肝。这种情况会影响肝细胞的功能,长期发展下去,可能使肝细胞坏死,结缔组织增生,最终造成肝硬化。合理膳食,适当的休息和活动,并注意吃一些含卵磷脂较多的食物,是防治脂肪肝的有效措施。

蛋白质在生命活动中具有多方面的生理作用。蛋白质在体内不能贮存,人体每天都必须摄入足够量的蛋白质,尤其是生长发育期的儿童、青少年、孕妇以及大病初愈的人,食物中更应含足够量的蛋白质。各种蛋白质所含氨基酸的种类不同,动物性食物中的蛋白质所含氨基酸的种类齐全,有些植物性食物中的蛋白质缺少人体必需氨基酸,如玉米的蛋白质缺乏色氨酸、赖氨酸,稻谷蛋白质缺少赖氨酸,豆类蛋白质缺少甲硫氨酸。人长期食用单一种类食物,体内会因为缺乏某些必需氨基酸而导致蛋白质合成受阻,而出现营养不良。豆类蛋白质中赖氨酸含量丰富,因此,在以大米为主食时,多吃些豆制品,可提高对摄入蛋白质的利用率,改善人体营养状况。

二、能量代谢

动物体进行物质代谢的同时就伴随着能量代谢。动物体在合成自身物质时伴随着能量的贮存,在分解自身物质时伴随着能量的释放,能量代谢包括能量的贮存、释放、转移和利用等变化。

营养物质的吸收和利用侧重于合成代谢,这对于能量的变化来说是一个贮能过程。能量的释放和利用则主要与分解代谢有关。异化作用的过程通常是在有氧的条件下进行的,这就涉及气体交换即呼吸的问题。

(一) 气体交换

单细胞原生动物生活在水中,它们可以通过体表直接与水之间进行气体交换:把水中溶解的氧气吸进体内,同时把体内的二氧化碳排到水中。

高等多细胞动物,包括人类在内,身体里的细胞进行气体交换,必须通过呼吸系统和循环系统才能进行。通过呼吸运动和血液循环,从外界环境吸入肺泡内的空气与肺部毛细血管内的静脉血之间,可以不断地进行气体交换:氧由肺泡向静脉扩散,而二氧化碳则由静脉血向肺泡扩散。经过这种气体交换后,静脉血变成含氧丰富的动脉血。机体从外界环境吸入氧和排出二氧化碳的这一过程,称外呼吸。肺部血管中的动脉血通过血液循环,不断地把氧输送到全身的各种组织,组织细胞与血液之间就可以不断地进行气体交换:氧由动脉血经组织液向组织细胞扩散,而二氧化碳则由组织细胞经组织液向动脉血扩散。组织细胞得到了氧,就可以进行有机物的分解了。机体内的全部细胞从内环境吸入氧和排出二氧化碳,以及氧在细胞内的利用这一过程,称内呼吸。呼吸的全过程如图3-8所示。

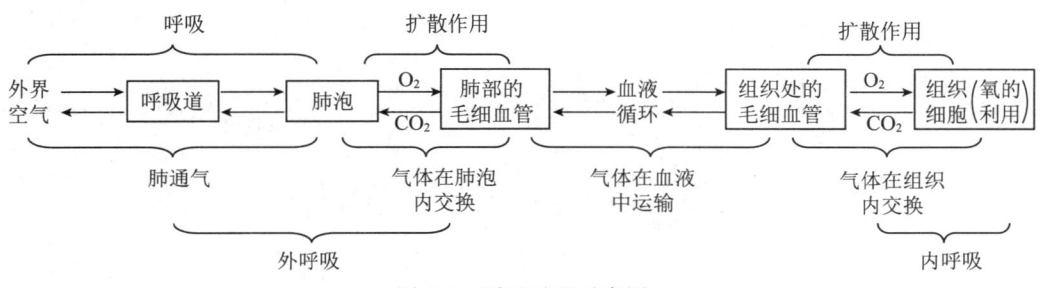

图 3-8 呼吸过程示意图

(二) 能量的来源及贮存

绿色植物通过光合作用将光能转化为化学能,贮存在光合作用的产物中。动物必须直接或间接地以绿色植物为食物,从中获取自身所需要的有机物。这些有机物经过动物体的消化、吸收以后,其中一部分贮藏起来,同时也就贮藏了能量。因此,动物体内贮存的能量,归根到底是来自光能。

(三) 能量的释放和转移

动物和人体细胞内的糖类、脂类和蛋白质等有机物中,都含有大量的化学能,当它们在细胞内被氧化分解,生成二氧化碳和水等代谢终产物的时候,它们所含有的能量就释放出来,供生命活动利用。在上述的3类有机物中,主要的能源物质是糖类。例如,人体在一般情况下,所需要的能量大约有 70% 是由糖类供给的。下面就以葡萄糖为例,来讲述物质氧化分解中的能量变化。

实验证明,1 mol 葡萄糖不论是在体外燃烧,还是在细胞内氧化,所产生的能量都是 2 870 kJ。但是,葡萄糖在体外燃烧,能量是瞬间释放出来,并且全部以热能的形式散失;而葡萄糖在体内氧化分解是在酶的作用下,经过许多中间步骤,逐步释放出能量的。在所释放的能量中,一部分以热能的形式散失,用来维持体温;还有一部分被转移到一些化合物(如 ATP、磷酸肌酸)中贮存起来。这类化合物由于贮存了较高的能量,因而称为高能化合物。在这类高能化合物中,与动物和人体的能量转移、利用关系最密切的是 ATP。因为糖类、蛋白质和脂类等化合物在细胞内氧化分解时,释放的能量不能被直接利用,ATP 在酶的作用下水解,释放出贮存在高能磷酸键中的能量,就可以直接用于动物体进行生命活动,ATP 是生命活动的直接能源,动物和人体进行各项生命活动所能利用的能量几乎全部是靠 ATP 来转移。可以这样说,ATP 不是生物体能量的贮存物质,而是生物体能量的携带者和传递者,形象地说,ATP 是生物体能量流通的"货币"。

(四) 能量的利用

动物和人体进行各项生命活动,例如肌肉收缩、神经传导和生物电、合成代谢、吸收和分泌等,所需要的能量都是由 ATP 水解成 ADP 时释放出来的。虽然 ATP 在动物和人体的细胞中普遍存在,但是含量不高,当动物和人体由于能量大量消耗而使细胞中 ATP 的含量过分减少时,细胞内其他高能化合物(如磷酸肌酸)就释放出所贮存的能量,供 ADP 合成 ATP。

(五) 能量代谢过程

能量代谢主要指能量的贮存、释放、转移和利用的过程。能量代谢全过程如图 3-9 所示。

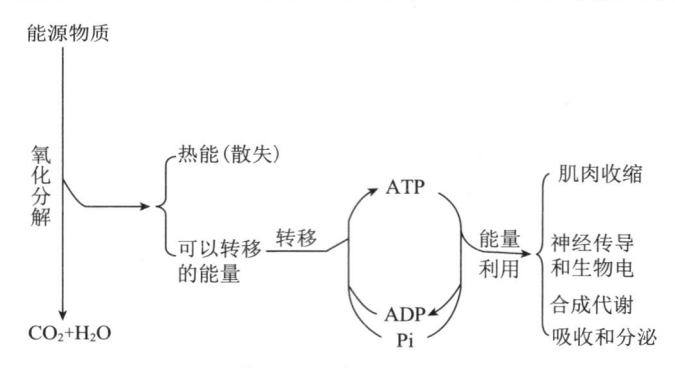

图 3-9 能量的释放、转移和利用图解

在一般情况下,高等动物(包括人类)进行的各项生命活动所需要的能量,都是在有氧的条件下,通过有氧呼吸,由糖类的氧化分解供给的。但是,在某些情况下,由于组织内缺氧,它们所需要的能量则可以通过无氧呼吸来提供。例如,人体在进行剧烈运动的时候,骨骼肌急需大量的能量,尽管当时的呼吸运动和血液循环都大大地加强了,但是仍然不能满足肌肉组织对氧的需要,致使肌肉处于暂时相对的缺氧状态,于是就出现了无氧呼吸。通过无氧呼吸来供给能量的情况是,在有关酶的催化下,1 分子葡萄糖分解成 2 分子乳酸,并释放出少量的能量,这些能量中的一部分供 ADP 合成为 ATP,再由 ATP 供给肌肉活动所需要的能量。这种方式虽然供给的能量很少(因为乳酸中还含有很多化学能没有释放出来),但是可以暂时满足肌肉剧烈活动所急需的能量。此外,人们从平原地区进入高原的初期,由于尚未适应高原空气稀薄的环境,体内血红蛋白所携带的氧满足不了人体对氧的需要,有些组织细胞也往往通过无氧呼吸来获得能量,以适应缺氧的环境条件。

思考与练习

一、单项选择题

1. 生物同化作用和异化作用的相同点是(　　)。
   A. 合成物质,贮存能量　　　　　　　B. 分解有机物,释放能量
   C. 包括物质代谢和能量代谢　　　　D. 排出代谢废物

2. 在营养丰富、水分充足、温度适宜、黑暗密封的环境中,分别培养下列四种生物,过一段时间后,它们中仍能生存的是(　　)。
   A. 硝化细菌　　　　　　　　　　　　B. 乳酸菌
   C. 白菜　　　　　　　　　　　　　　D. 蘑菇

3. 绿色植物的细胞中,能生成 ATP 的细胞器是(　　)。
   A. 叶绿体和线粒体　　　　　　　　B. 线粒体和核糖体
   C. 核糖体和高尔基体　　　　　　　D. 高尔基体和叶绿体

4. 与正常大豆相比,若大豆表现出花器官发育不正常,生育期延长,则说明植物缺(　　)。
   A. N　　　　　B. P　　　　　C. B　　　　　D. Zn

5. 当植物根细胞吸收 K 后,过一段时间,K 就移动到该植物的地上部分中,促进 K 移动的原因主要是(　　)。
   A. 主动运输　　　　　　　　　　　　B. 呼吸作用
   C. 渗透作用　　　　　　　　　　　　D. 蒸腾作用

6. 为了促使根系吸收必需的矿质元素,农田和花园中一般采取的措施是(　　)。
   A. 增加灌溉　　　　　　　　　　　　B. 增加施肥
   C. 疏松土壤　　　　　　　　　　　　D. 增加光照

7. 下列元素中,进入植物体后形成难溶解的稳定化合物的是(　　)。
   A. Fe　　　　　B. N　　　　　C. P　　　　　D. Mg

8. 光的波长影响植物光合作用的速度,使植物光合作用速度最慢的是(　　)。
   A. 红光　　　　B. 蓝光　　　　C. 紫光　　　　D. 绿光

9. 不同光照射下,光合作用产物存在差异,为了使光合产物中糖类含量较多,则可以照射(　　)。
   A. 红光　　　　B. 蓝光　　　　C. 紫光　　　　D. 绿光

10. 以下关于有氧呼吸与无氧呼吸的表达,不正确的是(　　)。
    A. 都从葡萄糖开始,产生丙酮酸　　B. 都产生 CO_2 和 H_2O
    C. 都是有机物的分解　　　　　　　D. 都有能量释放,并产生 ATP

11. 为提高大棚蔬菜的产量,应采用的正确举措是(　　)。
   A. 在白天适合降温
   B. 在夜间适合提高温度
   C. 在白天和夜间都适合提高温度
   D. 在白天适合提高温度,在夜间适合降低温度

12. 有氧呼吸的过程中,能生成大量 ATP 的是(　　)。
   A. 由葡萄糖生成丙酮酸时　　　　　　B. 由丙酮酸完整分解成 CO_2 和[H]时
   C. 丙酮酸分解成酒精和 CO_2 时　　　　D. 氢与氧结合生成水时

13. 无氧呼吸的反应场所是(　　)。
   A. 细胞质基质　　　B. 线粒体　　　C. 叶绿体　　　D. 内质网

14. 下列物质不可以直接被消化道吸收的是(　　)。
   A. 蛋白质　　　B. 葡萄糖　　　C. 氨基酸　　　D. 甘油

15. 下列对人体消化系统的有关描述中,正确的是(　　)。
   A. 所有的消化液都含有消化酶　　　　B. 消化系统由消化道组成
   C. 所有的消化腺都能分泌消化液　　　D. 大肠是消化和吸收的主要部位

16. 进行植物细胞杂交时,要先除去细胞壁而又不损伤细胞,下列可以选择的试剂是(　　)。
   A. 纤维素酶　　　B. 淀粉酶　　　C. 30%蔗糖溶液　　　D. 稀盐酸

17. 合成胆固醇的主要器官是(　　)。
   A. 肝　　　B. 胆　　　C. 胃　　　D. 小肠

18. 植物细胞发生质壁分离的原因是(　　)。
   ①外界溶液浓度大于细胞液浓度
   ②细胞液浓度大于外界溶液浓度
   ③细胞壁的伸缩性大于原生质层的伸缩性
   ④原生质层的伸缩性大于细胞壁的伸缩性
   A. ②④　　　B. ①④　　　C. ②③　　　D. ③④

19. 一个成熟的植物细胞,它的原生质层主要包括(　　)。
   A. 细胞膜、核膜和这两层膜之间的细胞质
   B. 细胞膜、液泡膜和这两层膜之间的细胞质
   C. 细胞膜和液泡膜之间的细胞质
   D. 细胞壁、液泡膜和它们之间的细胞质

20. 下列关于矿质元素的表述,正确的是(　　)。
   A. N、P、K、S、Ca、Mg 属于微量元素　　　B. Fe、Mn、B、Zn、Cu、Mo、Cl 属于大量元素
   C. N、S、P 是叶绿素的组成元素　　　　　D. 植物缺 Zn 会出现矮化和小叶病

二、多项选择题

1. 下列属于细胞中有机化合物的有(　　)。
   A. 糖类　　　B. 脂质　　　C. 蛋白质　　　D. 无机盐

2. 下列有关蒸腾作用意义的表述,正确的有(　　)。
   A. 蒸腾作用产生的蒸腾拉力,是植物体对水分吸收和运行的动力
   B. 蒸腾作用促进矿质营养的吸收、运输以及分配
   C. 蒸腾作用过程中会吸收植物体内的热量,从而降低植物体温度
   D. 蒸腾作用有利于气体交换
3. 下列关于无氧呼吸的表述,正确的有(　　)。
   A. 不需要氧气参与　　　　　　　　B. 需要酶的催化作用
   C. 氧化很彻底　　　　　　　　　　D. 释放少量能量
4. 下列表述正确的有(　　)。
   A. 三大类物质之间除相互转化外,还相互制约
   B. 当糖类和脂肪的摄入量都不足时,体内蛋白质的分解就会增加
   C. 当大量摄入糖类和脂肪时,体内蛋白质的分解会减少
   D. 过度肥胖可能诱导生成糖尿病
5. 下列属于形成脂肪肝的原因有(　　)。
   A. 肝功能不好　　　　　　　　　　B. 磷脂等的合成减少
   C. 脂蛋白的合成受阻　　　　　　　D. 脂肪不能顺利从肝中运出去

三、判断题

1. 酶的催化效率比无机催化剂的催化效率低。　　　　　　　　　　　　　(　　)
2. ATP 与 ADP 相互转化需要的酶不同。　　　　　　　　　　　　　　　(　　)
3. 当外界溶液的浓度大于细胞液的浓度时,植物细胞就通过渗透作用失水。　(　　)
4. 交换吸附是需要消耗能量的,而且吸附的速度很慢。　　　　　　　　　(　　)
5. 根吸收矿质元素离子和根吸收水分是两个相对独立的过程。　　　　　　(　　)
6. 生理酸性盐不宜施用在碱性土壤中,生理碱性盐不宜施用在酸性土壤中。(　　)
7. 大豆、豌豆等豆类作物对 P 的需要量较大。　　　　　　　　　　　　　(　　)
8. C_3 植物的光合作用效率比 C_4 植物的强,所以 C_3 植物比 C_4 植物产量高。(　　)
9. 有氧呼吸第一阶段释放大量的能量。　　　　　　　　　　　　　　　　(　　)
10. 蛋白质分解产生的氨基酸可以通过脱氨基作用转化成糖类。　　　　　(　　)
11. ATP 在动物和人体的细胞中普遍存在,但是含量不高。　　　　　　　(　　)
12. 高等动物(包括人类)进行的各项生命活动所需要的能量,都是由糖类通过有氧呼吸氧化分解供给的。　　　　　　　　　　　　　　　　　　　　　　　　　　　(　　)
13. 多汁果实和蔬菜贮藏的相对湿度一般保持在 80%~90%。　　　　　　(　　)
14. 对于植物的地上器官来说,一般不会受到缺氧的危害。　　　　　　　(　　)
15. 同一植物体幼年器官的呼吸作用比衰老器官的呼吸作用弱。　　　　　(　　)
16. 马铃薯的块茎、甜菜的肉质根、玉米胚等,它们的细胞进行无氧呼吸时可以产生酒精。(　　)
17. 有氧呼吸的第一阶段与无氧呼吸的第一阶段完全相同,都是释放大量能量。(　　)
18. 热带植物在 0 ℃以下都能进行光合作用。　　　　　　　　　　　　　(　　)
19. 在培育水稻秧苗时,绿色的塑料薄膜具有壮秧的效果。　　　　　　　(　　)

20. N、P、K这三种矿质元素叫作肥料"三元素"。　　　　　　　　　　　　　（　　）

四、填空题

1. 生物体内生命活动的基本特征是_____。
2. _____是生物体内能量的流通"货币"。
3. 生物体的新陈代谢，按照生物体同化作用方式不同分为_____和_____。
4. 酶是活细胞所产生的一类具有催化作用的有机物，大多数酶是_____，少数是_____。
5. 干燥种子的细胞靠_____来吸收水分，具有大液泡的成熟植物细胞靠_____来吸收水分。
6. 光合作用的过程，根据是否需要光的照射，可以分为_____和_____两个阶段。

五、连线题

1. 将下列左侧光合作用的反应阶段与右侧具体的反应情况用直线连接起来。

    　　　　　　　　　　　　　a. 二氧化碳的固定
    (1) 光反应　　　　　　　　b. 水分子分解成氧和氢
    　　　　　　　　　　　　　c. 形成葡萄糖
    (2) 暗反应　　　　　　　　d. 形成ATP
    　　　　　　　　　　　　　e. 储存能量

2. 将下列右侧的生物与左侧相对应的新陈代谢类型用直线连接起来。

    (1) 自养需氧型　　　　a. 蘑菇
    (2) 自养厌氧型　　　　b. 小麦
    　　　　　　　　　　　c. 亚硝酸细菌
    (3) 异养需氧型　　　　d. 蛔虫
    (4) 异养厌氧型　　　　e. 绿色硫细菌

六、简答题

1. 什么是酶？酶的特性有哪些？

2. 什么是光合作用？光合作用包括哪几个阶段？光合作用的意义有哪些？

3. 什么是呼吸作用？呼吸作用的类型和意义分别是什么？

第四章 遗传和变异

学习目标

1. 熟悉遗传物质、细胞核遗传与细胞质遗传的概念，核酸的化学组成、分子结构、特性和生物学功能。
2. 熟悉染色质、染色体、基因和基因组、人类基因的概念，了解染色体的结构。
3. 了解DNA分子的复制过程和转录过程，以及基因控制蛋白质的合成过程的有关概念。
4. 掌握基因的分离定律及应用，熟悉基因的自由组合定律，了解性别决定和伴性遗传。
5. 熟悉生物变异的概念和类型，以及基因突变、基因重组、染色体变异的概念。
6. 了解生物进化的概念、证据和原因。

生物都具有遗传和变异的现象，遗传和变异是生物的基本特征之一。遗传和变异是由什么物质决定的？该物质是如何传递的？在传递过程中有哪些规律？怎样利用这些规律为人类的生活和生产服务？本章将予以阐述。

第一节 遗传的物质基础

生物体的性状能一代一代地传下去，说明生物具有遗传现象。

一、遗传物质及其载体

生物的遗传和变异是以遗传物质为基础的。遗传物质指在生物的传宗接代过程中，具有贮存、复制和表达遗传信息等功能的物质。现代细胞学和遗传学的研究表明核酸是一切生物的遗传物质。

核酸是一种高分子的化合物，它的构成单元是核苷酸。核酸是核苷酸的多聚体。每个核苷酸包括三部分：五碳糖、磷酸和含氮碱基。这种碱基包括双环结构的嘌呤和单环结构的嘧啶。两个核苷酸之间由磷酸二酯键相连。核酸有脱氧核糖核酸（DNA）和核糖核酸（RNA）两种。其中绝大多数生物以脱氧核糖核酸（DNA）为遗传物质。不含DNA，只含核糖核酸(RNA)的病毒等少数生物则以 RNA 为遗传物质,因而 DNA 是生物主要的遗传物质。

　　细胞中的 DNA 大部分存在于细胞核内的染色体上,因而遗传物质的主要载体是染色体。此外,细胞质中的叶绿体和线粒体也带有少量遗传物质。遗传性状由细胞核内染色体上的基因所决定的遗传现象和遗传规律称为细胞核遗传,由细胞质内的基因即细胞质基因所决定的遗传现象和遗传规律叫作细胞质遗传。

二、DNA 分子的结构和特性

　　DNA 是遗传物质,那么,DNA 为什么能够起遗传作用呢?这与它的结构有密切的关系。

(一) DNA 分子的结构

　　DNA 是由 4 种脱氧核苷酸组成的一种高分子化合物。1953 年,美国科学家沃森和英国科学家克里克通过对 X 射线衍射实验的分析,发现了 DNA 分子的双螺旋结构(图 4-1),才真正认识到 DNA 分子的本质,从而揭示了遗传的奥秘。

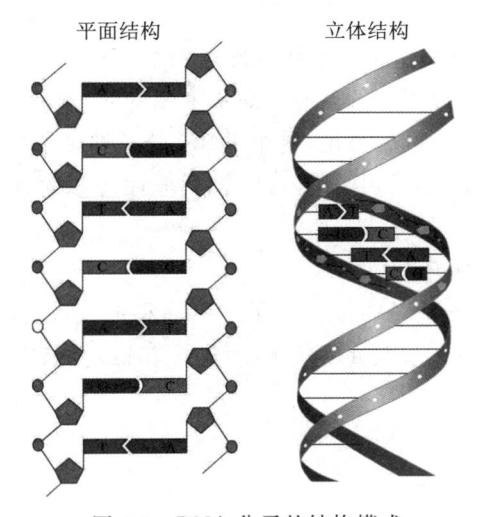

图 4-1　DNA 分子的结构模式

　　从 DNA 分子的结构模式图可以看出,DNA 分子的基本单位是脱氧核糖核苷酸。每个脱氧核糖核苷酸由 1 个脱氧核糖、1 个含氮的碱基和 1 个磷酸基组成。由于组成脱氧核糖核苷酸的碱基有 4 种:腺嘌呤(A)、鸟嘌呤(G)、胞嘧啶(C)和胸腺嘧啶(T),因此,脱氧核糖核苷酸也有 4 种,即腺嘌呤脱氧核糖核苷酸、鸟嘌呤脱氧核糖核苷酸、胞嘧啶脱氧核糖核苷酸和胸腺嘧啶脱氧核糖核苷酸。DNA 分子就是由多个脱氧核糖核苷酸聚合成的脱氧核糖核苷酸链。

　　沃森和克里克认为,DNA 分子的立体结构是规则的双螺旋结构。这种结构的主要特点如下。

　　(1) DNA 分子是由两条链组成的,这两条链按反向平行方式盘旋成双螺旋结构。

(2) DNA分子中的脱氧核糖和磷酸交替连接,排列在外侧,构成基本骨架;碱基排列在内侧。

(3) DNA分子两条链上的碱基通过氢键连接成碱基对,并且碱基配对有一定的规律:A(腺嘌呤)一定与T(胸腺嘧啶)配对;G(鸟嘌呤)一定与C(胞嘧啶)配对,碱基之间的这种一一对应关系称碱基互补配对原则。

根据DNA分子的上述特点,沃森和克里克提出了DNA分子的双螺旋结构模型。这个理论的建立标志着分子生物学的诞生,具有划时代的意义。两人也因为该项研究获得1962年的诺贝尔奖。

(二) DNA分子结构的特性

DNA分子结构具有稳定性、多样性和特异性。

1. 稳定性

DNA分子的双螺旋结构是相对稳定的,这是因为在DNA分子双螺旋结构的内侧,通过氢键形成的碱基对,使两条脱氧核苷酸长链稳固地并联起来。此外,碱基对之间纵向的相互作用力也进一步加固了DNA分子的稳定性。

2. 多样性

DNA分子中碱基对的数量不同和碱基对排列顺序的千变万化构成了DNA分子的多样性。例如,一个最短的DNA分子大约含有4 000个碱基对,在这个DNA分子中,碱基对的不同排列顺序可以有$4^{4\,000}$种。也就是说,这个DNA分子携带了$4^{4\,000}$种遗传信息,这是一个非常巨大的数字。可见,DNA分子中碱基对的排列顺序蕴藏着大量的遗传信息,为生物性状的多样性奠定了分子基础。

3. 特异性

不同的DNA分子由于碱基对的排列顺序存在着差异。因此,每一个DNA分子的碱基对都有其特定的排列顺序,这种特定的排列顺序包含着特定的遗传信息,从而使DNA分子具有特异性。

三、DNA分子的复制

DNA分子的结构不仅使DNA分子能够贮存大量的遗传信息,还使DNA分子能够传递遗传信息。遗传信息的传递是通过DNA分子的复制来完成的。

DNA分子的复制是指以亲代DNA分子为模板,合成子代DNA的过程。这一过程是在细胞有丝分裂的间期和减数第一次分裂前的间期,随着染色体的复制而完成的。

DNA的复制是一个边解旋边复制的过程(图4-2)。复制开始时,DNA分子首先利用细胞提供的能量,在解旋酶的作用下,把两条螺旋的双链解开,这个过程称解旋。然后,以解开的每一段母链为模板,以周围环境中游离的4种脱氧核苷酸为原料,按照碱基互补配对原则,在相关酶的作用下,各自合成与母链互补的一段子链。随着解旋过程的进行,新合成的子链也不断地延伸,同时,每条子链与其对应的母链盘绕成双螺旋结构,从而各形成一个新的 DNA 分子。这样，复制结束后，1 个 DNA 分子就形成了 2 个完全相同的 DNA 分子。新复制出的 2 个子代 DNA 分子通过细胞分裂分配到子细胞中去。

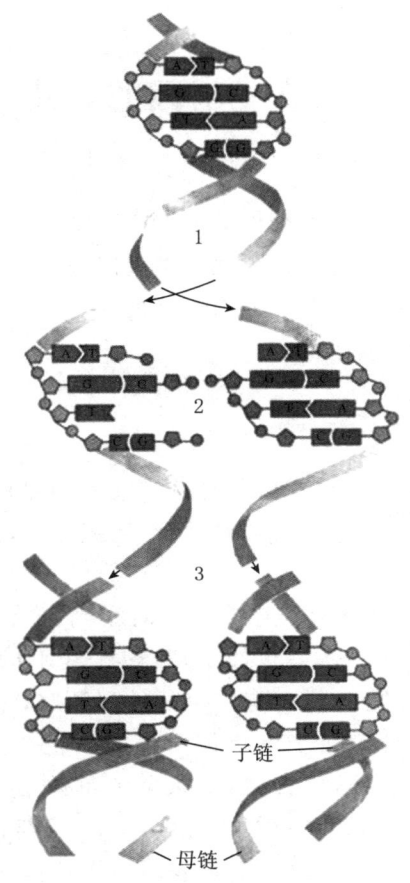

图 4-2　DNA 分子的复制图解

由于新合成的每个 DNA 分子中都保留了原来 DNA 分子中的 1 条链，因此，这种复制方式称半保留复制。

由 DNA 分子的复制过程可以看出，DNA 分子复制需要模板、原料、能量和酶等基本条件。DNA 分子独特的双螺旋结构为复制提供了精确的模板，通过碱基互补配对保证了复制能够准确地进行。

DNA 分子通过复制，使遗传信息从亲代传给了子代，从而保持了遗传信息的稳定性和连续性。

四、核酸的生物学功能

核酸具有重要的生物学功能。一是存储遗传信息：DNA 作为遗传物质，携带生物体的遗传信息；二是传递遗传信息：DNA 通过复制过程将遗传信息传递给后代；三是表达遗传信息：DNA 通过转录和翻译过程，指导蛋白质的合成；四是调控基因表达：某些小分子 RNA 可以调控基因的表达,参与细胞的生长发育和疾病发生等过程;五是参与细胞信号传导:某些 RNA 分子可以作为信号分子,参与细胞间的信息交流。

第二节　基因的表达

子代与亲代在性状上相似,是子代获得了亲代复制的一份 DNA 的缘故。现代遗传学的研究者认为,每个 DNA 分子上有很多基因,由这些基因翻译出不同的蛋白质,从而使生物具有不同的性状。也就是说,基因是决定生物性状的基本单位,基因对性状的控制是通过 DNA 分子控制蛋白质的合成来实现的。

一、染色体的结构

染色质是染色体在细胞分裂的间期所表现的形态,呈纤细的丝状结构,故亦称为染色质纤丝。在细胞分裂期,每条染色质细丝高度螺旋化,缩短变粗,成为一条圆柱状或杆状的染色体。

细胞有丝分裂的中期,利用光学显微镜可以观察到:染色体的结构是由两条染色单体组成的。每条染色单体包括一条染色线,以及位于线上的许多染色很深的颗粒状染色粒。染色粒的大小不同,在染色线上有一定的排列顺序,一般认为它们是由于染色线反复盘绕卷缩形成的。现已证实每个染色体所含的染色线是单线的,即一个染色体所包含的两条染色单体都是单线的,换言之,每条染色单体是一个 DNA 分子与蛋白质结合形成的染色线。当完全伸展时,其直径不过 10 nm,而其长度可达几毫米,甚至几厘米。当它盘绕卷曲时,可以收缩得很短,于是表现出染色体所特有的形态特征。如人的最长的一条染色体,在分裂间期其分子伸展时长达 85 mm,但在中期,却卷缩成为直径为 0.5 μm,长度只有 10 μm 的染色体。因此,染色质和染色体是细胞中同一物质在不同时期的两种状态。

二、基因——具有遗传效应的 DNA 片段

20 世纪 50 年代以后,随着分子遗传学的发展,特别是沃森和克里克提出 DNA 双螺旋结构模型以后,人们才真正认识了基因的本质,即基因是具有遗传效应的 DNA 片段。研究结果还表明,每一条染色体只含有 1 个 DNA 分子,每个 DNA 分子上有很多个基因,每个基因中又可以含有成百上千个脱氧核糖核苷酸。由于不同基因的脱氧核糖核苷酸排列顺序不同,所以不同的基因就含有不同的遗传信息。从而,把遗传学和整个生物学推到了分子水平的新时代。

一个物种的单倍体的染色体数目称为该物种的基因组或染色体组,它包含了该物种自身的所有基因。对于人而言,人类细胞中所有包含蛋白质编码基因的 DNA 序列的总和称为

人类基因。

基因的复制是通过 DNA 分子的复制来完成的,基因不仅可以通过复制把遗传信息传递给下一代,还可以使遗传信息以一定的方式反映到蛋白质的分子结构上,从而使后代表现出与亲代相似的性状,遗传学上把这一过程称为基因的表达,基因的表达是通过 DNA 控制蛋白质的合成实现的。

三、基因控制蛋白质的合成

基因中虽然储存着遗传信息,但这些信息表达的关键是控制蛋白质的合成,因为生物所有的性状都是由蛋白质决定的。基因的表达是通过 DNA 控制蛋白质的合成来实现的。我们知道,DNA 主要存在于细胞核中,而蛋白质的合成是在细胞质中进行的。那么,DNA 所携带的遗传信息是怎样传递到细胞质中去的呢?这就需要通过另一种物质——RNA 作为媒介。在细胞核中先把 DNA 的遗传信息传递给 RNA,然后 RNA 进入细胞质,在蛋白质合成中起模板作用。因此,基因控制蛋白质合成的过程包括两个阶段——"转录"和"翻译"。

(一) 转录

转录是在细胞核内进行的。它是指以 DNA 的 1 条链为模板,按照碱基互补配对原则合成 RNA 的过程。

RNA 只有 1 条链,它的碱基组成与 DNA 的不同。RNA 中的碱基也有 4 种:A、G、C、U(尿嘧啶),没有碱基 T(胸腺嘧啶)。因此,在以 DNA 为模板合成 RNA 时,需要以 U 代替 T 与 A 配对(图 4-3)。这样,DNA 分子就把遗传信息传递到 RNA 上了,这种 RNA 称为信使 RNA(mRNA)。

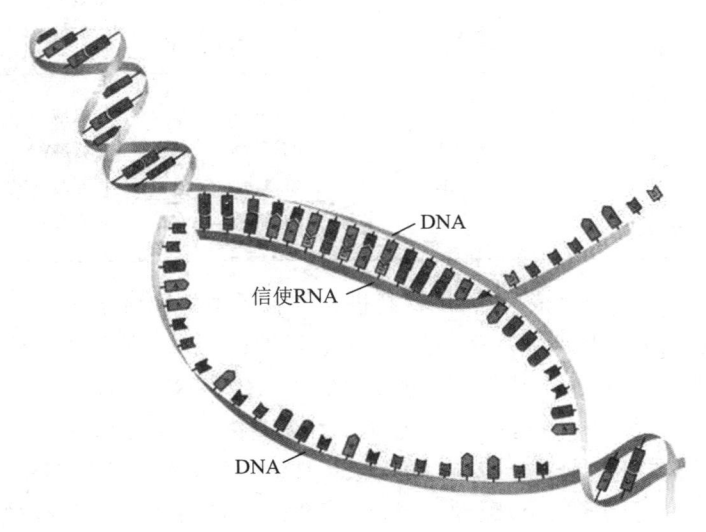

图 4-3 转录过程示意

(二) 翻译

翻译是在细胞质中进行的。它是指以信使 RNA 为模板,合成具有一定氨基酸顺序的蛋白质的过程。

我们知道组成蛋白质的氨基酸有20种,而信使RNA上的碱基只有4种(A、G、C、U),那么,这4种碱基是怎样决定蛋白质的20种氨基酸的呢?研究结果表明,每3个碱基决定1个氨基酸,例如,UUU可以决定苯丙氨酸,CGU可以决定精氨酸。遗传学上把信使RNA上决定1个氨基酸的3个相邻的碱基称为1个"密码子"。1种氨基酸可以有几个对应的密码子,但1个密码子只对应1种氨基酸。1967年科学家们破译了全部遗传密码子,并且编制出了密码子表(表4-1)。

表 4-1 20种氨基酸的密码子表

第一个字母	第二个字母				第三个字母
	U	C	A	G	
U	苯丙氨酸	丝氨酸	酪氨酸	半胱氨酸	U
	苯丙氨酸	丝氨酸	酪氨酸	半胱氨酸	C
	亮氨酸	丝氨酸	终 止	终 止	A
	亮氨酸	丝氨酸	终 止	色氨酸	G
C	亮氨酸	脯氨酸	组氨酸	精氨酸	U
	亮氨酸	脯氨酸	组氨酸	精氨酸	C
	亮氨酸	脯氨酸	谷氨酰胺	精氨酸	A
	亮氨酸	脯氨酸	谷氨酰胺	精氨酸	G
A	异亮氨酸	苏氨酸	天冬酰胺	丝氨酸	U
	异亮氨酸	苏氨酸	天冬酰胺	丝氨酸	C
	异亮氨酸	苏氨酸	赖氨酸	精氨酸	A
	甲硫氨酸（起始）	苏氨酸	赖氨酸	精氨酸	G
G	缬氨酸	丙氨酸	天冬氨酸	甘氨酸	U
	缬氨酸	丙氨酸	天冬氨酸	甘氨酸	C
	缬氨酸	丙氨酸	谷氨酸	甘氨酸	A
	缬氨酸（起始）	丙氨酸	谷氨酸	甘氨酸	G

信使RNA在细胞核中合成以后,从核孔进入细胞质中与核糖体结合。核糖体是细胞内利用氨基酸合成蛋白质的场所。那么,氨基酸是怎样被运送到核糖体中的信使RNA上去的呢?这需要有运载工具,这种工具也是一种RNA,称为转运RNA(tRNA)。转运RNA的种类很多,但是,每种转运RNA只能识别并转运1种氨基酸,这是因为在转运RNA的一端是携带氨基酸的部位,另一端有3个碱基,每个转运RNA的这3个碱基都只能专一地与信使RNA上特定的3个碱基(密码子)配对。当转运RNA运载着1个氨基酸进入核糖体以后,就以信使RNA为模板,按照碱基互补配对原则,把转运来的氨基酸放在相应的位置上。转运完毕以后,转运RNA离开核糖体,又去转运下一个氨基酸。

当核糖体接受两个氨基酸以后,第二个氨基酸就会被移至第一个氨基酸的位置上,并通过肽键与第一个氨基酸连接起来,与此同时,核糖体在信使RNA上也移动3个碱基的位置,为接受新运载来的氨基酸做好准备。上述过程如此往复地进行,肽链也就不断地延伸,直到信使RNA上出现终止密码子为止。

肽链合成以后,从信使RNA上脱离,再经过一定的盘曲折叠,最终合成1个具有一定氨基酸顺序、有一定功能的蛋白质分子。

由上述过程可以看出,DNA分子的脱氧核糖核苷酸的排列顺序决定了信使RNA中核糖核苷酸的排列顺序,信使RNA中核糖核苷酸的排列顺序又决定了氨基酸的排列顺序,氨基酸的排列顺序最终决定了蛋白质的结构和功能的特异性,从而使生物体表现出各种遗传性状。

(三)"中心法则"

遗传学上把遗传信息的流动方向称为信息流。信息流的方向可以用科学家克里克提出的"中心法则"(图4-4)来表示。

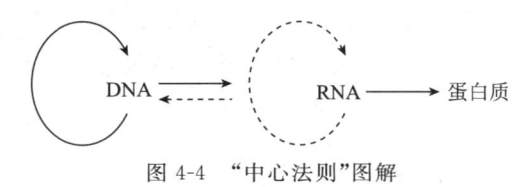

图4-4 "中心法则"图解

从"中心法则"可以看出,遗传信息的一般流动方向是:遗传信息可以从DNA流向DNA,即完成DNA的自我复制过程,也可以从DNA流向RNA,进而流向蛋白质,即完成遗传信息的转录和翻译过程。

后来的科学研究又发现,在某些病毒中,RNA也可以自我复制,并且还发现,在一些病毒蛋白质的合成过程中,RNA可以在逆转录酶的作用下合成DNA。因此,在某些病毒中,遗传信息可以沿图中的虚线方向流动,上述逆转录过程以及RNA自我复制过程的发现,补充和发展了"中心法则"。

四、基因对性状的控制

生物的一切遗传性状都是受基因控制的,但是基因对性状的控制往往要经过一系列的代谢过程,而代谢过程中的每一步化学反应都需要酶来催化。因此,一些基因就是通过控制酶的合成来控制代谢过程,从而控制生物性状的。例如,正常人的皮肤、毛发等处的细胞中有一种酶,叫作酪氨酸酶,它能够将酪氨酸转变为黑色素。如果一个人由于基因不正常而缺少酪氨酸酶,那么这个人就不能合成黑色素,而表现出白化症状。

在生物体中,基因控制性状的另一种情况是通过控制蛋白质分子的结构来直接影响性状。例如,人类的血红蛋白分子是由几百个氨基酸构成的。如果一个人控制血红蛋白分子结构的基因不正常,那么这个人就会合成结构异常的血红蛋白,从而引起疾病。

第三节　遗传的基本规律

遗传学的奠基人孟德尔从生物的性状出发,最先揭示出了遗传的两个基本规律——基因的分离定律和基因的自由组合定律。在孟德尔之后,美国的遗传学家摩尔根及其合作者又通过果蝇的杂交试验,揭示出了遗传的另一个基本规律——基因的连锁和交换定律。这3个定律就是人们通常所说的遗传三大定律。

一、基因分离定律

孟德尔用纯种高茎豌豆与纯种矮茎豌豆作亲本(用 P 表示)进行杂交,不论用高茎豌豆作母本(正交)还是作父本(反交),杂交后产生的第一代(简称子一代,用 F_1 表示)总是高茎的(图 4-5)。

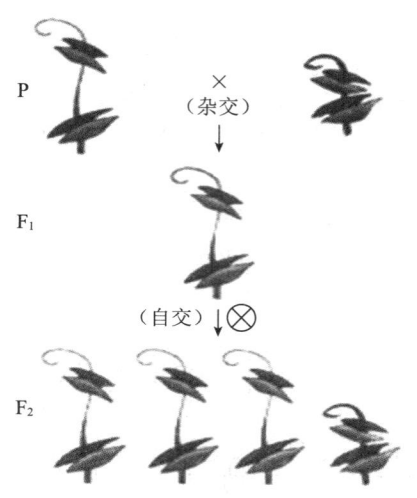

图 4-5　高茎豌豆和矮茎豌豆的杂交试验

为什么子一代没有出现矮茎植株?如果让子一代高茎植株自交,后代又会出现什么现象呢?这些问题引起了孟德尔的极大兴趣,他又用子一代植株进行自交。可以看到,在第二代(简称子二代,用 F_2 表示)植株中,除了有高茎的,还有矮茎的。上述试验结果引起了孟德尔的思考,他认为矮茎性状在子一代中并没有消失,只是隐而未现。于是,孟德尔把在杂种子一代中显现出来的性状叫作显性性状,如高茎;把未显现出来的性状叫作隐性性状,如矮茎。孟德尔对这个试验结果并没有只停留在对后代遗传表现的观察上,而是进一步对其遗传性状进行了统计学分析。他发现,在所得到的 1 064 株子二代植株的豌豆中,787 株是高茎,277 株是矮茎,高茎与矮茎的数量比接近于 3∶1。这种在杂种后代中同时显现出显性性状和隐性性状的现象叫作性状分离。

孟德尔又做了其他 6 对相对性状的杂交试验,观察了数千株豌豆的杂交情况,并且对每一对相对性状的试验结果都进行了统计学分析,最后都得到了与上述试验相同的结果:子一代只表现出显性性状;子二代出现了性状分离现象,并且显性性状与隐性性状的数量比接近于3∶1,如表4-2所示。

表4-2 孟德尔做的豌豆杂交试验的结果

性状	F₂的表现 显性		F₂的表现 隐性		显性∶隐性
种子的形状	圆粒	5 474	皱粒	1 850	2.96∶1
茎的高度	高茎	787	矮茎	277	2.84∶1
子叶的颜色	黄色	6 022	绿色	2 001	3.01∶1
种皮的颜色	灰色	705	白色	224	3.15∶1
豆荚的形状	饱满	882	不饱满	299	2.95∶1
豆荚的颜色(未成熟)	绿色	428	黄色	152	2.82∶1
花的位置	腋生	651	顶生	207	3.14∶1

(一)基因分离定律的实质

孟德尔在对性状分离现象进行解释时,并不清楚遗传因子(基因)究竟存在于细胞的哪一部分。直到20世纪初,遗传学家通过大量的试验,才证实了基因位于染色体上,并且成对的基因正好位于一对同源染色体上。因此,生物体在进行减数分裂时,成对的基因会随着同源染色体的分开而分离。在遗传学上,把位于一对同源染色体的相同位置上,控制着相对性状的基因,叫作等位基因。例如,D和d就是等位基因。上述基因与染色体之间关系的阐明,从本质上解释了性状分离现象。

综上所述,基因分离定律的实质是:在杂合子的细胞里,位于一对同源染色体上的等位基因具有一定的独立性,生物体在进行减数分裂形成配子时,等位基因会随着同源染色体的分开而分离,分别进入两个配子中,独立地随配子遗传给后代。

(二)基因分离定律在实践中的应用

基因分离定律是遗传的基本规律,掌握这一定律不仅有助于人们正确地解释生物界的某些遗传现象,而且能够预测杂交后代的类型和各种类型出现的概率,这对于动植物育种实践和医学实践都具有重要的意义。

在杂交育种中,首先,人们按照育种的目标选配亲本进行杂交,其次,根据性状的遗传表现选择符合人们需要的杂种后代,再经过有目的的选育,最后培育出具有稳定遗传性状的品种。基因分离定律表明,如果亲本是不同的纯种,杂种后代F_1个体往往表现一致,但是从F_2就会出现性状的分离,因此,在作物育种时,选择往往从F_2开始。例如,小麦秆锈病的抗性是由显性基因控制的。在F_2中,人们虽然很容易得到抗秆锈病的植株,但是,可以预料其中某些植株的抗病性状在自交后代中还会发生分离。因此,为了获得稳定的抗病类型,必须让抗秆锈病的小麦植株继续自交,经过选择,淘汰由于性状分离出现的非抗秆锈病类型,当抗秆锈病性状不再发生分离时,就能够确定此类型是纯合的抗秆锈病类型了。

在医学实践中,人们常常利用基因分离定律对遗传病的基因型和发病概率做出科学的推断。例如,人类的白化病是由隐性基因(aa)控制的一种遗传病。如果一个患者的双亲外观都正常,根据基因的分离定律进行分析,患者的双亲一定都是杂合子(Aa),他们的后代发病的概率是1/4。

(三)基因型和表型

在遗传学上,把生物个体表现出来的性状称作表型,如豌豆的高茎和矮茎;把与表型有关的基因组成称作基因型,如高茎豌豆的基因型是DD或Dd,矮茎豌豆的基因型是dd。通过豌豆的杂交试验我们知道,生物个体的基因型在很大程度上决定了生物个体的表型。例如,含有显性基因D(基因型DD、Dd)的豌豆,表现为高茎;只含隐性基因d(基因型dd)的豌豆,表现为矮茎。可见,基因型是性状表现的内在因素,而表型则是基因型的表现形式。

生物体在整个发育过程中,不仅要受到内在因素基因的控制,还要受到外部环境条件的影响。例如,同一株植物幼苗,在光照下叶子呈绿色,在不见光的条件下为黄色。这种现象表明,在不同的环境条件下,同一种基因型的个体可以有不同的表型。因此,表型是基因型与环境相互作用的结果。

二、基因自由组合定律

孟德尔在完成了对豌豆一对相对性状的研究后,并没有满足已经取得的成绩,而是进一步探索两对相对性状的遗传规律。他在基因的分离定律的基础上,又揭示出了遗传的第二个基本规律——基因的自由组合定律。

(一)基因自由组合定律的实质

孟德尔的两对相对性状的杂交试验,揭示出的自由组合定律的实质——位于非同源染色体上的非等位基因的分离或组合是互不干扰的。在进行减数分裂形成配子的过程中,同源染色体上的等位基因彼此分离,同时非同源染色体上的非等位基因自由组合。

(二)基因自由组合定律在实践中的应用

基因自由组合定律在动植物育种工作和医学实践中具有重要意义。在育种工作中,人们用杂交的方法有目的地使生物不同品种间的基因重新组合,以便使不同亲本的优良基因组合到一起,从而创造出对人类有益的新品种。例如,在水稻中,有芒(A)对无芒(a)是显性,抗病(R)对不抗病(r)是显性。有两个不同品种的水稻,一个品种无芒、不抗病,另一个品种有芒、抗病。人们将这两个不同品种的水稻进行杂交,根据自由组合定律,在F_2中分离出的无芒、抗病(aaRR或aaRr)植株应该占总数的3/16,其中,占总数1/16的是纯合类型(aaRR),占总数2/16的是杂合类型(aaRr)。要进一步得到纯合类型,还需要对无芒、抗病类型进行自交和选育,淘汰不符合要求的植株,最后得到能够稳定遗传的无芒、抗病的类型。

在医学实践中,人们可以根据基因的自由组合定律来分析家系中两种遗传病同时发病的情况,并且推断出后代的基因型和表型以及它们出现的概率,为遗传病的预测和诊断提供理论依据。例如,在一个家庭中,父亲是多指患者(由显性致病基因P控制),母亲的表型正常,他们婚后却生了一个手指正常但患先天聋哑的孩子(由隐性致病基因d控制,基因型为dd)。根据基因的自由组合定律可以推知:如果父亲的基因型是PpDd,母亲的基因型是pp-

Dd。那么可以推断出他们的后代有可能出现 4 种不同的表型：多指、先天聋哑、既患多指又患先天聋哑、表型完全正常。这里先天聋哑得到表现，所以会出现表型为先天聋哑的后代。

三、基因的连锁和互换定律

自由组合定律是指控制不同性状的非等位基因位于非同源染色体上的遗传规律。但是，由于生物体的染色体数目是有限的，一个染色体上必然会有很多基因，这些在同一染色体上呈线性排列的基因，既不能分离，也不能自由组合，因此，如果控制不同性状的等位基因位于一对同源染色体上，它们就不是按照自由组合定律遗传，而是按照连锁和互换定律遗传。基因的连锁互换定律的实质是：两对或两对以上等位基因位于一对同源染色体上，在减数分裂形成配子时，位于同一个染色体上的非等位基因常常连在一起，不相分离，一起进入配子中去，在减数分裂的四分体时期，同源染色体上的等位基因随着非姐妹染色单体间的局部互换而发生了互换，使得染色体上的基因进行了重新组合。

基因连锁和互换定律与基因自由组合定律并不矛盾，它们是在不同情况下发生的遗传规律：位于非同源染色体上的两对（或多对）基因是按照自由组合定律向后代传递的，而位于同源染色体上的两对（或多对）基因则是按照连锁和互换定律向后代传递的。

四、性别决定和伴性遗传

在生物界，很多种类的生物都存在性别上的差异。决定性别的因素很多，有的由性染色体决定，有的由性染色体和常染色体的比例决定，有的由受精与否决定，有的由环境控制，有的是由基因决定。不同的性别其性状的表现也不同，这些问题实际上是性别决定和伴性遗传问题。

（一）性别决定

生物细胞中的染色体可以分为两类：一类是雌性（女性）个体和雄性（男性）个体相同的染色体，称常染色体；另一类是雌性（女性）个体和雄性（男性）个体不同的染色体，称性染色体。如人的体细胞中有 23 对染色体，其中 22 对染色体在男女体细胞中都是相同的，被称为常染色体；只有 1 对染色体在男女中不同，它被称为性染色体。细胞遗传学的研究表明，生物的性别通常就是由性染色体决定的。生物体细胞中性染色体的差别，决定了生物的性别。决定方式主要有两种，一种是 XY 型，另一种是 ZW 型。

1. XY 型性别决定

在 XY 型性别决定方式中，雌性个体的一对性染色体是同型的，用 XX 来表示；雄性个体的一对性染色体是异型的，用 XY 来表示。根据基因分离定律，雄性个体的精原细胞在经过减数分裂形成精子时，可以同时产生含有 X 染色体的精子和含有 Y 染色体的精子，并且这两种精子的数目相等；雌性个体的卵原细胞在经过减数分裂形成卵细胞时，只能产生一种含有 X 染色体的卵细胞。受精时，因为两种精子和卵细胞随机结合，从而形成两种数目相等的受精卵，即含 XX 性染色体的受精卵和含 XY 性染色体的受精卵。前者将发育为雌性个体，后者将发育为雄性个体，雌雄比例为 1∶1。

XY型性别决定在生物界中是比较普遍的。很多种类的昆虫、某些鱼类和两栖类、所有的哺乳动物,以及很多雌雄异株的植物,如菠菜、大麻等都属于这种类型。

2. ZW型性别决定

ZW型性别决定方式和XY型刚好相反。属于ZW型性别决定的生物,雌性个体的体细胞中含有两个异型的性染色体,用ZW表示;雄性个体的体细胞中含有两个同型的性染色体,用ZZ表示。在ZW型性别决定的生物所产生的后代中,雄性个体和雌性个体的数量比同样是1:1。鸟类(包括鸡、鸭等)和蛾、蝶类等都属于这一类型。

(二) 伴性遗传

人们对遗传现象进行研究时发现,有些性状的遗传常常与性别有关,这种现象就是伴性遗传。例如,人类红绿色盲的遗传就属于伴性遗传。

红绿色盲是一种最常见的人类伴性遗传病。患者由于色觉障碍,不能像正常人一样区分红色和绿色。如何解释这一现象呢?科学家经研究发现,这种病是由位于X染色体上的隐性基因(b)控制的。Y染色体由于过于短小,缺少与X染色体的同源区段而没有这种基因。因此,红绿色盲基因是随着X染色体向后代传递的。根据基因B和基因b的显隐性关系,人的正常色觉与红绿色盲的基因型和表现型可以有5种情况(表4-3)。

表4-3 人的正常色觉和红绿色盲的基因型和表现型

	女性			男性	
基因型	$X^B X^B$	$X^B X^b$	$X^b X^b$	$X^B Y$	$X^b Y$
表现型	正常	正常(携带者)	色盲	正常	色盲

人类红绿色盲的遗传方式主要有以下几种情况:如果一个色觉正常的女性纯合子和一个男性红绿色盲患者结婚,在他们的后代中,儿子的色觉都正常,女儿虽然表型正常,但是由于从父亲那里得到了一个红绿色盲基因,因此都是红绿色盲基因的携带者(图4-6)。

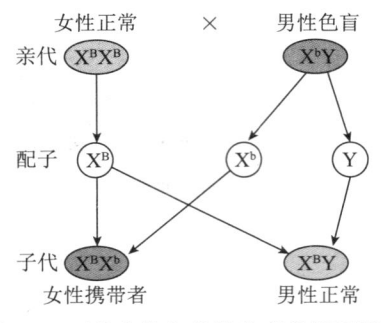

图4-6 正常女性与男性色盲的婚配图解

在上述情况中,父亲的红绿色盲基因随着X染色体传给了女儿,但是一定不会传给儿子。

图4-7表示了另一种婚配方式。如果女性红绿色盲基因的携带者和一个正常的男性结婚,在他们的后代中,女儿都不是红绿色盲,但是有1/2是红绿色盲基因的携带者。儿子有1/2正常,1/2为红绿色盲。这里,儿子的红绿色盲基因一定是从他的母亲那里传来的。

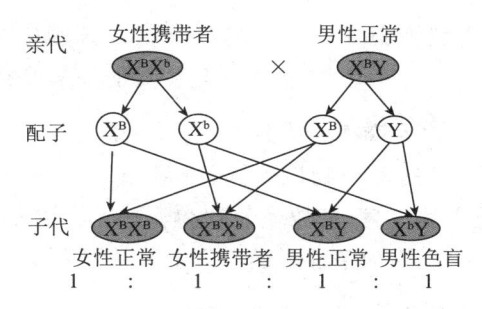

图 4-7　女性携带者与正常男性婚配图解

如果一个女性红绿色盲基因的携带者和一个男性红绿色盲的患者结婚,那么他们所生的儿子和女儿各有一半是红绿色盲。如果一个女性红绿色盲患者和一个正常男性结婚,那么他们的儿子全部是红绿色盲,女儿表现正常,但女儿是红绿色盲的携带者。

通过对上述 4 种婚配方式的分析,我们可以看出,男性的红绿色盲基因只能从母亲那里传来,以后只能传给他的女儿。可见,红绿色盲基因不是从男性传递到男性。这种传递特点在遗传学上称作交叉遗传。因此,在有伴性遗传病的家系中,常常可以看到男性患者的母亲表现正常,但是他的外祖父却是此病的患者。

在对红绿色盲病的调查中,往往会发现男性红绿色盲患者多于女性红绿色盲患者。据统计,我国男性红绿色盲的发病率为 7%,女性红绿色盲的发病率仅为 0.5%。

伴性遗传在生物界中是普遍存在的。除红绿色盲的遗传外,人类中血友病的遗传(致病基因是 X^h),动物中果蝇眼色的遗传(红眼基因为 X^W,白眼基因为 X^w),以及雌雄异株植物中某些性状的遗传,如女娄菜叶形的遗传(控制披针形叶的基因为 X^B,控制狭披针形叶的基因为 X^b)都表现出伴性遗传的现象。

第四节　生物的变异

在丰富多彩的生物界中,遗传和变异普遍存在。生物的变异是指生物体亲代与子代之间以及子代的个体之间存在差异的现象。在形形色色的变异现象中,有的是由环境因素的影响造成的,并没有引起生物体内遗传物质的变化,不能够遗传下去,属于不遗传的变异。如同一品种的小麦种植在水肥条件不同的农田中,籽粒的饱满度不同,产量不同。有的变异现象是由生殖细胞内遗传物质的改变引起的,因而能够遗传给后代,属于可遗传的变异,如人类的白化病。可遗传的变异有 3 种来源:基因突变、基因重组和染色体变异。

一、基因突变

基因突变是指在染色体结构中,基因某一位点上遗传物质的改变,所以又称点突变。基因突变在自然界普遍存在,它可以产生相对性状的等位基因,并且常引起生物表型的变化,是生物进化的重要因素之一。

基因突变可以发生在生殖细胞或生物体的任何组织细胞中。基因突变和 DNA 复制、DNA 损伤修复、癌变、衰老等因素有关。它作为生物变异的一个重要来源,主要有以下特点。

(一) 基因突变在生物界中是普遍存在的

无论是低等生物还是高等的动植物以及人,都可能发生基因突变。例如,棉花的短果枝、果蝇的白眼、残翅,以及人的色盲、糖尿病、白化病等遗传病,都是突变性状,自然条件下发生的基因突变称作自然突变,人为条件下诱发产生的基因突变称作诱发突变。

(二) 基因突变是随机发生的

它可以发生在生物个体发育的任何时期。一般来说,在生物个体发育的过程中,基因突变发生的时期越迟,生物体表现突变的部分就越少。例如,植物的叶芽如果在发育的早期发生基因突变,那么由这个叶芽长成的枝条上面着生的叶、花和果实都有可能与其他枝条不同。如果基因突变发生在花芽分化时,那么,将来可能只在一朵花或一个花序上表现出变异。

基因突变可以发生在体细胞中,也可以发生在生殖细胞中。发生在生殖细胞中的突变可以通过受精作用直接传递给后代,发生在体细胞中的突变一般是不能传递给后代的。

(三) 在自然条件下,一切生物的基因都可以发生自然突变

这种突变频率通常很低。高等动植物中的基因突变率约为 $1 \times 10^{-8} \sim 1 \times 10^{-5}$,细菌和噬菌体的突变率约为 $10^{-10} \sim 10^{-4}$,自发突变的频率虽低,但生物个体每代可产生几亿至几万亿配子或细胞,世代繁衍可使这些自发突变的总次数达到惊人的数字,大自然近 200 万物种,几十亿不同性状,绝大多数都是由自然突变产生的。采用物理或化学的方法人工诱发基因突变,可大大提高突变频率。

(四) 大多数基因突变对生物体是有害的

由于任何一种生物都是长期进化过程的产物,它们与环境条件已经取得了高度的协调。如果发生基因突变,就有可能破坏这种协调关系。因此,基因突变对于生物的生存往往是有害的。例如,绝大多数的人类遗传病就是由基因突变造成的,这些病对人类健康构成了严重威胁。又如,植物中常见的白化苗也是基因突变造成的。这种苗由于缺乏叶绿素,不能进行光合作用,制造有机物,最终导致植物死亡。但是,也有少数基因突变对生物是有利的。例如,植物的抗病性突变、耐旱性突变、微生物的抗药性突变等,都是有利于生物生存的。

(五) 基因突变是不定向的

一个基因可以向不同的方向发生突变,产生一个以上的等位基因。例如,控制小鼠毛色的灰色基因可以突变成黄色基因,也可以突变成黑色基因。

基因突变在生物进化中具有重要意义。它是生物变异的根本来源,为生物进化提供了最初的原材料。

二、基因重组

基因重组是指生物体在进行有性生殖的过程中,控制不同性状的基因的重新组合。

基因的自由组合定律告诉我们,在生物体通过减数分裂形成配子时,随着非同源染色体的自由组合,非等位基因也自由组合,这样,由雌雄配子结合形成的受精卵就可能具有与亲代不同的基因型,这是一种类型的基因重组。基因的连锁和交换定律告诉我们,当减数分裂形成四分体时,位于同源染色体上的等位基因有时会随着非姐妹染色单体的交换而发生交换,导致染色单体上的基因重新组合,这是另一种类型的基因重组。

由此可见,通过有性生殖过程实现的基因重组,为生物变异提供了极其丰富的来源。这是形成生物多样性的重要原因之一,对于生物进化具有十分重要的意义。

三、染色体变异

染色体变异是指染色体结构的改变和数目的变化。

染色体结构和数目在一般情况下是比较稳定的。自然状态下,染色体变异的自发频率是很低的。若一旦发生变异,就会导致生物性状的变化,引起畸形或死亡。物理和化学因素可提高染色体的变异频率。

(一) 染色体结构的改变

染色体结构的改变常见的有缺失、重复、倒位、易位4种情况(图4-8)。

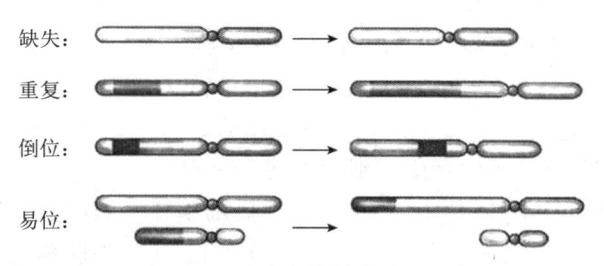

图4-8 4种染色体结构改变示意

相对于亲本来说,子代染色体少了某一片段,称为缺失,而染色体增加了某一片段,则称为重复。同一染色体某一片段发生了位置的颠倒,称倒位,而非同源染色体之间片段的交换称为易位。

上述染色体结构的改变都会使排列在染色体上的基因的数目和排列顺序发生改变,从而导致性状的变异。大多数染色体结构变异对生物体是不利的,有的会导致生物体死亡。

(二) 染色体数目的变化

遗传学上把一个配子所含有的染色体组数称为染色体组。研究染色体数目的变化,一般常以含有两个染色体组的二倍体($2n$)为基础,或者是增减一条或几条染色体,或者是减少一组或增加一至若干组的染色体。前者属于染色体非整倍性的改变,而后者则属于染色体倍数的变化。

单倍体细胞通常只含有一个染色体组($1n$)。例如,低等植物、苔藓和蕨类植物的配子体,由未经受精卵发育而成的雄性蜜蜂或夏季的蚜虫等。单倍体生物的生存可以是正常的,但是单倍体生物的减数分裂不正常,高度不育。

很多植物由于自然环境的作用而出现染色体加倍的现象。在植物和某些低等动物体中,多倍体普遍存在,且起着重要的进化作用。动物界中多倍体则较少见。

在自然界,生物细胞有丝分裂的某个过程遭到破坏或成体植株受到机械损伤,如芽细胞受到环境因素的影响等,都会使细胞的染色体出现加倍现象。植物多倍体在形态和生理上一般都优于原来的个体,例如:四倍体萝卜的主根粗大,产量比最好的二倍体品种还要高;三倍体无籽西瓜不仅结瓜多,且西瓜的含糖量和瓜量也有所增加等。当然,植物形成的大多数多倍体是高度不育的,但可以利用植物的营养繁殖,如扦插等来进行补偿。生长于恶劣环境下的植物常是多倍体。

多倍体的形成是自然界植物进化的途径之一。通过人工的办法先获得单倍体植株,再使其染色体加倍,可获得纯种二倍体或多倍体,是目前植物育种的方法之一。实验室中常使用秋水仙素、高温或 α 射线等处理,使染色体加倍,得到人工诱导的多倍体。

思考与练习

一、单项选择题

1. 一种转运 RNA 的一端碱基为 GUA,此转运 RNA 所运载的氨基酸是(　　)。
   A. GUA(缬氨酸)　　　　　　　　　　B. CAU(组氨酸)
   C. UAC(酪氨酸)　　　　　　　　　　D. AUG(甲硫氨酸)

2. DNA 的复制、转录和蛋白质的合成分别发生在(　　)。
   A. 细胞核　细胞质　核糖体　　　　　B. 细胞核　细胞核　核糖体
   C. 细胞质　核糖体　细胞核　　　　　D. 细胞质　细胞核　核糖体

3. 逆转录酶的功能是(　　)。
   A. 以 RNA 为模板合成 DNA　　　　　B. 以 RNA 为模板合成 RNA
   C. 以 RNA 为模板合成肽链　　　　　　D. 以 DNA 为模板合成 RNA

4. 在同一草场,牛和羊吃同样的草料,但牛肉和羊肉的味道却不一样,主要原因是(　　)。
   A. 牛羊肉中所含物质不一样
   B. 牛羊的染色体数目不一样
   C. 不一样的 DNA(基因)控制合成不一样的蛋白质
   D. 牛和羊的祖先不一样

5. 下列有关"中心法则"含义的论述,错误的是(　　)。
   A. 表达遗传信息的传递方向
   B. 表达基因控制蛋白质合成过程
   C. DNA 只能来自 DNA 的复制
   D. 基因通过控制蛋白质合成控制生物的性状

6. "转录"与"复制"过程相似的是(　　)。
   A. 只以 DNA 的一条链为模板　　　　　B. 按照碱基互补配对原则进行合成
   C. 合成的产物是 mRNA　　　　　　　　D. 以碱基 U 与碱基 A 配合成对

7. 生物性状的重要控制者和重要体现者依次是（　　）。
   A. DNA（基因）和蛋白质（性状）　　B. 染色体和 DNA
   C. RNA 和蛋白质　　D. 细胞核和蛋白质
8. 下列各组细胞构造中都可以发生碱基互补配对的是（　　）。
   ①细胞核　②线粒体　③叶绿体　④中心体　⑤高尔基体　⑥核糖体（　　）。
   A. ①②③④　　B. ②③⑤⑥　　C. ①④⑤⑥　　D. ①②③⑥
9. 人类的遗传物质主要存在于（　　）。
   A. 细胞膜中　　B. 细胞液中
   C. 细胞质中　　D. 细胞核中
10. 亲代通过精子和卵细胞传给后代（　　）。
    A. 相对性状　　B. 绝对性状　　C. 基因　　D. 性状
11. 小麦的根尖细胞内基因分布在（　　）。
    A. 染色体和核糖体　　B. 染色体和线粒体
    C. 染色体和叶绿体　　D. 染色体、线粒体、叶绿体
12. 控制相对性状的基因叫（　　）。
    A. 相同基因　　B. 隐性基因　　C. 等位基因　　D. 显性基因
13. 相对性状是指（　　）。
    A. 不同性状的不同表现类型　　B. 不同性状的相同表现类型
    C. 同种生物同一性状的不同表现类型　　D. 同种生物不同性状的相同表现类型
14. 对生物个体而言，所谓有利变异是指（　　）。
    A. 对所有生物有利的变异　　B. 对生物个体生存有利的变异
    C. 对人类有利的可遗传变异　　D. 对人类不利的不可遗传变异
15. 一只雌猫一次产了3只小猫，毛色完全不同。这说明生物体具有（　　）。
    A. 遗传性　　B. 变异性　　C. 进化性　　D. 适应性
16. 基因重组、基因突变和染色体变异的共同点是（　　）。
    A. 都能产生可遗传的变异　　B. 都能产生新的基因
    C. 产生的变异对生物均不利　　D. 在显微镜下都可看到变异状况
17. 杂交育种依据的主要遗传学原理是（　　）。
    A. 染色体变异　　B. 基因分离　　C. 基因自由组合　　D. 基因突变
18. 生物进化的主要证据是（　　）。
    A. 化石证据　　B. 胚胎发育上的证据
    C. 解剖证据　　D. 结构方面的证据
19. 用达尔文的观点解释长颈鹿的长颈形成的原因是（　　）。
    A. 鹿经常伸长脖子够高处的树叶
    B. 生活在食物充足环境中的长颈鹿脖子长得长
    C. 由于生存环境不同，使鹿的颈有长有短
    D. 长颈变异的个体生存机会多，并一代代积累

20. 在某地的考古挖掘过程中,越往下挖,出土的生物化石越有可能是(　　)。
   A. 越来越高等　　　　　　　　　　B. 生物化石的结构越来越简单
   C. 生物化石的结构越来越复杂　　　　D. 陆生生物的化石增多

二、多项选择题

1. 下列结构中有遗传物质的有(　　)。
   A. 细胞核　　　　B. 叶绿体　　　　C. 线粒体　　　　D. 高尔基体
2. 下列关于"中心法则"内容的表述,正确的有(　　)。
   A. 遗传信息可以从 DNA 流向 DNA
   B. 遗传信息可以从 DNA 流向 RNA,进而流向蛋白质
   C. 遗传信息 RNA 也可以自我复制
   D. RNA 可以在逆转录酶的作用下合成 DNA
3. 下列属于伴性遗传的有(　　)。
   A. 人类红绿色盲的遗传　　　　　　B. 人类血友病的遗传
   C. 果蝇眼色的遗传　　　　　　　　D. 女娄菜叶形的遗传
4. 下列关于基因重组的说法,正确的有(　　)。
   A. 减数分裂四分体时期,同源染色体的姐妹染色单体之间交叉互换可导致基因重组
   B. 基因重组能够产生新的基因型
   C. 生物体进行有性生殖的过程中,控制不同性状的基因的重新组合属于基因重组
   D. 一般情况下,花药内可发生基因重组,而根尖则不能
5. 下列叙述中,不正确的有(　　)。
   A. 化石为生物进化提供了直接的证据
   B. "始祖鸟"是鸟类进化成哺乳类的典型证据
   C. 在人类进化过程中,发生显著变化的是脑容量增加
   D. 达尔文提出较为完善的生物进化学说,其核心是自然选择

三、判断题

1. DNA 分子的复制是在细胞有丝分裂的间期和减数第一次分裂前的间期,随着染色体的复制而完成的。　　　　　　　　　　　　　　　　　　　　　　　　　(　　)
2. 在 DNA 的复制中,新合成的每个 DNA 分子都保留了原来 DNA 分子中的 1 条链。
　　　　　　　　　　　　　　　　　　　　　　　　　　　　　　　　　　(　　)
3. 基因是具有遗传效应的 DNA 片段。　　　　　　　　　　　　　　　　　(　　)
4. DNA 分子的脱氧核糖核苷酸的排列顺序决定了信使 RNA 中核糖核苷酸的排列顺序。
　　　　　　　　　　　　　　　　　　　　　　　　　　　　　　　　　　(　　)
5. 所有基因都是通过控制蛋白质分子的结构来直接影响性状。　　　　　　(　　)
6. 每种转运 RNA 只能识别并转运 1 种氨基酸。　　　　　　　　　　　　(　　)
7. 基因型是性状表现的内在因素,而表型则是基因型的表现形式。　　　　(　　)
8. 大麻属于 XY 型性别决定的生物。
9. 同一品种的小麦种植在水肥条件不同的农田中产量不同,这属于可遗传变异。(　　)

10. 基因重组又称点突变。（　　）
11. 基因突变只会发生在生殖细胞中。（　　）
12. 基因突变是随机发生的。（　　）
13. 发生在体细胞中的突变，一般是不能传递给后代的。（　　）
14. 在自然条件下，一切生物的基因都可以发生自然突变，并且这种突变频率通常很高。（　　）
15. 基因重组是生物变异的根本来源，为生物进化提供了最初的原材料。（　　）
16. 染色体变异的自发频率是很低的，物理和化学因素可提高染色体的变异频率。（　　）
17. 生物进化是从简单到复杂、从低级到高级的过程。（　　）
18. 亲缘关系越远的生物，其大分子物质的相似性越高。（　　）
19. 达尔文的自然选择学说被恩格斯誉为 19 世纪自然科学三大发现之一。（　　）
20. 植物如果在花芽分化时就发生基因突变，那么，将来可能只在一朵花或一个花序上表现出变异。（　　）

四、填空题

1. 核酸是一种高分子的化合物，它的构成单元是_____，每个核苷酸包括三部分：五碳糖、磷酸和含氮碱基。
2. DNA 是由四种脱氧核苷酸组成的一种高分子化合物，DNA 分子的立体结构是规则的_____结构。
3. 一个物种的单倍体的染色体数目称为该物种的_____或_____，它包含了该物种自身的所有基因。
4. 基因的表达是通过 DNA 控制_____的合成实现的。
5. 遗传学上把_____的流动方向称为信息流。
6. 位于_____上的两对（或多对）基因，是按照_____向后代传递的，而位于_____上的两对（或多对）基因，则是按照_____向后代传递的。

五、连线题

1. 将下列左侧的遗传和变异与右侧具体的例子用直线连接起来。

         a. 一母生九子，九子各不同

（1）遗传   b. 种瓜得瓜，种豆得豆

         c. 一树结果，酸甜各异

（2）变异   d. 龙生龙，凤生凤，老鼠生儿会打洞

         e. 高秆水稻田里出现了矮秆水稻植株

2. 将下列左侧的性别决定方式与右侧对应的生物用直线连接起来。

         a. 鸭

（1）XY 型   b. 蝶

         c. 牛

（2）ZW 型   d. 菠菜

         e. 人

六、简答题

1. 简述核酸的生物学功能。

2. 简述基因分离定律的实质,以及基因分离定律在实践中的应用。

3. 什么是基因突变?基因突变的特点有哪些?

第五章 生物的生殖与发育

📖 **学习目标**

1. 熟悉生物生殖的概念和种类。
2. 熟悉减数分裂与有性生殖细胞（精子、卵细胞）的成熟过程，掌握受精作用的概念。
3. 掌握生物发育的概念、动植物个体的发育过程。
4. 了解动植物生命活动的调节。

第一节 生物生殖的基本类型

生物个体，无论其寿命长短如何，最终都要衰老、死亡。但物种的生存并没有因为个体的死亡而终结，这是因为前代能够产生与自己基因基本相同的后代。我们把生物产生后代的现象称作生殖（也称为繁殖）。生物通过生殖使物种得以延续和发展。

生物繁殖后代的方式是多种多样的，通常可归纳为两大类型：无性生殖和有性生殖。

一、无性生殖

无性生殖是指生物的繁殖不经过生殖细胞的结合，由生物个体的营养细胞或营养体的一部分直接产生同种新个体的生殖方式，是生物进化中一种较为原始的生殖方式。

无性生殖又可分为营养繁殖和孢子繁殖。

（一）营养繁殖

营养繁殖指生物营养体的一部分直接形成新的个体。常见的形式有裂殖和芽殖。

1. 裂殖

裂殖为单细胞生物中普遍存在的一种营养繁殖方式，多表现为二分裂，即母细胞进行纵向或横向分裂，形成两个大小、形态、结构相似的子细胞，如球菌、杆菌、眼虫等的繁殖方式。

2. 芽殖

芽殖指在母体的一定部位长出与自身体形相似的小芽体，每个小芽体长大后成为独立生活的个体，如酵母菌、水螅（图 5-1）等。被子植物也有这种芽殖类型，如竹、芦苇、姜、甘薯等,这些植物在根、茎或叶上产生根和芽,进行芽殖(图 5-2)。这一生物学特性常用于果树、花卉、蔬菜生产,方法有扦插、压条、嫁接等。

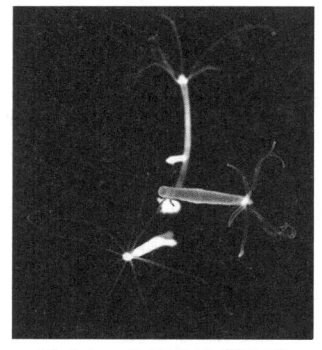

图 5-1　水螅的出芽生殖　　　　图 5-2　草莓根的营养生殖

(二) 孢子生殖

有些生物体可以产生特异的生殖细胞——孢子。产生这些孢子的器官称孢子囊。孢子囊成熟时散出孢子,孢子在适宜条件下萌发成为新个体,这种生殖方式称作孢子生殖。这种生殖方式在真菌中极为普遍,如霉菌(图 5-3)等。

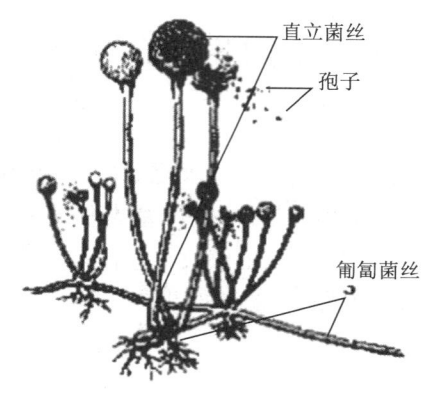

图 5-3　毛霉菌的孢子生殖

无性生殖是较为原始的生殖方式,特点是生殖过程简单,繁殖迅速,可保持生物固有的性状。无性生殖对快速繁殖品质优异的种群极为有利。但由于无性生殖的后代是来自同一个基因型的亲体,个体变异较小,因此,生活力、代谢能力、适应性会慢慢衰退。

二、有性生殖

有性生殖是由亲体产生性细胞,两个性细胞结合成为合子,由合子发育成为一个新的个体的生殖方式。常见的有性生殖方式有接合生殖和配子生殖。

(一) 接合生殖

接合生殖是由两个亲体细胞相互交换部分核物质后,分开进行细胞分裂的一种生殖方式(如细菌和原生动物草履虫等)。

（二）配子生殖

性细胞称为配子。由两个配子结合的生殖方式称配子生殖。配子生殖根据两性配子之间的差异程度，又可分为同配生殖、异配生殖与卵式生殖3种类型。

1. 同配生殖

同配生殖是由来自不同亲体的，大小、形态、结构和运动能力完全相同的两种配子相结合而进行的生殖方式，如单细胞衣藻等。

2. 异配生殖

异配生殖是由形态、结构相同，运动能力和大小不同的雌配子和雄配子结合后，发育为新个体的生殖方式，如实球藻等。

3. 卵式生殖

卵式生殖是由精子和卵经过受精作用形成受精卵，由受精卵发育而成的新个体，是异配生殖的一种进化类型。这是高等动物体最为常见的生殖方式。

以上各种有性生殖方式都要通过双亲遗传物质的相互融合过程，又称为融合生殖。配子是经减数分裂而形成的，其染色体数目只有体细胞的一半，称单倍体（n）。两性配子融合后，合子核中的染色体数目恢复到原来的数目（$2n$），称二倍体。子代的染色体各有一半来自父本，一半来自母本，子代可以组合亲代的优点，得到新的变异，后代能更好地适应环境。因此，有性生殖对于生物的生存和进化是非常有利的，自然界现存的生物中约有98%以上都能进行有性生殖。

第二节　减数分裂与有性生殖细胞的成熟

减数分裂是一种特殊方式的有丝分裂，指细胞连续分裂两次，而染色体在整个分裂过程中只复制一次的细胞分裂方式。有丝分裂与减数分裂的主要区别如表5-1所示。

表5-1　有丝分裂与减数分裂的主要区别

比较项目	有丝分裂	减数分裂
发生的位置	体细胞中	原始生殖细胞中
分裂的次数	1	2
产生的子细胞个数	2	4
子细胞所含染色体数	与亲代细胞染色体数目相同	染色体数目是亲代细胞的一半
子细胞类型	体细胞	成熟的生殖细胞
有无联会交换现象和四分体	无	有

凡是进行有性生殖的动植物，在从原始的生殖细胞（如动物的精原细胞或卵原细胞）发展到成熟的生殖细胞（精子或卵细胞）的过程中，都要进行减数分裂。下面结合动物的精子和卵细胞的形成过程，讲述减数分裂的基本过程。

一、精子的形成过程

精子是在动物的精巢中形成的。精巢中生有精原细胞,每个精原细胞都含有与体细胞内数目相同的染色体。一部分精原细胞略微增大。染色体进行复制。复制的结果是每个染色体上含有两条姐妹染色单体。这时候,精原细胞就成为初级精母细胞。初级精母细胞经过两次连续的细胞分裂,才成为成熟的精子(图 5-4)。

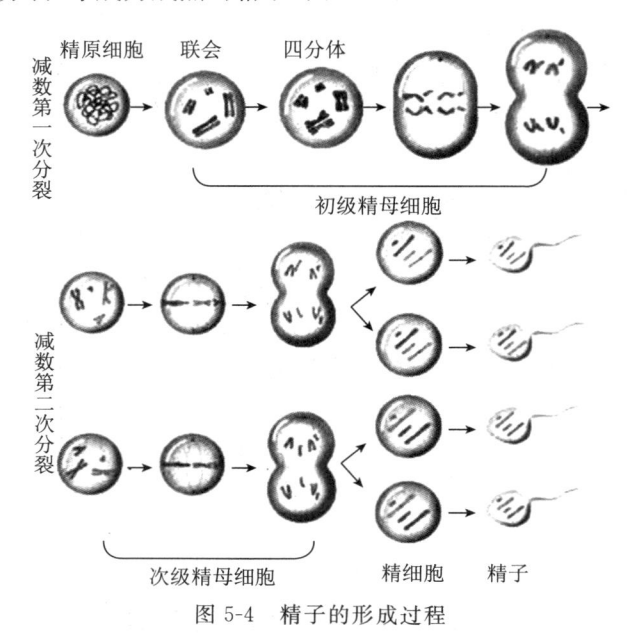

图 5-4 精子的形成过程

第一次分裂开始不久,初级精母细胞中的同源染色体两两配对。同源染色体两两配对叫作联会。这时每个染色体都含有两个姐妹染色单体,但是这两个姐妹染色单体由一个着丝粒联结着,因此,每个同源染色体就含有 4 个染色单体,这叫作四分体。随后,各个四分体在纺锤丝的牵引下向细胞中央移动,直至排列到细胞中央。不久,由于附着在着丝粒上的纺锤丝不断地收缩变短,四分体平分为二,即同源染色体彼此分开,各受所附着的纺锤丝的牵引,分别向细胞的两极移动,接着细胞分裂开来,形成两个次级精母细胞。这样,次级精母细胞中染色体的数目只有初级精母细胞的一半(每个染色体仍含有两个姐妹染色单体,着丝粒仍然是一个)。这是精子形成过程中的第一次分裂,在这次细胞分裂的过程中,同源染色体被一分为二,染色体的数目减少了一半。

第一次分裂以后,紧接着进行第二次分裂。这时候,两个次级精母细胞中每个染色体的着丝粒一分为二,两个姐妹染色单体完全分开,成为两个染色体,在纺锤丝的牵引下分别移向细胞两极,随后细胞分裂开来,两个次级精母细胞分裂成为 4 个细胞,这 4 个细胞就是精子细胞,它们只含有数目减少一半的染色体。至此,减数分裂就完成了。结果是精子细胞中含有的染色体数目是初级精母细胞的一半。

最后精子细胞经过变形,长出鞭毛形成精子。精子的头部含有细胞核,尾部很长,能够游动。

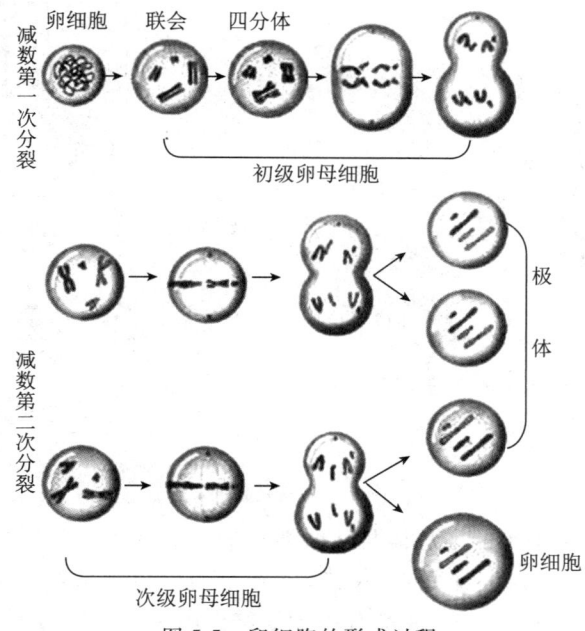

二、卵细胞的形成过程

卵细胞的形成过程与精子的形成过程基本相同(图 5-5)。

图 5-5　卵细胞的形成过程

卵细胞是在动物的卵巢中形成的。卵巢中生有卵原细胞,每个卵原细胞均含有与体细胞所含数目相同的染色体。有的卵原细胞体积增大,染色体进行复制,形成初级的卵母细胞,第一次分裂开始不久,初级卵母细胞中的同源染色体进行联会。随后出现四分体。接着,完成第一次分裂。分裂成的两个细胞,大小不等,大的叫作次级卵母细胞,小的叫作极体,它们都含有数目减半的染色体。

次级卵母细胞再经过一次分裂,形成一个大的细胞即卵细胞,同时还形成一个小的细胞,这也叫作极体。原先的那个极体还可能分裂成两个极体,但是所有的极体以后都退化了。卵细胞只含有数目减少一半的染色体,也就是说,卵细胞中的染色体数目是初级卵母细胞的一半。减数分裂的过程,可以用图 5-6 来概括。

从图 5-6 中可以看出,染色体复制了一次,而细胞分裂连续进行了两次,结果是细胞中的染色体数目减半。应当指出,经过减数分裂,1 个精原细胞形成 4 个精子细胞;1 个卵原细胞只形成 1 个卵细胞。

三、受精作用

进行有性生殖的生物,一般都要进行受精作用。

精子与卵细胞结合成为合子的过程叫作受精作用。受精作用进行时,精子的头部进入卵细胞,尾部留在外面。精子头部穿进卵细胞以后,它的细胞核与卵细胞的细胞核结合在一

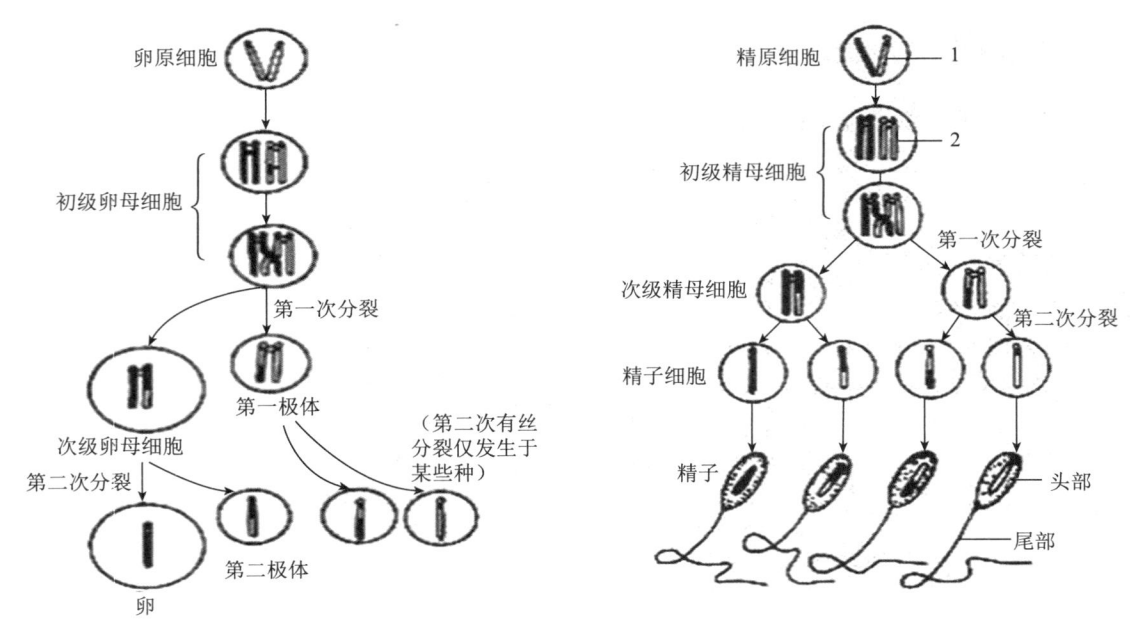

图 5-6 减数分裂

起。因此在合子中,从精子来的染色体与从卵细胞来的染色体又会合在一起,其中一半来自精子(父方),一半来自卵细胞(母方)。这样,合子中的染色体又恢复到体细胞的数目。可见,对于进行有性生殖的生物来说,减数分裂和受精作用对于维持每种生物前后代体细胞中染色体数目的恒定性及生物的遗传和变异都是十分重要的。

高等植物的受精作用比动物复杂一些(图 5-7)。由于高等植物卵细胞位于胚珠的胚囊内,精细胞位于成熟花粉粒中,故受精前必须经过传粉,花粉粒在柱头上萌发形成花粉管,并通过花粉管在花柱中生长进入胚囊,释放出精细胞,才能够发生受精作用。每个成熟花粉粒包含两个精细胞(无鞭毛,与动物的精子不同,因而不叫精子),它们进入胚囊后,一个与卵细胞结合,形成受精卵(以后发育成胚),另一个与两个极核结合,形成受精极核(以后发育成胚乳)。故高等植物的受精作用特称为双受精,这是被子植物有性生殖所特有的现象。

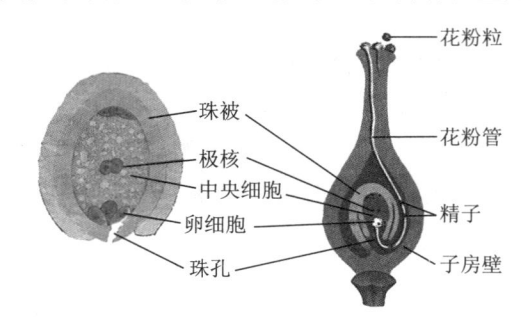

1—珠孔;2—卵细胞;3—极核;4—胚珠上的珠被;5—子房壁。
图 5-7 子房壁和胚珠的模式图

第三节 生物的发育

生物的个体发育是指多细胞生物的受精卵经过细胞分裂、组织分化和器官形成,直到发育为成熟的新个体的过程。不同生物的个体发育过程是不同的。下面分别讲述高等植物和动物的个体发育。

一、植物的个体发育

高等植物的个体发育主要指被子植物的个体发育,包括种子的形成和萌发的种子中的胚进一步发育成新的植物体的过程。这里着重讲述种子形成过程中胚和胚乳的发育。

(一)胚的发育

被子植物的受精卵在胚珠中发育成胚,下面以荠菜为例来讲述胚的发育过程(图5-8)。

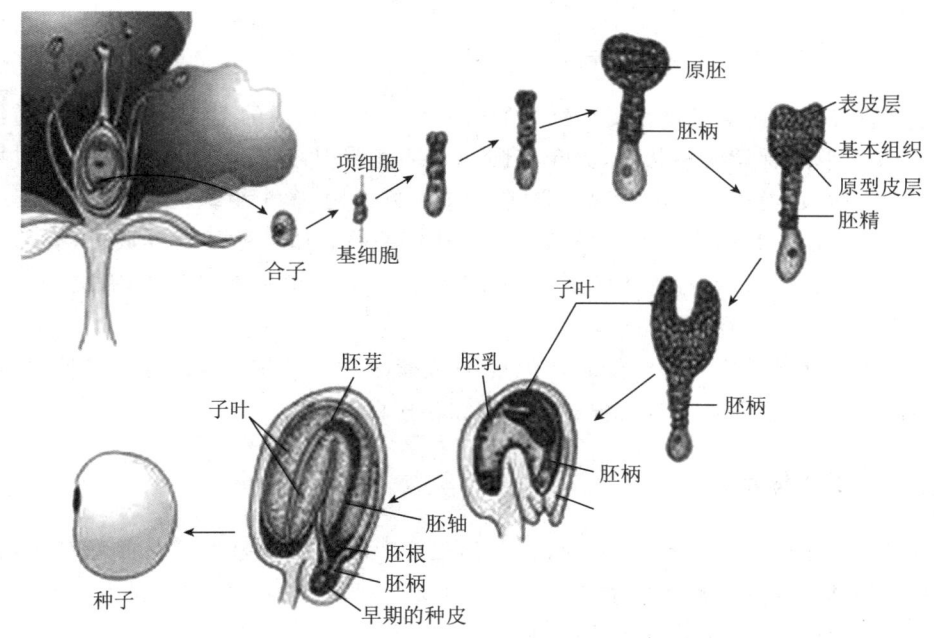

图 5-8 荠菜胚的发育

受精卵的第一次分裂,大多数为不均等的横裂,形成两个细胞,其中接近珠孔的一个细胞叫作基细胞,另一个叫作顶细胞。顶细胞经过多次分裂,形成球状胚体。基细胞经过几次分裂,形成一行细胞,构成胚柄。胚柄下端是一个大型泡状细胞,它从周围吸取营养物质,供球状胚体发育。

球状胚体继续发育,细胞数目不断增加。后来,球状胚体的顶部形成两个突起,这两个突起逐渐长大,形成两片子叶。两片子叶之间一些具有分裂能力的细胞形成胚芽。胚体下部具有分裂能力的一些细胞形成胚根。胚根与胚芽之间的细胞形成胚轴。

子叶、胚芽、胚轴和胚根这四部分构成了荠菜的胚。

(二) 胚乳的发育

被子植物的卵细胞受精时,两个极核也与另一个精细胞结合,形成受精极核。由受精极核发育成胚乳。胚乳的发育形式一般有核型、细胞型和沼生目型3种方式。这里只介绍核型胚乳的发育(图5-9)。

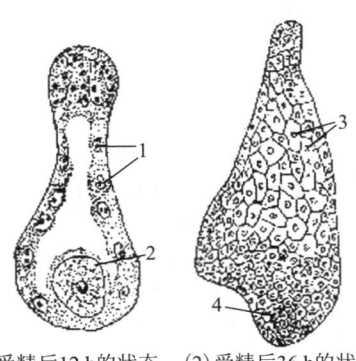

(1)受精后12 h的状态　(2)受精后36 h的状态
1—游离胚乳核;2—受精卵;3—胚乳细胞;4—球状胚体。
图 5-9　玉米胚乳的发育

核型胚乳发育的主要特征是受精极核的第一次分裂和以后的多次分裂都不伴随细胞壁的形成,各个细胞核保留游离状态,分布在同一个细胞质中,这一时期称为游离核时期。胚乳发育到一定阶段,游离核之间出现细胞壁,形成胚乳细胞,整个组织就是胚乳。

胚乳是为胚的发育提供营养物质的重要特化组织。它所贮藏的营养成分,有的在胚发育的早期就已被胚吸收,贮存到子叶里,到胚成熟时,胚乳已退化不存在了;有的则一直贮存到种子萌发时方为胚所利用。

胚和胚乳都在胚珠中发育。最后,整个胚珠发育成种子。在适宜的环境条件下,种子能够萌发,种子中的胚进而长成具有根、茎、叶的完整植株。

二、动物的个体发育

高等动物的个体发育包括胚的发育和胚后发育。胚的发育是指受精卵发育成幼体,胚后发育是指幼体从卵膜内孵化出来或从母体生出来并发育成为成体。蛙是大家都熟悉的一种卵生动物,下面以蛙为例来讲述动物的个体发育。

(一) 胚的发育

温度适宜时,雌蛙与雄蛙抱对,卵细胞和精子都排到水里,并在水里进行受精。受精卵分为动物极和植物极。动物极在受精卵的上端,靠近动物极的半球叫作动物半球,动物半球含卵黄少,颜色较深,比重小些;植物极在受精卵的下端,靠近植物极的半球叫作植物半球,植物半球含卵黄较多,颜色较浅,比重大些。这样的特点使受精卵的动物半球朝上,便于吸收大量的阳光热量,以保证受精卵发育时所需要的温度条件。

受精卵开始发育时,首先进行细胞分裂,这叫作卵裂(图 5-10)。第一次卵裂是沿着卵轴(从动物极到植物极的轴线)的方向进行的。第二次卵裂的方向也是这样,但是分裂面与第一次的分裂面垂直。第三次卵裂时,分裂面与卵轴垂直,但是稍偏向动物极一方。结果是分裂成 8 个细胞的胚。这 8 个细胞分成上下两层:上层的 4 个细胞较小,偏向动物极;下层的 4 个细胞较大,偏向植物极。

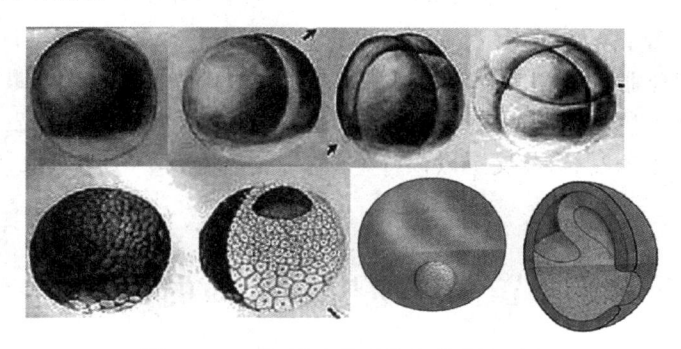

图 5-10　两栖类动物受精卵的发育过程

卵裂继续下去,动物半球的细胞分裂得快,因此细胞的数量多,但细胞的体积小,植物半球由于含卵黄较多,分裂得慢,因此细胞数量较少,但细胞大一些。卵裂到一定时期,细胞增多,胚就形成一个内部出现空腔的球状胚。这样的胚叫作囊胚,囊胚内的空腔叫作囊胚腔。

随后,由于动物半球的细胞分裂得快,因此,动物半球的细胞向下移动,覆盖在植物半球细胞的外面。同时,一些植物半球的细胞开始内陷,其周围的一些植物半球的细胞被卷入囊胚腔中,这样,囊胚腔就缩小了。内陷的细胞之间出现了凹陷,这叫作原肠腔。凹陷向内逐渐推进,原肠腔就逐渐扩大,这样的胚就叫作原肠胚。原肠胚的外面生有胚孔。

这时候,蛙胚就具备了 3 个胚层:外胚层、中胚层和内胚层。外胚层是由原肠胚的外层细胞构成的;内胚层是由原肠胚的内层细胞构成的;中胚层最初位于原肠腔的顶壁,后来则位于内胚层和外胚层之间。

这 3 个胚层进一步发育出各种组织、器官和系统,情况如下。

外胚层由动物极细胞形成。皮肤的表皮及其附属结构、神经系统和感觉器官由其发育而来。皮肤的表皮和表皮的延伸部分,如口腔黏膜、鼻黏膜等是由外胚层发育而来的。皮肤的附属结构是指汗腺、皮脂腺及唾液腺等。神经系统包括脑、脊髓和它们发出的脑神经等,感觉器官主要是指眼、耳等。

内胚层由植物极细胞形成。呼吸道上皮和消化道上皮以及由消化道上皮特化而来的各种消化腺,如肝脏、胰腺、胃腺、肠腺等由其发育而来。呼吸道上皮是指咽、喉、支气管、各级细支气管的内壁表面的上皮,肺泡上皮也属于呼吸道上皮。消化道上皮是指咽、食道、胃、小肠、大肠的内壁表面的上皮。

中胚层主要是由动物极内卷细胞形成的。骨骼和肌肉构成的运动系统、皮肤的真皮、整个循环系统、排泄系统、生殖系统及内脏器官的外膜等由其发育而来。循环系统包括心脏、血管以及在心脏和血管中流动的血液,造血器官——骨髓也是由中胚层发育而来的。淋巴管、淋巴器官也是由中胚层发育来的。排泄系统包括肾脏、输尿管、膀胱等均是由中胚层发育而来的。

(二) 胚后发育

蛙受精卵发育成的幼体——蝌蚪，与成体的蛙有显著的差异：蝌蚪生活在水中，用鳃呼吸，无四肢，有尾；蛙则可以生活在陆地上，用肺呼吸，有四肢，尾消失。蛙的幼体和成体差别很大，而且形态的改变又是集中在短期内完成的，这种胚后发育叫作变态发育。

就卵生动物来说，受精卵由于在母体外发育，所以受外界环境的影响很大。例如，鸡的受精卵从母体生出以后，由于外界的温度比母体内的温度低，因而胚胎就停止了发育。这样的胚，直到受到母鸡(或人工孵化器等)的孵育，温度升高到37~39.5 ℃时，才继续发育，最终成为雏鸡。

上面分别讲述了植物和动物的个体发育，说明了一个受精卵是怎样发育成一个新个体的。当新个体在性成熟以后，就又可以进行生殖了。

第四节　植物生命活动的调节

在植物体内合成的，从产生部位运输到作用部位，并且对植物体的生命活动产生显著的调节作用的微量有机物，称为植物激素，如脱落酸、植物生长素、细胞分裂素、乙烯、赤霉素等。植物激素是植物细胞接受特定环境信号诱导产生的、低浓度时可调节植物生理反应的活性物质，它们在细胞分裂与伸长、组织与器官分化、开花与结实、成熟与衰老、休眠与萌发以及离体组织培养等方面，分别或相互协调地调控植物的生长、发育与分化。这种调节的灵活性和多样性，可通过使用外源激素或人工合成植物生长调节剂的浓度与配比变化，进而改变内源激素水平与平衡来实现。

一、生长素

(一) 生长素的发现

生长素是发现最早、研究最多、在植物体内存在最普遍的一种植物激素。1880年，达尔文父子在进行向光性实验时，首次发现植物幼苗尖端的胚芽鞘在单方向的光照下向光弯曲生长，但如果把尖端切除或用黑罩遮住光线，即使单向照光，幼苗也不会向光弯曲。他们当时因此推测：当胚芽鞘受到单侧光照射时，在顶端可能产生一种物质传递到下部，引起苗的向光性弯曲。后来，在达尔文试验的启示下，很多学者都相继进行了这方面的研究，并证实了这种物质的存在。其中最成功的是荷兰人温特。他在1928年首次成功地将生长素收集在琼脂小块中，证明这种物质同植物的向光性弯曲生长相关。他建立的生长素生物鉴定法——燕麦试验法，至今仍被应用。直到1946年，人们才从高等植物中首次分离提取出与生长有关的活性物质，经过鉴定它是一种结构较简单的有机化合物——吲哚乙酸(IAA)。

植物体受到单一方向的外界刺激而引起的定向运动称为植物的向性运动。植物体表现出向性运动与植物体内一种特殊的化学物质生长素的调节作用有关。植物的向性运动是植物对于外界环境的适应性。

(二) 生长素的生理作用

生长素的作用具有两重性：既能促进生长，也能抑制生长；既能促进发芽，也能抑制发芽；既能防止落花落果，也能疏花疏果。

生长素发挥的生理作用会因浓度、植物的种类、器官、细胞的年龄不同而有差异。一般情况下，生长素在低浓度时促进生长，在高浓度时抑制生长，浓度过高甚至会杀死细胞。对于同一植物的不同器官来说，一般营养器官比生殖器官敏感；根比芽敏感，芽比茎敏感；幼嫩细胞敏感，衰老细胞迟钝。双子叶植物一般比单子叶植物敏感。同一植物的不同器官对生长素浓度的敏感性如图 5-11 所示。

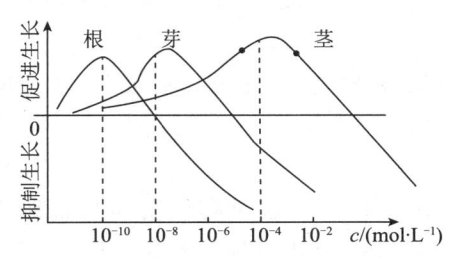

图5-11　同一植物的不同器官对生长素浓度的敏感性

植物在生长发育过程中，顶芽和侧芽之间有着密切的关系。植物的顶芽优先生长而侧芽受抑制的现象叫作顶端优势。大多数植物都有顶端优势现象，但表现的形式和程度因植物种类而异。顶端优势是由于顶芽产生的生长素向下运输，大量地积累在侧芽部位，使侧芽的生长受到抑制。农业生产上，常用消除或维持顶端优势的方法控制作物、果树和花木的生长，以达到增产和控制花木株型的目的。

去顶芽保侧芽，例如，"摘心""打顶"可使植物多分枝、多开花。常用打顶的办法去除顶端优势，以促使侧芽萌发、增加侧枝数目，或促进侧枝生长。例如，对果树可使树形开展，多生果枝；对茶树和桑树，多生低部位侧枝便于采摘；对行道树可扩大遮阴面积。有些化学药剂可以消除顶端优势，增加侧芽生长，提高农作物产量，其作用与剪去顶芽相似，如三碘苯甲酸(TIBA)已成功地应用于大豆生产中。这种方法称为化学去顶。

(三) 生长素类似物

α-萘乙酸(NAA)是具有生长素类活性的萘类植物生长调节剂，广泛用于组织培养体系，可以诱发不定根形成，提高树木扦插成活率，提高坐果率，防止采前落果。它具有与 IAA 不同的环状结构，但其侧链与 IAA 相同，比 IAA 稳定，因此常代替 IAA 使用。

2,4-D 的化学名称是 2,4-二氯苯氧乙酸，是一种除草剂，广泛应用于无菌培养体系，用于诱导细胞增殖。2,4-D 除作为除草剂之外，最显著的用途是引起脱分化和未组织化的细胞生长。另外，它还具有使幼苗矮化粗壮的功能。但 2,4-D 能够引起染色体变异，使用时必须格外小心。

生根粉是一类可以用来促进插条生根的复合型植物生长调节剂，可溶解于酒精或水，一般以生长素类物质为其主要有效成分，如 ABT 生根粉(商品名称艾比蒂生根粉)就含有萘乙酸和吲哚乙酸等。它的主要作用是能提供插条生根所需的生长促进物质，能促进插条内源激素的合成，能促进一个根原基分化形成多个根尖，以诱导插条不定根的形态建成。

二、其他植物生长调节剂

(一) 赤霉素

赤霉素(GA)广泛存在在于植物各器官中。含量最多的部位以及可能合成的部位是果实、种子、顶芽、幼叶及根尖,其生物合成主要发生在未成熟的果实、种子、芽、叶及根中,植物体内运输无极性。人工提纯的赤霉素为白色结晶,在酸性和中性溶液中稳定,在碱性溶液或高温下易分解而失去活性。故应在低温、干燥处保存。赤霉素配成溶液后不能长时间放置,应尽快用掉,否则易变质失效。赤霉素在植物生产上的作用如下。

1. 促进生长

赤霉素最显著的作用是促进植物生长,主要是促进茎、叶伸长,增加株高。也可促进果实生长,如促使葡萄形成无籽果实。

2. 诱导开花

赤霉素能代替某些植物在发育时所需要的低温和长日照条件。当用高浓度赤霉素(100~200 μg/g)溶液处理胡萝卜时,可使胡萝卜不经低温在长日照下抽薹开花。许多长日照植物经赤霉素处理后,可在短日照条件下开花。但赤霉素对短日照植物的开花没有作用。

3. 打破休眠,促进发芽

赤霉素可打破各种形式的休眠。如用 0.5~1 μg/g 浓度的赤霉素处理马铃薯,可打破其休眠,促使早发芽;对于需光和低温才能萌发的种子,如烟草、莴苣、李和苹果等,在黑暗中赤霉素处理,便可发芽。

4. 促进分化雄花

对于雌雄异花同株的植物,用赤霉素处理,雄花比例会增加;对于雌雄异花异株植物的雌株,如用赤霉素处理,也会开出雄花。

5. 防止果实脱落

赤霉素还可加强生长素对养分的动员效应,促进某些植物坐果和果性结实,延缓叶片衰老等。如用赤霉素处理可防止棉花蕾铃的脱落,促使葡萄形成无籽果实,促果实生长。

(二) 细胞分裂素

细胞分裂素在高等植物体内普遍存在,如茎尖、根尖、未成熟的种子,萌发的种子和生长着的果实。一般认为细胞分裂素在根尖形成。细胞分裂素在植物生产中的作用如下。

1. 促进细胞分裂和扩大

细胞分裂素主要是促进细胞分裂,调节细胞质分裂,并促进细胞扩大。

2. 诱导芽的分化

这是细胞分裂素最重要的作用之一。利用细胞分裂素处理愈伤组织,可诱导愈伤组织形成完整的植株。

3. 促进侧芽发育,消除顶端优势

细胞分裂素可解除由生长素所引起的顶端优势,促进侧芽生长发育。如培养烟草愈伤组织时,细胞分裂素与生长素的浓度比决定愈伤组织最终形成根还是形成芽。浓度比小,会分化出根;浓度比大,则分化出芽。

4. 打破种子休眠

需光种子用细胞分裂素处理可代替光照打破种子休眠,促进其萌发。

5. 延缓叶片衰老

细胞分裂素可以防止植物器官早衰,延长蔬菜贮藏期。如果在离体叶片上局部涂以细胞分裂素,则叶片其余部位变黄衰老时,涂抹细胞分裂素的部位仍保持鲜绿。

(三) 脱落酸

脱落酸(ABA)是一种天然的植物抑制剂,能抑制植物器官的形成和生长,其作用与生长素、赤霉素和细胞分裂素相对抗,主要存在于休眠的器官和部位中。脱落酸的主要生理作用如下。

1. 促进休眠

外用脱落酸时,可使生长旺盛的枝条停止生长而进入休眠。

2. 促进气孔关闭

天旱时,如果植物受病菌侵染,则会在体内产生一种对抗脱落酸的物质,使气孔不能关闭,植物因失水过多而凋萎。脱落酸可引起气孔关闭,降低蒸腾,促进根系吸水,增加其向地上部的供水量。因此,脱落酸可增强植物的抗旱能力,是一种内生抗蒸腾剂。

3. 抑制生长、开花

脱落酸能抑制整株植物或离体器官的生长,也能抑制种子的萌发。新收获的种子由于脱落酸含量高而处于休眠状态。经过一段时间后,脱落酸含量减少,生长素和赤霉素含量增加,则种子打破休眠,开始萌发。许多果树种子需经层积处理才能萌发,就是这个道理。脱落酸与赤霉素相对抗,用赤霉素处理种子和马铃薯,可打破休眠,促进萌发。此外,脱落酸对长日照植物有抑制开花的作用。

4. 促进脱落

脱落酸促进器官脱落主要是促进了植物器官基部离层,如叶柄与枝条连接处离层的形成,致使树叶脱落。秋季日照变短,气温下降,落叶树中会产生较多脱落酸并向叶基部和叶芽运送,促使树叶脱落和叶芽休眠。待春季日照变长,气温回升,脱落酸减少,生长素和赤霉素增多,叶芽萌发。

(四) 乙烯

乙烯是一类能影响植物的最简单的有机化合物($CH_2 = CH_2$),是早已被人们发现的气体激素,是植物代谢的天然产物。植物所有组织都能产生乙烯,植物体内的乙烯由甲硫氨酸转化而来,其合成需充足的氧气。因此,在果蔬贮藏中,降低空气中的氧气含量,将其控制在2%~3%,再配合低温,就可抑制果蔬的呼吸和降低乙烯的含量,延长贮藏时间。乙烯在植物生产上有以下主要作用。

1. 改变生长习性

主要是抑制茎的伸长生长,促进茎或根的横向增粗及茎的横向生长。

2. 促进成熟

乙烯对果实成熟、棉铃开裂、水稻的灌浆与成熟都有显著效果。

3. 促进脱落

乙烯是控制叶片脱落的主要激素。

4. 促进开花和雌花分化

乙烯可促使菠萝和其他一些植物开花,还可改变花的性别,促进黄瓜雌花分化,并使雌、雄异花同株的雌花着生节位下降。

5. 其他作用

乙烯还可诱导插枝不定根的形成,促进根的生长和分化,打破种子和芽的休眠,诱导次生物质的分泌等。

第五节 动物的内分泌调节

内分泌系统由机体内的内分泌腺、散在的内分泌组织和细胞组成。内分泌调节是畜体一个重要的调节系统,内分泌腺产生的激素可以高效影响畜体的生长发育、生殖等重要生理功能。畜体内腺体可分两类:一类是有管腺,也叫外分泌腺,如消化腺、汗腺、乳腺等,它们的分泌物是通过导管输送到体内的管腔之中或体表的皮肤之外而发挥作用;另一类是无管腺,也叫内分泌腺。内分泌腺没有输出导管,它们的分泌物直接进入血液或淋巴而输送到全身各有关器官和组织。内分泌腺包括脑垂体、甲状腺、甲状旁腺、肾上腺和松果体。此外,还有位于非内分泌器官内的具有内分泌功能的细胞群,如胰脏内的胰岛、睾丸内的间质细胞、卵巢内的卵泡细胞和黄体细胞等。内分泌腺或内分泌细胞分泌的一种特殊高效的化学物质称为激素。

一、脑垂体

脑垂体位于颅底蝶骨垂体窝内,外包以硬脑膜,借漏斗与丘脑下部相连。脑垂体的构造和功能都比较复杂,根据其发生和结构上的特点,可划分为腺垂体(包括远侧部、结节部和中间部)和神经垂体(神经部和漏斗部)两部分。

(一)腺垂体

腺垂体的远侧部和结节部称为前叶,中间部和神经部则称为后叶。前叶分泌生长激素、催乳素、促黑色素细胞激素、促肾上腺皮质激素、促甲状腺激素、促卵泡激素、促黄体生成激素 7 种激素。

1. 生长激素

生长激素有明显促进生长的作用,并可促进体内蛋白质合成,增强钠、钾、钙、磷等元素的摄取与利用。生长激素与胰岛素在体内蛋白质的合成方面有协同作用,但在脂肪和糖类代谢方面则互相拮抗。生长激素具有抑制糖的消耗,加速脂肪分解的功能。

2. 催乳素

催乳素主要促进生长发育期母畜乳腺的发育生长并维持泌乳,刺激促黄体激素受体生成,在机体各种应激状态下,催乳素的分泌也升高。

3. 促黑色素细胞激素

促黑色素细胞激素是促进黑色素的合成,使皮肤和被毛颜色加深。

4. 促肾上腺皮质激素

促肾上腺皮质激素主要促进肾上腺糖皮质激素的合成与释放,促进肾上腺皮质的生长发育。

5. 促甲状腺激素

促甲状腺激素是调节甲状腺功能的主要激素,可作用于机体碘代谢的各个阶段;促进甲状腺激素的合成与释放。

6. 促卵泡激素

促卵泡激素具有促进卵泡发育成熟的作用。

7. 促黄体生成激素

促黄体生成激素主要起着调节性腺功能,促进性激素的生物合成及生殖细胞的生成作用。卵巢的生长发育主要由促黄体激素和促卵泡激素控制。

(二) 神经垂体

神经垂体由许多神经纤维和神经胶质细胞构成,内有丰富的毛细血管。这些神经纤维来自下丘脑,经漏斗进入神经部,其末梢终止于毛细血管壁。其激素不是神经部本身产生的,而是从下丘脑的视上核和室旁核产生,沿神经纤维经漏斗而达神经部,并渗入毛细血管中。视上核能分泌抗利尿激素,室旁核能分泌催产素。

1. 抗利尿激素

抗利尿激素可增加肾小管、集合管上皮细胞对水的通透性,从而影响水的重吸收;升高血压,使除脑、肾以外的全身小动脉强烈收缩。

2. 催产素(又称缩宫素)

催产素可使乳腺腺泡周围的肌上皮和导管平滑肌收缩,促使乳腺排乳;对子宫有较强的促进收缩作用,有利于分娩。

二、甲状腺

甲状腺是红褐色腺体,位于喉后方,气管前端两侧和腹面,一般分为左右两侧叶和中间的峡部。甲状腺的主要功能是贮藏和分泌甲状腺素。甲状腺激素的主要作用是促进机体的新陈代谢与生长发育。

三、甲状旁腺

甲状旁腺很小,多位于甲状腺附近,呈圆形或椭圆形。

甲状旁腺分泌的激素叫甲状旁腺素,它的主要作用是调节钙、磷代谢,维持血钙和血磷浓度的相对稳定。

四、肾上腺

肾上腺是成对的红褐色腺体,位于肾的前内侧肾筋膜内。每侧肾上腺均分为外围的皮质部和中央的髓质部。

（一）肾上腺皮质部的生理机能

肾上腺皮质部分泌的激素总称为肾上腺皮质激素，属类固醇激素。根据其生理作用不同，可分为盐皮质激素、糖皮质激素和性激素三大类。

1. 盐皮质激素

盐皮质激素以醛固酮为代表。这类激素主要参与体内水盐代谢的调节。有"保钠排钾"的作用。

2. 糖皮质激素

糖皮质激素主要是氢化可的松，其次有少量皮质酮。

（1）对物质代谢的作用。糖皮质激素对糖代谢有较强的调节作用。它可促进肝糖原异生作用，增加肝糖原贮存，同时还能抑制葡萄糖氧化，减少细胞对糖的利用，因此，有升高血糖对抗胰岛素的作用。糖皮质激素还能促进脂肪的分解，使血液中游离的脂肪酸升高。它也能促进肌肉等组织蛋白质的分解。

（2）增强机体对有害刺激的适应能力。

3. 性激素

具有促进性器官成熟、副性征发育及维持性功能等作用。

（二）肾上腺髓质部的生理机能

肾上腺髓质部分泌肾上腺素和去甲肾上腺素两种激素，它们的生理机能基本相同，均有类似交感神经兴奋的作用。

1. 对心脏和血管的作用

肾上腺素和去甲肾上腺素都能提高心率，升高血压。但前者提高心率的作用较大，升高血压主要通过增加心排血量，而表现收缩压升高；后者对心率影响较小，升高血压主要通过缩血管作用增加外周阻力而表现舒张压升高。

2. 对平滑肌的作用

肾上腺素能使气管和消化道平滑肌舒张，胃肠运动减弱。

3. 对代谢的作用

两者均能促进肝脏和肌肉组织中糖原分解为葡萄糖，使血糖升高；并能分解脂肪。但去甲肾上腺素在前者作用较弱，在后者却较强。

4. 对神经系统的作用

两者都能提高中枢神经系统的兴奋性，使机体处于警觉状态，以利于应付紧急情况。

五、胰脏

这里重点讲述胰岛。胰岛是分散于胰腺中大小不等的细胞群组成，主要有 A 和 B 两种细胞。A 细胞分泌胰高血糖素，B 细胞分泌胰岛素。

胰岛素的作用主要有以下 3 个方面：一是促进肝糖原生成和葡萄糖分解，以及由糖转变为脂肪，从而使血糖降低；二是促进体内脂肪的贮存，抑制脂肪的分解，使血液中游离脂肪酸减少；三是促进氨基酸进入细胞内，使细胞内蛋白质合成加快。

胰高血糖素的作用与胰岛素相反，它能加速肝糖原分解，促进脂肪分解和糖的异生，因而可使血糖升高。

第六节　动物的神经调节

神经系统是动物在生命活动中起主导作用的整合和调节机构。中枢神经系统包括脑和脊髓；外周神经系统包括与脑相连的脑神经、与脊髓相连的脊神经，以及与脑、脊髓相连的植物性神经。外周神经又可根据分布的对象不同，分为躯体神经和植物性神经。躯体神经分布于体表和骨骼肌；植物性神经分布于平滑肌、心肌和腺体等。植物性神经又分为交感神经和副交感神经。外周神经系统并不是独立的系统，而是中枢神经系统与全身相联系的部分。中枢与外周神经系统不论在结构上或功能上都是不可分割的整体。

一、神经元

动物神经系统的基本结构和功能单位是神经元，神经系统是由各种不同类型的神经元（即神经细胞）联系而成的。神经元的胞体主要位于中枢神经内，胞体集中的地方形成色泽灰暗的结构，构成脑和脊髓的灰质。在中枢神经内，神经元胞体的集团称神经核；被覆于大脑半球和小脑表面的灰质层称为皮质或称皮层。在外周神经中，神经元胞体集中的地方称神经节。神经元的突起称为神经纤维。神经纤维有一部分集中在脑脊髓中，色泽亮白，称为白质。

二、神经系统的功能

归纳起来，神经系统的主要功能有以下 3 个密切联系的方面：一是分析功能或感觉功能，即感受、分析和整合体内外的各种刺激，产生感觉；二是躯体运动功能，即在产生感觉的基础上，使体内外的各种刺激与躯体运动联系起来，控制和调节骨骼肌的运动；三是脏腑功能或植物性功能，即在产生感觉的基础上，使体内外的各种刺激与内脏活动联系起来，控制和调节平滑肌、心脏、腺体和血管等的活动。

三、神经调节的形式

神经调节的基本形式是反射。在神经系统的作用下，畜体受到刺激后所发生的全部应答性反应，称为反射。反射活动的结构基础是反射弧。反射弧包括感受器、传入神经（感觉神经）、神经中枢、传出神经（运动神经）和效应器。简单地说，反射过程是感受器感受到一定的刺激并产生兴奋，然后以神经冲动的形式经过传入神经传向神经中枢，通过分析与综合产生兴奋，经传出神经到达效应器，发生相应活动。其任何一个环节中断，反射都不能发生。

反射分为条件反射和非条件反射(先天性行为)。条件反射是在后天生活经验的基础上而建立的,反映直接联系和间接联系,是后天性反射。非条件反射是由直接刺激感受器而引起的,通过大脑皮质下各中枢完成的反射。

思考与练习

一、单项选择题

1. 下列能进行分裂生殖的原核生物是(　　)。
   A. 噬菌体　　　　　B. 变形虫　　　　　C. 细菌　　　　　D. 酵母菌
2. 下列能用出芽生殖方式繁殖后代的一组生物是(　　)。
   A. 马铃薯和甘薯　　　　　　　　　B. 草莓和秋海棠
   C. 大蒜和大葱　　　　　　　　　　D. 酵母菌和水螅
3. 下列属于出芽生殖的一组生殖方式是(　　)。
   A. 马铃薯长出新芽与水螅长出芽体
   B. 甘薯长出新芽与竹节上长出新芽
   C. 草莓枝上长出新芽与仙人球上长出芽
   D. 水螅长出芽体与酵母菌长出芽体
4. 常用栽种蒜瓣的方法来繁殖大蒜,这是属于(　　)。
   A. 出芽生殖　　　B. 分裂生殖　　　C. 营养生殖　　　D. 有性生殖
5. 秋海棠的叶、蓟的根都能生芽形成新个体。这种繁殖方法的最大优点是(　　)。
   A. 缩短植物成熟的时间　　　　　　B. 使后代保持亲本的性状
   C. 使后代具有更大的生活力　　　　D. 增加后代的变异性
6. 被子植物个体发育的起点是(　　)。
   A. 种子　　　　　B. 受精卵　　　　C. 胚　　　　　　D. 胚乳
7. 荠菜的胚不包括(　　)。
   A. 胚乳　　　　　B. 胚芽　　　　　C. 胚轴　　　　　D. 胚根
8. 猪的胚胎发育过程中,具备三个胚层的时期是(　　)。
   A. 囊胚期　　　　B. 原肠腔期　　　C. 原肠胚期　　　D. 幼体期
9. 下列动物的胚后发育是变态发育的是(　　)。
   A. 青蛙　　　　　B. 马　　　　　　C. 兔　　　　　　D. 牛
10. 原肠胚的主要特点是具有(　　)。
    A. 两个胚层与原肠腔　　　　　　　B. 三个胚层与原肠腔
    C. 两个胚层与囊胚腔　　　　　　　D. 原肠腔与囊胚腔
11. 下列是由原肠胚的中胚层发育来的是(　　)。
    A. 真皮和脑　　　　　　　　　　　B. 肝脏和胰腺
    C. 眼和肾脏　　　　　　　　　　　D. 骨骼和真皮

12. 以下属于生长类似物的是（　　）。
    A. NAA　　　　　　B. 赤霉素　　　　　C. 细胞分裂素　　　D. 脱落酸
13. 可使许多长日照植物在短日照条件下开花的是（　　）。
    A. 生长素　　　　　B. 细胞分裂素　　　C. 赤霉素　　　　　D. 乙烯
14. 以下不属于脱落酸生理作用的是（　　）。
    A. 促进休眠　　　　B. 促进气孔关闭　　C. 促进脱落　　　　D. 促进成熟
15. 以下属于神经垂体分泌的激素是（　　）。
    A. 催乳素　　　　　B. 催产素　　　　　C. 生长激素　　　　D. 性激素
16. 以下激素中，与胰岛素在体内蛋白质的合成方面有协同作用的是（　　）。
    A. 生长激素　　　　　　　　　　　　　B. 抗利尿激素
    C. 糖皮质激素　　　　　　　　　　　　D. 肾上腺素
17. 下列关于胰岛素和胰高血糖素作用的表述，错误的是（　　）。
    A. 胰岛素能促进体内脂肪的贮存，抑制脂肪的分解，使血中游离脂肪酸减少
    B. 胰岛素能使血糖升高，胰岛血糖素能使血糖降低
    C. 胰岛素能促进氨基酸进入细胞内，使细胞内蛋白质合成加快
    D. 胰高血糖素的作用与胰岛素相
18. 主要作用是调节钙、磷代谢，维持血钙和血磷浓度的相对稳定的是（　　）。
    A. 甲状腺素　　　　　　　　　　　　　B. 甲状旁腺素
    C. 促甲状腺激素　　　　　　　　　　　D. 促肾上腺皮质激素
19. 以下激素属于腺垂体分泌的是（　　）。
    A. 促卵泡激素　　　B. 甲状腺素　　　　C. 抗利尿激素　　　D. 性激素
20. 神经元的细胞体主要分布在（　　）。
    A. 中枢神经系统中　　　　　　　　　　B. 神经纤维中
    C. 周围神经系统中　　　　　　　　　　D. 白质中

二、多项选择题

1. 下列属于配子生殖的有（　　）。
    A. 接合生殖　　　　B. 同配生殖　　　　C. 异配生殖　　　　D. 卵式生殖
2. 下列关于有丝分裂与减数分裂的区别的表述，正确的有（　　）。
    A. 有丝分裂过程中没有联会交换现象和四分体，减数分裂有联会交换现象和四分体
    B. 有丝分裂得到的子细胞染色体数与亲代细胞染色体数目相同
    C. 减数分裂得到的子细胞染色体数是亲代细胞染色体数目的一半
    D. 有丝分裂和减数分裂产生的子细胞数都是2个
3. 下列是由原肠胚的内胚层发育来的有（　　）。
    A. 肝脏　　　　　　B. 胰腺　　　　　　C. 胃腺　　　　　　D. 肠腺
4. 下列关于生长素的生理作用的表述，正确的有（　　）。
    A. 生长素的作用具有两重性
    B. 既能促进生长，也能抑制生长

C. 既能促进发芽，也能抑制发芽

D. 既能防止落花落果，也能疏花疏果

5. 以下属于内分泌腺的有（　　）。

A. 脑垂体　　　　　　B. 甲状腺　　　　　　C. 甲状旁腺　　　　　　D. 松果体

三、判断题

1. 卵式生殖是高等动物体最为常见的生殖方式。（　　）
2. 实球藻的生殖方式属于同配生殖。（　　）
3. 无性繁殖是较为原始的生殖方式，这种方式可保持生物固有的性状。（　　）
4. 蛙的胚后发育属于变态发育。（　　）
5. 减数分裂发生于体细胞中。（　　）
6. 凡是进行有性生殖的动植物，在从原始的生殖细胞（如动物的精原细胞或卵原细胞）发展到成熟的生殖细胞（精子或卵细胞）的过程中，都要进行减数分裂。（　　）
7. 精子是在动物的卵巢中形成的，卵细胞是在动物的精巢中形成的。（　　）
8. 极体和卵细胞的染色体数都与体细胞的染色体数相同。（　　）
9. 经过减数分裂，一个精原细胞形成四个精子细胞，一个卵原细胞形成四个卵细胞。（　　）
10. 高等植物的受精作用比动物复杂一些，受精前需要先传粉。（　　）
11. 内胚层主要是由动物极内卷细胞形成的。（　　）
12. 被子植物受精卵的第一次分裂，大多数为不均等的横裂。（　　）
13. 乙烯对果实成熟、棉铃开裂、水稻的灌浆与成熟都有显著效果。（　　）
14. 一般情况下，生长素在高浓度时促进生长，浓度较低时则抑制生长。（　　）
15. 生长激素具有抑制糖的消耗，加速脂肪分解的功能。（　　）
16. 外分泌腺包括脑垂体、甲状腺、甲状旁腺、肾上腺和松果体。（　　）
17. 外分泌腺有管腺，内分泌腺无管腺。（　　）
18. 视上核能分泌催产素，室旁核能分泌抗利尿激素。（　　）
19. 神经系统是动物在生命活动中起主导作用的整合和调节机构。（　　）
20. 条件反射是由直接刺激感受器引起的，通过大脑皮质下各中枢完成的反射。（　　）

四、填空题

1. 各种有性生殖方式都要通过双亲遗传物质的相互融合过程，又称为_____。
2. 双受精是_____有性生殖所特有的现象。
3. 内胚层是由_____细胞形成。
4. 植物的顶芽优先生长而侧芽受抑制的现象叫作_____。
5. _____和_____均能促进肝脏和肌肉组织中糖原分解为葡萄糖，使血糖升高。
6. 激素是_____或_____分泌的一种特殊高效的化学物质。
7. 动物神经系统的基本结构和功能单位是_____。
8. 神经调节的基本形式是_____。

五、连线题

1. 将下列左侧的生殖方式与右侧具体的例子用直线连接起来。

   （1）裂殖　　　　　　　a. 甘薯
   （2）芽殖　　　　　　　b. 眼虫
   （3）孢子生殖　　　　　c. 衣藻
   （4）同配生殖　　　　　d. 霉菌
   （5）异配生殖　　　　　e. 实球藻

2. 将下列左侧的激素与右侧相对应的功能用直线连接起来。

   （1）盐皮质激素　　　　a. 对糖代谢有较强的调节作用
   （2）糖皮质激素　　　　b. 促进机体的新陈代谢与生长发育
   （3）甲状腺素　　　　　c. 维持血钙和血磷浓度的相对稳定
   （4）甲状旁腺素　　　　d. 增加心率，升高血压
   （5）肾上腺素　　　　　e. 参与体内水盐代谢的调节

六、简答题

1. 什么是生物的个体发育？高等植物和高等动物的个体发育过程分别包括哪些过程？

2. 简述胰岛素的作用。

3. 简述卵细胞的形成过程。

第六章 生物与环境

学习目标

1. 熟悉生态因素的概念、种类及其对生物的影响。
2. 熟悉种群、群落、生态系统的概念，生物群落的意义和特征。
3. 熟悉生态系统的结构、功能、能量流动和物质循环，以及生物安全和建立良性循环的农业生态系统。
4. 熟悉人类与环境的相互关系、人与自然和谐共处的意义。

任何生物都生活在一定的环境中，与环境有着非常密切的关系。一方面，生物要从环境中不断地摄取物质和能量，以维持自身的生存和发展，由于受到环境的限制，因而生物必须适应环境才能生存；另一方面，生物的生命活动又能够不断地影响和改变环境。因此，生物与环境是相互依存、相互影响、共同发展的，它们是一个不可分割的统一整体。

研究生物与生物之间、生物与无机环境之间的相互关系的科学叫作生态学。生态学与当今社会出现的全球性的人口、粮食、资源、能源和环境等重大问题的研究密切相关。

第一节 生态因素对生物的影响

生物无论生活在什么样的环境中，都受到环境中各种因素的影响。环境中影响生物的形态、生理和分布等的因素，叫作生态因素。生态因素包括非生物因素和生物因素。

一、非生物因素

非生物因素有很多种，下面只讲述光、温度和水这3种非生物因素对生物的影响。

（一）光

光是地球上的生物得以生存和繁衍的最基本的能量源泉。只有在光照条件下，植物才能进行光合作用，制造有机物，并且储存能量。动物则直接或间接地依赖植物而生存。

光对植物的生理和分布起着决定性的作用。有些植物只有在强光下才能生长得好，如松、杉、柳、槐、小麦、玉米等。在小麦灌浆时期，如果遇到阴雨连绵的天气，就会造成小麦减产。有些植物只有在密林下层较阴暗处才能生长得好,如药用植物三七、人参。

光对动物的影响也很明显。例如,日照时间的长短能够影响动物的繁殖活动。有的动物需要在长日照的条件下进行繁殖,如貂、鼬等;有的动物需要在短日照的条件下进行繁殖,如鹿和山羊等。根据这个道理,人们可以利用灯光或黑幕,人为地延长或缩短光照时间,从而有效地控制动物的生殖。光与动物的活动时间也有关系。例如,蛾类多在夜间活动,具有趋光性,对紫外线很敏感,根据这一现象,人们常在夜间用黑光灯来诱杀这类农业害虫。

(二) 温度

生物体的新陈代谢需要在适宜的温度范围内进行,因此,温度是一种重要的生态因素。

温度对生物的分布有着重要影响。例如,在寒冷地带的森林中,针叶林较多;在温暖地带的森林中,阔叶林较多。苹果、梨等果树不宜在热带地区栽种,香蕉、凤梨(菠萝)不宜在寒冷地区栽种,这些都是受到温度限制的缘故。

温度影响生物的生长和发育。生物的生长和发育只能在一定的温度范围内进行。例如,小麦的种子只有在 3~43 ℃ 这一温度范围内才能萌发。在生物能够进行生长和发育的温度范围内,温度的高低对生物的生长和发育速度也有影响。例如,体重 50~100 kg 的猪,在 18~20 ℃ 的温度条件下增重最快,温度过高或过低,都会抑制猪的生长和发育。因此,在夏季要注意使猪舍保持凉爽;在冬季要注意猪舍的保温。

(三) 水

水是生物体内不可缺少的重要组成部分,是进行一切生命活动及其过程的生理要素,一切生物的生活都离不开水,因此,水也是一种重要的生态因素。

水分过多或过少都会对生物的生长发育有明显的影响。例如,干旱会使植物的叶萎蔫,生长受阻;土壤里水分过多,会导致土壤里空气减少,从而影响植物根系的呼吸作用,严重时会使植物窒息而死。对动物来说,缺水比缺少食物的后果更为严重。动物在没有食物的情况下要比在没有水时活的时间长。

在一定地区,一年中的降水总量和雨季的分布是决定陆生生物分布的重要因素。例如,在干旱的荒漠地区,只有少数耐干旱的动植物能够生存;而在雨量充沛的热带雨林地区,森林茂密,动植物种类繁多。

二、生物因素

自然界中的每一个生物都受到周围很多其他生物的影响。在这些生物中,既有同种的,也有不同种的。因此,生物与环境中的生物因素之间的关系可以分为两种:种内关系和种间关系。

(一) 种内关系

同种生物的不同个体或群体之间的关系叫作种内关系。生物在种内关系上,既有种内互助,也有种内斗争。

1. 种内互助

种内互助是指同种个体间为了共同防御敌害、获得食物及保证种族生存和延续而进行的相互帮助、相互有利的行为。种内互助的现象是常见的,如蚂蚁、蜜蜂等营群体生活的昆虫,往往是千百只个体生活在一起,在群体内部分工合作。

2. 种内斗争

种内斗争是指同种生物个体之间由于争夺食物、空间或配偶等而进行的斗争。如在农田中相邻的作物植株之间会发生对阳光、水分和养料的争夺,许多鸟类的雄鸟在占领巢区后,如果发现同种的其他雄鸟进入自己的巢区,就会奋力攻击,将入侵者赶走。

(二) 种间关系

种间关系是指不同种生物之间的关系,包括互利共生、寄生、竞争、捕食等。

1. 共生

两种生物共同生活在一起,相互依赖,彼此有利,这种关系叫作共生。例如,豆科植物与根瘤菌之间有着密切的互利共生关系。植物体供给根瘤菌有机养料,根瘤菌则将空气中的氮转变为含氮的养料,供植物体利用。

2. 寄生

生物界中寄生的现象非常普遍。例如,蛔虫、猪肉绦虫和血吸虫等寄生在人和其他动物的体内,虱和蚤寄生在其他动物的体表,小麦线虫寄生在小麦籽粒中等。

3. 竞争

两种生物生活在一起,相互争夺资源和空间等,这种现象叫作竞争。例如,水稻和稻田中的杂草之间争夺阳光、养料和水分,小家鼠和褐家鼠争夺居住空间和食物等。

4. 捕食

捕食关系指的是一种生物将另一种生物作为食物的现象。植食性动物中的兔以某些植物为食物,肉食性动物中的狼又以兔为食物等。

三、生态因素的综合作用

环境中的各种生态因素对生物体是同时共同起作用的,而不是单独地、孤立地起作用的。换句话说,生物的生存和繁衍受各种生态因素的综合影响。对某个或某种生物来说,各种生态因素所起的作用并不是同等重要的。例如,在干旱的地区,水分的多少往往是影响陆生生物生存的关键因素;而在河流和湖泊中,水中溶解氧的多少往往是影响水生生物生存的关键因素。在分析某种生物的环境条件时,既要分析各种生态因素的综合作用,又要注意找出其中的关键因素,这在理论研究和生产实践中都具有重要意义。例如,在研究影响鹿群的生态因素时,研究人员分析了温度、降水、食物和天敌等因素,发现冬季的食物供给是影响鹿群存活的关键因素。因此,在冬季,人们在森林中为鹿群堆放补充饲料,使鹿群在冬季的死亡率降低,从而提高了鹿群的数量。

总之,生物的生存受到很多种生态因素的影响,这些生态因素共同构成了生物的生存环境。生物只有适应环境才能生存。

第二节　生态系统与生物圈

地球上的生物群落在一定范围和区域间相互依赖和生存,共同构成生态系统。生物圈是地球上全部生物及其生存环境的总和,是地球上最大的生态系统。

一、种群

(一) 种群的概念

种群是一定时期内占据特定空间的同种生物个体的集合。

(二) 自然种群的特征

1. 空间特征

自然种群的空间特征,指即种群具有一定的分布区域和分布形式。

2. 数量特征

自然种群的数量特征,指种群即有一定密度、出生率、死亡率、年龄结构和性别比例,每单位面积(或空间)上的个体数量(密度)随时间而发生变动。种群研究的核心问题是种群的数量特征。

(1) 种群密度。种群密度即单位空间内某种群的个体数量。不同种群的密度变异很大。如每平方千米面积中,节肢动物可达数十万只,而鹿可能每平方千米不到1头。种群密度是一个变量,随时间更替,数量也有变化。在适宜条件下种群密度大;反之则小。稻田中的飞蝗,在夏天种群密度较高,秋末则密度降低。

(2) 出生率和死亡率。出生率指种群中单位数量的个体在单位时间内新产生的个体数目。死亡率则指种群中单位数量的个体在单位时间内死亡的个体数目。出生率和死亡率是决定种群大小和密度的重要因素。

(3) 年龄结构。年龄结构是指在一个种群中各年龄期的个体数目的比例。从生态学角度,可以把种群的年龄结构大体分为3种类型,可用年龄金字塔表示(图6-1)。

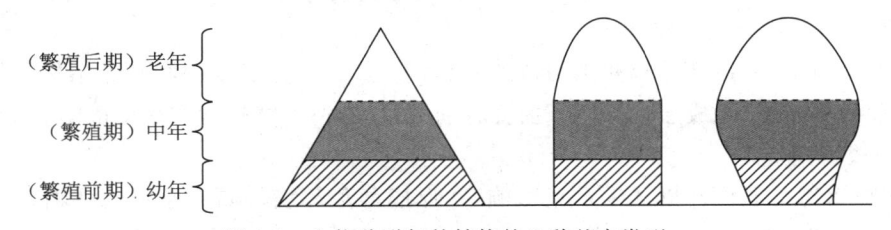

图 6-1　生物种群年龄结构的3种基本类型

增长型年龄结构是典型的金字塔形,基部宽而顶部窄。种群中有大量的幼体,而年老的个体少,这样的种群出生率大于死亡率,是迅速增长的种群。

稳定型年龄结构几乎呈钟形,基部和中部几乎相等,种群中各年龄期的个体数目大体相当,出生率与死亡率也大致平衡,种群数量相对稳定。

衰退型年龄结构呈壶形,基部窄而顶部宽。种群中幼年个体比例小,而老年个体比例大,其死亡率大于出生率,是一个数量下降的种群。

研究种群的年龄结构,对于预测种群数量变化趋势具有重要意义。

(4) 性别比例。性别比例是指种群中雄性和雌性个体数目的比例。性别比例对种群的配偶关系及繁殖潜力影响很大,在一定程度上影响着种群密度。生产中可利用人工合成的性引诱剂诱杀害虫的雄性个体,破坏害虫种群正常的性别比例,使雌性个体不能完成交配,从而降低种群密度。

在理想状态下,种群数量的增长潜力是巨大的,如在实验室中,对某种生物,如细菌或原生动物,给予充分的养料、适宜的温度和足够的生长空间,且没有其他生物与之竞争,其种群的增长呈直线上升,如果其增长繁殖不受限制,一个细菌 36 h 就可以产生出 2 108 个后代。虽然物种具有如此巨大的增长潜力,但在自然界中,种群不可能无限制增长,这是因为随着种群数量的增长,制约因素如空间、食物的作用也在增大,当种群数量增长到一定限度后,增量和减量的差异消失而达到平衡,种群的个体数保持相对稳定。

3. 遗传特征

自然种群的遗传特征,指种群有一定的外形特征,具有特定的基因组成以区别其他物种。

二、生物群落

(一) 生物群落的概念

在一定的自然区域内,相互之间具有直接或间接关系的各种生物的总和称为生物群落,简称群落。例如在一片果园中,既有果树、杂草等植物,也有昆虫、鸟、鼠等动物,还有细菌、真菌等微生物,所有这些生物生活在一起,彼此间紧密联系,相互影响,共同组成了一个具有内在联系和共同规律的有机整体,即生物群落。

(二) 生物群落的特征

1. 具有一定的物种组成

每个群落都由一定的植物、动物、微生物种群组成,物种组成不同是区别不同群落的首要特征。

2. 具有一定的外貌和结构

生物群落具有一系列外貌和结构特点,包括形态结构、生态结构和营养结构。如生活型的组成、种的分布格局、成层性、季相、捕食者的关系等,但其结构常常是松散的。

3. 形成群落环境

生物群落对其居住环境产生重大影响,并形成群落环境。如草原中的植物环境与周围裸地有很大不同,温度、光、水与土壤都经过了生物群落的改造。

4. 不同物种间的相互影响

自然界中的群落并不是由物种任意组合而成的。群落中的物种有规律地共处。物种能够组合在一起构成一个群落,应具备两个条件:一是必须共同适应它们所处的无机环境;二是它们内部的相互关系必须取得协调、平衡。

5. 一定的动态特征

生物群落的动态包括群落的昼夜活动规律、季节变化与年度变化、演替与演化等。

6. 一定的分布范围

任一群落都分布在特定地段或特定生存环境中,不同群落的生存环境和分布范围不同。

7. 群落的边界特征

在自然条件下,有的群落具有明显的边界,有的则不具有明显边界,而是处于连续变化中。

(三) 群落中物种的组成

自然群落包含的物种很多,这些物种形成大大小小的种群,彼此间形成十分错综复杂的关系,进而使自然群落成为一个有内在联系和自我调节能力的整体。群落内部各物种的数量虽然保持平衡,却不是相等的,总是有些物种的数量多些,有些物种的数量少些。如果这个物种不仅数量多,而且生产数量大,在群落结构中起主要作用,那么它就成为优势种,反之,就是劣势种。在不同的群落中,由于结构和组成不同,优势种也不相同。如果没有突发事件发生,任何一个物种都不会突然增多,也不会突然消失。相反,一些人为的生物群落,由于物种极少,各物种的数量可以很容易地改变。如农田中由于作物的单一化而形成物种很少的群落,某些害虫一旦摆脱其控制因素(天敌)就可能大量繁殖。

(四) 生物群落的结构

1. 垂直结构

群落的垂直结构主要是指在生活空间的垂直方向上,种群分布具有明显的分层现象。如森林群落中,高大的乔木占据森林的上层,往下依次是灌木层、草本植物层和地被层。动物在群落中垂直分布也有类似的分层现象,如林鸽、鹰、柳莺等动物大多在森林的上层活动;大山雀、啄木鸟等小鸟在灌木层活动;而两栖类、爬行类、兽类和各种啮齿类动物则生活在地面。

2. 水平结构

群落的水平结构是指在生活空间的水平方向上,由于地形的起伏、光照的明暗、湿度的大小、温度的高低等因素的影响,不同地段往往分布着不同的种群,如在森林中,乔木的基部或其他被树冠遮住的地方,光线较暗,适于苔藓植物和其他喜阴植物生存,而树冠下的间隙或其他光照较充足的地方,则生长着较多的灌木和草丛。

总之,在一定区域内的生物,同种个体形成种群,不同种形成群落。群落的各种特征、种群数量的变化和生物群落的结构,都与环境中的各种生态因素有密切的关系。

三、生态系统

生物群落与它的无机环境相互作用而形成的统一整体叫作生态系统。生态系统的范围有大有小。地球上最大的生态系统是生物圈,包括地球上的全部生物及其生存的无机环境。在这个最大的生态系统中,还可以分出很多个生态系统,例如一片森林、一块草地、一个池塘、一块农田等,都可以各自成为一个生态系统。

(一) 生态系统的类型

地球上的生态系统可以分为陆地生态系统和水域生态系统两大类。根据陆地上各生态系统的植被分布情况,陆地生态系统又可以分为森林生态系统、草原生态系统、农田生态系统等类型。水域生态系统,又可以分为海洋生态系统、淡水生态系统等类型。

(二) 生态系统的结构

各种类型的生态系统都包含非生物的物质和能量、大量的植物、动物和微生物等组成成分。这些组成成分之间并不是毫无联系的,而是通过物质和能量的联系形成一定的结构。生态系统的结构包括两方面的内容:生态系统的成分,食物链和食物网。

1. 生态系统的成分

图 6-2 是一个池塘生态系统的示意图。下面就以池塘生态系统为例来分析生态系统的成分。

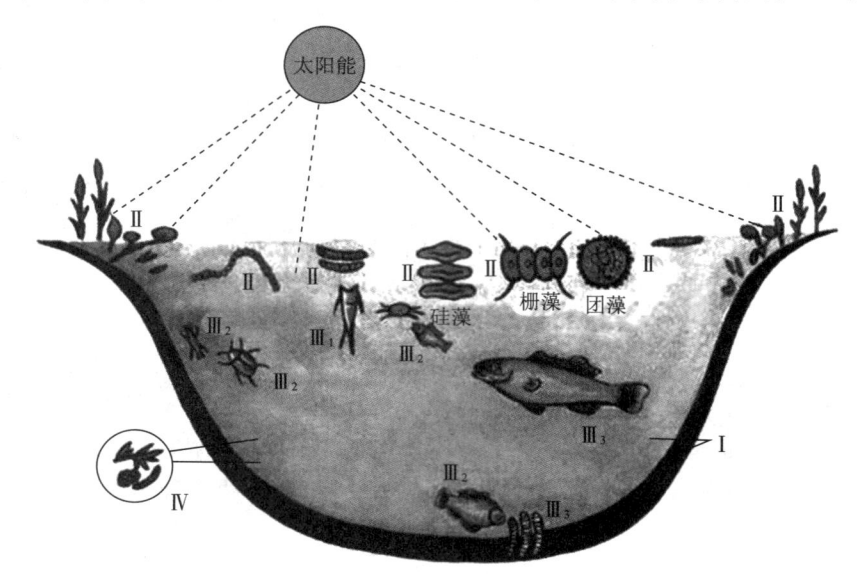

Ⅰ—非生物的物质;Ⅱ—生产者;Ⅲ—消费者;Ⅳ—分解者。

图 6-2 池塘生态系统图解

(1) 非生物的物质和能量。在池塘生态系统中,阳光照射在湖面上,源源不断地为这个生态系统提供能量;池塘中的水,溶解在水中的空气和养料,还有沉积在池底的有机物和无机盐,这些都是这个生态系统中的非生物物质。生态系统中的非生物物质和能量主要包括阳光、热能、空气、水分和无机盐等。

(2) 生产者。池塘中有着大量的藻类,如硅藻、栅藻和团藻等。此外,往往还有香蒲、莲、浮萍等植物。这些植物利用太阳能,通过光合作用,把无机物制造成有机物,把光能转变成有机物中的化学能,所以把它们叫作生产者。生产者属于自养生物,是生态系统的主要成分。

(3) 消费者。池塘中有许多动物,如水蚤、水生昆虫、各种鱼类等。这些动物自己不能制造有机物,只能靠吃现成的有机物来维持生命,也就是说,它们的生存必须直接或间接地依赖于绿色植物,所以把它们叫作消费者。消费者属于异养生物。生态系统中直接以绿色植物为食的植食性动物,如水蚤、草鱼、鲢鱼等,叫作初级消费者;以植食性动物为食的肉食性动物,如以浮游动物为食的鳙鱼等,叫作次级消费者;以次级消费者为食的肉食性动物,如能捕食鳙鱼的鳢(也叫乌鳢、黑鱼)等,叫作三级消费者;等等。

(4) 分解者。池塘里还有许多肉眼看不见的细菌和真菌,它们能将动植物的遗体、排出物和残落物中所含的有机物逐渐分解成无机物,归还到无机环境中,被绿色植物重新利用。生态系统中的这些细菌和真菌,就叫作分解者。

在生态系统中,生产者能够制造有机物,为消费者提供食物和栖息场所;消费者对于植物的传粉、受精、种子传播等方面有重要作用;分解者能够将动植物的遗体分解成无机物。如果没有分解者,动植物的遗体残骸就会堆积如山,生态系统就会崩溃。由此可见,生产者、消费者和分解者是紧密联系、缺一不可的。

2. 食物链和食物网

在生态系统中,各种生物之间由于食物关系而形成的一种联系,叫作食物链。例如,兔吃草,狐吃兔,这就是一条比较简单的食物链。这条食物链从草类到狐共有3个环节,也就是3个营养级:生产者草类是第一营养级,初级消费者兔是第二营养级,次级消费者狐是第三营养级。各种动物所处的营养级并不是一成不变的。例如,猫头鹰捕食初级消费者鼠类的时候,它属于第三营养级,可是当它捕食次级消费者黄鼬的时候,它就属于第四营养级了。

在生态系统中,生物的种类越复杂,个体数量越庞大,其中的食物链就越多,彼此之间的联系也就越复杂。因为一种绿色植物可能是多种植食性动物的食物,而一种植食性动物既可能吃多种植物,也可能成为多种肉食性动物的捕食对象,从而使各种食物链彼此交错,形成网状。在一个生态系统中,许多食物链相互交错连接的复杂的营养关系叫作食物网。

食物链和食物网是生态系统的营养结构,生态系统的物质循环和能量流动就是沿着这种渠道进行的。

(三) 生态系统的功能

作为生物与环境组成的统一整体,生态系统不仅具有一定的结构,而且具有一定的功能。生态系统的主要功能是进行能量流动和物质循环。

1. 能量流动

除极少特殊的空间以外,地球上所有的生态系统所需要的能量都来自太阳。生态系统的生产者通过光合作用,把太阳能固定在它们所制造的有机物中,这样,太阳能就转变成化学能,输入生态系统的第一营养级。以后,便沿着"生产者→初级消费者→次级消费者……"这一渠道流动。

生态系统的能量流动具有两个明显的特点,即单向流动和逐级递减。能量流动金字塔如图6-3所示。单向流动是指生态系统的能量只能从第一营养级流向第二营养级,再依次流向第三、第四……营养级。能量流动既不能逆向流动,也不能循环流动。逐级递减是指输入一个营养级的能量不可能百分之百地流入下一个营养级,这是因为各个营养级的生物都会因为呼吸而消耗相当大的一部分能量,并且各个营养级总有一部分生物未被下一个营养级的生物所利用。大量的调查研究说明,能量在逐级流动中的传递效率大约为10%～20%。由于生态系统的能量流动具有单向性和逐级递减的特点,因此,生态系统必须不断地从外界获得能量,否则,整个生态系统就会崩溃。人们研究生态系统中能量流动的主要目的,就是设法调整生态系统的能量流动关系,使能量流向对人类最有益的部分,例如,在草原牧场上,最好使能量多流向牛、羊等牲畜。

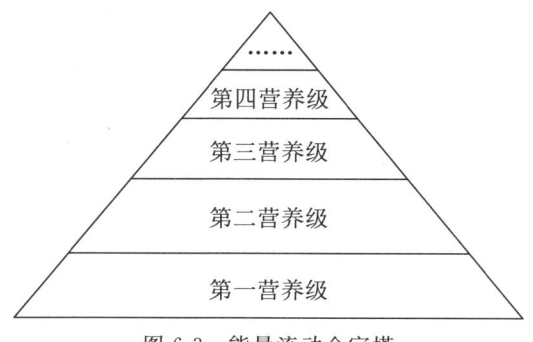

图 6-3　能量流动金字塔

2. 物质循环

在生态系统中,组成生物体的 C、H、O、N、P、S 等化学元素不断进行着从无机环境到生物群落,又从生物群落回到无机环境的循环过程,这就是生态系统的物质循环。这里所说的生态系统,指的是地球上最大的生态系统——生物圈,其中的物质循环带有全球性,所以又叫生物地球化学循环。下面以碳的循环为例来说明。

绿色植物通过光合作用,把大气中的二氧化碳和水合成为糖类等有机物。生产者合成的含碳有机物被各级消费者所利用。生产者和消费者在生命活动过程中,通过呼吸作用,又把二氧化碳释放到大气中。生产者和消费者的遗体被分解者所利用,分解后产生的二氧化碳也返回到大气中。另外,由古代动植物遗体变成的煤和石油等,被人们开采出来后,通过燃烧把大量的二氧化碳排放到大气中,也加入生态系统的碳循环中。由此可见,碳在生物群落与无机环境之间的循环主要是以二氧化碳的形式进行的。大气中的二氧化碳能够随着大气环流在全球范围内运动,因此,碳循环具有全球性。

由于现代工业的迅速发展,人类大量燃烧煤和石油等化石燃料,使地层中经过千百万年而积存的碳元素,在很短的时间内释放出来,打破了生物圈中碳循环的平衡,使大气中二氧化碳的含量迅速增加,形成"温室效应",导致气温升高。温室效应对生物圈和人类社会都有着不可忽视的影响,比如加快极地冰川的融化,导致海平面上升,进而对陆地生态系统和人类的生存构成威胁。

通过上面的分析可以看出,生态系统的物质循环和能量流动具有不同的特点。在物质循环的过程中,无机环境中的物质可以被生物群落反复利用;能量流动则不同,能量在流经生态系统各个营养级的时候,是逐级递减的,而且流动是单向的,不是循环的。

3. 能量流动和物质循环的关系

能量流动和物质循环是生态系统的主要功能,二者是同时进行的,彼此相互依存,不可分割。能量的固定、储存、转移和释放,离不开物质的合成和分解等过程。物质作为能量的载体,使能量沿着食物链(网)流动;能量作为动力,使物质能够不断地在生物群落和无机环境之间循环往返。生态系统中的各种组成成分,正是通过能量流动和物质循环才能够紧密地联系在一起,形成一个统一的整体。

(四) 生态平衡

1. 生态平衡的概念

生态系统发展到一定阶段,它的生产者、消费者和分解者之间能够较长时间地保持着一种动态的平衡,也就是说,它的能量流动和物质循环能够较长时间地保持着一种动态的平衡,这种平衡状态就叫生态平衡。

生态平衡是指生态系统内两个方面的稳定:一方面是生物种类(即动物、植物、微生物)的组成和数量比例相对稳定;另一方面是非生物环境(包括空气、阳光、水、土壤等)保持相对稳定。生态平衡是一种动态平衡。比如,生物个体会不断发生更替,但总体上看系统保持稳定,生物数量没有剧烈变化。

2. 生态系统的稳定性

生态系统的稳定性是指生态系统所具有的保持或恢复自身结构和功能相对稳定的能力。生态系统的稳定性包括抵抗力稳定性和恢复力稳定性。

(1) 抵抗力稳定性。抵抗力稳定性是指生态系统抵抗外界干扰并使自身的结构和功能保持原状的能力。生态系统之所以具有抵抗力稳定性,是因为生态系统内部具有一定的自动调节能力。例如,河流受到轻微的污染时,能通过物理沉降、化学分解和微生物的分解很快消除污染,河流中生物的种类和数量不会受到明显的影响。又如在森林中,当害虫数量增加时,食虫鸟类由于食物丰富,数量也会增多,这样害虫种群的增长就会受到抑制。一般来说,生态系统的成分越单纯,营养结构越简单,自动调节能力就越弱,抵抗力稳定性就越低。

(2) 恢复力稳定性。恢复力稳定性是指生态系统在遭到外界干扰因素的破坏以后恢复到原状的能力。例如,河流被严重污染后,导致水生生物大量死亡,使河流生态系统的结构和功能遭到破坏。如果停止污染物的排放,河流生态系统通过自身的净化作用还会恢复到接近原来的状态。这说明河流生态系统具有恢复自身相对稳定状态的能力。又如,一片草地上发生火灾后,第二年就又长出茂密的草本植物,动物的种类和数量也能很快恢复。对一个生态系统来说,抵抗力稳定性与恢复力稳定性之间往往存在着相反的关系。抵抗力稳定性较高的生态系统,恢复力稳定性就较低,反之亦然。

3. 保持生态平衡的重要意义

自然灾害和人类对自然资源的不合理利用以及工农业发展带来的环境污染都是破坏生态平衡的因素。生态平衡失调,生物种类和数量将急剧减少,生态系统的结构遭到破坏,能量流动和物质循环不能正常进行,环境条件急剧恶化,往往带来严重后果。例如,近年来我国发生的旱灾和水灾就与植被的大面积破坏有着直接关系。因此,我们应当采取措施,保持生态系统的生态平衡这样才能从生态系统中获得持续稳定的产量,才能使人与自然和谐地发展。保护生态平衡,并不只是维护生态系统的原始稳定状态。人类还可以在遵循生态平衡规律的前提下,合理利用自然资源,控制和消除环境污染,并且积极主动地改造自然环境,从而使生态系统朝着最有益于人类的方向发展。

(五) 建立良性循环的农业生态系统

1. 明确农业发展方向

应当根据当地的实际情况,包括气候、土壤、水资源、市场需求等因素,来确定当地的农业发展方向,确保农业生态系统的建立与当地环境和社会经济条件相适应,从而提高系统的稳定性和可持续性。

2. 改进农业生态系统的营养结构

包括优化食物链和营养级的关系,提高能量和物质的利用效率,减少浪费和污染。例如,通过合理的种植和养殖结构,实现种植业和养殖业的有机结合,形成"种—养—加"一体化的生态农业模式。根据生态系统的能量流动和物质循环原理,人们可以充分利用各个营养级的产物,提高农业生态系统的综合效益。例如,将农作物秸秆、畜禽粪便等有机废弃物转化为有机肥料或生物质能源,既减少了环境污染,又提高了资源的利用效率。

3. 加强农业生态系统的自我调节和人为控制

在农业生态系统内,物质与能量的输出和输入应相适应,物质的生产量与贮存量应保持稳定。同时,信息传递应基本畅通,生物与环境诸因素应彼此协调适应。为了维持这种平衡状态,需要加强农业生态系统的自我调节和人为控制。例如,通过合理的灌溉、施肥、病虫害防治等措施,保持土壤肥力和生态平衡;通过调整种植结构和养殖规模,避免过度开发和资源枯竭。

4. 推广先进的农业技术和模式

推广先进的农业技术和模式也是建立良性循环的农业生态系统的重要手段。例如,精准农业技术可以实现对土壤和作物的精准管理,提高化肥和农药的利用率,减少化学物质的使用量;节水农业技术可以节约水资源,提高灌溉效率;循环农业模式可以实现资源的再利用和废弃物的无害化处理。

5. 案例借鉴与启示

从国内外成功的农业生态系统案例中,我们可以得到一些有益的借鉴和启示。例如,日本爱东町地区的循环农业模式,通过油菜籽的利用和废弃食用油的回收再利用,实现了资源的高效再生和生态环境的保护;德国的"绿色能源"农业通过从农产品中提取矿物能源和化工原料替代品,实现了农产品的循环再利用和绿色能源的开发;美国的精准农业通过精准管理土壤和作物,提高了化肥、农药的利用率和农业生产效率。

建立良性循环的农业生态系统需要从多个方面入手,包括明确农业发展方向、改进营养结构、充分利用各个营养级的产物、加强自我调节和人为控制、推广先进的农业技术和模式、借鉴成功案例等。这些措施的实施可以推动农业生态系统的良性循环和可持续发展。

第三节 生物安全

一、生物安全的概念

生物安全是指人们对于动物、植物、微生物等生物体给人类健康和赖以生存的自然环境可能造成的安全隐患的防范。外来物种迁入导致当地生态系统的不良改变或破坏;人为造成的环境剧烈变化危及生物的多样性;生命科学研究开发、生产和应用过程中,经遗传修饰的生物体和危险的病原体等可能对人类健康、生存环境造成的危害等,均属于生物安全问题。

二、外来物种入侵

(一)外来物种入侵的含义及危害

外来物种指出现在其自然分布范围和分布位置以外的物种、亚种或低级分类群。外来物种入侵指生物由原生存地经自然或人为因素迁入另一个新环境,对迁入地的生物多样性、农林牧渔业生产以及人类健康造成经济损失或生态灾难的过程。通俗讲,就是外来物种"入侵并打败"当地物种,"反客为主",导致当地生态失衡,进而引发一系列问题。例如,澳大利亚本来不产兔子,1859年,有移民从英国带来12只欧洲野兔,由于兔子在当地没有鹰和狐狸等天敌,便大量繁殖,直至遍布整个大陆,开始和牛、羊争夺牧草,使澳大利亚的整个畜牧业遭受巨大损失。又如,我国由美国引入的本想用于防浪护堤、保护滩涂的互花米草,由于脱离原生存地的生态控制环境,不仅没有达到保护滩涂的目的,反而疯长成为毁坏当地滩涂生态系统的"杀手",对滩涂养殖和水运造成巨大负面影响。近年来,随着全球一体化步伐的加快,外来物种入侵的概率也大大增加,已成为目前全球性的环境问题。

首先,外来入侵物种会造成严重的生态破坏和生物污染。大部分外来物种成功入侵后大爆发,生长难以控制,造成严重的生物污染,对生态系统造成不可逆转的破坏。

其次,外来入侵物种通过压制或排挤本地物种,形成单优势种群,危及本地物种的生存,最终导致生物多样性的丧失。

最后,外来物种入侵有时还直接威胁人类的健康,如豚草、三裂叶豚草的花粉是引起人类花粉过敏症的主要病原体。

(二)外来物种入侵的主要途径

外来物种一般通过人为因素和自然因素入侵。

1. 人为因素入侵

人为因素分为有意识引进和无意识引进两种:有意识引进是指引入用于农林牧渔生产、生态环境改造与恢复、景观美化等目的的物种,之后演变为入侵物种;无意识引进是指随着贸易、运输、旅游等活动而传入的物种。

2. 自然因素入侵

指生物靠自身的扩散传播力或借助于自然力量而传入。

(三)防止外来物种入侵的对策

我国外来物种入侵大部分是人为因素造成的。人们缺乏有效的科学知识与信息、缺乏对引进物种的风险评估,盲目引种,加剧了外来物种对我国的侵害。防止外来物种入侵,事关农林牧渔业的安全生产与国家生态安全。我国对外来物种入侵的防治着重于国家能力、研究能力、监测与管理能力三大体系建设。

1. 对潜在外来入侵物种采取针对性的预防行动

一是建立健全有关预防、管理、防治外来有害生物的国家政策法规和条例;二是成立跨部门的、多学科的外来入侵生物专家工作组,加强早期预警与风险评估研究。

2. 加强对已入侵物种的监控和管理工作

一是建立快速反应的机制与体系,一旦发现外来有害生物入侵,应采取果断措施予以扑灭;二是对已入侵且大范围发生的外来有害生物,应采取各种有效的综合措施,建立长期遏止和可持续的控制与管理技术体系;三是建立经济惩罚体制,实行经济责任追究制度。无论有意识还是无意识地引入外来生物,均应采用经济政策规范引种的行为与责任等。

3. 舆论部门、科技部门、法律部门要加强合作

做好宣传,让全社会都了解外来物种入侵的危害,提高全民的防范意识和遵规守法意识,使人们在引种或携带动植物产品入境时保持高度警惕,慎重引进非当地品种。

三、环境污染对物种的影响

环境污染是指人为排放的有毒、有害物质破坏环境的生态平衡,改变了原来生态系统的正常结构和功能,恶化了工农业生产和人类生活环境的行为。环境污染可分为大气污染、水污染、土壤污染、农药污染、固体废弃物污染和噪声污染等。

(一) 大气污染

大气污染的主要污染物有烟尘、粉尘、二氧化硫、固体颗粒、氮化物、一氧化碳等。大气污染对人类和其他生物的健康有很大影响,如污染物会使人产生心理障碍,诱发慢性支气管炎、肺气肿等疾病。同时,大气污染还可改变区域气候及土壤、河流等的化学性质。目前,全球性大气污染问题主要表现为温室效应、酸雨和臭氧层破坏等。

1. 温室效应

温室效应是指由于大气中二氧化碳等气体的含量增加,导致地面反射出来的热能被大气中二氧化碳等气体吸收,最终引起地球表面平均气温上升的现象。温室效应造成全球气候变暖,土地干旱,沙漠化面积增大,海洋风暴增多,冰川融化和海平面上升等变化,导致农作物减产和一些物种灭绝。造成温室效应的主要原因是过多燃烧煤炭、石油和天然气,产生的大量 CO_2 进入大气。减少对大气中 CO_2 的过多排放,是抑制温室效应的根本措施。

2. 酸雨

人类活动大量燃烧石油、煤,产生的硫氧化物和氮氧化物等酸性气体上升到天空,与云中的水蒸气相遇,形成硫酸和硝酸,使雨水酸化,这时落到地面的雨水就成了酸雨。酸雨给环境带来广泛的危害,造成巨大的损失。主要有:

(1) 损坏植物叶面,导致森林死亡。

(2) 使湖泊中鱼虾死亡。

(3) 破坏土壤成分,使作物减产或死亡。

(4) 污染地下水,对人和其他生物产生危害。

(5) 腐蚀建筑物和工业设备,破坏文物等。

煤和石油的燃烧是造成酸雨的主要祸首,应采取措施减少大气中硫氧化物和氮氧化物的排放量。

3. 臭氧层破坏

臭氧层离地球表面 20～30 km,它在地球上空形成一层保护膜,来自太阳的大部分紫外线不能穿过它,有效阻止了紫外线照射对地球和人类造成的危害。近几十年来,人类活动排放到大气中的氮氧化物、氯氟烃类等污染物日益增多,这些污染物与臭氧发生反应,致使臭氧层变薄,甚至使南极等地上空出现臭氧空洞。臭氧层被破坏,过量的紫外线辐射到地面,严重危害人类和其他生物的健康。如在接近南极臭氧空洞地区,人类的皮肤癌和白内障等疾病发病率明显提高。目前人类尚未找到对已破坏的臭氧层的补救措施,但正在积极采取措施限制对臭氧层起破坏作用的化学物质的排放。

(二) 水污染

水污染主要来自生活污水和工业废水。此外,大陆架石油开采、油轮远洋运输、海洋战争等均易造成水污染。水污染后导致生物富集作用和富营养化,会给物种生存带来重大影响。

1. 生物富集作用

生物富集作用是指环境中的一些污染物(如重金属、化学农药)通过食物链在生物体内大量聚集的过程。这些污染物大都具有化学性质稳定且不易分解,在生物体内积累而不易排出的特点。生物富集作用随着食物链的延长而不断加强,对生物的危害也不断加剧。如有些工业废水中含有 Cu、Hg、Zn、Cl 等有毒物质,食用被污染的水或被污染水中的生物,会导致人和动物中毒。1956 年日本曾出现一些病因不明的患者,出现痉挛、麻痹、运动失调、语言和听力障碍等症状,最后死亡,人们称之为水俣病。后来科学证明,水俣病是由当地含 Hg 的工业废水污染海水,海鱼因生物富集作用,体内富含 Hg 和甲基汞,人们长期食用这种受污染的鱼所致。另外,被 Hg 污染的水体,藻类植物改变了颜色,海鱼也大量死亡。

2. 富营养化

富营养化是指水体中 N、P 等植物必需的矿质元素含量过高,导致藻类植物大量繁殖,并引起水质恶化和鱼类死亡的现象。在水中投入适量的含有 N、P 的营养物,可使藻类植物和浮游生物生长,对养殖鱼虾有利,如果大量的生活废水涌入,使水体中 N、P 等矿质元素含量过高,就会使藻类和其他浮游生物大量繁殖,造成水中氧气不足,硫化氢、甲烷等有毒气体增加,鱼类和其他水生生物大量死亡。海洋中发生赤潮就是海水富营养化造成的后果。

(三) 土壤污染

土壤污染是指人类活动产生的有毒、有害物质进入土壤,积累到一定程度,超过土壤本身的自净能力,导致土壤性状和质量变化,构成对农作物和人体的影响和危害的现象。

土壤污染主要来源于工业和城市的废水及固体废物、大气中污染物(如二氧化硫、氮氧化物、颗粒物等)通过沉降和降水落到地面的沉降物,以及农药、化肥、家畜的粪便等。土壤的主要污染物包括无机污染物(如重金属、酸、盐等)、有机农药(如杀虫剂、除草剂等)、有机废弃物(如生物可降解或难降解的有机废物等)、化肥、矿渣和粉煤灰、放射性物质、寄生虫、病原菌和病毒等。

受到污染的土壤,本身的物理、化学性质发生改变,出现板结、肥力降低、被毒化等现象,通过雨水淋溶,污染物从土壤传入地下水或地表水,造成水质的污染和恶化。受污染土壤上生长的生物吸收、积累和富集土壤污染物后,通过食物链进入人体,可对人体造成影响和危害。土壤由于自身的特性,可接纳一定的污染,具有缓和和减少污染的自净能力。但土壤不易流动,自净能力十分有限,所以,保护土壤不受污染十分重要。

(四) 农药污染

为了防治病虫害危害,人们经常使用各类农药,在防除有害生物的同时,农药也污染环境,毒杀其他生物,甚至造成人畜中毒。特别是农药的残留,更给人类造成巨大危害,人类应减少高毒、高残留农药的使用,推广病虫害综合防治技术,减轻和消除农药对环境的污染。

第四节　人与环境

无论人类文明发展到多么高的水平,人总是不能脱离其所在的环境——生物圈。人类既依赖于自然环境而发展生产,又对环境产生了巨大影响。

一、自然环境对人类的作用

人类的产生和发展依赖于自然环境。古猿在自然因素的长期作用下,由猿进化为人,原始的人类又在自然因素与社会因素的共同作用下,形成了体质特征不同的各种人类以及不同的地理分布特点。

(一) 自然环境对人种形成的作用

人类有着共同的祖先,生物学上同属一个物种。在不同的自然环境选择作用下,人类不断演变,形成3个基本种族,即尼格罗人种、欧罗巴人种和蒙古人种。自然环境在人种分化的早期阶段起着某种选择作用,但这种作用随着社会生产力的发展而不断减弱。

(二) 自然环境对人口分布的作用

在古代社会,气候适宜、水源充沛、土地平坦肥沃的地方,人口就易于繁殖,所以温带地区人口十分稠密,而那些自然条件较差的地方,人们纵然能适应,但因劳动生产率太低,人口难以增殖。现代社会,人们的物质生产方式的发展水平及其生产布局,已成为影响人口分布的决定因素。

(三) 自然环境对人类社会发展的作用

各地区生产条件的差异,对人类社会发展产生了不同程度的促进和阻碍作用。优越的自然环境有助于加快社会的发展,恶劣的自然环境则阻碍社会的发展。

二、人类发展对环境的作用

社会发展早期,自然环境对社会发展的作用十分明显。随着生产力的不断提高和自然资源的不断开发,反过来人类对自然环境的作用日益增大。

(一)人类对环境的主观能动作用

人类具有主观能动性,能够积极地作用自然,因此,人类是自然环境发展变化的重要因子。长期以来,人类为了生存和发展,与自然界进行了顽强的斗争,克服自然的束缚,争取最大限度地利用自然、控制自然、改造自然环境,创造出人类自身需要的人工技术环境。在原始社会,人们使用石器采集食物,人类对自然的主观能动性处于低级阶段;进入农业时代,人类从直接利用人力、风、太阳、水等自然资源到饲养动物,培育良种、施肥、灌水,创造农业环境,促进了农业的发展,但同时也引起了局部环境的退化;到了工业时代,随着科技的飞速发展,人类对自然进行专业化、规模化的开发利用,在给人类带来财富的同时,也给环境造成了前所未有的危机。所以,人类对环境施加的种种作用,既有建设性的一面,也有破坏性的一面。

(二)人类活动对环境的消极作用

现代社会,人类不断进行荒地开垦、矿藏采掘、渔猎放牧、森林采伐、水利交通及各种工农业生产,在促进人类社会发展的同时,也给生态环境造成了极大迫害,严重威胁人类和其他生物的生存。目前,人类对生态环境的破坏主要表现在以下几个方面。

1. 土地资源丧失

土地资源是人类最基本的环境资源。由于土壤荒漠化、盐渍化、侵蚀、污染等原因,全球的土地资源正在迅速减少。据估计,因沙漠化扩展,全球每年损失土地近 6.0×10^6 公顷,我国因退化已不能生产粮食的土地约1.5万公顷。土地资源丧失已成为全球关注的问题。

2. 森林资源严重破坏

森林是最大的绿地生态系统,是维护陆地生态平衡的枢纽。历史上地球森林面积多达 7.6×10^9 公顷,目前减少到约为 3.0×10^9 公顷。全世界每年砍伐森林面积约 7.0×10^6 公顷。森林破坏对人类赖以生存的环境和生物多样性将产生不可估量的影响。

3. 人口急剧增加

近几十年来,人口急剧增加,尤其是城市化和工业化的飞速发展,城市面积不断扩大,已给人类生存的环境造成了巨大的压力,这也是造成环境恶化的根本原因。

4. 人类生存环境受到污染

环境污染已严重影响了人类生存空间的质量,耗水量的增加和水污染的加剧导致全球性的水危机。臭氧层破坏、酸雨、温室效应等已成为世界性公害。据调查,在第三世界,由水污染引起的疾病平均每天导致 2.5 万人死亡。

三、人与自然和谐共处

正视人类与环境的关系,使人类社会与环境保持协调,是人类生存发展的重要前提。自然环境是人类社会生产发展的基础,同时,对人类的生存发展起着制约作用,反过来,人类能动地利用和改造着自然环境。人类社会应遵循自然环境的演变规律,在能动地利用和改造自然的过程中,引导自然环境向有利于人类生存和发展的方向改变。反之,如果违背自然规律,则会发生危害人类生存的环境问题,人类迟早会受到自然的惩罚。

目前,人类与环境协调发展的重要问题是控制人口,合理开发和利用自然资源,保护环境,建设环境。

(一)调控人口

人类赖以生存的环境和空间资源是有限的,人口的增长必须与环境的负载量相适应,不能无限制地发展。如果社会人口增长过快,导致环境负载量受到的压力过大,社会生态系统会有失去平衡、陷入恶性循环的危险。

(二)合理开发利用自然资源

单纯追求一时一地的经济利益,使"人类—资源—环境"这一紧密联系的整体失去平衡。要避免这种危险,就必须做到经济发展与合理开发利用资源、保护自然环境相互统一,实现自然资源的可持续利用。

(三)保护和建设环境

人类在发展生产、防止对自然环境的破坏的同时,要建设一个更有利于人类发展的生态环境,真正实现人与自然环境的协调发展。当前,环境保护工作的重点是防止和减少废气、废水、废物的排放,积极开展综合治理和利用,变废为宝,力争做到"零排放"。

思考与练习

一、单项选择题

1. 下列关于生态因素对生物影响的说法,错误的是(　　)。
   A. 趋光性是农业害虫的共性
   B. 温暖地区的阔叶林多,而寒冷地区的针叶林多
   C. 水分过多或过少都会影响陆生生物的生长和发育
   D. 各种生态因素对生物的影响具有综合性

2. 影响植物生长的主要生态因素不包括(　　)。
   A. 光照　　　　　　　　　　　　B. 温度
   C. 水分　　　　　　　　　　　　D. 土壤中的塑料垃圾

3. 影响动物分布的主要生态因素是(　　)。
   A. 光照　　　B. 水分　　　C. 食物　　　D. 土壤类型

4. 下列不属于生态系统的是(　　)。
   A. 一片森林　　　B. 一个湖泊　　　C. 一块农田　　　D. 一只鸟

5. 下列关于生态系统的说法,正确的是(　　)。
   A. 生态系统只包括生物部分
   B. 生态系统不包括非生物环境
   C. 生态系统中生物与环境是相互作用的
   D. 生态系统是静态的,不会发生变化

6. 下列关于生物圈的描述,正确的是(　　)。
   A. 生物圈只包括陆地生态系统
   B. 生物圈只包括海洋生态系统
   C. 生物圈包括地球上所有的生物及其生存环境
   D. 生物圈不包括大气层
7. 下列食物链表示正确的是(　　)。
   A. 鼠→蛇→鹰
   B. 草→鼠→蛇→鹰
   C. 草←鼠←蛇←鹰
   D. 阳光→草→鼠→蛇→鹰
8. 生物安全的核心是(　　)。
   A. 保护生物多样性
   B. 保护生态环境
   C. 保护人类健康
   D. 保护经济利益
9. 下列不属于环境问题的是(　　)。
   A. 空气污染
   B. 噪声污染
   C. 人口增长
   D. 土壤污染
10. 下列措施有助于减少水污染的是(　　)。
    A. 工业废水直接排放
    B. 使用农药化肥
    C. 垃圾不进行分类处理
    D. 废水循环利用
11. 城市化进程中可能带来的环境问题不包括(　　)。
    A. 交通拥堵
    B. 空气污染
    C. 噪声污染
    D. 生物多样性增加
12. 生态系统的组成成分不包括(　　)。
    A. 生产者
    B. 消费者
    C. 分解者
    D. 非生物环境
13. 生物多样性的保护措施不包括(　　)。
    A. 建立自然保护区
    B. 限制外来物种引入
    C. 过度开发自然资源
    D. 加强物种保护教育
14. 影响生物体内有害物质积累的因素不包括(　　)。
    A. 食物链的长度
    B. 生物的营养级
    C. 有害物质的种类和浓度
    D. 生物的体型大小
15. 生物圈的功能不包括(　　)。
    A. 物质循环
    B. 能量流动
    C. 信息传递
    D. 宇宙探索
16. 生态系统稳定性的表现不包括(　　)。
    A. 抵抗力稳定性
    B. 恢复力稳定性
    C. 静态稳定性
    D. 弹性稳定性
17. 影响生物分布的主要生态因素不包括(　　)。
    A. 气候
    B. 地形
    C. 土壤
    D. 人类活动
18. 生物安全法的基本原则不包括(　　)。
    A. 预防为主
    B. 风险管理
    C. 事后处理
    D. 综合治理
19. 人与环境和谐共生的措施不包括(　　)。
    A. 提高公众环保意识
    B. 推动绿色生产和消费
    C. 过度开采自然资源
    D. 加强环境立法和执法

20. 影响生物种群数量的生态因素不包括（　　）。
    A. 食物供应　　　　　　　　　　B. 捕食关系
    C. 竞争关系　　　　　　　　　　D. 物种的遗传特性

二、填空题

1. 影响鹿、山羊等动物繁殖的关键因素之一是_____。
2. 温暖地区的阔叶林多，而寒冷地区的_____多。
3. 水分过多或过少都会影响_____生物的生长和发育。
4. 生物因素和非生物因素对生物的影响具有_____。
5. 在一定区域内，各种生物之间由于食物关系所形成的联系就叫_____。
6. 生物圈是指地球上所有的生物及其_____的总和。
7. 生物安全是指保护生物多样性及其组成部分，防止因各种因素导致_____的威胁。
8. 生态系统是由生物群落及其生存的环境所构成的一个有物质、_____和信息流动的功能系统。
9. 进入机体的污染物或其代谢产物，如不能完全排出而逐渐蓄积于体内，称_____。
10. 从预防医学角度研究环境因素对人健康的影响，将生理、生化、病理效应看成连续的健康效应谱，该健康效应谱呈_____型。

三、判断题

1. 生态因素是指环境中影响生物生活和分布的因素。　　　　　　　　　　（　　）
2. 非生物因素包括光、温度、水、空气和土壤等。　　　　　　　　　　　（　　）
3. 生物因素仅指同种生物之间的相互影响。　　　　　　　　　　　　　　（　　）
4. 温度对植物的分布没有影响。　　　　　　　　　　　　　　　　　　　（　　）
5. 水分对植物的分布没有影响。　　　　　　　　　　　　　　　　　　　（　　）
6. 生态系统是指在一定的地域内，生物与环境所形成的整体。　　　　　　（　　）
7. 生产者是指直接或间接以植物为食的生物。　　　　　　　　　　　　　（　　）
8. 消费者包括了几乎所有动物。　　　　　　　　　　　　　　　　　　　（　　）
9. 非生物部分的作用是为生物部分提供物质和能量。　　　　　　　　　　（　　）
10. 生态系统有一定的自动调节能力，但这种能力是无限的。　　　　　　（　　）
11. 生物安全是指防止生物因子对人类和环境的危害。　　　　　　　　　（　　）
12. 保护关键种是保护生物多样性的措施之一。　　　　　　　　　　　　（　　）
13. 要保护珍稀野生动植物资源，应禁止对野生生物资源的开发和利用。　（　　）
14. 臭氧减少、酸雨、荒漠化、土壤及水体污染等会威胁野生动植物的生存。（　　）
15. 人类活动不会对生态系统造成破坏。　　　　　　　　　　　　　　　（　　）
16. 生物在适应环境的同时，也影响和改变着环境。　　　　　　　　　　（　　）
17. 生物多样性的丧失不会对生态系统造成影响。　　　　　　　　　　　（　　）
18. 森林生态系统有"绿色水库"和"地球之肺"之称。　　　　　　　　　（　　）
19. 海洋生态系统每年制造的氧气占地球每年产生氧气总量的70%。　　　（　　）

20. 人与环境的关系是相互独立的,人类活动不会影响环境。 (　　)

四、简答题

1. 简述生态因素对生物的影响。

2. 简述生态系统与生物圈的关系。

3. 什么是生物安全?其立法目的是什么?

4. 简述人与环境的关系及如何实现和谐共生。

5. 列举并简述至少三种减少空气污染的措施。

第七章 微生物的生物学特性

学习目标

1. 掌握微生物的概念和类型，熟悉微生物的特征。
2. 了解微生物与人类的关系。
3. 熟悉细菌和酵母菌的形态特征、放线菌和霉菌的菌丝和孢子形态特征，以及它们的繁殖方式；了解病毒增殖过程和传播方式（途径）。
4. 掌握细菌的结构特征和功能，包括细胞壁、细胞膜、细胞质和类核等基本结构，以及鞭毛、菌毛、荚膜和芽孢等特殊结构。学会制作细菌涂片，并运用简单染色法和革兰氏染色法染色；熟练使用显微镜观察和识别细菌的形态和结构。
5. 熟悉真菌的典型细胞结构特征，包括细胞壁、细胞膜、细胞质、细胞核及有关细胞器的特点及功能。
6. 熟悉病毒和噬菌体的概念，以及病毒的分类、大小、形态、基本结构和组成。
7. 了解农业生产中常用的微生物，包括乳酸菌、枯草芽孢杆菌、苏云金芽孢杆菌、光合细菌、酵母菌、白僵菌、绿僵菌等；发酵食品中常用的微生物，包括乳酸菌、醋酸菌、黄色短杆菌等细菌和酵母、红曲、毛霉、根霉等真菌；微生物制药中常用的微生物，包括链霉菌属、小单孢菌属、诺卡氏菌属等放线菌和产黄青霉菌、顶头孢霉、荨麻青霉等真菌，以及灵芝、猴头、茯苓、猪苓、冬虫夏草、银耳、木耳、红菇等药用真菌。
8. 了解常见病原性细菌的种类，包括葡萄球菌属、链球菌属、埃希菌属、沙门菌属、霍乱弧菌、结核分枝杆菌属、幽门螺杆菌等；常见致病真菌种类，包括皮肤癣菌、新型隐球菌、白假丝酵母菌、镰刀菌、黄曲霉等；引起人类疾病的常见病毒，包括流行性感冒病毒、甲型肝炎病毒、乙型肝炎病毒、人类免疫缺陷病毒、狂犬病病毒、流行性乙型脑炎病毒等，以及它们所致疾病和防治原则。

第一节 微生物概述

一、微生物的概念

自然界中存在着许多肉眼看不见而必须借助显微镜才能观察到的极微小的生物，统称为微生物。具有致病性的微生物称为病原微生物,还有一些微生物,在正常情况下不致病,只有在特定情况下才导致疾病的发生,因此将其称为条件致病性微生物。

二、微生物的类型

根据微生物有无细胞基本结构、化学组成、分化程度等差异,可将微生物分为三大类。

(一)非细胞型微生物

非细胞型微生物是最小的一类微生物,能通过细菌滤器,没有完整的细胞结构,缺乏产生能量的酶系统,由核酸(DNA 或 RNA)和蛋白质衣壳组成,只能寄生在活细胞内增殖,病毒属于这一类微生物。

(二)原核细胞型微生物

原核细胞型微生物细胞核分化程度低,仅有 DNA 盘绕形成的拟核,无核膜和核仁,缺乏完整的细胞器。这一类微生物包括细菌、放线菌、衣原体、支原体、立克次氏体和螺旋体。

(三)真核细胞型微生物

真核细胞型微生物细胞核分化程度较高,有核膜、核仁和染色体,细胞质内有多种细胞器(内质网、高尔基复合体、线粒体等),能进行有丝分裂。此类微生物常见的有真菌、大多数藻类等。

三、微生物的特征

微生物具有以下几个共同特征。

(一)个体微小

微生物的体形极其微小,常以微米(μm)或纳米(nm)作为测量单位。

(二)结构简单

微生物由原核或真核细胞生命物质所组成,以单细胞、简单多细胞或无细胞形式存在,结构相当简单。如细菌的结构为单细胞结构,病毒无完整的细胞结构。

(三)种类繁多

微生物的种类达数十万种以上,大量的微生物构成了一个生物多样性的微生物世界。

(四)分布广泛

在自然界,微生物可谓无处不有,无孔不入,无论是人迹罕至的南极、北极,还是气候恶劣的沙漠,无论是在万米高空的大气层,还是深不可测的海底,都有微生物存在。人和动物的体表以及与外界相通的腔道中也有数量不等、种类不同的微生物存在。

(五)繁殖迅速

微生物代谢旺盛,繁殖迅速。微生物的繁殖方式简单,绝大多数为无性繁殖,繁殖速度极快,很多细菌 20 min 即可繁殖一代,微生物具有最高的繁殖速度。

(六) 数量巨大

由于微生物的营养谱极广,对生长条件要求不高,且繁殖较快,因此凡有微生物生存之处,它们都有巨大的数量。土壤中的微生物最多,如每克土壤可含几亿甚至几十亿个细菌。人的肠道中寄居着100~400种微生物,为肠道正常菌群,总数可达100万亿个。

(七) 容易变异

微生物的基因组小,且大多处于活动状态,因此容易发生变异。同时,微生物与外界环境直接紧密接触,易受环境因素的影响,发生变异,有很强的外环境适应力。如细菌的形态、结构、毒力、耐药性等发生变异。

四、微生物与人类的关系

能感染人体并引起疾病的微生物只占其中的少数,绝大多数微生物对人和动植物是有益的,有些甚至是必需的。微生物是地球上最古老的生命形式。有研究表明,它们已经在地球上生存了超过30亿年,远比植物、动物和其他生物出现的时间早。微生物参与了自然界的物质循环,对氮、碳、硫等元素的循环起着重要作用。微生物广泛应用于人类生活的各个领域。

(一) 在食品工业上的应用

微生物在食品工业中的应用十分广泛。一是生产传统的发酵产品,如啤酒、果酒、食醋等,使产品的质量和产量得到明显提高;二是生产食品添加剂,如L-苹果酸、柠檬酸、谷氨酸、红曲素、高果糖浆等;三是生产单细胞蛋白,利用各种基质在适宜的培养条件下生产单细胞蛋白的单细胞生物包括微型藻类、非病原细菌、酵母菌类和真菌等。

(二) 在医药工业上的应用

微生物工程在医药工业上的应用,成效十分显著,生产出了如抗生素、维生素、动物激素、药用氨基酸、核苷酸(如肌苷)等。目前,常用的抗生素已达100多种,如青霉素类、头孢菌素类、红霉素类和四环素类。另外,应用发酵工程大量生产的基因工程药品有人生长激素、重组乙肝疫苗、某些种类的单克隆抗体、白细胞介素-2、抗血友病因子等。

(三) 在轻纺工业上的应用

植物轻纺是利用植物的纤维素,动物轻纺则利用动物蛋白质,但植物和动物的原料都不仅仅含纤维素和蛋白质,还含有其他物质,去除这些不需要物质的最简单、最经济的方法就是微生物降解法。

(四) 在环保工业上的应用

工业生产和人类生活中产生的一些物质,由于分子量太大不能参加生物小循环而成为污染物,这些污染物通过微生物的降解成为小分子进入生物小循环,污染物就变成了资源。例如,利用分解塑料的细菌分解塑料。

(五) 在农业生产上的应用

在农业生产中,可利用固氮微生物进行生物固氮,既能减少生产投入,又能避免环境污染,且能提高作物产量。生物农药能减少害虫对农作物的危害,成本低且能维持生态平衡。

（六）在能源生产上的应用

微生物在能源生产方面也有重要的作用,包括生物柴油、燃料酒精、生物制沼气、生物制氢和微生物发电等。

第二节　微生物的形态特征

我们经常见到的微生物主要有细菌、放线菌、酵母菌、霉菌、病毒、食用菌等几个类群,其中具有细胞结构的细菌、放线菌属于原核微生物,酵母菌、霉菌属于真核微生物,而病毒则没有细胞结构。

一、细菌

细菌是一类个体微小的单细胞原核微生物,在自然界中分布广泛,与人类的关系极为密切,是微生物的重要研究对象之一。

（一）细菌的形态

1. 个体形态

（1）细菌的形状。细菌的形状常见的有球状、杆状、螺旋状,分别被称作球菌、杆菌、螺旋菌。

① 球菌。细胞呈球形或近似球形,各种球菌分裂的方向和分裂后产生新细胞的排列方式不同,据此可把球菌分成 6 类(图 7-1)。

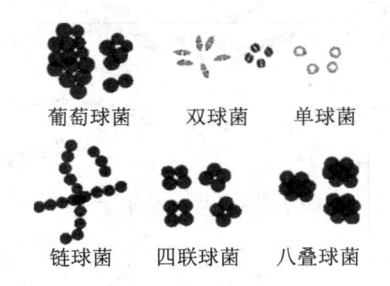

图 7-1　各种球菌的形态与排列方式

单球菌:球菌分裂沿一个平面进行,新个体分散而单独存在,如尿素微球菌。

双球菌:球菌分裂沿一个平面进行,菌体成对排列,如肺炎双球菌。

链球菌:球菌分裂沿一个平面进行,菌体 3 个以上呈"链状"排列,如乳球菌。

葡萄球菌:球菌在多个平面上不规则分裂,分裂后多个球菌紧密联合为一体,呈"葡萄串"状,如金黄色葡萄球菌。

除上述 4 种类型外,还有四联球菌、八叠球菌等。

② 杆菌。细胞呈杆状或圆柱状。各种杆菌的长短、粗细和菌体两端的形状不尽相同,

据此可以分成以下 6 种。

长杆菌：杆菌菌体较长，约 4~8 μm，如乳酪杆菌。

短杆菌：杆菌菌体较短，约 2~8 μm，呈椭圆形，如醋酸杆菌。

球杆菌：杆菌菌体短小，约 1~2 μm，两端钝圆，近似球形，如流感嗜血杆菌。

分枝杆菌：杆菌菌体具有分枝或侧枝，如结核分枝杆菌。

棒状杆菌：杆菌菌体一端膨大，如北京棒状杆菌。

梭状杆菌：杆菌菌体如梭状，如肉毒梭状芽孢杆菌。

杆菌形成芽孢的能力不同，能产生芽孢的叫作芽孢杆菌，如枯草芽孢杆菌；而不能产生芽孢的叫作无芽孢杆菌，如大肠杆菌。

杆菌常沿菌体长轴方向分裂，分裂后排列的方式也不同（图 7-2）。分裂后菌体单独存在的，称为单杆菌；分裂后两菌端相连成对排列在一起，称为双杆菌；分裂后菌体相连成链状，称为链杆菌。

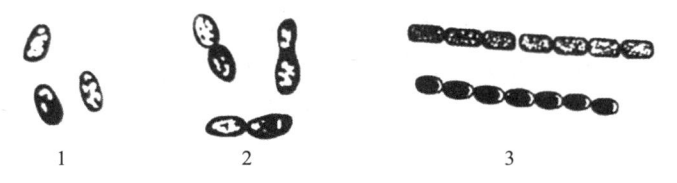

1—单杆菌；2—双杆菌；3—链杆菌。

图 7-2　杆菌的排列方式

③ 螺旋菌。细胞呈弯曲或螺旋状，依据螺旋菌弯曲情况不同常分成弧菌和螺菌（图 7-3）。

图 7-3　螺旋菌的形态

弧菌：菌体弯曲不足一圈，呈"C"字状或"逗号"状。如霍乱弧菌。

螺菌：菌体弯曲超过一圈，呈"开塞钻"状。如红色螺菌。

自然界中的细菌除上述 3 种基本形状外，还有梭状、三角形、圆盘形等，但都较少见。细菌诸多形状中，最为常见的是杆菌，球菌次之，而螺旋菌则较少见。

（2）细菌大小。细菌的个体十分微小，须借助光学显微镜用镜台测微尺测量，通常以微米（μm）作为度量单位。

细菌的大小随种类不同而有差异。一般球状细菌以直径来表示；杆状细菌与螺旋状细菌以"长度×直径"来表示，其中螺旋状细菌的长度是以其菌体两端间的直线距离来计算的。

2. 群体形态

细菌的群体形态即培养特征，主要包括以下 3 个方面。

(1) 细菌的菌落特征。菌落是指单个微生物细胞在适宜固体培养基上生长繁殖形成的肉眼可见的子细胞群体。同一菌种在同一培养条件下所形成的菌落特征有一定的稳定性和专一性,这往往作为鉴定菌种的重要依据之一。

菌落特征可从大小、形状、颜色、边缘状态、隆起程度、透明度、表面状态等几个方面来描述(图7-4、图7-5所示)。

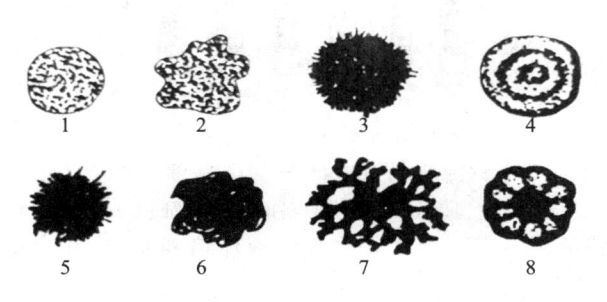

1—圆形;2—不规则;3—缘毛状;4—同心环状;5—丝状;
6—卷毛状;7—根状;8—规则放射叶状。

图7-4 细菌菌落的形状

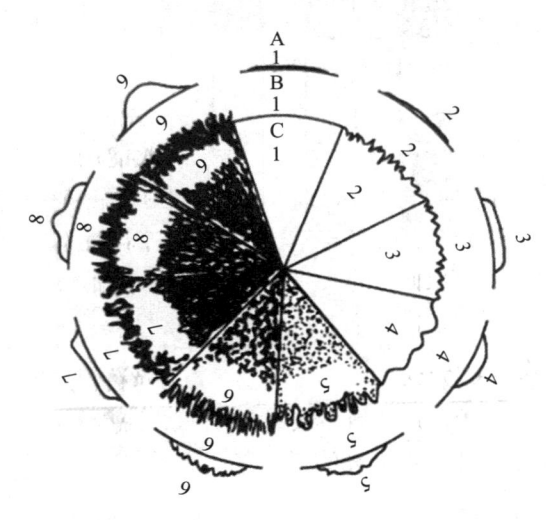

A—隆起程度:1—扩展;2—稍凸起;3—隆起;4—凸起;5—乳头状;6—皱纹状凸起;
7—中凹台状;8—突脐状;9—高马起。
B—边缘状态:1—光滑;2—缺刻;3—锯齿;4—波状;5—裂叶状;6—有缘毛;7—镶边;8—深裂;9—多枝。
C—表面状态及透明度:1—透明;2—半透明;3—不透明;4—平滑;5—细颗粒;6—粗颗粒;7—混杂波纹;8—丝状;9—树状。

图7-5 细菌菌落的隆起程度、边缘状态、表面状态及透明度

菌落还可以应用在微生物的分离、纯化、计数等研究工作以及选种育种等实际工作中。由多个同种细胞密集接种长成的子细胞群体称为菌苔。

(2) 细菌的斜面培养特征。采用划线接种的方法把菌种接种到试管中的固体培养基斜面上,在合适的条件下培养3~5 d后可对其进行斜面培养特征的观察。

细菌的斜面培养特征(图7-6)包括菌苔的形状、颜色、隆起和表面状况等。

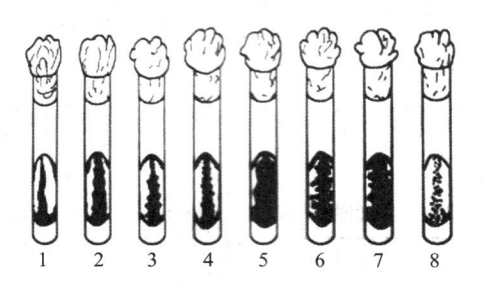

1—丝状;2—有小突起;3—有小刺;4—念珠状;
5—扩展状;6—假根状;7—树状;8—散点状。

图7-6 细菌的斜面培养特征

(3) 细菌的液体培养特征。将细菌接种到适宜的液体培养基中,在合适的条件下,经过1~3 d的培养就可对其进行液体培养特征观察。

细菌的液体培养特征包括表面状况(如菌膜、菌环等)、浑浊程度、沉淀状况、有无气泡、颜色变化等几个方面(图7-7)。

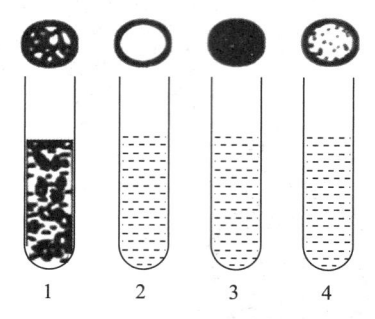

1—絮状;2—环状;3—浮膜状;4—膜状。

图7-7 细菌的液体培养特征

(二) 细菌的繁殖方式

细菌的繁殖方式为无性繁殖,无性繁殖中又以裂殖为主要形式。细菌的裂殖中,1个母细胞分裂成2个子细胞,故又叫二分裂法。

二、酵母菌

酵母菌是一个俗称,是一群比细菌大得多的单细胞真核微生物,在自然界中主要分布在含糖较高的偏酸性环境中。酵母菌是被人类应用最早的微生物,在4 000多年前就已经被用于酿酒工业,现代生活中还被用来制作馒头和面包,但酵母菌也会危害食品工业,引起果汁、酒类、肉类等食品变质。

(一) 酵母菌的形态

1. 个体形态

酵母菌是单细胞个体,形态依种类不同而多种多样,常见的有球状、椭球状、卵球状、柠檬状、香肠状等。有些酵母细胞与其子代细胞没有立即分离,而像藕节状连在一起,称为假菌丝(图 7-8)。酵母菌细胞比细菌细胞要大,一般为(5～30)μm×(1～5)μm,用普通光学显微镜就可以看清楚。

图 7-8　酵母菌的假菌丝

2. 群体形态

(1) 菌落特征。酵母菌的菌落形态同细菌菌落相似,一般呈圆形、光滑、湿润、易挑起,但由于酵母菌细胞不能运动,所以菌落往往更大、更厚,多数不透明。

(2) 液体培养中的生长行为,在液体培养基中生长,有些酵母菌能在液体表面形成一层薄的菌膜,或在容器壁上出现酵母环,还有些则在底部生成沉淀。

(二) 酵母菌的细胞构造

酵母菌是真核微生物,其细胞具有典型的真核细胞结构(即有真正的细胞核),由细胞壁、细胞膜、细胞质及内含物、细胞核等部分组成(图 7-9)。

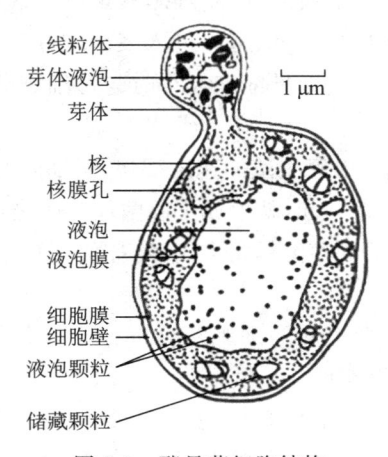

图 7-9　酵母菌细胞结构

1. 细胞壁

在普通光学显微镜下可以看到酵母菌细胞壁位于细胞的最外层,其主要成分是葡聚糖和甘露聚糖,还有 6%～8% 的蛋白质和 10% 左右的类脂类物质,极少数含有少量的几丁质,这是同细菌细胞的第一个主要区别。

2. 细胞膜

细胞膜紧贴在细胞壁内,其基本结构、主要成分同细菌细胞相同。

3. 细胞质及内含物

细胞膜内黏稠的胶体物质即细胞质。细胞质中有肝糖粒、脂肪粒、异染颗粒等内含物。老龄细胞的细胞质中往往会出现大的液泡,液泡的成分是有机酸及其盐类水溶液,这是细胞成熟的标志。

酵母菌细胞质中还含有核糖体、线粒体等完整的细胞器,这是同细菌细胞的又一个主要区别。

4. 细胞核

酵母菌细胞中有真正的细胞核,这是真核细胞与原核细胞的一个重要区别。酵母菌的细胞核呈圆形,一般位于细胞的中央,但在老龄细胞中,由于液泡的增大而往往被挤在一边,呈肾腰形。

酵母菌的细胞核由核膜、核仁、核质三部分构成。核膜是把细胞质与核质分隔开的一层膜。核膜上有很多小孔,称为核孔,是核质与胞质之间交换物质的选择性通道。核膜内有核仁,其主要成分是RNA和蛋白质。核质的主要成分是染色体,这是细胞核的主要结构物质,是DNA与蛋白质的复合物,在细胞代谢、繁殖和遗传中起着极为重要的作用。

(三) 酵母菌的繁殖方式

酵母菌的繁殖方式有无性繁殖和有性繁殖两种,其中以无性繁殖为主。

1. 无性繁殖

酵母菌的无性繁殖又分为芽殖和裂殖两种,其中芽殖是最普遍的一种方式。

(1) 芽殖。当酵母菌生长到一定程度的时候,会在细胞表面长出一个小突起,叫作芽孢。芽孢的出现意味着开始了细胞核的分裂,细胞核最终分裂成两个子核,一个子核留在母细胞内,另一个子核随同母细胞的部分细胞质进入突出的芽孢内。突出的芽孢膨大成芽体,称为子细胞。子细胞继续长大到接近母细胞大小时与母细胞分离,成为独立生活的子细胞。这个过程就是芽殖。

芽殖过程中,如果生长旺盛,出芽生殖的速度很快,子细胞与母细胞没有完全断裂,连续产生了子二代、子三代……并连接在一起,就形成了假菌丝。如热带假丝酵母、解脂假丝酵母等。

(2) 裂殖。少数酵母细胞(如裂殖酵母属)与细菌细胞一样,借细胞横分裂而繁殖,称为裂殖。

2. 有性繁殖

酵母菌也可以通过两个性别不同的细胞接合成一个二倍体细胞,进而生成多个子囊孢子而繁殖,即有性繁殖。如啤酒酵母。

当酵母菌发育到一定阶段,两个异性细胞接近,各生出一个小突起而相接触,接触处的细胞壁融解,形成一个通道。进而两个细胞的原生质融合(称为质配)、核融合(称为核配),即形成了一个二倍体细胞(接合子)。

在合适的条件下,二倍体细胞的核进行减数分裂形成4个或8个子核,每个子核和其附近的原生质形成孢子即子囊孢子。而原来的二倍体细胞则成为子囊。

当子囊成熟时即破裂,子囊孢子散放出来,在适宜条件下可以萌发出新的菌体,又开始单倍体生活(图7-10)。

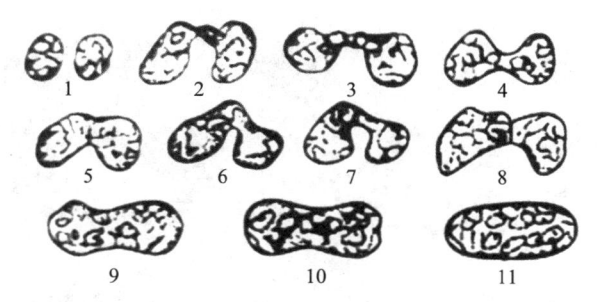

1～4—两个细胞接合；5—接合子；6～9—核分裂；10,11—核形成孢子。

图 7-10　酵母菌子囊孢子的形成过程（有性繁殖）

酵母菌菌种不同，生成子囊孢子的形状也不同，这往往在分类鉴定上有要意义。但无论是什么形状的子囊孢子，与营养细胞比较都有很强的抗热、抗干燥能力，这无疑提高了酵母菌适应恶劣环境的生存能力。

三、放线菌

放线菌是介于细菌和真菌之间的一类丝状原核单细胞微生物，革兰染色呈阳性，在自然界中分布广泛，尤其在中性或偏碱性并富含有机物的土壤中含量丰富，代谢产物往往使土壤产生泥腥味。

（一）放线菌的形态

1. 个体形态

放线菌是单细胞原核微生物，菌体由丝状的菌丝组成，菌丝纤细有分枝，无隔膜。放线菌的菌丝由于形态、功能不同，往往分为营养菌丝（又称基内菌丝）、气生菌丝和孢子丝三部分（图 7-11）。

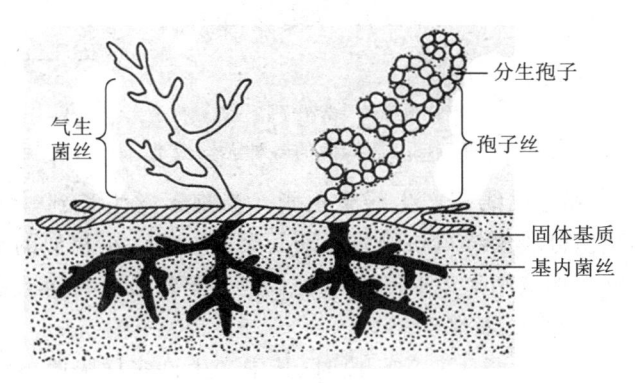

图 7-11　放线菌的形态

（1）营养菌丝。营养菌丝又称基内菌丝，是伸入培养基内吸收营养物质的菌丝。

（2）气生菌丝。当营养菌丝发育到一定阶段，长出培养基外伸向空间的菌丝就是气生菌丝。

（3）孢子丝。当气生菌丝发育到一定阶段，能分化出可以形成孢子的菌丝（即孢子丝）。孢子丝的形状及其在气生菌丝上排列的方式往往因菌种不同而有差异，这是鉴定放线菌菌种的重要依据之一（图 7-12）。

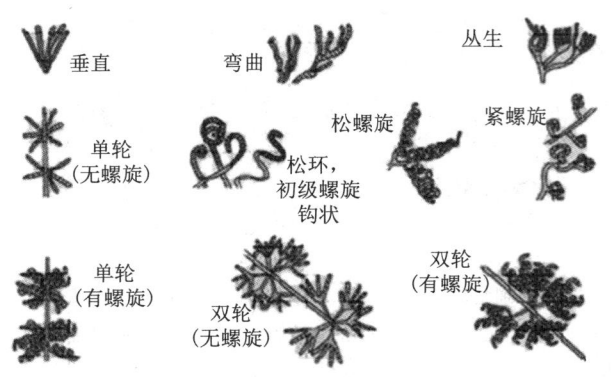

图 7-12 放线菌孢子丝的各种形态

2. 菌落特征

放线菌的菌落由菌丝体构成,特征介于细菌和霉菌之间,一般呈圆形,周围具辐射状菌丝,呈放射状,往往质地致密、较小而不延伸。

(二)放线菌的繁殖方式

放线菌主要通过形成无性孢子进行无性繁殖,放线菌产生的无性孢子主要有凝聚孢子(又称分生孢子)、节孢子(又称粉孢子)和孢囊孢子3种(图 7-13)。

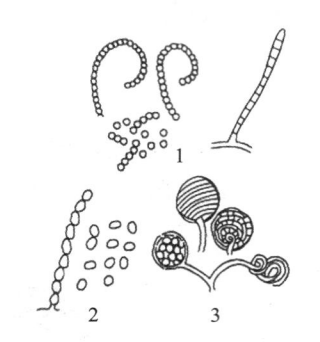

1—凝聚孢子;2—节孢子;3—孢囊孢子。

图 7-13 放线菌的各种无丝孢子

(1)凝聚孢子。大部分放线菌产生凝聚孢子。当孢子丝生长到一定阶段时,从顶端向基部,孢子丝中的细胞质分段围绕拟核物质逐渐凝聚成一串大小相似的小段,然后每小段收缩,并外生新的孢子壁而形成圆形或椭圆形孢子。孢子丝壁最后自溶或裂开,释放出成熟的孢子。如大多数链霉菌产生凝聚孢子。

(2)节孢子。当孢子丝生长到一定阶段时,其中产生许多横膈膜,然后沿横膈膜断裂形成孢子。如诺卡菌产生节孢子。

(3)孢囊孢子。孢子丝盘卷或孢子囊柄顶端膨大形成孢子囊,其间产生横隔形成孢子。如游动放线菌产生孢囊孢子。

因此,放线菌菌种不同产生的无性孢子也不同,这在分类鉴定中有着重要的意义。放线菌也可以借菌丝断裂成片段而形成新的菌体,这种繁殖方式常见于液体培养中,工业发酵生产抗生素中放线菌就以这种方式大量繁殖。

四、霉菌

凡是在培养基上长成绒毛状、棉絮状或蜘蛛网状菌丝体的真菌统称为霉菌。霉菌主要分布在偏酸性环境中,同人类日常生活和生产关系密切,既可被应用于传统的酿酒、制酱等发酵工艺中,又可在现代发酵工业中被用来生产酒精、有机酸、抗生素、酶制剂等,同时,还会造成农副产品"霉变",甚至有少数还会产生毒素,危害人类。

(一)霉菌的形态

霉菌菌体由分枝或不分枝的菌丝构成,许多菌丝交织在一起就叫菌丝体。

1. 个体形态

霉菌的菌丝呈管状,平均直径为 2~10 μm,比一般放线菌菌丝宽几倍到几十倍。

在固体培养基上,霉菌的部分菌丝伸入培养基内吸收养分,称为营养菌丝;另一部分菌丝向空中生长,称为气生菌丝;一部分气生菌丝发育到一定阶段,可以产生孢子繁殖后代,又称作繁殖菌丝。

霉菌菌丝的结构随菌种不同而有差异:一种是无隔菌丝,菌丝中间无横隔,整个菌丝是一个单细胞,其中含有很多的细胞核,如毛霉、根霉、犁头霉的菌丝;另一种是有隔菌丝,菌丝中间有横隔,每一段菌丝是一个细菌,整个菌丝由多个细胞组成,如青霉、曲霉的菌丝(图 7-14)。有隔菌丝在其横膈膜中央有极细的小孔相通,使细胞物质可以互相交换,如果菌丝断裂或某些细胞死亡,这些小孔就会自动关闭,以防止死亡细胞或废物进入相邻的活细胞。

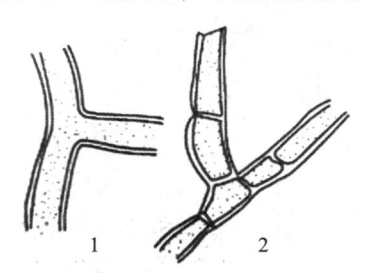

1—无隔菌丝;2—有隔菌丝。
图 7-14 霉菌的菌丝

2. 群体形态(菌落特征)

霉菌菌落由分枝状菌丝组成,因菌丝较粗较长,故形成的菌落较疏松,呈绒毛状、棉絮状或蜘蛛网状,一般比细菌菌落大几倍到几十倍。菌落最初往往是浅色或白色,当形成各种形状、各种构造和各种颜色的孢子后,菌落表面往往呈现肉眼可见的不同结构和色泽。

(二)霉菌的繁殖方式

霉菌的繁殖能力一般都很强,并且方式也多种多样,有的可以通过菌丝断裂的片段长成新的菌丝体,有的可以通过细胞核分裂而细胞不分裂的方式进行生长繁殖,但主要靠形成无性孢子或有性孢子的方式繁殖。

1. 无性孢子

形成无性孢子是霉菌繁殖的主要方式。形成的无性孢子往往分散、量大,具有一定的抗性,有利于保藏菌种。

(1) 孢囊孢子。孢囊孢子是一种内生孢子。当气生菌丝长到一定阶段时,顶端开始膨大,并在下方生出横隔与菌丝分开而形成孢子囊。孢子逐渐长大,囊中形成许多核,每一个核外生膜壁并包有原生质,于是形成了孢囊孢子(图7-15)。

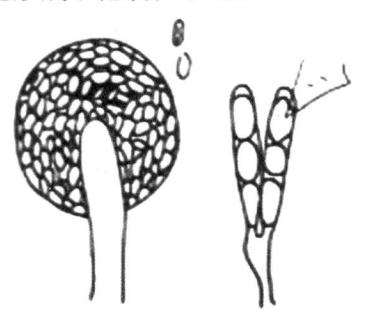

图 7-15 孢囊孢子

孢子成熟后,孢子囊破裂,孢子分散出来,遇到适宜条件就可以萌发成新的个体。如毛霉、根霉都产生孢囊孢子。

(2) 分生孢子。分生孢子是一种外生孢子,是霉菌中最普遍的一类孢子。分生孢子(图7-16)是由菌丝的顶端(或分生孢子梗)以类似于出芽的方式(或浓缩)形成的单个(或成簇)的孢子。

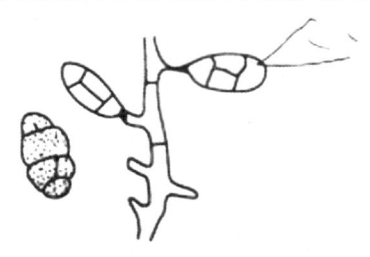

图 7-16 分生孢子

分生孢子产生的方式可大致归为以下几种。

① 无明显分化的分生孢子梗。分生孢子着生在菌丝或其分支顶端,单生、成链或成簇,而且产生孢子的菌丝与一般菌丝无显著区别,如红曲霉等(图7-17)。

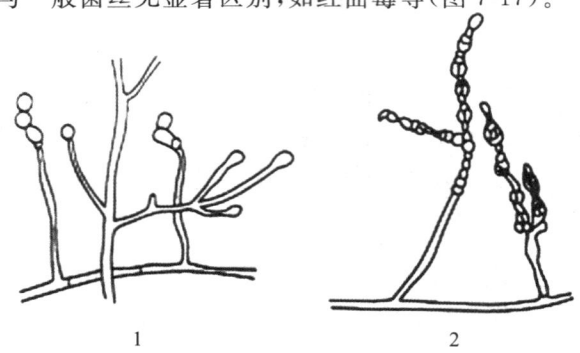

1—红曲霉的分生孢子;2—交链孢霉的分生孢子。
图 7-17 红曲霉等的分生孢子

② 具有分化的分生孢子梗。分生孢子着生在已分化的（如细胞壁加厚或菌丝直径增宽等）分生孢子梗的顶端或侧面。这种菌丝与一般的菌丝有明显区别，它们或直立或朝一定方向生长。如粉红单端孢霉、新月弯孢霉等。

③ 具有一定形状的小梗。在已分化的分生孢子梗上产生一定形状、大小的小梗（常呈瓶形，有人称为瓶形小梗），分生孢子则着生在小梗的顶端，成串（链）或成团，如青霉、曲霉等（图7-18）。

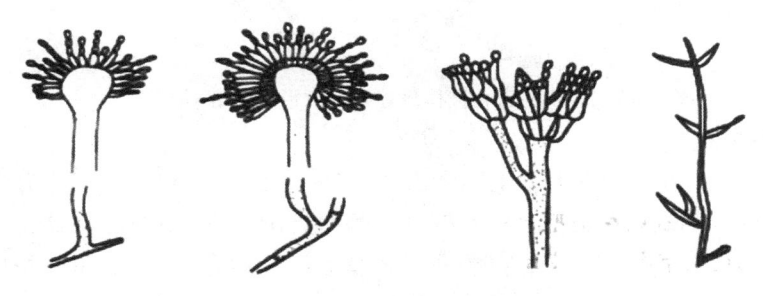

图7-18 青霉、曲霉的分生孢子

（3）节孢子。节孢子是一种外生孢子，是由菌丝细胞断裂形成的，也叫裂生孢子，如白地霉等（图7-19）。

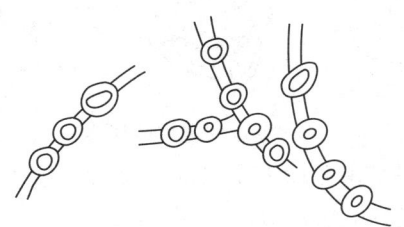

图7-19 白地霉的节孢子（细胞断裂）

（4）厚垣孢子。厚垣孢子也称厚膜孢子，是一种外生孢子。在菌丝顶端或中间有部分细胞质浓缩变圆，细胞壁加厚而形成圆形、纺锤形或长方形的孢子。厚垣孢子里含有丰富的营养物质，处于休眠状态，对恶劣环境具有很强的抵抗力，如总状毛霉等（图7-20）。

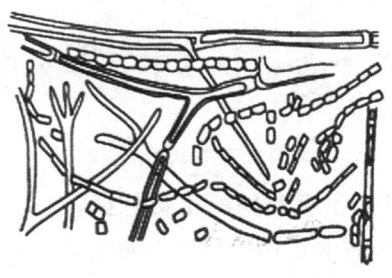

图7-20 厚垣孢子

（5）芽孢子。芽孢子是由菌丝类似出芽的方式产生小突起，经过细胞壁紧缩生成许多横隔，最后脱离母细胞而形成球状或长圆形的孢子。如一些毛霉、根霉在液体培养基中形成的"酵母型"细胞即属此类（图7-21）。

图 7-21　总状毛霉在液体培养基内所形成的"酵母型"细胞

2. 有性孢子

霉菌的有性繁殖在一般培养基上不常出现,多发生于特定条件下,产生有性孢子。

(1) 卵孢子。霉菌的菌丝分化成大小不同的两类配子囊,小的叫雄器,大的叫藏卵器。交配时雄器的内含物(细胞质与细胞核)通过授精管进入藏卵器,最后由受精的卵球生出厚壁而形成卵孢子。卵菌亚纲产生这种孢子(图 7-22)。

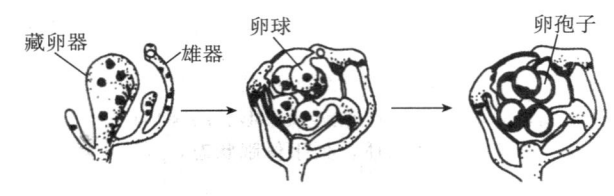

图 7-22　卵孢子的形成

(2) 接合孢子。接合孢子是由菌丝上生出的两个圆形或形状上略有不同的配子囊接合而成。这是接合菌纲的特有孢子(图 7-23)。

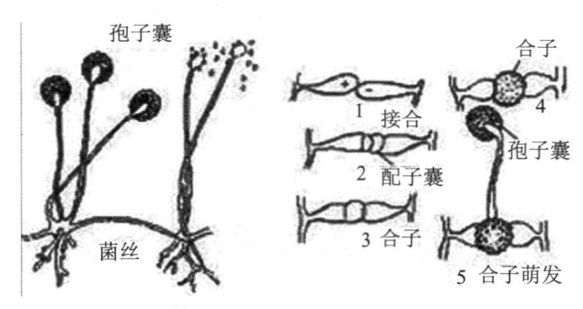

图 7-23　黑根霉的菌丝和接合(有性生殖)

(3) 子囊孢子。子囊孢子是子囊菌纲的主要特征,产生于子囊中,子囊的形状因种而异。子囊的形成有两种类型:一种是由两个营养细胞接合后直接形成,另一种是由个异性的配子囊经接触交配后生出子囊丝间接形成。多个子囊外面被菌丝包围,形成子实体,称子囊果,子囊果的大小、形态随种而不同(图 7-24)。

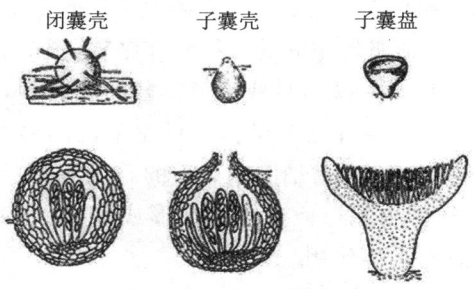

图7-24 几种子囊果

综上所述,霉菌种类不同,孢子的形态以及产生孢子的器官也多有不同。这在分类鉴定上也具有重要的意义。

第三节 细菌

细菌的结构包括基本结构和特殊结构两部分。基本结构是各种细菌所共有的,包括细胞壁、细胞膜、细胞质和类核等;特殊结构是某些细菌在一定条件下所特有的结构,包括荚膜、鞭毛、菌毛和芽孢等。细菌结构如图7-25所示。

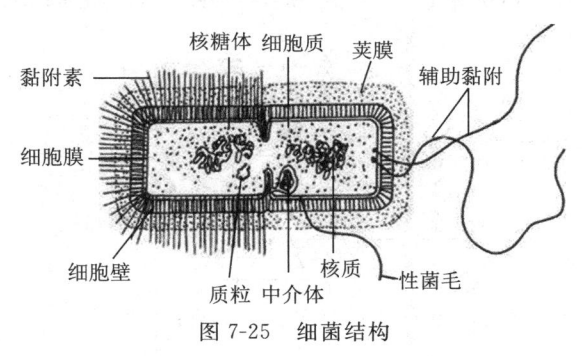

图7-25 细菌结构

一、细菌的基本结构

(一)细胞壁

细胞壁位于细菌的最外层,是包绕在细胞膜外的一层坚韧而富有弹性的膜状结构。细胞壁的化学组成复杂,并因菌种而异,光学显微镜下不易看到,经高渗溶液处理使其与细胞膜分离后,再经特殊染色才可见,或用电子显微镜可直接观察。用革兰氏染色法可将细菌分为两大类,即革兰氏阳性菌（G^+菌）和革兰氏阴性菌（G^-菌）两类细菌。细菌细胞壁均具有肽聚糖,但它们各自还具有其特殊的组成成分。

1. G^+菌

G^+菌的细胞壁较厚(20～80 nm),主要是由肽聚糖和磷壁酸构成。

（1）肽聚糖，又称黏肽、糖肽或胞壁质，是 G^+ 菌细胞壁的主要化学成分，由聚糖骨架、四肽侧链和五肽交联桥三部分形成坚韧牢固的三维立体结构（图 7-26）。肽聚糖的聚糖骨架由 N-乙酰葡糖胺（G）和 N-乙酰胞壁酸（M）两种单糖交替间隔排列，通过 β-1,4-糖苷键连接形成。聚糖骨架被破坏可导致细菌裂解，β-1,4-糖苷键是溶菌酶的作用靶点。G^+ 菌细胞壁中肽聚糖层数多，有 15～50 层；含量高，占细胞壁干重的 50%～80%。凡是能破坏肽聚糖结构或抑制其合成的物质，均可损伤细胞壁而使细菌变形或裂解。例如，青霉素、溶菌酶能干扰肽聚糖的合成，故对 G^+ 菌具有杀灭作用。

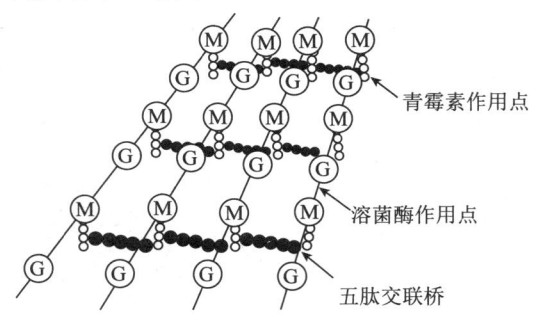

图 7-26　金黄色葡萄球菌细胞壁肽聚糖结构

（2）磷壁酸，是 G^+ 菌特有的化学成分，穿插于肽聚糖中，并延伸至细胞壁外。磷壁酸具有黏附作用，与细菌致病性有关。磷壁酸抗原性很强，是 G^+ 菌重要的表面抗原。磷壁酸按其结合部位不同，分为壁磷壁酸和膜磷壁酸（或称为脂磷壁酸）。G^+ 菌细胞壁结构如图 7-27 所示。

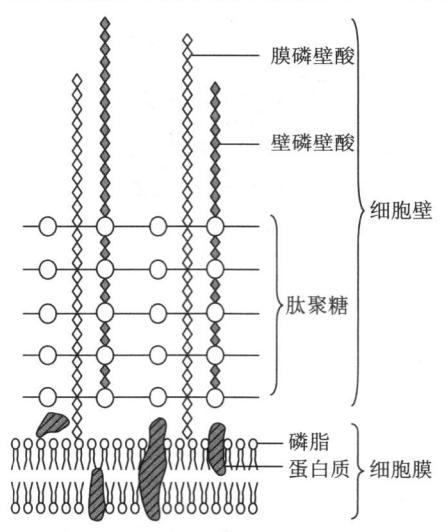

图 7-27　G^+ 菌细胞壁结构

2. G^- 菌

G^- 菌细胞壁较薄（10～15 nm），由肽聚糖和外膜构成。

（1）肽聚糖，其结构与 G^+ 菌不同，仅由聚糖骨架和四肽侧链构成，无五肽交联桥，为疏松的二维平面结构（图 7-28）。G^- 菌细胞壁的肽聚糖含量少，只有 1～2 层；含量低，只占细胞壁干重的 5%～20%。

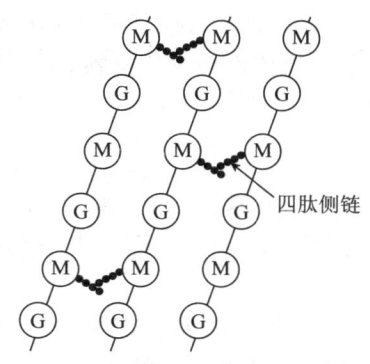

图 7-28 大肠埃希菌细胞壁肽聚糖结构

(2) 外膜,是 G^- 菌特有的化学成分,是 G^- 菌细胞壁的主要结构,位于肽聚糖层外。外膜约占细胞壁干重的 80%,由内向外依次为脂蛋白、脂质双层、脂多糖 3 层结构。脂多糖是 G^- 菌的内毒素,与细菌的致病性有关。脂多糖由脂质 A、核心多糖和特异多糖三部分组成,其中脂质 A 是内毒素的毒性和生物学活性的主要成分,无种属特异性,所以不同细菌的内毒素毒性作用相似。由于 G^- 菌细胞壁含肽聚糖少,且有外膜多层结构的保护,因此,对青霉素、溶菌酶不敏感。G^- 菌细胞壁结构如图 7-29 所示。

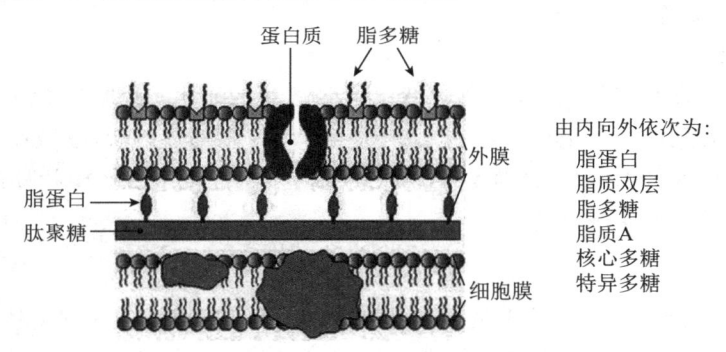

图 7-29 G^- 菌细胞壁结构

由内向外依次为:
脂蛋白
脂质双层
脂多糖
脂质A
核心多糖
特异多糖

G^+ 菌和 G^- 菌的细胞壁结构不同,导致两类细菌在染色性、免疫原性、致病性以及对药物的敏感性等方面均有很大差异。细菌细胞壁受某些理化或生物因素的直接破坏,或合成被抑制,但在高渗环境中细菌仍可存活,这种细胞壁受损仍然能够生长和分裂的细菌称为细菌细胞壁缺陷型或细菌 L 型。某些细菌 L 型仍具有一定的致病性,常引起慢性感染,如尿路感染、骨髓炎、心内膜炎等。临床上如遇有症状明显、迁延不愈,而且标本常规细菌培养结果为阴性的,应考虑细菌 L 型感染的可能,应当作细菌 L 型专门进行分离培养,并更换抗菌药物。

细菌细胞壁的主要功能有:维持细菌的固有形态;参与细菌内外物质交换;保护细菌抵抗低渗环境;与细菌的致病性、免疫原性、药物敏感性及染色性有关。

(二) 细胞膜

细胞膜位于细胞壁内侧,是紧包在细胞质外面的一层柔软并富有弹性的半渗透性生物膜,主要化学成分为脂质、蛋白质及少量多糖。基本结构与其他生物细胞膜基本相同,由脂质双层构成,其内镶嵌着具有特殊作用的酶和载体蛋白。膜内不含胆固醇是与真核细胞的区别点。

细胞膜部分内陷、折叠、卷曲形成的囊状结构称为中介体,可有一个或多个,多见于 G^+ 菌。

细菌细胞膜的主要功能有:参与菌体内外物质交换;参与细胞的呼吸过程;是细菌生物合成的重要场所;参与细菌分裂。

(三) 细胞质

细胞质是由细胞膜包裹的溶胶状物质,基本成分是水、蛋白质、脂质、核酸及少量的糖和无机盐。其内含有多种酶系统,是细菌新陈代谢的主要场所。此外,细胞质中还含许多重要结构。

1. 核糖体

核糖体又称核蛋白体,是游离于细胞质中的微小颗粒,数量可达数万个,由 RNA 和蛋白质组成,是细菌合成蛋白质的场所。有些抗生素如红霉素、链霉素,能分别与细菌核糖体的大、小亚基结合,干扰蛋白质合成,抑制细菌的生长和繁殖。但该类抗生素对人类的核糖体无影响。

2. 质粒

质粒是细菌染色体外的遗传物质,为环状闭合的双股 DNA 分子。质粒携带遗传信息,控制细菌某些特定的遗传性状,但不是细菌生命活动必需的遗传物质,失去后细菌仍能正常存活。质粒能自我复制,并随细菌的繁殖传给子代,还可通过接合或转导方式在细菌间传递。医学上重要的质粒有 F 质粒(致育性质粒)、R 质粒(耐药性质粒)等,分别决定细菌性菌毛生成、耐药性形成等。

3. 胞质颗粒

细菌细胞质中含有多种颗粒,多数为细菌营养贮存物质,包括糖原、脂质、磷酸盐等,也称为内含物。较常见的是异染颗粒,主要成分是 RNA 与多偏磷酸盐,嗜碱性强,经染色后颜色明显不同于菌体的其他部位,故称异染颗粒或迂回体。常见于白喉棒状杆菌,位于菌体两端,又称极体,有助于鉴别细菌。

(四) 类核

类核是细菌的遗传物质。由于细菌是原核细胞,无核膜和核仁,故类核又称核质或拟核,集中在细胞质的某一区域,多在菌体中央,由一条双股环状的 DNA 分子反复盘绕卷曲而成,与细胞质界限不明显。类核具有细胞核的功能,能控制细菌的生长繁殖、遗传和变异等,是细菌遗传变异的物质基础。

二、细菌的特殊结构

细菌的特殊结构是指某些细菌特有的结构,包括荚膜、鞭毛、菌毛和芽孢等。

(一) 荚膜

荚膜是某些细菌分泌并包绕在细胞壁外的一层较厚的黏液性物质。用一般染色法荚膜不易着色,在普通光学显微镜下只能看到菌体周围有一层未着色的透明圈,用特殊的荚膜染色法可将荚膜染成与菌体不同的颜色。荚膜的化学成分因菌种而异,多数为多糖,少数为多肽,个别的是透明质酸。荚膜的形成与环境条件密切相关,一般在动物体内或营养丰富的环境中易形成。

荚膜具有以下意义:

(1) 抗吞噬作用。具有抵抗吞噬细胞吞噬、消化的作用,增强细菌的侵袭力,与细菌致病性有关。

(2) 抗杀菌物质的损伤作用。荚膜包绕在细菌细胞壁之外,可保护细菌免受溶菌酶、补体、抗体及抗菌药物等对其造成损伤。

(3) 具有免疫原性。荚膜多糖、多肽等具有免疫原性,可作为细菌鉴别和分型的依据。

(4) 黏附作用。荚膜多糖可使细菌彼此粘连,也可黏附定植于组织细胞或医疗器械表面,是引起感染的重要因素。如变异链球菌依靠荚膜黏附在牙齿表面,利用口腔中的蔗糖产生大量乳酸,导致附着部位的牙釉质被破坏,形成龋齿。

(二) 鞭毛

鞭毛是某些细菌菌体上附着的细而长呈波状弯曲的丝状物,少者仅1~2根,多者达数百根。鞭毛很细,需用电子显微镜观察,或经特殊染色后在普通光学显微镜下可见。按鞭毛的数目和部位,可将有鞭毛的细菌分4类(图7-30),即单毛菌、双毛菌、丛毛菌、周毛菌。

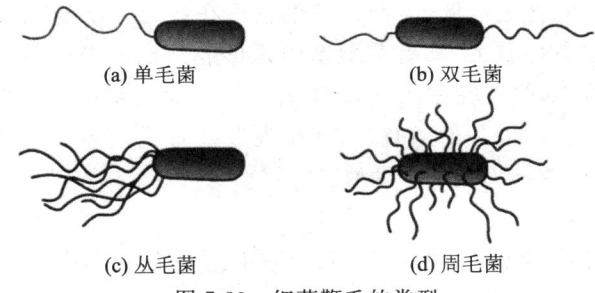

(a) 单毛菌　　　(b) 双毛菌

(c) 丛毛菌　　　(d) 周毛菌

图 7-30　细菌鞭毛的类型

鞭毛具有以下意义:

(1) 是细菌的运动器官。有鞭毛的细菌能运动,无鞭毛的细菌不能运动,可根据细菌的动力试验来鉴别细菌。

(2) 具有免疫原性。鞭毛的化学成分主要是蛋白质,具有免疫原性,通常称为鞭毛抗原(H抗原),可用于细菌的鉴别。

(3) 与致病性有关。如霍乱弧菌、空肠弯曲菌等借助鞭毛的运动穿透小肠黏膜表面的黏液层,使菌体黏附于肠黏膜上皮细胞而导致病变。

(三) 菌毛

菌毛存在于许多 G^- 菌和少数 G^+ 菌菌体表面,是比鞭毛更细、更短而直硬的丝状物(图7-31)。菌毛由菌毛蛋白组成,只能在电子显微镜下才能观察到,与细菌的运动无关。按其功能,菌毛可分为两类。

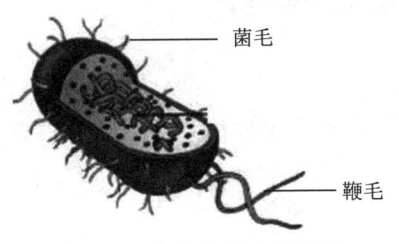

图 7-31　细菌的菌毛和鞭毛

(1) 普通菌毛。遍布于菌体表面,短而直,每个细菌可有数百根。普通菌毛具有黏附作用,可黏附于呼吸道、消化道、泌尿生殖道黏膜上皮细胞表面,进而侵入黏膜引起感染。普通菌毛与细菌的致病性有关。

(2) 性菌毛。仅见于少数 G^- 菌,数量少,只有 1~4 根,比普通菌毛长而粗,为中空管状。性菌毛由致育性质粒编码,通常把有性菌毛的细菌称为雄性菌(F^+菌),无性菌毛的细菌称为雌性菌(F^-菌)。性菌毛可在细菌间传递遗传物质(质粒),使其获得相应的生物学性状,如细菌的耐药性质粒可通过此方式传递。

(四) 芽孢

芽孢是某些细菌在一定环境条件下,细胞质脱水浓缩,在菌体内形成的一个圆形或椭圆形小体。产生芽孢的细菌都是 G^+ 菌,如芽孢杆菌属(炭疽芽孢杆菌)和梭菌属(破伤风梭菌)。

芽孢折光性强、壁厚、通透性低,需经特殊染色后在普通光学显微镜下才能观察到。芽孢的形成和遗传与环境条件有关,具有芽孢基因是形成芽孢的先决条件。芽孢是细菌抵抗不良环境形成的休眠状态,带有完整的核质和酶系统,能保持细菌的全部生命活性。一个细菌只能形成一个芽孢。当环境条件适宜时,芽孢发芽发育成菌体(繁殖体)。芽孢发芽也只能形成一个繁殖体,所以芽孢不是细菌的繁殖方式。

芽孢具有以下意义:

(1) 鉴别细菌。芽孢的大小、形状和在菌体中的位置随菌种而异,可用于鉴别细菌(图 7-32)。

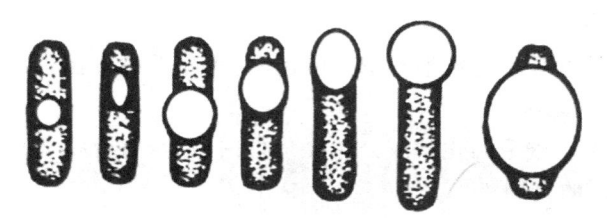

图 7-32 不同细菌芽孢的形态、大小和位置

(2) 抵抗力强。芽孢对高温、干燥、化学消毒剂和辐射等理化因素具有很强的抵抗力。如某些细菌的芽孢可耐煮沸数小时,炭疽芽孢杆菌芽孢在自然界中可存活 20~30 年。故在临床护理实践中对医疗器械、敷料、培养基等进行灭菌时,应以杀灭芽孢为灭菌标准。杀灭芽孢的最可靠方法是高压蒸汽灭菌法。

三、细菌抹片制作并观察(实验操作)

(一) 目的要求

掌握细菌抹片的制作,掌握简单染色方法和革兰氏染色方法;熟练使用显微镜观察和识别细菌的形态和结构。

(二) 仪器材料

大肠杆菌或葡萄球菌、无菌蒸馏水、废液缸、草酸铵结晶紫染色液、革兰氏染色碘液、

95%酒精、苯酚复红液、载玻片、酒精灯、接种环、吸水纸、染色缸、染色架、洗瓶、光学显微镜、香柏油、二甲苯、擦镜纸等。

(三) 方法步骤

1. 简单染色方法

(1) 涂片。在载玻片的中央滴 1 滴无菌蒸馏水,将接种环在火焰上烧红,待冷却后从斜面挑取少量菌种与玻片上的水滴混匀后,在载玻片上涂布成一均匀的薄层。

(2) 干燥。涂片最好在室温下使其自然干燥。

(3) 固定。常常利用高温,手持载玻片的一端,标本向上,在酒精灯火焰外层尽快地来回通过 2～3 次,共约 2～3 s,并不时以载玻片背面加热触及皮肤,不觉过烫为宜,放置待冷后,进行染色。

(4) 染色。在涂片薄膜上滴加草酸铵结晶紫染色液 1 滴,使染色液覆盖涂片,染色约 1 min。

(5) 水洗。斜置载玻片,在水龙头下用小股水流冲洗,直至洗下的水呈无色为止。

(6) 干燥。用吸水纸吸去涂片边缘的水珠,置于室温下自然干燥。用吸水纸时切勿将菌体擦掉。

(7) 镜检。取出显微镜,用低倍镜找到细菌,滴香柏油于抹片上,在 100 倍油镜上找到细菌。根据涂片能说出细菌形态特点,正确判断染色结果。

2. 革兰氏染色方法

(1) 抹片。将接种环在火焰上烧红,待冷却后用接种环沾几环蒸馏水到载玻片中央,再用接种环沾少量固体细菌培养物于蒸馏水中,用接种棒先把固体细菌培养混合到蒸馏水中,用接种棒把带固体细菌培养物的蒸馏水涂抹成直径为 1～1.5 cm 的均匀抹片。

(2) 干燥。将抹片在空气中自然干燥。

(3) 固定。将抹片在火焰上缓缓通过数次,以抹片反面微微烫手背为宜。

(4) 初染。滴 1～2 滴草酸铵结晶紫染色液于抹片上,稍微抖动,要覆盖全部的细菌抹片,染色 1～2 min,水洗。

(5) 媒染。滴 1～2 滴革兰氏染色碘液于抹片上,稍微抖动,要覆盖全部的细菌抹片,助染 1～2 min,水洗。

(6) 脱色。用 95%酒精脱色,脱色一般 30 s,脱色过程应将玻片不时摇动,以无色脱下为止,水洗。

(7) 复染。滴 1～2 滴苯酚复红液于抹片上,稍微抖动,要覆盖全部的细菌抹片,复染 1 min,水洗。

(8) 吸干。用吸水纸把抹片吸干。

(9) 镜检结果判定。取出显微镜,用低倍镜找到细菌,滴香柏油于抹片上,在 100 倍油镜上找到细菌。根据抹片能说出细菌形态特点,正确判断革兰氏染色结果。

第四节 真菌

真菌是一种真核细胞型微生物,是一种单细胞生物。真菌细胞结构完整,具有典型的细胞核和完整的细胞器,不含叶绿素,无根、茎、叶的分化。真菌广泛分布于自然界中,种类繁多,多数真菌对人类有益,如用于生产抗生素、酿酒、制酱等;少数真菌能引起人和动物疾病,称为病原性真菌。

真菌细胞结构包括细胞壁、细胞膜、细胞质、细胞核和菌丝等。

一、细胞壁

真菌细胞壁是真菌细胞的外层保护结构,由多糖和蛋白质组成。细胞壁的主要功能是维持细胞的形状和机械强度。真菌细胞壁的主要成分是纤维素和壳聚糖,其中壳聚糖是真菌细胞壁的主要组成成分之一。

二、细胞膜

真菌细胞膜位于细胞壁的内部,由脂质和蛋白质组成。细胞膜的主要功能是维持细胞内外的物质平衡,并起到选择性通透的作用。真菌细胞膜中含有丰富的酶和运载蛋白,可以参与物质的吸收和排泄。

三、细胞质

真菌细胞质位于细胞膜和细胞核之间的细胞区域,包含了许多细胞器和细胞基质。细胞基质是指除细胞器以外的胶状溶液,内含细胞骨架、各种内含物、酶、中间代谢产物等,是各种细胞器存在的必要环境和细胞代谢的重要基地。细胞骨架是由微管、微丝、中间丝 3 种蛋白质纤维构成的细胞支架,具有支持、运输和运动等功能。细胞质中含有丰富的细胞器,如内质网、核糖体、高尔基体等。细胞质还含有许多代谢酶和蛋白质,参与物质的合成和代谢。

(一) 内质网

内质网有粗面内质网和滑面内质网之分,内接核膜,外连细胞膜。粗面内质网具有合成和运输蛋白质的功能,滑面内质网具有合成磷脂的功能。

(二) 核糖体

核糖体是存在于一切细胞中的无膜结构的颗粒状细胞器,可分为游离核糖体和附着核糖体,核糖体是蛋白质合成的场所。

(三) 高尔基体

高尔基体是由大囊泡、小囊泡、扁平囊聚合而成的膜性结构,具有浓缩、合成加工和分泌的功能。高尔基体与细胞膜、细胞壁的形成有关。

（四）溶酶体

溶酶体是由一层单位膜包裹的、内含 40 多种酸性水解酶的小球体，是细胞内的"消化器官"，有消化、营养、防御和保护的功能。

（五）微体

微体普遍存在于真菌中的细胞器，由一层单位膜包裹，与溶酶体相似，常呈圆形或卵圆形，具有解毒作用，可分解 H_2O_2，并参与细胞代谢，氧化分解脂肪酸等。

（六）线粒体

真核细胞都有线粒体。真菌中的线粒体是细胞内氧化磷酸化和合成三磷酸腺苷（ATP）的主要场所，为细胞的活动提供能量。细胞生命活动所需能量的 95% 来自线粒体。线粒体拥有自身的遗传物质和遗传体系，参与细胞分化、信息传递和细胞凋亡等过程，并能调控细胞生长和细胞周期。

（七）液泡

液泡形态变化很大，大小和数目随菌龄而变化。液泡内含有碱性氨基酸、贮藏物以及许多酶类，具有维持细胞渗透压、贮存营养物质的功能。

（八）膜边体

膜边体位于真菌菌丝细胞中细胞膜和细胞壁之间，是由单层膜包围的一种特殊细胞器，因位于细胞周围而得名，为真菌所特有。膜边体形状差异很大，有管状、囊状、球状、卵圆形等，可能与分泌水解酶和合成细胞壁有关。

（九）几丁质酶体

在菌丝顶端，由双层膜包围形成的微小泡囊，含有蛋白质、多糖、几丁质合成酶。几丁质酶体与菌丝顶端生长有关，具有吸收染料和杀菌剂的功能，并能释放胞外酶。

（十）氢化酶体

氢化酶体是一种由单层膜包裹的球状细胞器，为鞭毛的运动提供能量。

四、细胞核

真菌细胞含有一个或多个细胞核。细胞核是真菌细胞的控制中心，负责细胞的遗传信息的传递和调控。真菌细胞核内含有遗传物质 DNA，以及与 DNA 相关的蛋白质。

五、菌丝

在适宜的环境中，由孢子生出芽管，逐渐延长呈丝状，称为菌丝。真菌的菌丝按功能可分为营养菌丝、气生菌丝和生殖菌丝，按结构可分为有隔菌丝、无隔菌丝。菌丝有多种形态，如螺旋状、球拍状、结节状、鹿角状和梳状等。

第五节 病毒

病毒是一类体积微小、没有细胞结构,只含有单一核酸和蛋白质外壳,只能寄生在细胞中增殖的微生物。噬菌体是侵袭细菌、真菌等微生物的病毒,具有病毒的一般生物学特性。当寄生于细菌体后,若能使细菌细胞裂解,则称为烈性噬菌体;若不能裂解细菌细胞,则称为温和噬菌体。带温和噬菌体的细菌称为溶原性细菌。有的菌体可专一性地裂解某一细菌,从而用于细菌的检验和分型。

一、病毒的分类

病毒的分类一般采用非系统的、多原则的、分等级的分类法。国际病毒分类委员会于2011年公布的病毒分类命名报告中,将病毒分为94个科、22个亚科、395个属。随着病毒学研究的不断深入,尤其是病毒基因和基因组测序研究的推进,病毒分类从单一基因水平发展到了全基因组水平。目前病毒的分类依据有:① 核酸的类型与结构;② 病毒体的形状和大小;③ 衣壳对称性和壳粒数目;④ 有无包膜;⑤ 对理化因素的敏感性;⑥ 抗原性;⑦ 生物学特性(繁殖方式、宿主范围、传播途径和致病性)。

自然界中还存在一类比病毒还小、结构更简单的微生物,称为亚病毒。亚病毒包括类病毒、卫星病毒和朊病毒,是一种非寻常的致病因子。

二、病毒的形态和大小

病毒多数呈球形或近球形,少数呈砖形、子弹状或蝌蚪状。病毒是形体最小的微生物,单个病毒在光学显微镜下看不到,只能借助电子显微镜观察砖形的痘病毒。是形体较大的病毒,长度为 300 nm,最小的病毒如细小病毒,其直径仅 20 nm 左右。大多数病毒的大小在 150 nm 以下,所以能通过 0.22 μm 的滤器。

三、病毒的结构和化学组成

病毒颗粒的结构和化学组成比较简单,大多数病毒的结构只有芯髓(核酸)和衣壳(蛋白质或多肽)两部分,有些病毒在衣壳外面还有一层囊膜(图 7-33)。

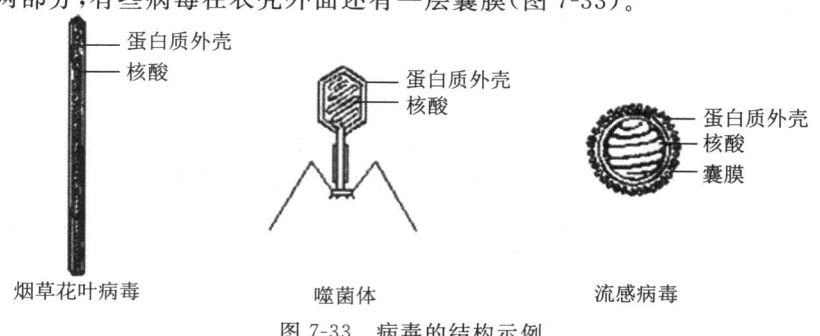

图 7-33 病毒的结构示例

（一）芯髓

位于病毒的中心，由单股或双股核酸链构成，也称核酸芯髓。病毒只具有一种核酸，不能同时具备 DNA 和 RNA。核酸芯髓携带基因，决定病毒的遗传、变异等特性。失去衣壳和囊的裸露核酸有时也能侵入活细胞，并形成结构完整的病毒，称传染性核酸。核酸若被破坏，病毒就会失去活性。

（二）衣壳

衣壳是包围芯髓的外壳，由蛋白质或多肽组成。球形病毒的衣壳呈 20 面体对称，子弹状病毒的衣壳呈螺旋状对称。衣壳由规则排列的圆形壳粒构成，每个壳粒含一条或几条多肽链。核酸芯髓与外层的衣壳共同构成了核衣壳。核衣壳能保护核酸免受酶及理化因素的破坏，能使病毒吸附于易感细胞表面，利于病毒进入细胞内部营寄生生活。

（三）囊膜

简单的病毒仅由蛋白质衣壳和核酸芯髓两部分构成。稍复杂的病毒在衣壳的外面还包裹着一层囊膜。囊膜由类脂、蛋白质和糖类构成。它是病毒在增殖过程中，通过寄主细胞膜或核膜时获得的，所以具有宿主细胞的类脂成分，易于被乙醚、氯仿和胆盐等脂溶性溶剂所破坏。有些病毒的囊膜表面有放射状排列的突起，称为纤突，由糖蛋白分子构成。囊膜能保护衣壳，并与病毒的吸附和致病性有关。

由于病毒缺乏细胞壁、细胞膜等结构，因而对抗生素不敏感。但是，病毒对干扰素敏感。

四、病毒的增殖

病毒的增殖又称为病毒的复制，是病毒在活细胞中的繁殖过程。病毒的增殖过程分为吸附、侵入、生物合成、装配与释放 5 个连续的过程。下面以噬菌体侵染细菌为例进行介绍（图 7-34）。

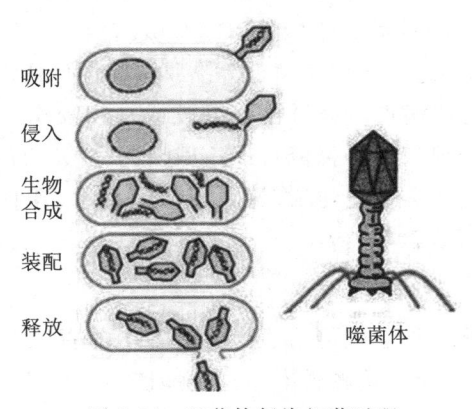

图 7-34 噬菌体侵染细菌过程

（一）吸附

是病毒感染宿主细胞的第一步，也是关键的一步，主要是指病毒表面蛋白质与宿主细胞的特异接受位点发生特异性结合。

(二) 侵入

病毒与细胞表面结合后,通过直接侵入等方式进入细胞。

(三) 生物合成

侵入宿主细胞中的病毒在释放核酸之后,接着借助宿主细胞的细胞器和宿主细胞的酶来复制病毒的核酸并合成结构蛋白及其他结构成分。

(四) 装配

在宿主细胞的细胞核或细胞质中,将已合成的核酸和蛋白质组装成完整的有感染性的病毒粒子。

(五) 释放

病毒装配后,从被感染细胞内转移到细胞外的过程称为释放,即通过细胞破裂释放。

五、病毒的传播方式

病毒通过破损的皮肤、黏膜(眼、呼吸道、消化道或泌尿生殖道)传播,但在特定条件下可直接进入血液循环(如输血、机械损伤、昆虫叮咬等)感染机体。反之,皮肤也是最好的屏障,泪液、黏液、纤毛上皮、胃酸、胆汁等均具有保护作用。多数病毒以一种途径进入机体,但也有多途径感染的病毒,例如人类免疫缺陷病毒、乙肝病毒等。

(一) 水平传播

水平传播是指病毒在人群中不同个体之间的传播,也包括动物到动物再到人的传播,为大多数病毒的传播方式。常见的传播途径包括通过黏膜表面传播、通过皮肤传播和医源性传播。

(1) 通过黏膜表面传播。多种病毒可经呼吸道、消化道、泌尿生殖道等黏膜表面侵入机体。如流行性感冒病毒通过呼吸道黏膜传播引起呼吸道疾病,甲型肝炎病毒通过肠黏膜传播引起肝脏病变,还有些病毒通过泌尿生殖道等黏膜引起性传播疾病。

(2) 通过皮肤传播。有些病毒可通过昆虫叮咬或动物咬伤、注射或机械损伤的皮肤侵入机体而引起感染。如蚊虫叮咬可传播流行性乙型脑炎,狂犬咬伤可传播狂犬病病毒等。

(3) 医源性传播。有些病毒可经注射、输血、拔牙、手术、器官移植引起传播,如人类免疫缺陷病毒、乙肝病毒、丙肝病毒等。

(二) 垂直传播

垂直传播是指病毒由宿主的亲代传给子代的传播方式,主要通过胎盘或产道传播,也可见其他方式,例如产后哺乳和密切接触感染、病毒基因经生殖细胞的遗传等。多种病毒可经垂直传播引起子代病毒感染,如风疹病毒、巨细胞病毒、乙型肝炎病毒、人类免疫缺陷病毒等。垂直传播可致流产、早产、死胎或先天畸形等严重后果。

第六节　常用的微生物

微生物是地球上最古老的生命形式,微生物的应用领域涉及面广,涵盖了农业、医药、食品、工业、环保等多个领域,并且随着科技的发展,微生物的应用领域还将继续扩大。

一、农业生产中常用的微生物

在农业生产中常用的细菌有乳酸菌、枯草芽孢杆菌、苏云金杆菌、光合细菌等,在农业生产中常用的真菌有酵母菌、白僵菌、绿僵菌等。

(一)乳酸菌

乳酸菌属于厌氧菌,是一类能够发酵糖类并主要产生乳酸的无芽孢、革兰氏染色阳性细菌的总称。乳酸具有很强的杀菌能力,能有效抑制有害微生物的活动和有机物的急剧腐败分解。乳酸菌能够分解在常态下不易分解的木质素和纤维素,并使有机物发酵分解。

1. 在农业种植中的应用

(1) 改良土壤。① 提高土壤肥力,土壤会越种越肥沃,像蚯蚓等有益小动物数量倍增,土壤的渗水、保水、透气能力增强,促进土壤团粒化。② 改善土壤性质,植物乳酸菌中的微生物群体连携作用。微生物群体连携作用是指多个微生物群体之间通过相互协作和互利关系,共同发挥某种功能或产生某种效果的现象。微生物群体连携作用可以增强微生物群体的整体效能,提高它们在特定环境中的生存和繁殖能力。

(2) 对植物生长的影响。① 促进植物生长发育,植物乳酸菌群分泌与合成的物质,如各种有机酸、氨基酸、酶、活性激素、抗氧化酵素等,可直接促进植物生长。② 增强植物代谢功能与光合作用,乳酸菌可增强植物的代谢功能,提高光合作用。③ 提高农产品品质,植物乳酸菌可用于稻、麦、豆、薯、玉米、油料、棉、麻、蔗、烟、蔬菜、花卉、茶叶、果树、中药材、牧草和各种食用菌,使用后能提高产品品质。④ 抑制有害生物,植物乳酸菌可以抑制有害微生物的生存与繁殖,减轻并逐步消除土传病虫害和连作障碍,抑制与消除杂草生长。例如,能抑制土壤中的病原菌,减少种植蔬果的细菌与真菌病害。⑤ 分解残留农药,植物乳酸菌菌群分泌的物质能分解残留的农药,使土壤还原于抗氧化状态,让农作物在良性状态下生长。

2. 在水产养殖中的作用

(1) 调节养殖动物肠道环境。乳酸菌能降解碳水化合物,生成乳酸,降低动物肠道内的pH,从而抑制肠道不耐酸的厌氧病原菌生长和繁殖,并且加强对养殖动物的免疫力和抗病能力。

(2) 提供营养物质。乳酸菌在生物体内正常发挥代谢活性,就能直接为宿主提供可利用的必需氨基酸和各种维生素,还可提高矿物元素的生物活性,进而达到为宿主提供必需营养物质、增强动物的营养代谢、直接促进其生长的作用。研究表明,乳酸菌可以改良水质,提高养殖动物的存活率、生长速率和健康状况。

（3）促进营养吸收。乳酸菌的代谢产物乳酸及其他有机酸等，能够有助于钙、铁、维生素的吸收。在一定条件下其代谢物乳酸形成乳酸钙，促进水产动物尤其是甲壳类动物幼体的变态和蜕壳生长。

（4）保护肝脏。乳酸菌生长可以缓解生物体内弧菌死亡释放的毒性，保护肝脏并增强肝脏的解毒、排毒功能。

（5）抑制病原菌。乳酸菌分解蛋白质，但不产生腐败产物，更易被养殖生物肠道吸收。其代谢产物中的酸性物质、乳酸菌素、过氧化氢和二氧化碳等能抑制病原菌的生长，可以有效抑制沙蚕弧菌、哈维氏弧菌、溶藻弧菌、副溶血弧菌等多种致病性弧菌引起的养殖动物疾病。乳酸菌还能对蓝藻产生一定的抑制作用，对富营养化水体中的铜绿微囊藻、水华鱼腥藻、念珠藻等蓝藻产生的微囊藻毒素具有生物清除作用。

（6）改善水质。乳酸菌在有氧或无氧条件下都可以分解水中残饵产生的有机物质，从而形成有利于有益菌繁殖生长的适宜环境，改善生物体内的微生物种群。乳酸能降低及稳定水体酸碱度，维持水体的酸碱平衡。当藻类快速生长时，乳酸菌能激发食藻生物的繁殖，达到分解老化藻类和抑制藻类生长的效果，维持菌相和藻相平衡，达到净化水质的目的。

3. 在畜禽养殖中的作用

（1）发酵饲料。在养猪方面，乳酸菌目前主要用于发酵饲料，或作为液体微生物添加剂。乳酸菌可以在肠黏膜形成乳酸菌屏障，是唯一可在肠黏膜上有固定定植点的菌，能竞争排斥有害细菌，形成定植抗力，还可产生乳酸酸化肠道，有利于消化酶的活性，抑制有害细菌，在肠道中可产生乳酸链球菌素等。

（2）提高畜禽免疫力。乳酸菌能为畜禽提供营养物质，促进机体生长，改善胃肠道功能，维持肠道菌群平衡，增强免疫力，对一些腐败菌和低温细菌有较好的抑制作用等。

（3）提高饲料利用率。在各种能量饲料和粗饲料（如稻谷粉、玉米粉、麦麸、米糠及农作物秸秆、棉籽壳和牧草等）中添加乳酸菌，经发酵后能量饲料转化成了菌体蛋白饲料，而粗饲料转化成了精饲料。乳酸菌还能快速促进其他有益菌生长，通过产生细菌素、有机酸、过氧化氢和占位等作用有效抑制大肠杆菌、沙门菌和产气荚膜梭菌的生长繁殖。

（二）枯草芽孢杆菌

枯草芽孢杆菌是一种常见的革兰氏阳性菌，属于需氧菌。枯草芽孢杆菌能产生枯草菌素、多黏菌素、制霉菌素、短杆菌肽等活性物质，能抑制土壤中致病菌的繁殖。枯草芽孢杆菌在农业生产中有着广泛的应用，主要体现在以下几个方面。

1. 抑制病原菌生长

枯草芽孢杆菌在生长期间可以分泌多种抗菌物质，如细菌素（多黏菌素、制霉菌素、枯草菌素）、有机酸类物质和脂肽类化合物，这些物质能够抑制病原菌的生长，甚至将其溶解。

2. 杀菌溶菌

（1）消耗和分解病原菌。枯草芽孢杆菌可以伴随病原菌的菌丝一起生长，消耗和分解病原菌，导致其菌丝发生断裂，从而防止病菌进一步危害作物。

（2）防治多种病害。枯草芽孢杆菌可以用于防治小麦白粉病、水稻稻瘟病、赤霉病、纹枯病、炭疽病、黄瓜霜霉病、番茄青枯病、灰霉病等多种病害。

3. 调节生长

（1）促进植物生长。枯草芽孢杆菌在繁殖过程中会产生类似植物生长激素和细胞分裂素的物质，如赤霉素和吲哚乙酸，这些物质能够促进植物的生长，增强植物的抗病性能。

（2）提高作物产量和品质。枯草芽孢杆菌能够分泌多种促进作物生长的活性物质，使作物叶片浓绿肥厚，提高作物的光合作用效率，从而增加产量和改善品质。

4. 改良土壤

（1）提高土壤肥力。枯草芽孢杆菌能够促进土壤中有机质的分解，提高土壤肥力，促进土壤团粒的形成，改良土壤结构，提高土壤的蓄水和蓄能能力。

（2）平衡土壤 pH。枯草芽孢杆菌在生长过程中能够平衡土壤的 pH，调节作物根系的生态环境，解除化肥、农药及有害因子对土壤的破坏，克服连作障碍。

5. 环境保护

（1）减少化学肥料和农药的使用。枯草芽孢杆菌作为一种生物肥料，可以减少化学肥料和农药的使用，降低环境污染，提高农产品的安全性。

（2）生物降解污染物。枯草芽孢杆菌对土壤中的部分有机污染物具有吸附和生物降解功能，有助于净化和修复土壤。

（三）苏云金杆菌

苏云金杆菌是一种革兰氏阳性菌，有芽孢，兼性厌氧菌。苏云金杆菌在农业上主要用于害虫防治，是一种高效的微生物杀虫剂。苏云金杆菌通过产生内毒素（伴胞晶体）和外毒素，使害虫停止取食，最终因饥饿、血液败坏和神经中毒而死亡。这种生物农药被称为"绿色农药"，对环境友好，减少了化学农药的使用。苏云金杆菌主要防治鳞翅目害虫幼虫，包括许多变种，这些变种在农业种植区广泛分布，显示出其在害虫防治中的多样性和广泛性。这种细菌的发现已有百年历史，近年来在研究和应用方面取得了显著进展，成为研究最深入、开发最迅速、应用最广泛的微生物杀虫剂之一。

（四）光合细菌

光合细菌是一类在厌氧条件下进行不放氧的光合作用细菌，具有原始光能合成体系。光合细菌没有形成芽孢的能力，是一类革兰氏阴性菌。光合细菌是微生物中一类可利用太阳能生长繁殖的特殊生物类群，能利用硫化氢、二氧化碳等进行光合作用，还可以利用小分子有机物合成植物所需的养分，并产生促生长因子，激活植物细胞的活性，提高植物光合作用的能力。因此，光合细菌在农业上有广泛应用前景。

1. 改良作物品质

光合细菌代谢产物营养丰富，富含各种 B 族维生素、促生长因子、辅酶 Q 和抗病毒因子等生理活性物质，能激活蔬菜作物的细胞活性，提高光合作用，对作物的根有保护作用，有利于有益生物的生长，抑制腐败菌的生长，提高肥力，从而提高蔬菜产量和品质。利用光合细菌种植蔬菜，能使蔬菜含糖量增加，叶色青绿。

2. 促进土壤修复

使用光合细菌能提高土壤中的固氮菌、根瘤菌、放线菌及细菌的数量，使真菌数量明显减少。光合细菌可以改善表层土壤的疏松程度、提高土壤有机质含量,增加土壤中全氮和全磷含量。光合细菌分解了土壤中的有害物质,对土壤具有良好的修复作用。

3. 保证蔬菜安全生产

复合光合细菌在生长过程中能够降解、利用化肥和农药,产生有用物质及分泌物,成为各自或相互生长的营养和原料;光合细菌可以把硝酸盐作为电子受体,通过硝酸还原酶和亚硝酸还原酶的作用,把硝酸盐还原成氨基酸或氨气释放,从而降低蔬菜中硝酸盐的含量,使蔬菜生产达到安全指标。

4. 防治病虫害

光合细菌能促进土壤中固氮菌、放线菌、根瘤菌、细菌的生长,抑制丝状真菌的生长。放线菌的增多有利于土壤中抗生素和激素类物质的增加,对各种病害起一定的抑制作用,减少病害的发生。大面积使用光合细菌,能有效地分解土壤中有害物质,在种植范围内形成稳定的光谱,利用害虫的趋光性,在一定程度上遏制害虫的危害。

5. 优化水产养殖环境

光合细菌作为养殖水质净化剂,目前在国内外已经进入生产应用阶段。光合细菌除了能够改良水质,还可以提高饲料利用率,促进鱼体增长,直接提高产量。贝壳类使用光合细菌,壳长、壳高、成活率差异显著,幼虫的生长最佳。以光合细菌为主的复合微生物可以降低养殖水体中氨氮、亚硝酸盐含量,促进养殖生物的生长及抑制病原菌的生长。

(五)酵母菌

酵母菌是一种单细胞真菌,而不是细菌。酵母菌没有芽孢,是兼性厌氧菌,革兰氏染色呈阳性。

酵母菌在光照不足的环境中能提高作物光合作用,施入土壤后,可迅速激活植物细胞活性,促进根系发育,提高光合作用和生殖生长能力。酵母菌在农业生产中有多种应用,主要包括提高农作物产量、改善土壤质量和促进植物生长。酵母菌可以通过促进植物根系的发育和吸收营养物质,从而提高农作物的产量和品质。研究表明,施用酵母菌液可以显著提高棉花、玉米、水稻等农作物的产量,并对植株的生长发育和养分吸收有较好的效果。饲料酵母是指用于制作饲料的酵母菌,这些酵母菌可以分解饲料中的纤维素和半纤维素,并且富含蛋白质和氨基酸,可以提高畜禽的生产性能和免疫力。

(六)白僵菌

白僵菌是一种真菌,有芽孢,是需氧菌,革兰氏染色呈阳性。

白僵菌在农业生产中的作用主要体现在害虫生物防治和促进农作物生长两个方面。白僵菌是一类致病性强、寄主范围广的昆虫病原真菌,已广泛应用于农林害虫的生物防治系统中。白僵菌可以反复侵染,长期持续有效,一次用药可达到整季无虫的效果。对蛴螬、金针虫、地老虎、蝼蛄等鞘翅目、鳞翅目、直翅目地下害虫有很好的杀灭作用;并可侵染多种鳞翅目幼虫,对松毛虫防效显著,对菜青虫、玉米螟、小菜蛾、大豆食心虫、稻苞虫等防效良好。白僵菌可寄生于700余种害虫中具有良好的生物相容性,对环境没有污染作用,将是生物农药的重要组成部分。

（七）绿僵菌

绿僵菌有芽孢，是好氧或兼性厌氧菌，革兰氏染色反应不定。

绿僵菌在农业生产中主要用于防治害虫、促进作物生长、提高作物产量和质量。绿僵菌是一种广谱的昆虫病原菌，能寄生在多种害虫体内，通过消耗营养、机械穿透、产生毒素等方式杀死害虫。它对人畜无害，不污染环境，害虫也不会产生抗药性。绿僵菌能有效防治的害虫包括金龟子、象鼻虫、金针虫、鳞翅目害虫幼虫和半翅目蜡象等。绿僵菌在防治害虫的同时，还能促进作物的生长。具体机制可能是通过与植物根系的互利互惠关系，帮助植物吸收土壤中的营养物质，如磷元素，同时还能帮助植物抵御一些微生物病原菌的侵袭。

由于绿僵菌能有效防治害虫，并促进作物生长，因此它能有效提高作物的产量和质量。此外，绿僵菌还能帮助植物抵御重金属污染，如汞污染，从而进一步提高作物的质量。

二、发酵食品中常用的微生物

在发酵食品中常用的细菌有乳酸菌、醋酸菌、黄色短杆菌等，在发酵食品中常用的真菌有酵母菌、红曲霉、毛霉、根霉等。

（一）乳酸菌

乳酸菌在发酵食品中的应用非常广泛，具体的应用如下。

1. 乳制品

乳酸菌在乳制品中的应用最为常见，主要用于制作酸奶，培养活化后的乳酸菌作为发酵剂对经过巴氏杀菌的原料乳进行发酵，发酵过后就可得到酸奶产品。酸奶中不仅具有原料乳本身的营养价值，在发酵过程中也增添了微量元素，有助于人体对蛋白质的吸收利用，是具有特殊风味的乳制品。

2. 发酵果蔬制品

乳酸菌在发酵果蔬制品中的应用也非常广泛。在乳酸菌的作用下，果蔬中的糖类转变成乳酸，制成的蔬果饮料中的维生素和矿物质丰富、风味独特、易于消化吸收、具有保健作用，食品的保质期得以延长。

3. 发酵肉制品

乳酸菌在发酵肉制品中的应用主要是生产发酵香肠。传统发酵香肠生产的关键是使乳酸菌成为优势菌，如果在某一生产环节出现意外，而使其他菌成为优势菌，则必然会导致产品质量的下降或完全腐败。

4. 泡菜

乳酸菌在泡菜的制作中也发挥着重要作用。泡菜是一种通过乳酸菌发酵而制成的发酵食品。它不仅口感独特，而且富含对人体有益的乳酸菌。

5. 酱油

乳酸菌在酱油的酿造过程中也有应用。乳酸菌可以帮助分解蛋白质，产生氨基酸和其他风味物质，从而提升酱油的鲜味和香气。

6. 面包

在面包制作中，乳酸菌可以用于生产酸面包。这种面包具有特殊的风味和质地，受到许多消费者的喜爱。

7. 调味品

乳酸菌还可以用于生产一些调味品,如醋和某些类型的酱料。这些调味品不仅能够增加食物的风味,还能够提供一定的健康益处。

综上所述,乳酸菌在发酵食品中的应用非常广泛。它们不仅能够改善食品的风味和质地,还能够增加食品的营养价值和延长保质期。此外,乳酸菌发酵食品通常富含对人体有益的微生物,如益生菌,这些微生物对于维护人体健康具有重要作用。

(二)醋酸菌

醋酸菌是一种革兰氏染色阴性菌,无芽孢,需氧。在发酵食品中的应用主要体现在以下几个方面。

1. 食醋生产

醋酸菌在食醋生产中起着关键作用。它们通过发酵过程将醇类转化为醋酸,赋予食醋特有的酸味和香气。不同的醋酸菌菌种可以产生不同风味的食醋,如镇江香醋、山西老陈醋等。

2. 改善食品品质

醋酸菌不仅用于食醋生产,还能改善其他发酵食品的品质。例如,在豆制品的生产中,醋酸菌可以通过发酵作用提升豆制品的口感和营养价值。在面团发酵过程中,醋酸菌可以促进面团的发酵和醒发,制作出松软可口的面包和糕点。

醋酸菌在发酵食品中的应用广泛且重要,不仅能够提升食品的风味和营养价值,还能提高生产效率和产品质量。随着研究的深入和技术的进步,醋酸菌的应用前景将更加广阔。

(三)黄色短杆菌

黄色短杆菌是一种专性好氧、无芽孢的革兰氏阳性短杆状细菌,在发酵食品生产中具有重要应用的微生物。它能够利用天冬氨酸合成多种重要的氨基酸,如赖氨酸、苏氨酸和甲硫氨酸,具体应用如下。

1. 赖氨酸的生产

赖氨酸是人体和高等动物必需的氨基酸,在食品、医药和畜牧业中有广泛的需要。黄色短杆菌通过发酵过程可以高效地生产赖氨酸。在生产赖氨酸的过程中,科学家通过人工诱变选育出了不能合成高丝氨酸脱氢酶的黄色短杆菌。这样就解除了苏氨酸等对天冬氨酸激酶的抑制作用,使得黄色短杆菌能够不断合成赖氨酸。

2. 谷氨酸的生产

谷氨酸是另一种重要的氨基酸,常用于食品调味。在谷氨酸的生产过程中,可以通过改变细胞膜的透性,使谷氨酸能够迅速排出细胞外,从而解除谷氨酸对谷氨酸脱氢酶的抑制作用,提高谷氨酸的产量。

3. 传统发酵产品的生产

黄色短杆菌也被用于生产传统的发酵产品,如啤酒、果酒、食醋等,这些产品的质量和产量都可以通过发酵工程得到明显提高。

4. 食品添加剂的生产

黄色短杆菌还可以用于生产各种食品添加剂。如 L-苹果酸、柠檬酸、红曲素、高果糖浆等。

黄色短杆菌在发酵食品中的应用也非常广泛。它不仅能够生产多种对人体有益的氨基酸，还能够提高传统发酵产品的质量和产量，以及生产各种食品添加剂。这些应用都展示了黄色短杆菌在食品工业中的重要价值。

（四）酵母菌

酵母菌在发酵食品中的应用非常广泛，常见的应用如下。

1. 面包

酵母菌在面包制作中扮演着至关重要的角色。它通过发酵过程分解淀粉并产生二氧化碳，使得面包变得松软多孔。

2. 酒类

酵母菌能够将糖分转化为酒精和二氧化碳，这是酿造啤酒、葡萄酒、黄酒和白酒等酒类的基础过程。

3. 馒头

传统的馒头制作也依赖于酵母菌的发酵作用，使得面团膨胀并产生特有的风味。

4. 茶类食品

如普洱茶，在发酵过程中酵母菌具有促进作用，可以提高发酵效率与可靠性，并对茶的品质产生影响。

5. 醋类食品

在食醋的制作过程中，酵母菌在微生物的作用下自然降解，为其他微生物的繁殖提供营养物质，提升食醋的口感和品质。

6. 豆类食品

在豆类食品的发酵过程中，酵母菌与其他微生物一起，可以对豆类的纤维物质进行转化，使其成为可溶解性物质，有效发挥微生物的发酵功能。

除了上述提到的应用，酵母菌还在其他许多发酵食品中发挥作用，如奶酪、酸奶等。总的来说，酵母菌在食品工业中的应用非常广泛。它不仅影响着食品的口感和风味，还对食品的营养价值有着重要影响。

（五）红曲

红曲在发酵食品中的应用十分广泛，具体应用如下。

1. 在肉制品中的应用

发酵香肠是通过接种乳酸菌进行发酵而制成的肉制品，在传统加工方法中，常加入亚硝酸盐发色，但考虑到亚硝酸盐的潜在危害，有研究人员改用红曲色素作为发酵香肠的发色剂。

2. 在豆腐乳中的应用

红腐乳利用红曲色素使产品表面形成诱人的红色，内部形成多种香气和香味成分。

3. 在酱油中的应用

将红曲色素粉直接加到酱醅中发酵,可提高酱油呈现的红色指数,并改善酱油的风味。

4. 在糕点中的应用

在糕点生产中,添加红曲水浸提液时,其添加量的不同对红曲面包的香味及口感影响不是很大,仅仅是随添加量的增加,其颜色有所加深变红。

5. 在黄酒、醋、酱的酿造中的应用

酿酒红曲的糖化力高、酯化力强、有独特的曲香,广泛用于各种黄酒、白酒、醋、酱的酿造。

综上所述,红曲在发酵食品中的应用非常广泛。它不仅能够为食品增色,还能够提升风味,并且具有一定的保健作用。

(六)毛霉

毛霉在自然界中分布很广,在阴暗、潮湿、高温处常见,是制曲时常见的一种杂菌。毛霉的用途广泛,可分解大豆蛋白、用来制造豆腐乳及豆豉;具有较强的糖化力,用于酒精工业、有机酸工业中对原料进行糖化。鲁氏毛霉在马铃薯培养基上的菌落呈黄色,在米饭上略带红色,多用来制作腐乳。总状毛霉菌落质地疏松,在豆腐坯和熟大豆上生长迅速,在我国四川多用来制作豆豉。

毛霉也会引起水果、蔬菜、乳制品、肉类等食品的腐败变质,如鲁氏毛霉。

(七)根霉

根霉在自然界分布很广,常生活在淀粉质馒头、面包、甘薯等物品上,产生大量的淀粉酶,把淀粉转化为糖,是酿酒工业中常用的糖化菌。我国民间酿制米酒用的米曲中主要含有根霉。华根霉在基质上生长极快,菌落疏松,假根不发达,形如手指。糖化淀粉能力强,在酒药和酒曲中大量存在,是酿酒所必需的主要霉菌,也是酸性蛋白酶和豆腐乳生产的主要菌种。米根霉假根较发达,指状或根状分枝,多用作糖化菌,大量存在于酒药曲中。但根霉也会引起粮食及其制品的霉变,如米根霉,并且它对环境的适应性强且生长极为迅速,因而要十分注意。

三、制药中常用的微生物

在制药中常用的有链霉菌属、小单胞菌属、诺卡氏菌属等放线菌,产黄青霉菌、顶头孢霉、荨麻青霉等真菌,以及灵芝、猴头、茯苓、猪苓、冬虫夏草、银耳、木耳、红菇等药用真菌。

(一)链霉菌属

链霉菌的次级代谢产物种类丰富,最重要的就是产生抗生素。现发现由链霉菌产生的抗生素有1 000多种,已经应用于临床的有近百种,如链霉素、卡那霉素、丝裂霉素、土霉素等。有的链霉菌能产生多种抗生素,还有一些种类能产生维生素、酶及酶抑制剂等。

(二)小单胞菌属

小单胞菌属产生的抗生素包括庆大霉素、利福霉素、卤霉素等,共计30余种。这些抗生素在医药领域有着广泛的应用,可以用于治疗各种细菌感染。此外,某些小单孢菌属的种类

还能积累维生素 B_{12}。这也是一种重要的药物成分。

(三) 诺卡氏菌属

诺卡氏菌属产生的抗生素包括利福霉素、间型霉素、瑞斯托菌素等。利福霉素对结核分枝杆菌和麻风分枝菌有特效；间型霉素对引起植物白叶枯病的细菌，以及原虫、病毒有作用；瑞斯托菌素对革兰氏阳性菌有作用。诺卡氏菌可用于石油脱蜡、烃类发酵，在污水处理中可分解腈类化合物。

(四) 产黄青霉菌

产黄青霉菌是一种重要的微生物，在微生物制药领域中最为人所知的是作为青霉素的生产菌。青霉素是一种广谱抗生素，能够有效对抗多种细菌感染。产黄青霉菌在适宜的培养条件下，能够产生大量的青霉素。运用诱变育种等技术手段可以进一步提高产黄青霉菌的青霉素产量。产黄青霉菌还能够产生多种酶类及有机酸，在工业上也有广泛的应用。例如，它可用于生产各种酶制剂，这些酶制剂在食品加工、纺织、造纸等行业中有重要用途。虽然产黄青霉菌在制药和工业上有许多积极的应用，但它同时也能够产生真菌毒素。这些毒素对人体健康有害，因此在利用产黄青霉菌进行生产和研究时，需要严格控制其生长条件，防止毒素的产生和积累。

(五) 顶头孢霉

顶头孢霉是一类重要的工业微生物，其发酵产物头孢菌素 C 可用来生产 7-ACA(7-氨基头孢烷酸)，而 7-ACA 是临床常用抗感染药物头孢类抗生素的重要中间体。此外，顶头孢霉通过转化子对博来霉素的抗性证明了启动子在顶头孢霉中的双向启动功能；利用顶头孢霉进行普洱茶发酵，测定发酵过程中茶叶氨基酸、茶多酚、咖啡碱、儿茶素、黄酮、茶黄素、茶褐素、茶红素、单糖、多糖、寡糖等主要功能成分的变化，研究其在食品工业中的应用。

(六) 荨麻青霉

荨麻青霉是一种真菌微生物。在微生物制药中，荨麻青霉可以起到以下几个作用。

1. 抗菌作用

荨麻青霉含有一些具有抗菌活性的化合物，如皂苷、黄酮类化合物和酚类化合物。这些化合物可以抑制某些细菌和真菌的生长，因此在微生物制药中荨麻青霉可以用作抗菌剂。

2. 抗炎作用

荨麻青霉还含有一些具有抗炎活性的化合物，如皂苷和多糖。这些化合物可以减轻炎症反应，因此在微生物制药中荨麻青霉可以用作抗炎剂。

3. 免疫调节作用

荨麻青霉含有一些具有免疫调节活性的化合物，如多糖和皂苷。这些化合物可以增强机体免疫力，提高机体对病原微生物的抵抗力，因此在微生物制药中荨麻青霉可以用作免疫调节剂。

4. 营养补充作用

荨麻青霉富含多种维生素和矿物质，如维生素 C、维生素 K、铁、钙等。这些营养成分对人体健康非常重要，因此在微生物制药中荨麻青霉可以用作营养补充剂。

需要注意的是,荨麻青霉在微生物制药中的应用还需要进一步的研究和验证。此外,在使用荨麻青霉时应注意避免过敏反应。

(七) 灵芝

灵芝是灵芝科、灵芝属真菌,也被人们称作单芝、密纹薄芝或老木菌等。灵芝籽实体大,多为一年生,少数为多年生,有柄,小柄侧生。菌盖木质,木栓质,扇形,具沟纹,表面褐黄色或红褐色,血红至栗色,有时边缘逐渐变成淡黄褐色至黄白色,具似漆样光泽,盖表有同心环沟,边缘锐或稍钝,往往内卷。菌肉白色至淡褐色,接近菌管处常为淡褐色,菌管小,管孔面淡白色、白肉桂色、淡褐色至淡黄褐色,管口近圆形,菌柄侧生、偏生或中生,近圆柱形,有较强的漆样光泽。担孢子为卵形或顶端平截,双层壁,外壁透明、平滑,内壁褐色或淡褐色,具小刺,中央具一油滴。

灵芝广泛分布于欧洲、北美洲等地,同时在我国的大部分地区也常见其身影,通常生长在散射光的阔叶林中。其生长需要适宜的湿度和充足的光照,同时偏好在偏酸性的环境中生长。灵芝籽实体内含有丰富的矿质元素、多糖和蛋白质等营养成分,既可用于制作药膳,亦可加工成饮品、面包及面粉等多种产品。《中药大辞典》也载明,灵芝的子实体能够作为药材,可发挥益气强身、镇静安神的功效。

(八) 猴头

猴头药用真菌,即猴头菌,是一种珍贵的食药两用真菌,在中医药领域有着悠久的应用历史。猴头药用真菌的主要作用如下。

1. 提高免疫力

猴头菌片能保护肝脏,降低血糖或血脂,具有抗衰老、提高免疫力的作用。

2. 养胃

猴头菌能滋补肠胃,增强胃黏膜屏障功能,抗溃疡、炎症和肿瘤。

3. 抗肿瘤

猴头菌含有猴头菌酮、猴头菌碱等活性成分。这些成分具有抗肿瘤的作用,可以抑制癌细胞中遗传物质的合成。

4. 延缓衰老

猴头菌中的多糖体和子实体多糖能增加生物体的活动能力和抗氧化能力,从而达到延缓衰老的效果。

5. 其他作用

猴头菌还具有降低胆固醇、缓解失眠等症状的作用。

需要注意的是,虽然猴头菌具有多种药理作用,但在实际应用中仍需遵循医嘱,不宜过量服用。此外,对于特定人群,如孕妇或过敏体质者,应在医生指导下谨慎使用。

(九) 茯苓

茯苓是多孔菌科真菌茯苓的干燥菌核,通常寄生于马尾松或赤松的根部。茯苓在中医药中有着悠久的应用历史,其药用价值得到了广泛的认可。茯苓药用真菌的主要作用如下。

1. 利水渗湿

茯苓能够促进水分代谢,消除体内多余的水分,常用于治疗水肿、小便不利等症状。

2. 健脾和胃

茯苓能够调理脾胃功能,增强脾胃的运化能力,适用于脾虚引起的腹泻、食欲不振等症状。

3. 宁心安神

茯苓具有镇静安神的作用,可以用于治疗心悸、失眠、多梦等症状。

4. 抗肿瘤

现代研究表明,茯苓中的多糖成分具有抗肿瘤作用,能够增强机体的免疫功能,并对某些类型的肿瘤有一定的抑制效果。

5. 保肝

茯苓还具有保肝作用,能够减轻肝脏损伤,对肝炎、肝硬化等疾病有一定的辅助治疗作用。

6. 利尿

茯苓具有利尿作用,能够增加尿量,帮助排出体内多余的水分和毒素。

7. 镇静

茯苓煎剂能对抗咖啡因所致的兴奋过度,对巴比妥的麻醉有协同作用。

8. 抗炎、抗氧化

茯苓中的多糖类和三萜类化合物具有抗炎、抗氧化等生物活性。

需要注意的是,虽然茯苓具有多种药用作用,但在使用时仍需遵循医嘱,注意剂量和适应证。同时,由于茯苓性质平和,体质虚寒者应慎用。

(十) 猪苓

猪苓是一种药用真菌,其主要作用如下。

1. 消肿

猪苓属于淡渗利湿药物,在治疗水肿方面较为常用。

2. 利尿

猪苓含有蛋白质和多肽类物质,具有利尿作用,可治疗小便不利。

3. 通淋泄浊

猪苓可用于治疗淋浊、带下、白浊等。治疗中可配伍其他药物增强化湿利水、通淋泄浊药效。

4. 抗肿瘤

现代研究显示,猪苓中的猪苓多糖对恶性肿瘤有一定的抑制作用。

5. 增强免疫

猪苓多糖能显著增强小鼠 T 细胞对刀豆素 A 的增殖反应以及 B 细胞对脂多糖的增殖反应,能促进异型脾细胞激活细胞毒 T 细胞对靶细胞的杀伤。

6. 其他作用

猪苓还可以用于治疗痰饮咳嗽、肩酸背痛、脾气湿聚等多种病症。

需要注意的是,猪苓没有补性,且过量服用可能会引起副作用,如尿量过多、口干、烦躁等。因此,应在医生指导下合理使用猪苓。

(十一) 冬虫夏草

冬虫夏草是一种珍贵的中药材,主要成分是麦角菌科的真菌冬虫夏草菌。冬虫夏草药用真菌的主要作用如下。

1. 调节免疫系统功能

冬虫夏草能够调整免疫系统的反应,增强或减弱免疫细胞的功能,提高机体的抗病能力。

2. 抗肿瘤作用

冬虫夏草含有虫草素等成分,能够在体外抑制和杀伤肿瘤细胞。

3. 提高细胞能量、抗疲劳

冬虫夏草能提高线粒体的能量代谢,减轻疲劳感。

4. 调节肝脏功能

冬虫夏草有助于减轻有毒物质对肝脏的损伤,对抗肝纤维化,并对病毒性肝炎有积极作用。

5. 调节呼吸系统功能

冬虫夏草具有扩张支气管、平喘、祛痰的作用,有助于预防和治疗肺气肿等呼吸系统疾病。

6. 调节肾脏功能

冬虫夏草能够减轻慢性疾病的肾脏病变,改善肾功能。

7. 调节造血功能

冬虫夏草能增强骨髓生成血小板、红细胞和白细胞的能力。

8. 调节血脂

冬虫夏草可以降低血液中的胆固醇和甘油三酯含量,提高高密度脂蛋白水平,减轻动脉粥样硬化的风险。

9. 直接抗病毒作用

冬虫夏草具有一定的抗病毒作用,能够抑制病毒的复制和传播。

10. 调节中枢神经系统功能

冬虫夏草能够影响中枢神经系统的功能,可能对改善睡眠质量、缓解压力等方面有益。

11. 调节性功能

冬虫夏草被认为可以增强性功能,对于治疗阳痿等男性性功能障碍有一定效果。

需要注意的是,冬虫夏草的价格昂贵,且并非万能药。在使用冬虫夏草进行治疗或保健时,应当遵循医嘱,避免盲目使用。

(十二) 银耳

银耳是一种生长于枯木上的胶质真菌,因其色白如银而得名。它不仅是一种美味的食材,还具有较高的药用价值。银耳作为药用真菌的主要作用如下。

1. 增强免疫力

银耳中的有效成分酸性多糖类物质能增强人体的免疫力,具有抗肿瘤作用。

2. 保肝作用

银耳能提高肝脏解毒能力,起保肝作用。

3. 抗肿瘤作用

银耳中的有效成分酸性多糖类物质,能增强人体的免疫力,具有抗肿瘤作用。

4. 美容养颜

银耳富有天然植物性胶质加上它的滋阴作用,长期服用可以润肤,并有祛除脸部黄褐斑、雀斑的功效。

5. 减肥

银耳中的膳食纤维可助胃肠蠕动,减少脂肪吸收,从而达到减肥的效果。

6. 其他作用

银耳还具有补脾开胃、益气清肠、安眠健胃、补脑等功效。对于身体来说,是一种良好的补品。

需要注意的是,在实际应用中,应根据个人体质和具体情况适量食用,并在医生指导下进行。

(十三) 木耳

木耳是一种常见的食用菌,同时也具有一定的药用价值。木耳药用真菌的主要作用如下。

1. 降血压

木耳中的胶质可把残留在人体消化系统内的灰尘、杂质吸附集中起来排出体外,从而起到清胃涤肠的作用。

2. 抗肿瘤

木耳中的多糖具有抗肿瘤的作用,可以提高机体免疫力,抑制肿瘤细胞的生长和扩散。

3. 降血脂

木耳中的多糖还具有疏通血管、清除血管中胆固醇的作用,因此可以降低血糖和血脂,预防血栓形成,预防脑血管疾病的发生。

4. 防治心脑血管疾病

木耳能减少血液凝块,预防血栓等病的发生,有防治动脉粥样硬化和冠心病的作用。

5. 美容养颜

木耳还具有滋补润燥、养血益胃的食疗作用,是高血压、心脏病等现代文明病患者的保健食品。木耳是很好的健脑食品。

6. 促进消化

木耳中的胶质和多糖类物质能够促进胃肠蠕动,帮助消化纤维类物质,对无意中吃下的难以消化的头发、谷壳、木渣、沙子、金属屑等异物有溶解与烊化作用。

需要注意的是,木耳虽然具有多种药用价值,但并非万能药,应在医生指导下合理食用。

(十四) 红菇

红菇作为一种珍贵的食用菌,不仅味道鲜美,还具有多种药用价值。红菇药用真菌的主要作用如下。

1. 滋补强壮

红菇含有丰富的蛋白质、碳水化合物、矿物质、维生素以及多种对人体有益的氨基酸,长期食用可以增强体质、延缓衰老。

2. 抗癌作用

红菇中含有的多糖类物质具有抗癌和抑制癌细胞转移的作用,同时还能改善血液循环,降低血液中的胆固醇含量。

3. 预防疾病

红菇可以提高正常糖代谢和机体免疫功能,有助于预防消化不良、小儿佝偻病、产妇乳汁缺少、贫血等疾病。

4. 美容养颜

红菇中的维生素和微量元素对皮肤有良好的滋养作用,经常食用可以使皮肤细润、精力旺盛。

红菇作为外生菌根真菌,与树木形成共生关系,能够显著促进林木的生长,增加树木的高度、胸径和干重。红菇在传统医学中备受推崇,在现代也被广泛研究和应用。

第七节　常见病原性细菌

能引起人或动植物疾病的细菌称为致病菌。临床常见的病原性细菌,包括葡萄球菌属、链球菌属、埃希菌属、沙门菌属、霍乱弧菌、结核分枝杆菌属、幽门螺杆菌等。

一、葡萄球菌属

葡萄球菌属的细菌广泛分布于自然界、人和动物的皮肤及与外界相通的腔道中,多不致病。致病性葡萄球菌主要引起化脓性炎症,是临床最常见的化脓性细菌。正常人群鼻咽部葡萄球菌带菌率可达 20%～50%,医务人员带菌率高达 70%,是引起医院内感染的重要细菌。

(一) 致病性

1. 致病物质

金黄色葡萄球菌能产生多种外毒素和酶。

(1) 血浆凝固酶:是一种能使含有抗凝剂的人或兔血浆发生凝固的酶。致病菌株多能产生,因此是鉴定葡萄球菌有无致病性的重要指标。血浆凝固酶可使血浆中的纤维蛋白原转变为纤维蛋白,沉积在菌体表面,阻碍吞噬细胞对细菌的吞噬及杀菌物质的杀伤作用,同时病灶处细菌不易向外扩散,故葡萄球菌所致化脓性感染病灶局限、脓汁黏稠。

(2) 葡萄球菌溶血素:为外毒素,能溶解人及多种哺乳动物的多种细胞膜,如红细胞、白细胞、血小板、肝细胞等。

(3) 杀白细胞素：能破坏中性粒细胞和巨噬细胞。

(4) 肠毒素：是一组对热稳定的可溶性蛋白质，在 100 ℃ 的环境中 30 min 而不被破坏，误食可致食物中毒。

2. 所致疾病

金黄色葡萄球菌所致疾病有侵袭性疾病和毒素性疾病两种类型。

(1) 侵袭性疾病：葡萄球菌可通过多种途径侵入机体，引起化脓性炎症。

① 局部感染。主要包括由金黄色葡萄球菌引起的皮肤软组织感染和内脏器官感染，如疖、痈、脓肿、创伤感染、支气管炎、肺炎、脓胸、中耳炎等。

② 全身感染。如败血症和脓毒血症，多由金黄色葡萄球菌引起，新生儿可由表皮葡萄球菌引起。

(2) 毒素性疾病：由金黄色葡萄球菌产生的外毒素引起。

① 食物中毒。人进食含肠毒素食物后 1~6 h 出现胃肠炎症状，呕吐最为突出。多数患者在 1~2 d 内可恢复。

② 假膜性肠炎。因不规范使用广谱抗生素，肠道中优势菌被抑制或杀灭，寄居在肠道中的耐药葡萄球菌大量繁殖并产生肠毒素，引起以腹泻为主的菌群失调性肠炎。假膜性肠炎的病理特点是肠黏膜被炎性假膜覆盖。

(二) 防治原则

注意个人卫生，保持皮肤清洁，创伤应及时消毒处理；严格无菌操作，防止医源性感染；加强食品卫生管理；合理使用抗生素，根据药敏试验选择药物治疗。

二、链球菌属

链球菌属的细菌广泛分布于自然界和人体的鼻咽部、胃肠道等处，大多为正常菌群，不致病。链球菌属中对人类致病的主要是乙型溶血性链球菌，主要引起化脓性感染、猩红热、风湿热、肾小球肾炎等。

(一) 致病性

1. 致病物质

乙型溶血性链球菌侵袭性强，并能产生多种外毒素和酶。

(1) 细菌细胞壁成分

① 脂磷壁酸。与宿主细胞膜具有高度亲和力，是该菌黏附定居于人体的主要侵袭因素。

② M蛋白。有抗吞噬细胞吞噬的作用，与心肌、肾小球基底膜有共同抗原，可引发某些超敏反应性疾病。

(2) 外毒素类

① 致热外毒素。又称红疹毒素，是引起猩红热的主要毒性物质，化学成分为蛋白质，较耐热，主要引起发热、皮疹等。

② 链球菌溶血素。有溶解红细胞、破坏白细胞和损伤心肌细胞的作用,包括链球菌溶血素 O(SLO)和链球菌溶血素 S(SLS)两种。其中 SLO 对氧敏感,免疫原性强,可刺激机体产生抗体。在链球菌感染 2~3 周后,85%~95%的患者血清中可出现 SLO 的抗体(抗 O 抗体)。风湿热活动期患者 SLO 抗体显著增高,故临床上通过测定 SLO 抗体含量,可辅助诊断风湿热或作为链球菌近期感染指标之一。SLS 对氧稳定,无免疫原性,溶血能力较强,与血平板上的溶血环形成有关。

(3) 侵袭性酶类

① 透明质酸酶。又称扩散因子,能分解细胞间质的透明质酸,使组织疏松,有利于细菌扩散。

② 链激酶。又称溶纤维蛋白酶,能使血液中的纤维蛋白酶原转变为纤维蛋白酶,溶解血块或阻止血浆凝固,有助于细菌扩散。

③ 链道酶。又称 DNA 酶,能分解脓汁中具有高度黏稠性的 DNA,使脓汁稀薄,有利于细菌扩散。

故链球菌引起的化脓性感染病灶与周围界限不清,易于扩散,脓汁稀薄。

2. 所致疾病

(1) 乙型溶血性链球菌

① 化脓性感染。有淋巴管炎、淋巴结炎、蜂窝织炎、丹毒、脓疱疮及扁桃体炎、咽峡炎、产褥感染、中耳炎及败血症等。

② 中毒性疾病。猩红热,为儿童急性呼吸道传染病。主要症状有发热、咽炎、全身弥漫性鲜红色皮疹。

③ 超敏反应性疾病。风湿热和急性肾小球肾炎。

(2) 甲型溶血性链球菌。该菌是寄居在人口腔、上呼吸道、消化道、女性生殖道的正常菌群。当拔牙或扁桃体摘除时,可侵入血流,若心瓣膜有病损,可引起亚急性细菌性心内炎。

(二) 防治原则

链球菌感染主要通过飞沫传播,应及时治疗患者及带菌者,以控制或减少传染源。此外,还应注意对空气、医疗器械和敷料的消毒和灭菌。对急性咽喉炎和扁桃体炎患者,须彻底治疗,以防止急性肾小球肾炎、风湿热及亚急性细菌性心内膜炎的发生。治疗首选青霉素。

三、埃希菌属

埃希菌属的代表菌种是大肠埃希菌,俗称大肠杆菌,是人类肠道中的正常菌群,在正常情况下,对机体有营养作用(提供维生素 B 和维生素 K),某些菌株产生的大肠菌素能抑制痢疾杆菌等致病菌的生长。但在机体免疫力下降或细菌侵入肠道外组织器官时,即成为机会致病菌,引起肠道外感染。致病性大肠杆菌可引起肠道感染。

(一) 致病性

1. 致病物质

(1) 黏附素。能使细菌紧密黏附在肠道和泌尿道黏膜上皮细胞上。

(2) 肠毒素。有耐热和不耐热两种,均可致腹泻。
(3) K 抗原。具有抗吞噬作用。

2. 所致疾病

(1) 肠道外感染。以泌尿系统感染为主,如尿道炎、膀胱炎、肾盂肾炎,也可引起腹膜炎、胆囊炎、老年人败血症及新生儿脑膜炎等。因细菌常来源于患者肠道,故属于内源性感染。

(2) 肠道感染。某些型别的大肠埃希菌可导致肠道感染,该病多因食入污染的食品和饮水引起,属于外源性感染。肠道感染主要有以下 5 种类型:① 肠产毒性大肠埃希菌(ETEC),是婴幼儿腹泻和旅游者腹泻的重要病原菌,临床症状可从轻度腹泻至严重的霍乱样腹泻;② 肠侵袭性大肠埃希菌(EIEC),主要侵犯较大儿童和成人,临床表现类似细菌性痢疾;③ 肠出血性大肠埃希菌(EHEC),可引起人类出血性肠炎的病原体,儿童易感,引起地方性或流行性腹泻;④ 肠致病性大肠埃希菌(EPEC),婴幼儿腹泻的重要病原体,造成严重腹泻;⑤ 肠集聚性大肠埃希菌(EAEC),一种致腹泻大肠埃希菌,引起婴儿持续性腹泻和脱水,偶有血便。

(二) 防治原则

增强机体免疫力,防止内源性感染;加强饮食卫生和水源管理。治疗可选择庆大霉素、诺氟沙星、新生霉素等。

四、沙门菌属

沙门菌属是一大群寄居于人和动物肠道,生物学性状相似的革兰氏阴性杆菌。其型别繁多,但仅少数对人类致病,如伤寒沙门菌、甲型副伤寒沙门菌、肖氏沙门菌、希氏沙门菌;对动物致病的沙门菌,有些偶可致人食物中毒或败血症,如鼠伤寒沙门菌、肠炎沙门菌、猪霍乱沙门菌等。

(一) 致病性

1. 致病物质

(1) 侵袭力。沙门菌可通过菌毛黏附于肠黏膜上皮细胞,通过 Vi 抗原抵抗吞噬细胞的吞噬,使其具有一定的侵袭力。

(2) 内毒素。沙门菌具有较强的内毒素,是主要的致病物质,可引起机体发热、白细胞降低,毒素量大可导致中毒和休克。

(3) 肠毒素。某些沙门菌可产生肠毒素,引起食物中毒。

2. 所致疾病

(1) 肠热病。包括由伤寒沙门菌引起的伤寒和由甲型副伤寒沙门菌、肖氏沙门菌、希氏沙门菌引起的副伤寒。传染源为患者及带菌者。潜伏期 7~12 d。病菌随污染的食物进入消化道后,侵入小肠壁及肠系膜淋巴组织繁殖后入血,引起第一次菌血症,患者可出现发热、全身酸痛等症状。病菌随血流进入骨髓、肝、脾、肾、胆囊等器官并在其中繁殖后再次入血,引起第二次菌血症,此时为病程第 2~3 周,患者出现持续高热、相对缓脉、皮肤玫瑰疹、肝脾大、粒细胞减少等全身中毒症状。患者胆囊内细菌可随胆汁进入肠道,一部分随粪便排出,另一部分再次侵入肠壁淋巴组织,使已致敏的组织发生超敏反应,导致局部坏死、溃疡,若吃粗糙食物易发生肠出血或肠穿孔等并发症。肾中细菌可随尿排出。若无并发症,第3周后病情开始好转,病程约4周。

(2) 食物中毒。食入被大量鼠伤寒沙门菌、猪霍乱沙门菌、肠炎沙门菌等污染的食物而引起,潜伏期6～24 h。起病急,主要症状为发热、腹痛、呕吐、水样便,可因脱水休克或肾衰竭而死亡。轻者2～3 d自愈。常为集体性食物中毒。

(3) 败血症。多见于儿童及免疫力低下的成人,病菌以猪霍乱沙门菌、希氏沙门菌、伤寒沙门菌、肠炎沙门菌较为常见。

(4) 无症状带菌者。指在症状消失后1年或更长时间内仍可在其粪便中检出相应沙门菌的患者。有1%～5%的肠热病患者可转为无症状的带菌者。病原体常滞留在胆囊或尿道中,并不断经粪便和尿液排出而成为危险的传染源。

(二) 防治原则

及时发现、隔离、治疗患者及带菌者,控制传播来源;加强食品、饮水卫生及粪便管理,切断传播途径;对易感人群注射疫苗以提高免疫力;目前使用的有效治疗药物是环内沙星。

五、霍乱弧菌

霍乱弧菌是人类霍乱的病原体。霍乱是一种古老且流行广泛的烈性传染病,曾在世界上引起多次大流行,是我国《传染病防治法》规定的两种甲类传染病之一,属于国际检疫传染病。霍乱弧菌分为古典生物型和埃托(EI-Tor)生物型两个生物型。

(一) 致病性

1. 致病物质

(1) 菌毛与鞭毛。霍乱弧菌通过鞭毛运动穿过黏膜表面的黏液层,通过菌毛黏附于小肠黏膜上皮细胞。

(2) 霍乱肠毒素。是目前已知致泻毒素中最强烈的毒素,化学成分为蛋白质,主要引起严重的呕吐和腹泻。

2. 所致疾病

霍乱是一种烈性消化道传染病。人是霍乱弧菌唯一易感者,传染源是患者和带菌者,通过污染的水源或食物如海产品经口感染。在吞食细菌后2～3 d突然剧烈腹泻及呕吐,粪便呈米泔水样。由于水、电解质大量丢失,患者严重脱水,微循环障碍,代谢性酸中毒,重者可因肾衰竭、休克而死亡,未经治疗病死率高达60%。霍乱弧菌古典生物型所致疾病较埃托生物型严重。

(二) 防治原则

及时发现、隔离、治疗患者,严格处理患者吐泻物;加强国境检疫,做好疫情报告;加强饮水、食品、粪便的卫生管理;养成良好饮食卫生习惯,不生食贝壳类海产品等;接种霍乱疫苗可提高人群免疫力;患者以补液,纠正水、电解质紊乱为主,同时用抗生素治疗。

六、结核分枝杆菌

结核分枝杆菌俗称结核分枝杆菌,是引起结核病的病原体,对人致病的主要有人型和牛型。结核分枝杆菌可侵犯全身各器官,以肺部感染最为常见。

(一)致病性

结核分枝杆菌不含内毒素,也不产生外毒素和侵袭性酶类,其致病性可能与细菌在组织细胞内大量繁殖引起的炎症、菌体成分和代谢物质的毒性及机体对菌体成分产生超敏反应等有关。

1. 致病物质

(1)脂质。包括索状因子、磷脂、硫酸脑苷脂、蜡质 D 等成分。脂质使本菌能在吞噬细胞中顽强增殖,并诱导机体产生Ⅳ型超敏反应,形成结核结节等病变。

(2)蛋白质。主要成分为结核菌素,与蜡质 D 结合后可诱发Ⅳ型超敏反应。

(3)荚膜。具有黏附、抗吞噬和抗杀菌物质作用等。

2. 所致疾病

本菌可经呼吸道、消化道或皮肤破损处侵入机体,引起多种器官的结核病,以肺结核最为多见。肺结核有原发感染和继发感染两种。

(1)原发感染。多见于儿童。本菌初次经呼吸道侵入肺泡,由于机体缺乏特异性免疫,细菌可经淋巴管扩散至肺门淋巴结,引起淋巴管炎和肺门淋巴结肿大,称原发复合征。原发感染大多可经纤维化和钙化而自愈,但病灶内常有细菌潜伏,可成为结核病复发和内源性感染的来源。免疫力低下者,细菌易经血液或淋巴道扩散,引起全身粟粒性结核或结核性脑膜炎。

(2)继发感染。多见于成人或较大儿童。多由原发感染引起,当机体抵抗力下降时,残存在原发病灶中的结核分枝杆菌再度大量繁殖而发病;也可因外源性结核分枝杆菌侵入而引起。由于机体已建立抗结核特异性免疫,故感染病灶局限;不易全身播散,但易发生干酪样坏死和空洞形成,病菌随痰排出,形成开放性肺结核。

(二)防治原则

接种卡介苗是预防结核最有效的措施。卡介苗的接种对象是新生儿和结核菌素试验阴性的健康儿童,若接种后 6～8 周结核菌素试验转阳性,表示接种者已获得结核免疫力,若为阴性则无免疫力,需再次接种。常用治疗药物有异烟肼、利福平、乙胺丁醇、链霉素等,早期、联合、足量、足疗程用药可提高疗效并减少耐药性。

七、幽门螺杆菌

幽门螺杆菌是一种单极、多鞭毛、末端钝圆、螺旋形弯曲的细菌,革兰染色呈阴性。在胃黏膜上皮细胞表面常呈典型的螺旋状或弧形。在固体培养基上生长时,除典型的形态外,有时可出现杆状或圆球状。幽门螺杆菌是已知能够在人胃内强酸环境下生存的唯一微生物种类,其致病机理涉及多种因素,包括毒素作用、炎症反应等,被世界卫生组织国际癌症研究机构列为一类致癌物。

(一) 致病性

幽门螺杆菌感染后,主要致病机理是通过细菌侵入机体,导致胃黏膜出现损伤,进而诱发胃炎、胃溃疡等疾病。幽门螺杆菌的毒素和有毒性作用的酶以及诱导的炎症反应和免疫反应共同作用,造成胃和十二指肠黏膜屏障的损害。幽门螺杆菌感染具有一定的传染性,主要传播途径是口对口传播、粪口传播,如亲吻、共用餐具、食物或水源传播。

1. 致病物质

(1) 毒素作用。约60%的幽门螺杆菌菌株能产生有活性的空泡细胞毒素(VacA),使上皮细胞产生空泡变性。

(2) CagA蛋白。某些菌株含有细胞毒相关基因A(CagA),表达CagA蛋白及空泡细胞毒素,这些蛋白具有更强的致病性。

(3) 尿素酶。尿素酶分解尿素产生的氨中和胃酸,保护细菌免受胃酸杀灭,同时诱导胃黏膜炎症反应。胃黏膜炎症反应是幽门螺杆菌感染诱导产生特异性细胞和体液免疫,并诱发机体的自身免疫反应,损害胃肠黏膜。

2. 所致疾病

(1) 胃炎。表现为腹胀、腹痛、嗳气、食欲不振等症状。

(2) 胃溃疡。患者通常会出现胃部疼痛、食欲不振、餐后腹胀或胃部不适、体重减轻等症状。

(3) 胃癌。长期感染可能增加胃癌的发病概率。胃黏膜上皮出现高级别异型增生时,属于癌前病变,极易进展为胃癌。

(二) 防治原则

1. 预防措施

避免与感染者共用餐具;实行分餐制,减少交叉感染的风险;注意个人卫生,勤洗手。

2. 治疗方法

(1) 标准抗幽门螺杆菌治疗。通常采用三联疗法(两种抗生素加一种质子泵抑制剂),疗程10~14 d。

(2) 四联疗法。包括两种抗生素、一种质子泵抑制剂、一种铋剂,如阿莫西林、甲硝唑、奥美拉唑、果胶铋等。

第八节 常见病原性真菌

致病性真菌可分浅部真菌、皮下组织真菌和深部真菌。浅部真菌侵犯皮肤、毛发、指甲,一般为慢性,对治疗有顽固性,但影响身体较小,如皮肤癣菌、白假丝酵母菌等;皮下组织真菌会引起肉芽肿和化脓性损害、疣状或菜花状增生、间有化脓性病变,如镰刀菌等;深部真菌可侵犯全身内脏,严重的可引起死亡,如新型隐球菌、黄曲霉等。此外,有些真菌寄生于粮食、饲料、食品中,能产生毒素引起中毒性真菌病,如黄曲霉等。

一、皮肤癣菌

皮肤癣菌病是皮肤癣菌侵犯皮肤、毛发和甲板而引起的真菌感染性皮肤病,简称癣。皮肤癣菌通过分解角质层中的角蛋白,引起局部组织损伤和免疫应答,导致一系列症状。

(一) 致病性

皮肤癣菌所致疾病包括足癣、手癣、体癣、股癣、甲癣、头癣等多种类型。这些疾病的主要临床症状为瘙痒,可伴有红斑、水疱、丘疹、脓疱、结痂、渗出、脱发、脱屑、鳞屑等症状。

(1) 头癣。病原菌以小孢子菌属、毛癣菌属为主,侵犯头皮。

(2) 体癣和股癣。最常见的是红色毛癣菌,还包括须癣、毛癣菌、犬小孢子菌和石膏样小孢子菌等。

(3) 手癣和足癣。主要由红色毛癣菌、须癣毛癣菌、石膏样小孢子菌和絮状表皮癣菌等感染引起,其中红色毛癣菌占 50%~90%。

(4) 甲癣。甲真菌病主要由皮肤癣菌感染引起,其次为酵母菌和霉菌。皮肤癣菌包括红色毛癣菌、须癣毛癣菌、絮状表皮癣菌,其中红色毛癣菌占首位;酵母菌主要是念珠菌属、马拉色菌属;其他霉菌包括柱顶孢霉属、短帚霉等。同一病甲偶可感染两种或两种以上的致病真菌。

(二) 防治原则

皮肤癣菌病的治疗原则为清除病原菌、快速缓解症状、清除皮损,并且预防复发。根据真菌培养和鉴定结果,给予针对性的治疗,主要包括口服与外用药物,同时提高患者免疫力,防止传染与再次感染。通过规范的抗真菌治疗,预后良好。

二、新型隐球菌

新型隐球菌病是一种全身性真菌病,以中枢神经系统和肺的病变最常见,有时也累及皮肤、前列腺、骨骼系统和血液等部位。新型隐球菌病的致病菌主要为新型隐球菌,自然环境中最常见的新型隐球菌的来源是鸽子粪便,人体通常是吸入气雾化的新型隐球菌孢子而发生感染。正常人体一般具有防御能力,但是艾滋病患者除外。

(一) 致病性

根据发病部位可将疾病分为以下几种类型。

(1) 中枢神经系统新型隐球菌病。新型隐球菌脑膜炎为临床最常见和最危险的临床类型。

(2) 肺新型隐球菌。人体最先遭遇新型隐球菌的部位是肺,但肺新型隐球菌病所占的比例少于 15%。

(3) 皮肤新型隐球菌病。新型隐球菌病在发生血行播散时,约 5% 患者出现皮肤症状。

(4) 骨骼、关节新型隐球菌病。大约占新型隐球菌病的 10%,表现为连续数月的骨骼、关节肿胀及疼痛。

(5) 播散性或全身性新型隐球菌病。由肺原发性病灶血行播散所引起,除中枢神经系统之外,几乎可波及全身所有部位,如肾、肾上腺、甲状腺、心、肝、脾、肌肉、淋巴结、唾液腺等。一般症状与结核病类似,出现肉芽肿病变时,个别患者在组织学上与癌性病变类似。

(二) 防治原则

新型隐球菌疾病的防治原则主要包括以下几个方面。

1. 预防措施

(1) 避免接触感染源。特别是鸽子的粪便,因为它是人类隐球菌感染的主要来源。

(2) 注意食品安全。避免食用腐烂的水果(尤其是桃子)或不洁的牛奶,这些可能是导致疾病发生的原因。

(3) 保护免疫系统。保持身体健康,避免免疫力下降,因为隐球菌病往往在身体抵抗力降低时发生。

2. 治疗方法

(1) 抗真菌药物治疗。根据病变部位和患者的免疫状态,选择合适的抗真菌药物进行治疗。例如,两性霉素 B 和氟胞嘧啶是常用的治疗药物。

(2) 手术治疗。对于局限性的皮肤、肺、骨隐球菌病及脑隐球菌肉芽肿等,可以采用手术切除的方法来清除病灶,达到根治。

(3) 支持疗法。包括营养支持和免疫促进剂治疗,以提高患者的身体状况和免疫力。

(4) 对症治疗。如降低颅内压、纠正电解质紊乱等,以缓解患者的症状。

三、白假丝酵母菌

白假丝酵母菌为条件致病性真菌,俗称白念珠菌。

(一) 致病性

白念珠菌广泛存在于自然界,也存在于正常人口腔、上呼吸道、肠道及阴道,一般在正常机体中数量少,不引起疾病。当机体免疫功能或一般防御力下降或相互制约作用失调时,本菌大量繁殖并改变生长形式(芽生菌丝相),侵入细胞引起疾病。

(二) 防治原则

1. 治疗原则

(1) 改变局部环境的酸碱度。白假丝酵母菌生长繁殖的 pH 以 5.5 最为合适。因此,可以通过使用 pH 4 弱酸配方护理液清洗受影响区域,或者使用苏打水漱口,以改变局部环境的酸碱度,抑制白假丝酵母菌的生长。

(2) 药物疗法。由白假丝酵母菌引起的感染,可以选择抗真菌药物进行治疗。局部用药主要为阴道内置药,可选择咪康唑栓剂、克霉唑栓剂、伊曲康挫栓剂等药物。此外,还可以根据病情选择全身用药或联合用药。

2. 预防原则

(1) 保持个人卫生。注意外阴的清洁和干爽,经常换洗内裤,并避免憋尿。这些措施有助于减少真菌在潮湿环境中繁殖的机会。

(2) 避免滥用抗生素。抗生素的滥用可能导致体内正常菌群失调,增加白假丝酵母菌感染的风险。因此,在使用抗生素时应遵循医嘱,并尽量避免不必要的使用。

(3) 增强免疫力。保持健康的生活方式,如适量运动、均衡饮食和充足睡眠,有助于提高身体的整体免疫力,从而降低白假丝酵母菌感染的风险。

四、镰刀菌

镰刀菌病是镰刀菌感染引起的皮肤、眼睛及内脏器官感染性疾病。免疫正常者局部感染与外伤有关,免疫抑制患者可出现侵袭性感染。

(一) 致病性

本病致病菌为镰刀菌,常见的为念珠样镰刀菌、茄病镰刀菌。患者可出现外伤后不易愈合的溃疡,或出现肉芽肿、脓疱等皮肤损伤。预后与患者的免疫功能及是否及时治疗有关。

(二) 防治原则

1. 治疗方法

在镰刀菌的治疗过程中,免疫抑制状态的逆转很关键,如通过应用集落刺激因子或白细胞输注,使中性粒细胞减少症的时间缩短;在可能的情况下,不用或者少用糖皮质激素。在药物治疗中,可使用两性霉素 B 脂质体制剂、伏立康唑单用或与多烯类联合应用。

当镰刀菌病引起肉芽肿后,除使用抗菌药物外,还需切开引流。一般可先试行穿刺吸脓,然后切开引流,手术需在严格无菌操作下,及时更换敷料。角膜镰刀菌病主要外用抗真菌药物治疗,辅以板层角膜移植或者穿透性角膜移植。

2. 预防措施

(1) 日常注意安全,尽可能减少皮肤及角膜损伤。
(2) 尽量远离有可能含有镰刀杆菌孢子的环境。

五、黄曲霉

黄曲霉是一种常见的腐生真菌,多见于发霉的粮食、粮制品及其他霉腐的有机物上。

(一) 致病性

黄曲霉毒素是一种由黄曲霉和寄生曲霉产生的有毒代谢产物,具有很强的毒性和致癌性。黄曲霉毒素主要存在于被这些霉菌污染的食物和饲料中,如花生、玉米、大米、小麦等粮油产品。人类和动物摄入被黄曲霉毒素污染的食物后,会对肝脏造成严重的损害。黄曲霉毒素进入体内后,主要在肝细胞内质网微粒体混合功能氧化酶系的作用下进行代谢,因此对肝脏组织有破坏作用,严重时可导致肝癌甚至死亡。此外,黄曲霉毒素还可能导致急性肝炎、出血性坏死、脂肪变性和胆管增生等肝脏疾病。

(二) 防治原则

(1) 药物治疗。使用抗真菌药物是治疗黄曲霉菌感染的主要方法。常用的药物包括伏立康唑片、盐酸特比萘芬片、氟胞嘧啶片、制霉菌素片、氟康唑片、伊曲康唑胶囊、注射用两性霉素B等。这些药物可以通过抑制真菌细胞膜的合成、干扰真菌核酸的代谢等方式发挥作用。

（2）支持疗法。对于黄曲霉毒素中毒的患者，还需要进行对症支持治疗，如补液、利尿、保肝等，以帮助患者度过急性期。

（3）生活方式调整。在治疗期间，患者应注意清淡饮食，避免食用过甜的食物和辛辣刺激性食物。同时，应多吃新鲜的水果和蔬菜，保持良好的生活习惯。

（4）预防复发。由于真菌感染容易复发，因此在治疗后也需要定期复查，并根据医生的建议进行巩固治疗。此外，应注意个人卫生和环境卫生，避免再次接触黄曲霉菌。

第九节　人类疾病中常见病毒

人类疾病常见病毒包括流行性感冒病毒、甲型肝炎病毒、乙型肝炎病毒、人类免疫缺陷病毒、狂犬病病毒、流行性乙型脑炎病毒等。

一、流行性感冒病毒

流行性感冒病毒，简称流感病毒，是引起流行性感冒的病原体。流行性感冒是一种急呼吸道传染病，发病率高，常造成局部流行，曾多次引起世界性大流行。

（一）致病性

流行性感冒病毒属正黏病毒科，呈球形或丝状。球状病毒直径 80～120 nm，丝状病毒的长度可达 4 000 nm，是一种有包膜的 RNA 病毒。根据病毒的核蛋白及基质蛋白的抗原性，流行性感冒病毒可分为甲、乙、丙及丁四型。甲型流感病毒除感染人类以外，还可以感染禽、猪、马等动物；乙型流感病毒可以感染人和猪；丙型流感病毒只感染人类；丁型流感病毒主要感染猪、牛等，且未发现人类感染。

流感病毒通常引起呼吸道局部感染，不引起病毒血症，多呈季节性广泛流行。传染源为患者或隐性感染者，感染的动物也可传染人。主要传播途径是病毒经飞沫、气溶胶通过呼吸道传播。人群普遍易感，潜伏期长短取决于侵入病毒数量和机体免疫状态，一般为 1～4 d。病毒感染呼吸道上皮细胞后，可迅速形成子代病毒并扩散和感染邻近细胞，引起广泛细胞变性，随后患者出现畏寒、头痛、发热、肌痛乏力、鼻塞、流涕、咽痛及咳嗽等症状。在症状出现的 1～2 d 内，病毒随分泌物大量排出，以后则迅速减少。流感发病率高，但病死率低，死亡病例多见于有细菌性感染等并发症的婴幼儿、老人和慢性病患者等。

（二）防治原则

（1）流感的一般预防措施：主要是加强锻炼增强免疫力。流行期间，注意公共卫生和个人卫生，避免人群聚集，必要时戴口罩，保持室内空气流通，公共场所可用乳酸或食醋熏蒸进行空气消毒等。

(2) 流感的特异性预防：在流感流行季节之前对人群进行流感疫苗预防接种，可以有效减少感染机会或减轻流感症状，但由于流感病毒的变异，需要选育新流行病毒株，及时制备特异性预防疫苗。目前使用的流感疫苗包括全病毒灭活疫苗、裂解疫苗和亚单位疫苗3种。流感的治疗以对症治疗和预防继发性细菌感染为主。金刚烷胺可抑制甲型流感病毒的穿入与脱壳过程；奥司他韦可以选择性抑制甲型流感病毒的NA活性；干扰素及中药板蓝根、大青叶等有一定疗效。

二、甲型肝炎病毒

肝炎病毒是指一类主要侵犯肝脏并引起病毒性肝炎的病毒，主要包括甲型、乙型、丙型、丁型及戊型肝炎病毒。病毒性肝炎是危害人类健康最严重的疾病之一，各型肝炎病毒引起的临床表现基本相似。

(一) 致病性

HAV是甲型肝炎（简称甲肝）的病原体。传染源是患者或隐性感染者，主要由粪口途径传播。病毒随粪便排出后，可污染水源或食物、用具等，引起散发流行或暴发流行，传染性极强。病毒侵入机体后，先在口咽部或唾液腺中初步增殖，然后到达肠黏膜及局部淋巴组织内增殖，并侵入血流形成病毒血症，最终侵犯靶器官肝脏而致病。患者会有全身不适、乏力、发热、厌食、厌油、恶心、呕吐、肝脾大、血清谷丙转氨酶（ALT）升高等症状。一般情况下，病程持续3～4周，预后良好。

HAV引起肝细胞损伤的机制尚不十分清楚。目前认为HAV在肝细胞内增殖缓慢，一般不直接造成肝细胞明显的损害，其致病机制主要是免疫病理损伤。人对HAV普遍易感但多为隐性感染。HAV的显性感染或隐性感染均可诱导机体产生持久的免疫力，病后体内产生抗-HAV IgG，对病毒再感染有保护作用。目前常用ELISA法检测患者血清中抗-HAV IgM和IgG，一般不做病原体的分离培养。

(二) 防治原则

做好卫生宣传教育，加强饮食、粪便、水源管理，严格消毒患者粪便、食具、物品和衣物床单等。接种灭活或减毒活疫苗进行有效预防。对有接触史的儿童及高危人群，尽早注射丙种球蛋白或胎盘球蛋白进行紧急预防。目前尚无有效的抗病毒药物用于甲型肝炎的治疗，临床上以对症治疗及支持疗法为主。

三、乙型肝炎病毒

乙型肝炎病毒（HBV）感染是世界性的公共卫生问题，全球HBV携带者高达3.7亿人。我国是乙型肝炎的高流行区，人群HBV携带率约为7.18%。临床症状可表现为重症肝炎、急性肝炎、慢性肝炎或无症状携带者，部分慢性肝炎可转变为肝硬化或肝癌。

(一) 致病性

1. 传染源

HBV是乙型肝炎（简称乙肝）的病原体，传染源主要是患者和无症状病毒携带者，在疾病的潜伏期、急性期与慢性活动期,患者的血液、唾液、乳汁、阴道分泌物和精液等多种体液均有传染性。

2. 传播途径

传播途径多样,主要有:① 血液传播(输血、血液透析、器官移植等);② 母婴传播;③ 密切接触传播(性接触及其他密切接触);④ 医源性传播(未严格消毒或未严格无菌操作)。

3. 致病与免疫机制

乙型肝炎潜伏期为 30～160 d,临床表现呈多样性,可表现为无症状、急性肝炎、慢性肝炎、重症肝炎等,乙型肝炎比甲型肝炎危害大,易转为慢性肝炎部分可演变为肝硬化,甚至是原发性肝癌。HBV 对肝细胞的致病机制迄今尚未完全清楚,通常 HBV 不会对肝细胞造成直接损伤,可能由于机体的免疫病理反应间接导致了肝细胞的损伤,其损伤范围和程度取决于病毒的数量、毒力及机体的免疫应答状况。病后机体对同型病毒可产生免疫力,干扰素、NK 细胞、杀伤性 T 细胞对细胞内 HBV 可发挥重要免疫作用。

(二) 防治原则

严格筛选供血人员,确保血源合格安全。医疗器械以及患者的血液、分泌物、粪便、用具等均须严格消毒,隔离患者,提倡使用一次性注射器,防止医源性传播。接种乙型肝炎疫苗是预防乙型肝炎最有效的方法,新生儿接种可有效地阻断垂直传播。对 HBsAg 阳性的配偶、医护人员、血液透析者等高危人群,注射乙肝疫苗可有效地降低 HBV 的感染率,对有接触史的易感者,可用含高效价抗-HBs 的免疫球蛋白进行紧急预防或阻断垂直传播。

目前仍缺乏特效药物用于乙型肝炎的治疗,一般采用广谱抗病毒药物,辅以中草药和干扰素等调节机体免疫功能的药物进行综合治疗。

四、人类免疫缺陷病毒

人类免疫缺陷病毒(HIV)是获得性免疫缺陷综合征(AIDS,艾滋病)的病原体。HIV 于 1983 年分离成功。目前,AIDS 已成为全球最重要的公共卫生问题之一。

(一) 致病性

1. 传染源和传播途径

AIDS 的传染源是 AIDS 患者和 HIV 无症状携带者。HIV 主要存在于血清、精液、阴道分泌物、乳汁等体液中。HIV 主要传播途径有以下几种。

(1) 性传播。HIV 的主要传播方式,包括同性或异性间的性接触。

(2) 血液传播。主要途径有输入带有 HIV 的血液或血制品,器官或骨髓移植,人工授精,使用污染的注射器、针头、手术器械等,静脉药瘾者是高危人群。

(3) 垂直传播。HIV 可通过胎盘、产道、哺乳等母婴途径传播,其中经胎盘感染胎儿最为常见。

2. 致病过程

AIDS 的潜伏期长,自 HIV 感染到发病可长达 10 年之久。病毒感染过程分为急性感染期、无症状潜伏期、AIDS 相关综合征期、免疫缺损期 4 个阶段。

(1) 急性感染期。HIV 侵入机体后选择性地攻击 CD4$^+$T 细胞、单核巨噬细胞等，5～7 d 内感染者出现发热、头痛、乏力、咽痛、腹泻等类似流感的非特异性症状，2～3 周后症状自行消退。

(2) 无症状潜伏期。病毒潜伏于淋巴细胞内以较低水平增殖形成慢性或持续感染状态，血液中检测不到病毒，患者一般无临床症状。当机体受到某些因素（如细菌感染）激发使潜伏的病毒大量增殖，引起 CD4$^+$T 细胞、单核巨噬细胞大量死亡和功能受损。

(3) AIDS 相关综合征期。机体免疫系统进行性损伤，出现低热、盗汗、全身倦怠、慢性腹泻及全身持续性淋巴结肿大等，症状逐渐加重。

(4) 免疫缺损期。典型 AIDS 期，CD4$^+$T 细胞数量明显下降，免疫严重缺损，合并细菌、病毒、真菌、原虫等各种机会感染和恶性肿瘤，许多患者还会出现 AIDS 痴呆综合征等神经系统疾患。一旦发病，病死率极高，未经治疗者通常在临床症状出现后 2 年内死亡。

3. 免疫性

HIV 感染后，诱导机体产生体液免疫和细胞免疫，对机体都有一定的保护作用。但 HIV 感染 CD4$^+$T 细胞，引起细胞免疫应答障碍，加之病毒抗原高度变异逃逸免疫清除，因此 HIV 感染者的特异性免疫应答难以终止疾病的进程，其终生携带病毒。

(二) 防治原则

(1) 综合性预防措施：加强卫生宣教工作，普及 AIDS 预防知识，增强自我保护意识，建立监测机构，加强国境检疫；加强血制品、捐献器官等的 HIV 检测与管理，严格筛选供血人员；杜绝吸毒、性滥交，阻断垂直传播；严格医疗器械的消毒灭菌，推广一次性注射器，防止医源性感染。

(2) 治疗 HIV 感染的药物主要有 6 类：核苷/核苷酸类逆转录酶抑制剂、非核苷类逆转录酶抑制剂、蛋白酶抑制剂、整合酶抑制剂、融合抑制剂、CCR5 抗结剂。为防止耐药性产生，常使用多种药物综合治疗，称为高效抗反转录病毒治疗（俗称"鸡尾酒"疗法）。目前尚无有效的 HIV 疫苗，多种疫苗正处于研发中。

五、狂犬病病毒

狂犬病病毒是人和动物狂犬病的病原体。狂犬病又称恐水症，为人畜共患传染病，病死率极高，是一种对人体健康危害较大的致死性传染病。

(一) 致病性

狂犬病属自然疫源性疾病，传染源主要是病犬，其次是家猫和狼。动物间的狂犬病主要是通过患病动物咬伤健康动物而传播，人患狂犬病主要是被患病动物咬伤、抓伤或密切接触所致。

在动物发病前 5 d，人被咬伤后其唾液中的病毒经伤口进入体内，先在肌纤维细胞中增殖，进而随血或沿神经末梢上行至中枢神经系统，在神经细胞内增殖并引起中枢神经系统病理性损伤，然后病毒又沿传出神经扩散至唾液腺及其他组织。狂犬病潜伏期通常为 3～8 周，短者 10 d，长者可达数月或数年。发病早期症状为咬伤部位有蚁行感、痛感，继而出现发热、头痛、焦虑、流涎等。发作期典型的临床表现为神经兴奋性增高,躁动不安,吞咽或饮水时喉头肌肉发生痉挛,甚至闻水声或其他轻微刺激均可引起痉挛发作,故又称恐水症。兴奋期典型症状持续 3~5 d 后,转入麻痹期,最后因昏迷、呼吸循环衰竭而死亡。病死率几乎达 100%。

(二) 防治原则

本病病死率极高,预防是关键。主要预防措施:捕杀野犬,加强家犬管理,注射犬用疫苗;人被病犬咬伤后,应立即用清水、3%~5%肥皂水、0.1%苯扎溴铵等反复冲洗伤口,再用 75%乙醇或碘附涂擦消毒;用高效价抗狂犬病病毒免疫血清做伤口周围与底部浸润注射;及时接种狂犬疫苗,于伤后第 1、3、7、14、28 d 各肌内注射 1 mL。

六、流行性乙型脑炎病毒

流行性乙型脑炎病毒简称乙脑病毒,是流行性乙型脑炎(简称乙脑)的病原体。

(一) 致病性

流行性乙型脑炎的传染源主要为携带病毒的猪、牛、羊、马、驴、鸡、鸭、鹅等家畜家禽和各种鸟类。动物感染后有短暂的病毒血症,无明显症状,但病毒血症时期的幼猪是本病毒的主要储存宿主和传染源,患者不是主要的传染源。传播途径主要以蚊虫作为传播媒介,通过带病毒蚊虫叮咬人体而传播,病毒在动物→蚊→动物中形成自然循环,带病毒的蚊虫叮咬易感人群,则可引起人体感染。

人群对乙脑病毒普遍易感,但多数表现为隐性感染,少数表现出中枢神经系统症状导致脑炎。乙脑病毒进入人体后,首先在局部的毛细血管内皮细胞及淋巴结增殖,继而毒入血,形成第一次病毒血症;病毒随血流播散至肝、脾等处的单核巨噬细胞内再一次增殖,并再次大量入血,形成第二次病毒血症。临床表现为发热、头痛、畏寒等流感样症状,绝大多数感染者不再继续发展。仅有极少数患者,病毒可突破血脑屏障进入脑组织增殖,引起脑组织病变,出现高热、头痛、昏迷、惊厥等中枢神经系统症状,病死率较高。5%~20%的幸存者会遗留智力障碍、失语、痴呆、失明、耳聋、瘫痪等后遗症。机体的天然防御功能及获得性免疫在对抗乙脑病毒致病中发挥重要作用。乙脑病后或隐性感染后可获得持久免疫力。

(二) 防治原则

预防乙型脑炎的关键措施包括疫苗接种、防蚊灭蚊和动物宿主管理。目前,对乙型脑炎尚无特效治疗方法。

思考与练习

一、单项选择题

1. 下列属于原核细胞型微生物的是( )。
   A. 病毒　　　　B. 放线菌　　　　C. 真菌　　　　D. 藻类植物

2. 人的肠道中寄居着多种微生物,总数可达 100 万亿。这说明微生物具有的特征是(　　)。
   A. 分布广泛　　　　B. 结构简单　　　　C. 数量巨大　　　　D. 繁殖迅速
3. 细菌诸多形状中,最为常见的是(　　)。
   A. 杆菌　　　　　　B. 球菌　　　　　　C. 螺旋菌　　　　　D. 梭状菌
4. 酵母菌为真核细胞型微生物,其细胞壁的主要成分是(　　)。
   A. 蛋白质和核酸　　　　　　　　　　B. 蛋白质和脂质
   C. 几丁质和脂质　　　　　　　　　　D. 葡聚糖和甘露聚糖
5. 放线菌是单细胞原核微生物,菌体由丝状的菌丝组成,菌丝为(　　)。
   A. 纤细有分枝,无隔膜　　　　　　　B. 纤细无分枝,无隔膜
   C. 纤细有分枝,有隔膜　　　　　　　D. 纤细无分枝,有隔膜
6. 红曲霉分生孢子产生的方式为(　　)。
   A. 具有分化的分生孢子梗　　　　　　B. 无明显分化的分生孢子梗
   C. 具有一定形状的小梗　　　　　　　D. 厚垣孢子
7. 在细胞壁的结构中,溶菌酶的作用靶点是(　　)。
   A. N-乙酰葡糖胺(G)　　　　　　　　B. N-乙酰胞壁酸(M)
   C. 五肽交联桥　　　　　　　　　　　D. β-1,4-糖苷键
8. 细菌细胞与真核细胞的一个区别点是细胞膜内不含(　　)。
   A. 酶　　　　　　　B. 载体蛋白　　　　C. 多糖　　　　　　D. 胆固醇
9. 用显微镜观察细菌涂片时,应使用(　　)。
   A. 100 倍油镜观察　　　　　　　　　B. 40 倍油镜观察
   C. 低倍镜观察　　　　　　　　　　　D. 高倍镜观察
10. 用革兰氏染色方法制作细菌涂片,滴加草酸铵结晶紫染色液于抹片上的步骤是(　　)。
    A. 初染　　　　　　B. 媒染　　　　　　C. 脱色　　　　　　D. 复染
11. 下列为真菌所特有的细胞器是(　　)。
    A. 几丁质酶体　　　B. 膜边体　　　　　C. 氢化酶体　　　　D. 内质网
12. 形体较大的病毒是(　　)。
    A. 流感病毒　　　　B. 乙肝病毒　　　　C. 痘病毒　　　　　D. 细小病毒
13. 将已合成的核酸和蛋白质组装成完整的有感染性的病毒粒子的过程是(　　)。
    A. 吸附　　　　　　B. 生物合成　　　　C. 装配　　　　　　D. 释放
14. 成为研究最深入、开发最迅速、应用最广泛的微生物杀虫剂的是(　　)。
    A. 乳酸菌　　　　　　　　　　　　　B. 枯草芽孢杆菌
    C. 光合细菌　　　　　　　　　　　　D. 苏云金杆菌
15. 在微生物制药中,能产生 7-ACA 的真菌是(　　)。
    A. 产黄青霉　　　　B. 顶头孢霉　　　　C. 荨麻青霉　　　　D. 乳酸菌
16. 作为青霉素的生产菌的是(　　)。
    A. 小单胞菌属　　　　　　　　　　　B. 诺卡氏菌属
    C. 产黄青霉菌　　　　　　　　　　　D. 顶头孢霉

17. 由金黄色葡萄球菌产生的外毒素引起的疾病是（　　）。
    A. 中耳炎   B. 支气管炎
    C. 食物中毒   D. 败血症
18. 链球菌感染引起的疾病,治疗首选药物是（　　）。
    A. 庆大霉素   B. 青霉素   C. 头孢霉素   D. 诺氟沙星
19. 婴幼儿腹泻和旅游者腹泻的重要病原菌是（　　）。
    A. 肠产毒性大肠埃希菌   B. 肠侵袭性大肠埃希菌
    C. 肠出血性大肠埃希菌   D. 肠致病性大肠埃希菌
20. 关于获得性免疫缺陷综合征综合性预防措施的描述,错误的是（　　）。
    A. 加强卫生宣教工作,普及 AIDS 预防知识
    B. 增强自我保护意识建立监测机构,加强国境检疫
    C. 杜绝吸毒、性滥交,阻断垂直传播
    D. 接种灭活或减毒活疫苗进行有效预防

二、多项选择题

1. 下列属于原核细胞型微生物的有（　　）。
    A. 放线菌   B. 衣原体   C. 螺旋体   D. 细菌
2. 霉菌在特定条件下,产生有性孢子的类型有（　　）。
    A. 厚垣孢子   B. 卵孢子   C. 接合孢子   D. 子囊孢子
3. 细菌细胞膜的主要功能有（　　）。
    A. 参与菌体内外物质交换   B. 参与细胞的呼吸过程
    C. 是细菌生物合成的重要场所 D. 维持细菌的固有形态
4. 病毒水平传播常见的传播途径包括（　　）。
    A. 通过黏膜表面的传播   B. 通过皮肤传播
    C. 通过胎盘或产道传播   D. 医源性传播
5. 黄色短杆菌在发酵食品生产中的具体应用有（　　）。
    A. 合成多种重要的氨基酸
    B. 生产啤酒、果酒、食醋等发酵产品
    C. 多用来制作腐乳、豆豉
    D. 是酿酒工业中常用的糖化菌

三、判断题

1. 非细胞型微生物没有完整的细胞结构,但具有产生能量的酶系统。　　（　　）
2. 微生物在农业生产中可利用生物固氮,既能减少生产投入,又能避免环境污染。（　　）
3. 同一菌种在同一培养条件下所形成的菌落特征有一定的稳定性和专一性。（　　）
4. 由多个同种细胞密集接种长成的子细胞群体称为菌落。　　　　　　（　　）
5. 酵母菌的繁殖方式有无性繁殖和有性繁殖两种,其中以有性繁殖为主。（　　）
6. 细胞膜是细菌新陈代谢的主要场所。　　　　　　　　　　　　　　（　　）
7. 芽孢对高温、干燥、化学消毒剂和辐射等理化因素具有很强的抵抗力。（　　）

8. 用革兰氏染色方法制作细菌涂片,用95%酒精脱色,脱色一般30 s。（   ）
9. 真菌广泛分布于自然界,种类繁多,少数真菌对人类有益。（   ）
10. 亚病毒包括类病毒、卫星病毒和朊病毒,是一种非寻常的致病因子。（   ）
11. 人类免疫缺陷病毒、乙肝病毒的传播方式只能是垂直传播。（   ）
12. 乳酸菌是一类能够发酵糖类产生乳酸的无芽孢、革兰氏染色阳性、厌氧细菌的总称。
（   ）
13. 醋酸菌是一种革兰氏染色阴性菌,无芽孢,需氧。（   ）
14. 诺卡氏菌属能积累维生素 B_{12},这也是一种重要的药物成分。（   ）
15. 葡萄球菌可通过多种途径侵入机体,引起化脓性炎症。（   ）
16. 当拔牙时,链球菌可侵入血流,若心瓣膜有病损,可引起亚急性细菌性心内炎。（   ）
17. 甲真菌病主要由霉菌感染引起,其次为酵母菌和皮肤癣菌。（   ）
18. 白假丝酵母菌为条件致病性真菌,俗称白念珠菌。（   ）
19. 流行性感冒病毒属正黏液病毒科,呈球形或丝状,是一种有包膜的DNA病毒。（   ）
20. 血液传播是人类免疫缺陷病毒(HIV)的主要传播方式。（   ）

四、填空题

1. 有一些微生物,在正常情况下不致病,只有在特定情况下才导致疾病的发生,因此将其称为_____。
2. 微生物的繁殖方式简单,绝大多数为_____,繁殖速度极快。
3. 细菌的形状常见的有球菌、杆菌和_____。
4. 放线菌产生的无性孢子主要有凝聚孢子(又称分生孢子)、横隔孢子(又称节孢子或粉孢子)和_____三种。
5. 由于 G^- 菌细胞壁含_____少,且有外膜多层结构的保护作用,因此,对青霉素、溶菌酶不敏感。
6. _____具有黏附作用,可黏附于呼吸道、消化道、泌尿生殖道黏膜上皮细胞表面,进而侵入黏膜引起感染。
7. 真菌细胞壁的主要功能是维持细胞的形状和机械强度,其细胞壁的主要成分是_____和壳聚糖。
8. 真菌细胞膜中含有丰富的酶和_____,可以参与物质的吸收和排泄。
9. 当噬菌体寄生于细菌体后,若能使细菌细胞裂解,则称为_____。
10. 病毒的增殖过程分为五步,即吸附、_____、生物合成、装配与释放五个连续的过程。

五、连线题

1. 将下列左侧的真菌细胞器与右侧相对应的功能用直线连接起来。

(1) 内质网　　　　　a. 是细胞内的消化器官
(2) 核糖体　　　　　b. 与菌丝顶端生长有关,具有吸收染料和杀菌剂的功能
(3) 高尔基体　　　　c. 具有合成和运输蛋白质的功能
(4) 溶酶体　　　　　d. 无膜结构,是蛋白质合成的场所
(5) 几丁质酶体　　　e. 具有合成和运输蛋白质的功能

2. 将下列左侧的农业生产中常用微生物与右侧相对应的用途用直线连接起来。
　　(1)枯草芽孢杆菌　　　　a. 是一种生物农药,被称为"绿色农药"
　　(2)苏云金杆菌　　　　　b. 能分解在常态下不易分解的木质素和纤维素
　　(3)乳酸菌　　　　　　　c. 是一类可利用太阳能生长繁殖的特殊生物类群
　　(4)光合细菌　　　　　　d. 是一类可利用太阳能生长繁殖的特殊生物类群
　　(5)白僵菌　　　　　　　e. 可用于防治小麦白粉病、水稻稻瘟病等多种病害

六、简答题(本大题共 3 小题,第 1 小题、第 2 小题各 6 分,第 3 小题 8 分,共 20 分)
1. 何谓荚膜？简述荚膜的意义。

2. 简述病毒的结构和化学组成。

3. 简述放线菌的形态特征。

第八章　微生物的控制

学习目标

1. 了解微生物在自然界和正常人体的分布。
2. 熟悉药品生产中微生物的来源,了解微生物引起的药品变质及其对人体健康的危害。
3. 掌握灭菌、消毒、无菌、无菌操作和生物安全等概念,熟悉消毒灭菌的常用物理方法和化学方法,能对微生物培养基、培养器皿、接种工具等灭菌。
4. 熟悉药品无菌检查、食品和药品微生物限度检查的概念。
5. 了解食品和药品的微生物限量标准。
6. 了解不同的病原微生物危害等级及其适用的实验室。

第一节　微生物的分布

微生物广泛分布于自然界,在参与自然界物质转化的同时,也受到来自周围环境的多种影响。同时,人体、动植物上也存在着大量的微生物,它们之间也有复杂的相互作用。了解微生物与外界环境、人体和动植物体的基本关系,能帮助人们利用有益微生物,控制和消灭有害微生物。

一、自然界中的微生物

(一) 土壤中的微生物

土壤具备大多数微生物生长所必需的一切条件,有"微生物的天然培养基"之称,同时也是空气和水中微生物的重要来源。土壤中的微生物以细菌为最多,还有放线菌、真菌、螺旋体、噬菌体等,在地表层 10～20 cm 的土壤中微生物最多。较深的土层由于缺氧、养料不足等因素,微生物较少。在 4～5 m 深的土层处,几乎没有细菌存在。在土层最表面,由于日光照射,环境干燥,微生物也较少。

土壤中的微生物大多数是有益微生物,但也有一些病原微生物。病原微生物主要来自患病动物的尸体和各种排泄物。一般病原菌在土壤中不易长期存活,只有炭疽杆菌、破伤风梭菌、气肿疽梭菌等形成的芽孢能在土壤中长期存活,存活时间达数年或数十年之久。因此,在治疗被泥土污染的深部创伤时,要防止破伤风病的发生。

(二) 水中的微生物

水也是微生物生存的天然场所,江河、湖泊中均有微生物存在。水中的病原微生物来自土壤、人和动物。一般地表水比地下水含菌量多,且易被病原微生物污染。借水传播的疫病有炭疽、霍乱、痢疾、布鲁菌病及钩端螺旋体病等,所以水源的检查与管理在公共卫生学方面十分重要。直接检查水中的病原菌以判断饮水是否安全是比较困难的,一般以细菌总数和大肠菌群数作为指标来判断水的污染程度。水中细菌总数是用 1 mL 水样中细菌菌落总数表示的,而水中大肠菌群数是以每 100 mL 水样中含有大肠菌群数的最可能数(MPN)来表示。我国《生活饮用水卫生标准》(GB 5479—2006)规定,细菌总数是每毫升水中含菌数不得超过 100 个,大肠菌群数是每 100 mL 水中不得检出。

(三) 空气中的微生物

一般来说,空气比较干燥,也缺乏营养,加之日光直射,进入空气中的微生物一般不易长期存活,所以空气中的微生物比土壤和水中的少得多。空气中微生物的分布也很不均匀:离地面越高,含菌量越少;室内空气的含菌量较室外高;畜禽舍空气中的含菌量更高,特别是在添加饲料、改换垫草、打扫卫生时含菌量大大增加。空气中的微生物主要是一些非病原微生物,但也存在一些抵抗力较强的病原微生物,如分枝杆菌、葡萄球菌及流感病毒等,这些微生物一般通过飞沫或尘埃传播,可引起呼吸道传染病或伤口感染。

空气中的非病原微生物常污染培养基、生物制品和药物制剂,病原微生物如化脓性细菌、破伤风梭菌易造成手术感染。因此,在接种微生物、做外科手术、制备生物制品和药物制剂时,必须在无菌环境中操作。

二、正常人体中的微生物

(一) 正常菌群

人体的体表、黏膜及口腔、鼻腔、肠道和泌尿生殖道等都存在着微生物。存在于健康人体的体表或体内,对人体的正常代谢有益的微生物群称为人体的正常菌群。正常菌群与人体彼此制约,以维持相互间的平衡。正常菌群对人体的有益作用是多方面的,如:人体肠道内正常栖居的大肠杆菌产生大肠菌素,可抑制其他致病性大肠杆菌的生长;肠道中的部分细菌能合成 B 族维生素及维生素 K,供人体的需要;人体消化道的正常菌群还能分解纤维素等成分。

(二) 人体中的微生物

1. 体表微生物

人体皮肤上常见的微生物有葡萄球菌、链球菌及绿脓杆菌等。这些细菌主要来源于空气、土壤及粪便,当皮肤受到损伤时,会被感染或化脓。

2. 呼吸道微生物

健康人体的细支气管末梢和肺泡内是无菌的,而上呼吸道中经常存在一定数量的葡萄球菌、链球菌、肺炎球菌及巴氏杆菌等。这些细菌在正常情况下对人体无害,但当人体的抵抗力降低时,就会侵入人体内造成感染。

3. 消化道微生物

人体消化道中微生物的分布和种类是很复杂的,并且因部位不同而有明显差异。口腔中有食物残渣且温度适宜,有利于微生物的繁殖,因此口腔中的微生物种类和数量较多,常见的有葡萄球菌、链球菌、乳酸杆菌、棒状杆菌及螺旋体等。人体胃内由于胃酸的杀菌作用,微生物较少,仅有乳酸杆菌、胃八叠球菌。十二指肠因胆汁的杀菌作用,微生物最少,肠道后段微生物逐渐增多。常见的有大肠杆菌、肠球菌以及芽孢杆菌等。

维持消化道正常菌群之间的平衡,对人体的消化功能十分重要。目前发现,人体消化功能失调与胃肠道正常菌群的破坏有密切关系。长期口服广谱抗生素,能使人体肠道中大肠杆菌被抑制而引起菌群失调,导致维生素缺乏、肠炎等症状。因此,应注意合理使用抗生素。

4. 泌尿生殖道微生物

在正常情况下,子宫和膀胱是无菌的,只在尿道口经常发现葡萄球菌、链球菌、非病原性的螺旋体及大肠杆菌,女性阴道内有乳酸杆菌。

第二节 药品生产中的微生物控制

药物在生产、储存、运送、分装和使用过程中,经常发生质量的变化,其原因除药物本身性质不稳定外,另一个重要的因素是药物被微生物污染。微生物在被污染的药物中生长繁殖,不但可以使药物变质失效,造成经济损失,并可直接影响病人用药的安全性,引起病人不良反应或病原生物感染,甚至危及生命。因此,微生物污染药品的问题应予以高度重视。

一、药品生产中微生物的来源

微生物广泛分布于自然界、物体表面、人体体表及与外界相通的腔道,可造成各种物品的污染和生物的感染。污染药物制剂的微生物主要来源于药品的原辅料、药品生产环境、设备、操作人员和包装材料与容器等。

(一) 原辅料

原辅料中含动物脏器的药品往往会有革兰氏阴性菌和革兰氏阳性菌,并有可能带有沙门菌、葡萄球菌等;植物原料往往会带有真菌,如曲霉、青霉、链孢霉、酵母菌等,并可能带有土壤中的各种细菌。

(二) 生产用水

水也是药品中微生物污染的重要来源,除配置各类制剂本身需要外,洗涤及冷却过程均涉及水。水中微生物数量主要由水的来源、处理方法、供水系统状况等决定。

(三) 生产设备

设备维修、保养不及时,生产结束后不进行清洗消毒,可能会带来微生物滞留滋生。

(四) 生产环境

空气中各种微生物种类和数量因环境不同而有很大变化。环境中有活动的人,含菌量就增多;湿度较高时,可促使环境中颗粒沉降,含菌量随之下降,但高湿度可助长真菌生长;空气中最常见的微生物是一些抵抗力强且耐干燥的细菌、霉菌及酵母菌。

(五) 包装材料

药品需要良好的包装,在保存期内免受微生物污染。各种包装容器如玻璃、塑料、纸制品在使用前都必须彻底消毒,消毒后存放条件也需符合卫生标准。

(六) 工作人员

在生产过程中,人体的正常微生物亦可随之进入药品中,因此,人是药物生产过程中最大的污染源之一。

二、微生物引起的药品变质

上述来源的微生物进入药品后,在适宜条件下生长繁殖,将引起药品变质而失去功效。

(一) 微生物引起药物变质的判断

为了防止微生物污染引起药品变质的不良后果,我国《药品卫生标准》明确规定了各类药品中微生物的限量。根据药物的类型不同,有下列情况之一,则可判断有微生物引起药物变质的存在。

(1) 药物中有病原微生物存在或发现规定不得检出的特定菌种(如眼科用药不得检出铜绿假单胞菌,口服药不得检出大肠埃希菌)。

(2) 灭菌药物中存在活的微生物。灭菌药物是一类规定用无菌方法制备或制备后经灭菌处理的不含活的微生物的药物。

(3) 非灭菌药物的微生物总数超过规定的数量。这意味着药物受到了微生物污染。这种情况下,药物的安全性和有效性可能会受到影响,因为微生物污染可能导致药物的疗效降低,甚至完全失去治疗活性,并可能对患者健康产生不利影响

(4) 药物中的微生物已死亡或排出,但其毒性代谢产物(热原质)依然存在。

(5) 药品发生可被觉察的物理或化学变化。如药物产生微生物色素,黏稠剂和悬浮剂的解聚使黏度下降,针剂药品悬浮物沉淀;在糖质的药品中可形成聚合性的黏稠丝;变质的乳剂有团块或沙粒感;累积的代谢物改变药物的pH;代谢产生的气体泡沫在黏稠的成品中积累引起包装鼓胀。

(二) 微生物引起药物变质的后果

微生物引起药物变质,除造成经济损失外,更严重的是直接影响药物的功效和人体的健康。

1. 微生物污染对药物的影响

(1) 药物物理性状的改变。微生物污染药物可导致药物的物理性状改变。如出现微生物色素；产生异味和气体；变得潮湿黏滑，有丝状物、悬浮物等。

(2) 药物有效成分的破坏。首先，污染药物的微生物以药物为底物进行各种降解作用，引起药物的化学结构的改变，致使药物有效成分遭破坏而失效；其次，微生物产生的很多代谢产物，如脂肪酸、硫化氢、氨等也会破坏药品的有效成分。

2. 药物变质对人体的危害

微生物污染引起药物变质失效，除延误病人治疗时机外，还可给人体造成以下危害。

(1) 药源性感染。药源性感染会使人产生药源性疾病。药源性疾病是指药物在使用过程中（如预防、诊断或治疗过程中）通过各种途径进入人体内后诱发的生理、生化过程紊乱、结构变化，以及异常的反应或者疾病。灭菌制剂如输液剂不合格或使用时受污染，可引起菌血症、败血症等全身感染；微生物污染的滴眼剂，尤其是铜绿假单胞菌污染滴眼剂可引起严重眼部感染或使病情加重甚至失明，被污染的软膏和乳剂能引起皮肤病和烧伤病人的感染；非灭菌制剂的口服药污染沙门菌，局部外用药污染破伤风梭菌均可引起严重感染。

(2) 产生毒素。能引起机体中毒的污染药物的微生物在生长繁殖过程中可产生有毒的代谢产物，这些毒性物质进入机体能引起中毒，严重者甚至危及生命。如大型输液剂中若含有热原质可引起急性发热反应等，黄曲菌产生的黄曲霉素、青霉菌产生的毒素，可使人、畜中毒。

(3) 其他危害。药物中的微生物可产生致敏物质，引起机体的超敏反应；其还产生微粒物质（或微生物微粒）引起静脉炎血栓形成或肉芽肿等。

(三) 微生物引起药物变质的影响因素

灭菌药物不含活菌或非灭菌药物存在规定范围内的微生物，一般不易变质。微生物对药品的损害作用受很多因素的影响。

1. 污染量

微生物的污染量是引起药物变质的主要的影响因素。若污染药品的微生物量少，微生物在药品中生长繁殖而引起药物变质；若污染药品的微生物量大，微生物尚未生长繁殖亦可引起药物分解，变质失效。

2. 营养因素

许多药物配方成分是微生物生长所需的碳源、氮源或无机盐类，甚至去离子水，都可支持微生物生长。

3. 含水量

片剂及其他固态药物中的含水量对微生物的生长繁殖影响较大。含水量超过10%～15%，在合适温度条件下，微生物就能大量繁殖。

4. pH

制剂的pH影响制剂中微生物的生长繁殖。通常碱性条件不利于细菌、霉菌和酵母菌的生长，而酸性条件有利于霉菌和酵母菌的生长。

5. 储藏温度

微生物引起药物变质的最危险温度在25～40 ℃。因此，药物应储藏在阴冷、干燥处。

第三节　消毒与灭菌

一、消毒与灭菌的概念

微生物的生命活动与外界环境密切相关。在适宜环境条件下,微生物能进行正常的新陈代谢和生长繁殖;在不良环境条件下,微生物的代谢机能发生障碍,生长受到抑制,甚至死亡。因此,通过控制环境条件,就可以促进有益微生物的生长繁殖,抑制有害微生物的生长繁殖。

(一) 消毒

杀灭物体或环境中的病原微生物的方法称为消毒。用于消毒的化学药品称为消毒剂。

(二) 灭菌

杀灭物体中所有微生物(包括病原微生物、非病原微生物以及细菌芽孢)的方法称为灭菌。经过灭菌的物品称为无菌物品。

(三) 无菌

无菌是物体中无活的微生物存在,或指在环境中一切有生命活动的微生物的营养细胞及其芽孢或孢子都不存在的情况。

(四) 无菌操作

防止微生物进入机体或其他物体的操作方法称为无菌操作。

(五) 生物安全

生物安全是指通过规范的管理措施、技术手段和防护措施,预防和控制生物因子(如病原微生物、毒素、遗传物质等)对人员、环境和社会的潜在危害,同时保障生物技术及研究的合法、安全发展。

二、消毒和灭菌的异同

消毒和灭菌是两个不同的概念,有共性,也有区别。

(一) 共性

杀灭微生物以控制其污染和防止传播。

(二) 区别

(1) 杀灭微生物完全性的差异。灭菌要求完全杀灭微生物,灭菌后的物品不应含任何活的微生物。而消毒是不完全的,只能杀灭一部分微生物即病原微生物,但这也是相对的。因为高效消毒剂在适宜的条件下可达到灭菌的效果,在不适宜的条件下灭菌,亦有不完全杀灭微生物的可能。

(2) 方法上的差异。灭菌的方法有多样性,而消毒则常常是借助化学物质。

(3) 效果检查的差异。灭菌效果是用无菌检查法检测,而消毒效果是以消毒剂的效价来评定。

三、消毒和灭菌的方法

消毒和灭菌的方法包括物理方法和化学方法。医护工作者在临床工作中必须树立牢固的无菌观念,在进行外科手术、换药、注射等医疗技术操作及微生物实验过程中,均须严格执行无菌操作,防止微生物感染或污染。

(一) 物理方法

1. 温度

温度是微生物生长繁殖的重要因素,在适宜的温度范围内,微生物能正常进行生长繁殖,而温度过高或过低,微生物的生长都会受到抑制,甚至死亡。根据各类微生物生长适应的温度范围,将其分为嗜冷微生物、兼性嗜冷微生物、嗜温微生物、嗜热微生物和嗜高热微生物(见第九章)。

(1) 高温

高温能使菌体蛋白质变性或凝固,酶失去活性,新陈代谢受阻而导致微生物死亡。因此,常采用高温进行消毒和灭菌。

① 干热灭菌法。

a. 火焰灭菌法。直接用火焰烧灼,能立即杀灭所有微生物;主要用于接种环、接种针、试管口的灭菌,或用于焚烧传染病病畜、实验感染动物的尸体及某些污染材料。

b. 干热空气灭菌法。在干热灭菌器中进行,160 ℃维持 2 h 可达到灭菌的目的;主要用于试管、吸管、烧杯、离心管及培养皿等实验室器材的灭菌。

② 湿热消毒灭菌法。湿热的穿透力强,而且杀灭微生物的速度快,因此比干热灭菌的效果更好。

a. 煮沸法。煮沸 10~20 min 可杀灭绝大多数细菌的繁殖体;若在水中加入 2%~5% 石炭酸,则能增强杀菌力,经 15 min 的煮沸可杀死炭疽杆菌的芽孢;多用于外科手术器械、注射器及针头的消毒。

b. 巴氏消毒法。利用热力杀死液体食品中病原菌和其他细菌的繁殖体,又不破坏其营养成分。常用于牛奶、葡萄酒及啤酒的消毒。如消毒牛奶用 61~63 ℃经 30 min 或 85~90 ℃经 10 s,然后迅速冷却到 10 ℃左右,可使细菌总数减少 90%以上,并杀灭其中常见的病原菌。近年来对牛奶采用超高温消毒法消毒,使鲜牛奶通过不低于 132 ℃的管道经 1 s,即可达到消毒的目的。

c. 流通蒸汽消毒法。一般在流通蒸汽消毒器或蒸笼内进行。100 ℃蒸汽维持 30 min,能杀灭细菌的繁殖体,只能达到消毒效果,但不能杀芽孢,称为流通蒸汽消毒法。如果将蒸过一次的物品置于室温中过夜,待芽孢萌发,次日再蒸 30 min,这样连续 3 次,即可杀灭全部细菌及其芽孢,达到灭菌目的,这种方法称为流通蒸汽灭菌法,又称间歇灭菌法,常用于某些不耐高热的物品或培养基的灭菌。

d. 高压蒸汽灭菌法。是灭菌效果最好的方法之一。高压蒸汽灭菌器在密闭的情况下加热,其中所盛水的沸点随着蒸汽压力的增大而升高,不仅能杀死细菌繁殖体,而且能破坏细菌芽孢等结构,从而在短期内达到灭菌的效果。通常在温度达到121.3 ℃时,压力为103.42 kPa,维持15～20 min,可达到灭菌效果。常用于耐高温的物品,如普通培养基、生理盐水、某些缓冲液、玻璃器皿、金属器械、敷料、工作服及污染物等的灭菌。耐高温除菌滤芯灭菌时,常在115 ℃持续10 min。

(2) 低温

多数微生物在最低生长温度以下时,代谢活动降低,生长繁殖停止,但可以长时间存活。所以常用低温冰箱保存菌种。细菌、酵母菌、霉菌的培养物常在0～4 ℃保存,细菌的长期保存温度为－20 ℃,病毒等微生物常在－40 ℃以下保存。冷冻干燥(冻干)法是保存菌种、疫苗的良好方法。先将保存物置于玻璃容器内,在冷冻真空干燥器中迅速冷冻,然后抽去容器内的空气,使冷冻物中的水分在真空下逐渐被抽提,最后在真空条件下将玻璃容器密封。在真空冻干状态下,微生物可保存数月至数年而不丧失活力。

2. 干燥

水是微生物不可缺少的成分,在缺水的环境中,微生物的代谢发生障碍,最终死亡。不同种类的微生物对干燥的抵抗力差异很大,如巴氏杆菌、鼻疽杆菌在干燥环境中仅能存活几天,而结核分枝杆菌能存活90 d,炭疽杆菌和破伤风梭菌的芽孢在干燥环境中可存活几年或几十年,霉菌孢子对干燥也有较强的抵抗力。微生物不适宜在干燥条件下生长繁殖,因此,饲料、食品等常用干燥的方法保存。

3. 日光与紫外线

日光是有效的天然杀菌因素,在直射日光下,许多微生物经1～2 h能灭活。因此,可用日光对病原菌污染的用具进行消毒。日光杀菌的主要成分是紫外线,以波长250～265 nm杀菌效力最强。实验室、无菌操作间使用的紫外线杀菌灯,其波长均为253.7 nm。紫外线主要使菌体DNA受到破坏,导致细菌变异或死亡。紫外线灯的消毒效果与照射时间和距离有关,一般灯管离地面距离为2 m,照射1～1.5 h。由于紫外线对人的眼睛和皮肤有损伤作用,所以不能将人体暴露于紫外线灯光下,也不能在紫外线灯下操作。

4. 过滤除菌

过滤除菌是用滤膜或滤器除去液体中微生物的方法。孔径为0.22 m的微孔滤膜较常用,它不允许细菌通过,只能使液体分子通过,称为细菌滤器。G(国际标准为P)玻璃滤器孔径头为1.2～2.0 μm,能滤除大肠杆菌和葡萄球菌。毒素、抗毒素、维生素、酶、细胞培养液及病毒材料等不能耐受高温高压,常常通过细菌滤器和玻璃滤器过滤除菌。超净工作台也是利用过滤除菌的原理制成的。

(二) 化学方法

能杀死病原微生物的化学药剂称为消毒剂。具有防腐作用的化学药剂称为防腐剂。一般来说,消毒剂在低浓度时就具有防腐作用。消毒剂主要用于体表、器械、排泄物和周围环境的消毒。消毒剂对动物的组织细胞也有一定的损害作用,因此只能外用。理想的消毒剂应杀菌力强、价格低廉、无腐蚀性及对动物无毒害作用,不污染环境。消毒剂的种类很多,可根据其特点和用途选择使用。

1. 苯酚(石炭酸)

本品常用于环境消毒,适用于排泄物、分泌物的消毒,还可用于医疗器械及用具的消毒。5%苯酚常用于动物房、屠宰场等有机物较多的空间和喷雾消毒,也可用于浸泡外科器械及吸管等。

2. 来苏尔溶液

本品主要用于外科器械、排泄物及皮肤的消毒。3%～5%来苏尔溶液常用于器械、畜禽舍及其他物品的消毒;2%来苏尔溶液常用于洗手和消毒皮肤的消毒。

3. 乙醇(酒精)

本品为最常用的皮肤消毒剂,杀菌力较强。70%～75%乙醇用于皮肤、体温计、小件医疗器械的消毒。本品不适宜新鲜伤口的消毒,使用浓度不能过高,否则会影响杀菌效果。

4. 甲醛溶液

本品杀菌力强,能杀灭细菌繁殖体、芽孢和多种病毒。市售的浓度为38%～40%的甲醛溶液称为福尔马林,可用于无菌室、室内空气及用具的消毒。10%福尔马林就是取1份浓度为38%～40%的甲醛溶于9份水中,实际含4%甲醛,常用于畜禽舍、用具、排泄物的消毒。用于熏蒸消毒时,每立方米空间用40%甲醛溶液25 mL、高锰酸钾25 g、水12.5 mL,密封门窗12～24 h。

5. 氢氧化钠(烧碱)

本品常用于环境消毒,杀菌力强。2%～4%热氢氧化钠溶液常用于被细菌和病毒污染的畜禽舍、饲槽及运输车船的消毒;3%～5%热氢氧化钠溶液常用于被细菌芽孢污染的场地的消毒。本品不能用于皮肤、铝制品等的消毒。

6. 生石灰(氧化钙)

本品与水作用生成氢氧化钙后,呈现强烈的杀菌作用。现用配制的10%～20%石灰乳常用于墙壁、围栏、场地及排泄物等的消毒。

7. 高锰酸钾

本品为强氧化剂。现用配制的0.1%高锰酸钾溶液常用于伤口、黏膜,以及食槽、饮水器的消毒。

8. 过氧乙酸

市售品浓度为20%。本品为高效广谱杀微生物药,因对多种金属有腐蚀作用,故使用受到一定的限制。0.5%过氧乙酸溶液常用于畜禽舍、饲槽、车辆及场地等的消毒;5%过氧乙酸溶液常用于密闭的实验室、无菌室及仓库等的喷雾消毒;0.2%～0.5%过氧乙酸溶液常用于塑料、玻璃制品的消毒。上述浓度的溶液需现用现配。

9. 碘酊

本品主要用于手术及注射部位的消毒。5%碘酊常用于手术部位的消毒,2%碘酊常用于一般皮肤的消毒。

10. 漂白粉

本品遇水后解离成活性氯气和新生态氧,杀菌力强,能杀灭芽孢。5%～20%漂白粉用于厩舍、围栏、饲槽、排泄物、尸体、车辆及炭疽芽孢污染地面的消毒；0.3～1.5 g/L 漂白粉用于饮水消毒。上述浓度的溶液需现用现配。本品不能用于金属制品及有色纺织品的消毒。

11. 升汞

本品对金属有腐蚀性，剧毒，应妥善保管。0.05%～0.1% 升汞用于非金属器及畜禽舍用具的消毒。

12. 新洁尔灭

本品为阳离子表面活性剂，抗菌谱广，广泛用于皮肤、黏膜及器械的消毒。0.1% 新洁尔灭用于皮肤和手的消毒（手术前泡手），玻璃器皿、手术器械、橡胶制品、搪瓷用具及敷料等的消毒可用 0.1% 新洁尔灭溶液浸泡 30 min。本品不适用于粪便、污水及皮革的消毒，接触肥皂后效力降低。

(三) 高压蒸汽灭菌

1. 使用步骤

（1）加水

先将内层灭菌桶取出，再向外层锅内加入适量的水，使水面与三角搁架相平为宜。

（2）装料

放回内层灭菌桶，并装入待灭菌物品。注意不要装得太挤，以免妨碍蒸汽流通而影响灭菌效果。锥形瓶与试管口端均不要与桶壁接触，以免冷凝水淋湿包口的纸而打湿棉塞。

（3）加盖密封

将盖上的排气软管插入内层灭菌桶的排气槽，再以两两对称的方式同时旋紧相对的两个螺栓，使螺栓松紧一致，切勿漏气。

（4）排气升压

排除灭菌锅内空气的方法有两种：① 加热开始，关闭排气阀，当压力上升到 0.020～0.030 MPa 时，打开排气阀，使灭菌锅内的空气和水一同排出，直到压力表的压力恢复至零。然后再关闭排气阀，这样反复 2～3 次即可排净灭菌锅内的空气。② 打开排气阀，开始加热，使水沸腾以排出锅内的冷空气，待排气阀有大量蒸汽冒出时，再继续排气 10 min，这时锅内冷空气已完全排尽，再关闭气阀。

（5）降压

达到规定的灭菌时间后，切断电源，让其自然降压冷却。

（6）取料

待压力完全降至"0"时，打开排气阀，旋松螺栓，打开锅盖，取出灭菌物品。如果压力未降到"0"就打开排气阀，则会因锅内压力突然下降，使容器内的培养基由于内外压力不平衡而冲出瓶口或试管，造成棉塞沾污培养基而易发生污染。

（7）倒水

灭菌锅用过以后，将锅内剩余的水倒掉，以免日久腐蚀。

2. 注意事项

在压力上升之前，必须将锅内的冷空气完全排出，否则，虽然压力表已指示 0.100 MPa，但锅内的温度却只有 100 ℃，往往会造成灭菌不彻底。

第四节 无菌检查与微生物限度检查

一、无菌检查的概念

无菌检查法是用于检查药典规定无菌的药品、生物制品、医疗器具、原料、辅料等是否无菌的一种方法,是监管部门对无菌产品质量监督中的一个重要项目,是保障医疗产品安全性的最后防线。无菌试验并不能用于保证整批产品的无菌性,但是它可用于确定批产品不符合无菌要求。

(一)药品无菌检查的意义

污染的输液导致患者得败血症甚至死亡等惨痛的药难事件使人们认识到对这类制剂进行无菌检查的重要性。20世纪50—60年代,污染的输液曾导致各种败血症病例的发生。1972年英国普拉姆斯总医院因使用污染的葡萄糖输液导致6个患者死亡。无论哪种无菌制品污染了微生物,对患者的安全都可能构成威胁,因此人们较早地认识到应对此类制剂进行无菌检查。由于无菌或灭菌制剂在医疗、防疫中应用广泛,所以对其进行无菌检查,在保证患者用药安全方面有着十分重要的意义。

(二)药品无菌检查的概况

无菌检查法作为药品微生物检验的要求,早在20世纪20年代就被列为必检项目。新中国第一部药典——《中华人民共和国药典》(1953年版,简称《中国药典》)就收载了无菌检查法,并在每一版药典的修订过程中,无菌检查的范围、方法、检验量及检验材料的质控内容等也在不断地修订,使无菌检查结果更能反映无菌产品的质量。同样地,各国每一版药典对无菌检查法,也都有不同程度的改进和提高。

《中国药典》(2005年版)一、二、三部中的无菌检查法,分别用于中药、化学药品和生物制品的无菌检查。中药、化学药品的无菌检查法内容基本一致。由于生物制品的特殊性,所以其无菌检查法的内容与中药、化学药品的内容有很大的差异。

美国、欧洲和日本三方无菌检查法的协调案已进入最后阶段,并已被《美国药典》(2004年第27版)和《欧洲药典》(2005年第5版)正式收载。方法中重要的方面均取得了一致,极少数未取得一致意见的内容在各国药典中亦有体现。《中国药典》(2005年版)的无菌检查法与世界上主要药典的无菌检查法的主要内容是一致的。

(三)无菌检查的范围

需要进行无菌检查的品种包括药典要求无菌的药品、生物制品、医疗器具、原料、辅料等,主要分为以下几类。

(1)品种项下规定无菌检查的制剂。

(2)制剂通则项下规定无菌检查的制剂。化学药品包括注射剂、植入剂、冲洗剂、眼内注射溶液、眼内插入剂以及供手术、伤口、角膜穿通伤用的眼用制剂,用于烧伤或严重创伤的软膏剂、乳膏剂,用于烧伤、创伤或溃疡的气雾剂和喷雾剂,用于手术或创伤的局部用散剂和鼻用制剂,用于手术、耳部伤口或耳膜穿孔的滴耳剂和洗耳剂,用于严重创伤的凝胶剂。中药包括注射剂,用于烧伤或严重创伤的外用散剂、软膏剂、气雾剂、喷雾剂,用于伤口的眼用制剂,用于严重创伤的鼻用制剂。生物制品包括注射剂、外用溶液剂、眼内注射溶液,以及供眼部手术、伤口、角膜穿通伤用的眼用制剂,用于大面积烧伤或严重创伤皮肤的软膏剂、乳膏剂,用于烧伤、严重损伤或溃疡的喷雾剂,标签标示无菌的鼻用制剂及凝胶剂。

(3)标签标示无菌的制剂。

(4)未在品种项下及制剂通则项下规定的用于手术、烧伤及严重损伤的局部给药制剂。

(5)用于止血并可被组织吸收的制剂。

(6)要求无菌的医疗器械,包括外科用敷料、器材。

(7)药品包装材料等。

按无菌检查法规定,上述各类制剂均不得检出需气菌、厌气菌及真菌等任何类型的活菌。从微生物类型的角度看,即不得检出细菌、放线菌、酵母菌及霉菌等活菌。

二、食品微生物限度检查

(一)食品微生物限度检查的概念

食品微生物限度检查是一种用于评估食品样品中微生物污染程度的实验室方法。这些微生物包括细菌、霉菌、酵母菌等,也是评价生产企业的原料、辅料、设备、器具、工艺流程、环境和操作者的卫生状况的重要手段和依据。

(二)食品微生物限度检查的意义

食品微生物限度检查在保障食品安全和质量方面具有重要意义。

(1)保障食品安全。食品微生物限度检查能够及时发现和控制食品中的微生物污染,防止不合格食品进入市场,从而保障公众健康。某些致病性微生物在食品中的繁殖和毒素的产生会引发食源性疾病,对人体健康造成危害。微生物限度检查可以有效防止或者减少食物中毒和人畜共患病的发生。

(2)提升食品质量管理水平。微生物限度检查是食品质量管理体系的重要组成部分,有助于提高食品生产企业的质量管理水平和竞争力。对微生物检测数据的分析可以了解食品生产过程中的卫生状况和潜在风险,为生产过程的改进提供依据。

(3)维护消费者权益。随着人民生活水平的提高,对食品的质量和食品的安全性要求越来越高。食品微生物限度检查为消费者提供了科学依据,确保他们购买和消费的食品是安全的,从而维护了消费者的权益。

(4)支持国际贸易。食品微生物限度检查对于食品出口也具有重要意义。许多国家和地区对进口食品的微生物标准有严格规定,符合这些标准的微生物限度检查可以确保食品顺利出口,避免因微生物污染而导致的贸易纠纷。

(三)食品微生物限度检查的内容

(1)菌落总数。菌落总数是指食品检样经过处理,在一定条件下培养后所得 1 g 或 1 mL 检样中所含细菌菌落的总数。菌落总数的检查可以反映食品的新鲜度、被细菌污染的程度、生产过程中食品是否变质和食品生产的一般卫生状况等,是判断食品卫生质量的重要依据之一。

(2) 大肠菌群。大肠菌群包括大肠杆菌和产气杆菌的一些中间类型的细菌。这些细菌是寄居于人及温血动物肠道内的肠居菌,它随着大便排出体外。食品中大肠菌群数越多,说明食品受粪便污染的程度越大。故以大肠菌群作为粪便污染食品的卫生指标来评价食品的质量,具有广泛的意义。

(3) 致病菌。致病菌即能够引起人们发病的细菌。对不同的食品和不同的场合,应该选择一定的参考菌群进行检验。例如,海产品以副溶血性弧菌作为参考菌群,蛋与蛋制品以沙门菌、金黄色葡萄球菌、变形杆菌等作为参考菌群,米、面类食品以蜡样芽孢杆菌、变形杆菌、毒菌等作为参考菌群,罐头食品以耐热性芽孢菌作为参考菌群等。

(4) 霉菌及其毒素。我国还没有制定出霉菌的具体指标,鉴于有很多霉菌能够产生毒素,引起疾病,故应该对产毒霉菌进行检验。例如,曲霉属的黄曲霉、寄生曲霉等,青霉属的桔青霉、岛青霉等,镰刀霉属的串珠镰刀霉,禾谷镰刀霉等。

(5) 其他指标。微生物指标还应包括肝炎、猪瘟、鸡新城疫、马立克氏、口蹄疫、狂犬病、猪水泡等。另外,从食品检验的角度考虑,寄生虫也被很多学者列为微生物检验的指标,如旋毛虫、囊尾蚴、住肉孢子虫、蛔虫、肺吸虫、弓形体、螨、姜片吸虫、中华分枝睾吸虫等。

(四) 食品微生物限量标准

我国于 2013 年制定和发布了《食品安全国家标准 食品中致病菌限量》(GB 29921—2013)。该标准的发布对保障食品安全、控制食源性疾病的发生发挥了积极作用。按照《中华人民共和国食品安全法》和《食品安全标准与监测评估"十三五"规划(2016—2020 年)》的要求,为了进一步完善我国食品安全国家标准体系,适应行业的发展以及监管部门的使用需求,根据最新的风险监测和风险评估结果,结合国际上近年来食源性致病菌标准的修订动态及 GB 29921—2013 执行过程中遇到的问题,于 2021 年 11 月 22 日起执行《食品安全国家标准 预包装食品中致病菌限量》(GB 29921—2021)等 17 项食品安全国家标准和 1 项修改单。

1. 标准的修订原则

一是落实最严谨标准的要求,以保证食品安全和消费者健康为宗旨,在科学的基础上修订标准。本次修订依据国内外最新的食品安全风险评估报告,以及近年来国内外食品污染物、食源性疾病的监测结果,结合标准实施过程中遇到的问题,参照国际准则和相关标准,在保障食品安全和消费者健康的基础上,充分考虑我国当前实际,落实最严谨的标准要求。二是坚持问题导向,开门做标准。修订工作中,广泛听取监管部门、检验机构、行业、科研院所等标准使用方对标准的意见和建议,对行业现状进行充分调研,认真研究发现的问题,充分吸纳可取的建议,注重标准的可操作性,加强标准的通用性。

2. 标准的主要修订内容

本次修订将标准名称由《食品安全国家标准 食品中致病菌限量》修改为《预包装食品中致病菌限量》,整合了乳制品和特殊膳食用食品中的致病菌限量要求,增加了食品类别(名称)说明的附录,对乳制品、肉制品、水产制品、即食蛋制品、粮食制品、即食豆类制品、巧克力类及可可制品、即食果蔬制品、饮料、冷冻饮品、即食调味品、坚果与籽实类食品、特殊膳食用食品等 13 类食品中的沙门菌、单核细胞增生李斯特氏菌、致泻大肠埃希菌、金黄色葡萄球菌、副溶血性弧菌、克罗诺杆菌属(阪崎肠杆菌)等 6 种致病菌指标和限量进行了调整。

3. 国际上食品中致病菌管理情况

国际食品卫生法典委员会(CCFH)是国际食品法委员会(CAC)的通用法典委员会,负责制定食品卫生的一般原则、操作规范、指南以及食品微生物标准,在国际层面提出微生物风险评估的优先领域和提出需要解决的问题,制定并审议食品微生物风险管理措施等。CAC 于 2013 年修订了《制定和应用食品微生物标准的原则和指南》(CAC/GL 21－1997),其中规定了微生物标准的适用范围、定义和要素,以及制定标准的目的、需要考虑的因素、采样方案和检验方法等微生物标准制定和实施原则等内容,用于指导各国微生物限量标准管理工作。根据 CCFH 提出的要求,联合国粮农组织(FAO)和世界卫生组织(WHO)联合成立的微生物风险评估专家组(JEMRA)对多种重要的"食品－病原"组合进行风险评估。其中,关于"即食食品中单核细胞增生李斯特氏菌的风险评估报告"(2004)、"粉状婴幼儿配方食品中沙门菌和阪崎肠杆菌的风险评估报告"(2004、2006)的科学结论均被 CCFH 采纳,CAC 于 2009 年修订了《应用食品卫生一般原则控制食品中单核细胞增生李斯特氏菌的指南》(CAC/GL 61－2007)。该文件为控制即食食品中单核细胞增生李斯特氏菌提供了框架和建议,同时提出了即食食品中单核细胞增生李斯特氏菌限量标准。2009 年修订的《婴幼儿粉状配方食品卫生操作规范》(CAC/RCP 66－2008)中提出了粉状婴儿配方食品、粉状较大婴儿和幼儿配方食品、特殊医学用途婴儿配方食品等产品中的沙门菌和克罗诺杆菌属(阪崎肠杆菌)限量标准。

4. 关于标准中的致病菌指标

(1) 沙门菌。沙门菌主要通过粪口途径传播。我国部分风险监测数据和文献报道,在散装面包、蛋糕、熟肉制品、凉拌菜、果汁、生食蔬菜、色拉等食品中检出沙门菌,其中散装酱腌菜、熟肉制品和生食蔬菜的沙门菌检出率较高。本标准参考欧盟、澳新、英国及中国澳门、中国香港等地区的即食食品中沙门菌管理现况,设置了我国散装即食食品中沙门菌指标,限量要求为每 25 g(或 25 mL)样品中不得检出。

(2) 金黄色葡萄球菌。金黄色葡萄球菌可通过多种途径污染食品,适宜条件下可产生肠毒素。我国部分风险监测数据和文献报道,金黄色葡萄球菌风险较高的散装即食食品为散装蛋糕、熟肉制品、果汁和蔬菜色拉。部分金黄色葡萄球菌肠毒素监测结果显示,产肠毒素金黄色葡萄球菌占比达 30％～60％。本标准参考英国、欧盟、澳大利亚和新西兰及中国澳门、中国香港等地的相关管理规定,设置我国散装即食食品中金黄色葡萄球菌指标,限量要求为 1 g(或 1 mL)样品中小于或等于 1 000 CFU(菌落形成单位)。

(3) 单核细胞增生李斯特氏菌。单核细胞增生李斯特氏菌感染约有 85％～90％的病例是因摄入被污染的食品引起。常见的污染食品有生牛奶、奶酪、冰激凌、生蔬菜、生肉、发酵生肉香肠、热狗、蔬菜、水果、生烟熏鱼、水产品等。结合近年来国内外监测数据,考虑我国散装即食食品现状,本标准对部分或未经热处理的散装即食食品设置了单核细胞增生李斯特氏菌指标,限量要求为每 25 g(mL)样品中不得检出。

(4) 蜡样芽孢杆菌。蜡样芽孢杆菌是机会致病菌,主要通过产生腹泻毒素和呕吐毒素导致人类中毒,其致病性取决于该菌是否携带可表达的毒力基因以及被污染的食品中蜡样芽孢杆菌的量。蜡样芽孢杆菌导致的食源性疾病具有明显的季节性,以夏、秋季最高。综合我国蜡样芽孢杆菌导致的食源性疾病案例以及相关数据和文献报道,本标准对以米为主要原料制作的热处理散装即食食品、部分或未经热处理的散装即食食品设置了蜡样芽孢杆菌指标,限量要求为1 g(或1 mL)样品中小于或等于10 000 CFU。

(5) 副溶血性弧菌。副溶血性弧菌的致病性与受污染食品的带菌量以及该菌是否携带致病基因密切相关。本标准参考澳大利亚和新西兰、英国等国家以及中国香港、中国澳门等地区的相关规定,对含动物性水产品部分或未经热处理的散装即食食品设置了副溶血性弧菌指标,限量要求为1 g(或1 mL)样品中小于或等于1 000 MPN。

(6) 其他。考虑到监管部门和检验机构实际工作中的需求,标准中对"m=0/25 g(mL)"进行了解释,即标准中"m=0/25 g(mL)"代表"每25 g(mL)不得检出"。

三、药品微生物限度检查

(一) 药品微生物限度检查的概念

药品微生物限度检查是检查非规定灭菌制剂及其原料、辅料受微生物污染程度的方法,包括活菌数及控制菌检查。

(二) 药品微生物限度检查的意义

药品微生物限度检查是确保药品质量和安全性的重要环节。

1. 确定药物是否污染或其污染程度

微生物广泛存在于自然界中,药品在生产、运输和储存过程中很容易受其污染。通过检测,可以了解药品是否受污染及其污染程度,查明污染的来源,并采取适当的方法进行控制,以保证药品的质量。

2. 保证用药的有效性和安全性

药品作为特殊商品,除了要保证其治疗的有效性,还要确保其用药的安全性。微生物污染药品后可能分解药品的有效成分,导致疗效降低或丧失,同时微生物的毒性代谢产物和部分病原微生物还可对患者造成不良反应或继发性感染,甚至危及患者的生命。

3. 可作为衡量药品生产全过程卫生水平的根据之一

药品生产的各个环节如原辅料、水、空气、车间设备、包装材料、操作人员等都可能带来微生物污染。生产企业应针对生产过程的各个环节制定相应的措施,加强卫生管理,保证药品生产的环境卫生、物料卫生、工艺卫生、厂房卫生和人员卫生,防止污染。

(三) 药品微生物限度检查的内容

1. 染菌量检查

测定单位重量(体积或面积)药品中的细菌数,及真菌数(霉菌和酵母菌数)。英国药典将细菌数和真菌数合并为需气菌总数。

2. 控制菌检查

测定单位重量(体积或面积)药品中粪便污染指示菌和某些特定菌,如大肠埃希菌、大肠菌群、沙门菌、金黄色葡萄球菌、铜绿假单胞菌、梭菌、螨等在规定量的样品中不得检出或不超过某限度(指大肠菌群)。

(四) 药品微生物限度标准

我国药品微生物限度标准如表 8-1、表 8-2 所示。

表 8-1　中国药典　一部　2005 微生物限度标准

非无菌药品的微生物限度标准是基于药品的给药途径、对患者健康潜在的危害及中药的特殊性而制定的。药品的生产、储存、销售过程中的检验,中药提取物及辅料的检验,新药标准制定、进口药品标准复核、考察药品质量及仲裁等除另有规定外,其微生物限度均以本标准为依据。
1. 制剂通则、品种项下要求无菌的制剂及标示无菌的制剂应符合无菌检查法规定。
2. 口服制剂
2.1　不含药材原粉的制剂
细菌数　　　　　　1 g 不得过 10^3 个。1 mL 不得过 10^2 个。
霉菌和酵母菌数　　1 g 或 1 mL 不得过 10^2 个。
大肠埃希菌　　　　1 g 或 1 mL 不得检出。
2.2　含药材原粉的制剂
细菌数　　　　　　1 g 不得过 10^4 个(丸剂 1 g 不得过 3×10^4 个)。1 mL 不得过 5×10^2 个。
霉菌和酵母菌数　　1 g 或 1 mL 不得过 10^2 个。
大肠埃希菌　　　　1 g 或 1 mL 不得检出。
大肠菌群数　　　　1 g 小于 10^2 个。1 mL 小于 10 个。
2.3　含豆豉、神曲等发酵原粉的制剂
细菌数　　　　　　1 g 不得过 10^5 个。1 mL 不得过 10^3 个。
霉菌和酵母菌数　　1 g 不得过 5×10^2 个。1 mL 不得过 10^2 个。
大肠埃希菌　　　　1 g 或 1 mL 不得检出。
大肠菌群数　　　　1 g 小于 10^2 个。1 mL 小于 10^2 个。
3. 局部给药制剂
3.1　用于手术、烧伤或严重创伤的局部给药制剂,应符合无菌检查法要求。
3.2　用于表皮或黏膜不完整的含药材原粉局部给药制剂
细菌数　　　　　　1 g 或 10 cm^2 不得过 10^3 个。1 mL 不得过 10^2 个。
霉菌和酵母菌数　　1 g、1 mL 或 10 cm^2 不得过 10^2 个。
金黄色葡萄球菌、铜绿假单胞菌　1 g、1 mL 或 10 cm^2 不得检出。
3.3　用于表皮或黏膜完整的含药材原粉局部给药制剂
细菌数　　　　　　1 g、1 mL 或 10 cm^2 不得过 10^4 个。1 mL 不得过 10^2 个。
霉菌和酵母菌数　　1 g、1 mL 或 10 cm^2 不得过 10^2 个。
金黄色葡萄球菌、铜绿假单胞菌　1 g、1 mL 或 10 cm^2 不得检出。
3.4　眼部给药制剂
细菌数　　　　　　1 g、1 mL 不得过 10 个。
霉菌和酵母菌数　　1 g 或 1 mL 不得检出。
金黄色葡萄球菌、铜绿假单胞菌、大肠埃希菌　1 g 或 1 mL 不得检出。
3.5　耳、鼻及呼吸道吸入给药的制剂

细菌数　　　　　　1 g、1 mL 或 10 cm² 不得过 10² 个	
霉菌和酵母菌数　1 g、1 mL 或 10 cm² 不得过 10 个。	
金黄色葡萄球菌、铜绿假单胞菌　1 g、1 mL 或 10 cm² 不得检出。	
大肠埃希菌鼻及呼吸道吸入给药的制剂　1 g 或 1 mL 或 10 cm² 不得检出	
3.6　阴道、尿道给药制剂	
细菌数　　　　　　1 g、1 mL 或 10 cm² 不得过 10² 个	
霉菌和酵母菌数　1 g、1 mL 或 10 cm² 小于 10 个。	
金黄色葡萄球菌、铜绿假单胞菌、厌氧梭菌　1 g、1 mL 或 10 cm² 不得检出	
3.7　直肠给药制剂	
细菌数　　　　　　1 g 或 1 mL 不得过 10² 个。	
霉菌和酵母菌数　1 g 或 1 mL 不得过 10² 个。	
金黄色葡萄球菌、铜绿假单胞菌、大肠埃希菌　1 g 或 1 mL 不得检出。	
3.8　其他局部给药制剂	
细菌数　　　　　　1 g、1 mL 或 10 cm² 不得过 10² 个。	
霉菌和酵母菌数　1 g、1 mL 或 10 cm² 不得过 10 个。	
金黄色葡萄球菌、铜绿假单胞菌　1 g、1 mL 或 10 cm² 不得检出。	
4. 含动物脏器(包括提取物)及动物类原药材粉(蜂蜜、王浆、动物角、阿胶除外)的口服制剂 10 g 或 10 mL 不得检出沙门菌。	
5. 有兼用途径的制剂,应符合个给药途径的标准。	
6. 霉变、长螨者,以不合格论。	
7. 中药提取物及辅料　参照相应制剂的微生物限度标准执行。	

表 8-2　中国药典　二部　2005 微生物限度标准

非无菌药品的微生物限度标准是基于药品的给药途径、对患者健康潜在的危害而制定的药品的生产、储存、销售过程中的检验,原料及辅料的检验,新药标准制定、进口药品标准复核、考察药品质量及仲裁等,除另有规定外,其微生物限度均以本标准为依据。
1. 制剂通则、品种项下要求无菌的制剂及标示无菌的制剂应符合无菌检查法规定。
2. 口服给药制剂
细菌数　　　　　　1 g 不得过 10³ 个。1 mL 不得过 10² 个。
霉菌和酵母菌数　1 g 或 1 mL 不得过 10 个。
大肠埃希菌　　　　1 g 或 1 mL 不得检出。
3. 局部给药制剂
3.1　用于手术、烧伤或严重创伤的局部给药制剂,应符合无菌检查法要求。
3.2　眼部给药制剂
细菌数　　　　　　1 g 或 1 mL 不得过 10 个。
霉菌和酵母菌数　1 g 或 1 mL 不得检出。
金黄色葡萄球菌、铜绿假单胞菌、大肠埃希菌　1 g 或 1 mL 不得检出。

续表

3.3 耳、鼻及呼吸道吸入给药的制剂
细菌数　　　1 g、1 mL 或 10 cm² 不得过 10² 个。
霉菌和酵母菌数　1 g、1 mL 或 10 cm² 不得过 10 个。
金黄色葡萄球菌、铜绿假单胞菌　1 g、1 mL 或 10 cm² 不得检出。
大肠埃希菌鼻及呼吸道给药的制剂　1 g 或 1 mL 或 10 cm² 不得检出。
3.4 阴道、尿道给药制剂
细菌数　　　1 g、1 mL 或 10 cm² 不得过 10² 个。
霉菌和酵母菌数　1 g、1 mL 或 10 cm² 不得检出。
金黄色葡萄球菌、铜绿假单胞菌　1 g、1 mL 或 10 cm² 不得检出。
3.5 直肠给药制剂
细菌数　　　1 g 不得过 10³ 个。1 mL 不得过 10² 个。
霉菌和酵母菌数　1 g 或 1 mL 不得过 10 个。
金黄色葡萄球菌、铜绿假单胞菌、大肠埃希菌　1 g 或 1 mL 不得检出。
3.6 其他局部给药制剂
细菌数　　　1 g、1 mL 或 10 cm² 不得过 10² 个。
霉菌和酵母菌数　1 g、1 mL 或 10 cm² 不得过 10² 个。
金黄色葡萄球菌、铜绿假单胞菌　1 g、1 mL 或 10 cm² 不得检出。
4. 含动物组织来源(包括提取物)的口服制剂 10 g 或 10 mL 不得检出沙门菌。
5. 有兼用途径的制剂,应符合各给药途径的标准。
6. 霉变、长螨者,以不合格论。
7. 原料及辅料　参照相应制剂的微生物限度标准执行。

四、不同病原微生物危害等级及其适用的实验室

病原微生物的危害等级是根据它们对人体、动植物或环境的潜在危害程度来划分的。根据国际标准,病原微生物的危害等级通常分为 4 个级别:P1(BSL-1)、P2(BSL-2)、P3(BSL-3) 和 P4(BSL-4),如表 8-3 所示。每个等级对应着不同的实验室安全标准和防护措施。

表 8-3　病原微生物的危害等级

危害等级	实验室等级	适用微生物	特点
P1(BSL-1)	基础实验室	对人体、动植物或环境危害较低,不具有对健康成人、动植物致病的因子	如常见的大肠杆菌等
P2(BSL-2)	基础实验室	对人体、动植物或环境具有中等危害或具有潜在危险的致病因子	如各类型肝炎病毒、腮腺炎病毒等
P3(BSL-3)	防护实验室	对人体、动植物或环境具有高度危害性,通过直接接触或气溶胶使人传染上严重甚至是致命的疾病,或对动植物和环境具有高度危害的致病因子	如炭疽杆菌、SARS 冠状病毒等
P4(BSL-4)	最高防护实验室	对人体、动植物或环境具有高度危害性,通过气溶胶途径传播或传播途径不明,或未知的、高度危险的致病因子	如埃博拉病毒、马尔堡病毒等

第八章 微生物的控制

思考与练习

一、单项选择题

1. 我国《生活饮用水卫生标准》(GB 5479—2006)规定,每毫升水中含菌数不得超过( )。
   A. 10 个　　　　　　B. 50 个　　　　　　C. 100 个　　　　　　D. 200 个
2. 空气中的微生物主要是( )。
   A. 病毒　　　　　　B. 细菌　　　　　　C. 真菌　　　　　　D. 非病原微生物
3. 在正常情况下,子宫和膀胱( )。
   A. 是无菌的　　　　B. 有葡萄球菌　　　　C. 有链球菌　　　　D. 有大肠杆菌
4. 眼科用药不得检出的细菌是( )。
   A. 铜绿假单胞菌　　B. 沙门菌　　　　　C. 葡萄球菌　　　　D. 大肠杆菌
5. 口服药不得检出的细菌是( )。
   A. 沙门菌　　　　　B. 大肠埃希菌　　　C. 酵母菌　　　　　D. 葡萄球菌
6. 颗粒剂药品含水量应( )。
   A. ≤1.0%　　　　　B. ≤5.%　　　　　C. ≤8.0%　　　　　D. ≤10.0%
7. 浸出制剂(含糖)药品含水量应( )。
   A. ≤3.0%　　　　　B. ≤6.0%　　　　　C. ≤10.0%　　　　D. ≤12.0%
8. 常见的低温敏感药物的储存温度通常要求在( )。
   A. -30 ℃以下　　　B. -20 ℃以下　　　C. -10 ℃以下　　　D. 0 ℃以下
9. 对阳光、高温敏感的药物储藏的相对湿度应控制在( )。
   A. 20%~30%　　　　B. 30%~45%　　　　C. 45%~55%　　　　D. 55%~65%
10. 下列属于药物有效成分破坏的是( )。
    A. 出现微生物色素　　　　　　　　B. 产生异味和气体
    C. 有丝状物、悬浮物等　　　　　　D. 微生物产生多种代谢产物
11. 下列属于干热消毒灭菌法的是( )。
    A. 煮沸法　　　　　　　　　　　　B. 巴氏消毒法
    C. 高压蒸汽灭菌法　　　　　　　　D. 火焰灭菌法
12. 细菌、酵母菌、霉菌的培养物常保存的温度为( )。
    A. -40 ℃以下　　　B. -20 ℃以下　　　C. -10 ℃以下　　　D. 0~4 ℃
13. 近年来对牛奶采用超高温消毒法消毒,使鲜牛奶通过不低于 132 ℃ 管道的时间不少于( )。
    A. 1 s　　　　　　　B. 2 s　　　　　　　C. 3 s　　　　　　　D. 4 s
14. 超净工作台制成的原理是依据( )。
    A. 高压蒸汽灭菌　　　　　　　　　B. 流通蒸汽消毒
    C. 紫外线消毒　　　　　　　　　　D. 过滤除菌

15. 0.05%～0.1%升汞用于消毒( )。
    A. 手术部位　　　　　　　　　　　B. 皮肤、黏膜及器械
    C. 非金属器及畜禽舍用具　　　　　D. 排泄物、分泌物
16. 对罐头食品微生物限度检查的参考菌群是( )。
    A. 副溶血性弧菌　　B. 沙门菌　　C. 金黄色葡萄球菌　　D. 耐热性芽孢菌
17. 我国散装即食食品中单核细胞增生李斯特氏菌指标的限量要求为( )。
    A. 每 25 g(mL)样品中不得检出
    B. 每 g(mL)样品中小于或等于 10000 CFU
    C. 每 g(mL)样品中小于或等于 1000 MPN
    D. 每 25 g(mL)样品中小于或等于 1000 MPN
18. 《中国药典》(2005 年版)一部微生物限度标准,对中药含药材原粉的制剂大肠菌群数限量要求是( )。
    A. 1 g 或 1 mL 不得检出　　　　　　B. 1 g 小于 10^2 个,1 mL 小于 10 个
    C. 1 g 或 1 mL 不得过 10^2 个　　　　D. 1 g 小于 10^2 个,1 mL 小于 10^2 个
19. 《中国药典》(2005 年版)一部微生物限度标准,对阴道、尿道给药制剂霉菌和酵母菌数限量要求是( )。
    A. 1 g 或 1 mL 不得检出　　　　　　B. 1 g、1 mL 或 10 cm² 小于 10 个
    C. 1 g 或 1 mL 不得过 10^2 个　　　　D. 1 g、1 mL 或 10 cm² 小于 10^2 个
20. 防护实验室属于病原微生物的危害等级是( )。
    A. P1(BSL-1)　　B. P2(BSL-2)　　C. P3(BSL-3)　　D. P4(BSL-4)

二、多项选择题

1. 下列选项中,属于药品发生可被觉察的物理化学变化的有( )。
    A. 黏稠剂和悬浮剂的解聚使黏度下降
    B. 针剂药品悬浮物沉淀
    C. 糖质的药品中形成聚合性的黏稠丝
    D. 变质的乳剂有团块或沙粒感
2. 消毒和灭菌的区别在于( )。
    A. 控制其污染和防止传播的差异　　　B. 杀灭微生物完全性的差异
    C. 杀灭微生物方法上的差异　　　　　D. 效果检查的差异
3. 下列属于高温灭菌方法的有( )。
    A. 巴氏消毒法　　　　　　　　　　B. 干热空气灭菌法
    C. 紫外线消毒　　　　　　　　　　D. 过滤除菌
4. 对米、面类食品微生物限度检查的参考菌群有( )。
    A. 蜡样芽孢杆菌　　B. 金黄色葡萄球菌　　C. 变形杆菌　　D. 毒菌
5. 我国药品微生物限度检查的内容包括( )。
    A. 细菌总数检查　　　　　　　　　B. 染菌量检查
    C. 控制菌检查　　　　　　　　　　D. 大肠杆菌数检查

三、判断题
1. 土壤中的微生物以真菌为最多,在土壤表层含微生物最多。( )
2. 人体肠道内正常栖居的大肠杆菌产生大肠菌素,可抑制其他致病性大肠杆菌的生长。
( )
3. 室内空气的含菌量较室外低,畜禽舍空气中的含菌量更低。( )
4. 十二指肠因胆汁的杀菌作用,在消化道中微生物含量最少。( )
5. 长期口服广谱抗生素,能使人体肠道中大肠杆菌被抑制而减少消化道疾病。( )
6. 以植物为原料生产药品,往往会带真菌,并可能带有土壤中的各种细菌。( )
7. 各种包装容器在使用前都必须彻底消毒,消毒后存放条件也需符合卫生标准。( )
8. 为了减少浪费,药物变得潮湿黏滑也可以继续使用。( )
9. 黄曲菌产生的黄曲霉素,青霉菌产生的毒素,可使人、畜中毒。( )
10. 制剂在酸性条件下,不利于细菌、霉菌和酵母菌的生长。( )
11. 无菌操作是防止病原微生物进入机体或其他物体的操作方法。( )
12. 冷冻干燥(冻干)法是保存菌种、疫苗的良好方法。( )
13. 霉菌孢子对干燥的抵抗力较弱。( )
14. 我国玻璃滤器孔径头 $1.2 \sim 2.0\ \mu m$,能滤除大肠杆菌和葡萄球菌。( )
15. 《预包装食品中致病菌限量》(GB 29921—2021)标准于 2021 年 11 月 22 日实施。
( )
16. 我国散装即食食品中沙门菌指标的限量要求为每 25 g(mL)样品中不得检出。( )
17. 我国散装即食食品中金黄色葡萄球菌指标的限量要求为每 g(mL)样品中不得检出。
( )
18. 副溶血性弧菌是机会致病菌,主要通过产生腹泻毒素和呕吐毒素导致人类中毒。
( )
19. 药品作为特殊商品,除了要保证其治疗的有效性,还要确保其用药的安全性。( )
20. 标准中"m=0/25 g(mL)"代表"不得检出每 25 g(mL)"。( )

四、填空题
1. 土壤具备大多数微生物生长所必需的一切条件,有"微生物的_____"之称。
2. 我国《生活饮用水卫生标准》(GB 5479—2006)规定,大肠菌群数是每_____ mL 水中不得检出。
3. 人体胃内由于胃酸的杀菌作用,微生物较少,仅有_____、胃八叠球菌。
4. 药物中的微生物已死亡或排除,但其毒性_____依然存在。
5. 医护工作者在进行外科手术、换药、注射等医疗技术操作及微生物实验过程中,均需严格执行_____操作,防止微生物感染或污染。
6. 微生物不适宜在干燥条件下生长繁殖,因此,饲料、食品等常用_____的方法保存。
7. 日光杀菌的主要成分是_____。
8. 超净工作台是利用_____的原理制成的。
9. 大肠菌群包括大肠杆菌和_____的一些中间类型的细菌。

10. 我国药品微生物限度检查的内容包括染菌量检查和_____。

五、连线题

1. 将下列左侧的各名词与右侧相对应的描述用直线连接起来。

  （1）灭菌　　　　　　　　　a. 防止微生物进入机体或其他物体的操作方法

  （2）消毒　　　　　　　　　b. 能杀死病原微生物的化学药剂

  （3）无菌　　　　　　　　　c. 杀灭物体中所有微生物的方法

  （4）无菌操作　　　　　　　d. 杀灭物体或环境中的病原微生物的方法

  （5）消毒剂　　　　　　　　e. 物体中无活的微生物，及其芽孢或孢子都不存在

2. 将下列左侧的灭菌方法与右侧相对应的灭菌物品用直线连接起来。

  （1）火焰灭菌法　　　　　　a. 多用于外科手术器械、注射器及针头的消毒

  （2）煮沸法　　　　　　　　b. 主要用于接种环、接种针、试管口的灭菌

  （3）巴氏消毒法　　　　　　c. 主要用于试管、吸管、离心管等实验室器材的灭菌

  （4）流通蒸汽消毒法　　　　d. 常用于牛奶、葡萄酒及啤酒的消毒

  （5）干热空气灭菌法　　　　e. 常用于某些不耐高热的物品或培养基的灭菌

六、简答题

1. 简述药品生产中微生物的来源。

2. 简述高压蒸汽灭菌锅的使用步骤。

3. 无菌检查可分为哪些类别？

第九章　微生物的培养与保藏

学习目标

1. 熟悉微生物细胞的化学组成和微生物生长所需的六大类营养要素,了解细菌的营养类型。
2. 掌握培养基的概念、类型和配制流程,会按配方和步骤配制细菌培养基,如牛肉膏蛋白胨培养基、LB培养基等,并制备成斜面和平板。
3. 掌握微生物接种方法和分离纯化方法,会使用接种环将微生物接入斜面和使用涂布棒将菌液涂布平板,并置于培养箱内培养,不污染杂菌。
4. 熟悉微生物生长的影响因素和培养条件,细菌的生长曲线特点,细菌、放线菌、酵母和霉菌的菌落特征。
5. 熟悉微生物数量的测定方法。
6. 掌握菌种选育和保藏的概念,了解菌种选育和保藏的方法、微生物衰退的原因及防止其衰退的措施。

微生物的培养是研究微生物的前提,是应用微生物学的一项重要内容。本章从微生物的细胞物质组成到微生物的营养要求、微生物培养基的配制,再到微生物数量测定;从微生物的生长规律到环境对微生物的影响,再到菌种选育保藏,对微生物的培养条件均进行了比较全面的介绍。

第一节　微生物的营养

微生物的营养是指微生物在生长过程中获得与利用自身所需营养物质的过程。通过对微生物细胞组分的研究,我们可以推断出微生物所需的主要营养物质,如果一株菌株的细胞组分以C、N元素为主,那么在为其配制培养基时必定选择C、N元素含量高的营养物质。除此之外,那些能满足微生物机体生长、繁殖及各种生理活动的营养物质,如何更好地进入微生物细胞,也是微生物营养的重要研究内容。

一、微生物细胞的化学组成

微生物细胞的化学组成为微生物营养物质的确立提供了重要依据,是微生物营养物质确立的基础。

微生物细胞像其他生物细胞一样，由多种化学物质组成，这些化学物质主要以水和干物质的形式存在。水是微生物细胞的重要组分，占细胞重量的70%~90%，干物质主要以有机物和无机物的形式存在。有机物主要包括蛋白质、脂质、多糖、核酸、维生素及其降解产物等物质，无机物主要指无机盐等物质。其中，蛋白质、脂质、多糖、核酸这4类生物大分子占细胞干重的96%左右。当然，这些化学物质含量随微生物的种类及其生长阶段、培养条件的不同而不同。这些化学物质无论是以有机形式存在，还是以无机形式存在，归根结底都是由化学元素组成。尽管微生物细胞的化学元素组成随着微生物种类的不同而存在差异，但主要构成元素与次要构成元素却大致相同，主要元素包括碳、氢、氧、氮、磷、硫6种元素，约占细胞干重的97%，碳、氮比例又高于其他4种元素，大量元素包括钾、钙、钠、镁、铁等。

二、微生物所需的营养要素

依据营养物质在微生物体内的存在形式以及生理功能的不同，把微生物的营养来源分为水、碳源、氮源、无机盐、生长素、能源六大类。

（一）水

水是微生物细胞的重要组分，尽管水不能作为营养物质被微生物吸收利用，但其在微生物的新陈代谢中起着重要作用。首先，它是营养物质与各种代谢产物的良好溶剂，可以说，没有水的溶解，营养物质就无法被微生物吸收利用，微生物的代谢产物也无法排出体外，微生物的各种生理活动便不能顺利进行；其次，微生物体内无时无刻不进行着各式各样的化学反应，水不仅是各种化学反应的介质，还参与大部分的化学反应；再次，由于水的比热容较高且是热的良好导体，所以其能有效控制细胞温度；最后，水还能维持细胞中大分子的构象，从而维持细胞结构。

（二）碳源

碳源是指能为微生物的生命活动提供碳素来源的物质。碳元素占到了微生物细胞干重的50%左右，所以碳源是微生物细胞自身物质和代谢产物的主要营养来源。此外，对于大部分微生物来说，碳源还可以作为能源物质，为微生物的生命活动提供能量来源。

碳源分为有机碳源和无机碳源。有机碳源以糖类为主，另外还有有机酸、醇类、脂类等，是异养型微生物的碳素来源，如红螺细菌、假单胞菌、芽孢杆菌等，大多数细菌和所有真菌都以有机碳源作为碳素来源；无机碳源以CO_2为主，此外还有$NaHCO_3$、$CaCO_3$等一些无机盐，是自养型微生物的碳素来源，如蓝细菌、硝化杆菌等常以CO_2作为碳源。目前，在实验室培养微生物时，常用糖类、牛肉膏、蛋白胨等作为碳源物质；在发酵工业上，常用废糖蜜、花生饼粉、麸皮、米糠、植物淀粉等作为碳源物质。

不同微生物对碳源的利用能力不同。有的微生物可以广泛利用各种碳源，有的则只能利用个别碳源。例如，洋葱假单胞菌能广泛利用多种碳源，而产甲烷细菌大部分只能以CO_2为碳源。尽管大部分微生物都能利用多种碳源，但却对碳源的利用存在一定的选择性。当多种碳源共存时，优先利用其速效碳源。例如，当碳源物中同时存在蔗糖与葡萄糖时，青霉、曲霉等霉菌优先利用蔗糖，而大肠杆菌则优先利用葡萄糖。

（三）氮源

氮源是指能为微生物的生命活动提供氮素来源的物质。氮元素在微生物细胞干重中含量排名第二，所以氮源也是微生物细胞组分的重要来源，尤其是构成蛋白质和核酸的重要元素。然而，与碳源不同的是，氮源一般不能作为能源物质。

氮源分为有机氮源和无机氮源。有机氮源以蛋白质类为主，另外还有蛋白胨、氨基酸、嘌呤、嘧啶等；无机氮源主要是铵盐，另外还有氨、硝酸盐、分子态氮等。大部分微生物都以铵盐作为氮源，极少数固氮微生物（如放线菌、蓝细菌、根瘤菌等）能利用分子态氮作为氮源。目前，在实验室培养微生物时，常用蛋白胨、牛肉膏、酵母浸膏、$(NH_4)_2SO_4$等作为氮源物质；在发酵工业上，常用黄豆饼粉、花生饼粉、玉米浆、鱼粉等作为氮源物质。

微生物对氮源的利用具有选择性，大部分微生物利用无机氮源，少量微生物利用有机氮源。在无机氮源的利用中，由于NO_3^-不能直接被微生物细胞吸收，而必须被还原成NH_4^+后才能被微生物吸收利用，所以微生物优先利用铵盐。如大肠杆菌优先利用$NH_4H_2PO_4$，氧化硫硫杆菌优先利用$(NH_4)_2SO_4$。在有机氮源的利用中，优先利用小分子有机物。如在含有氨基酸和黄豆饼粉的培养基中，微生物优先利用氨基酸，原因是黄豆饼粉中的大分子蛋白质不能直接被微生物吸收，只有被降解成小分子物质后才能被利用。

（四）无机盐

微生物细胞的化学组成元素中的氢、氧主要来源于水，碳主要来源于碳源物质，氮主要来源于氮源物质，而磷、硫、钾、钠、钙、镁、锌、铜、锰、硒、钴、钼、镍等元素则主要来源于无机盐类。尽管微生物对无机盐的需要量远远小于碳、氮，但无机盐在微生物的生命活动中也起着至关重要的作用。无机盐不仅是酶活性中心的组成部分，能维持酶的活性，保证微生物各种代谢活动的顺利进行，还是微生物细胞的组成部分（如磷元素是细胞膜构架的主要元素）。除此之外，无机盐还充当缓冲角色，有效调节微生物细胞的渗透压、pH、氧化还原电位等，也可以作为少量微生物的能源。

值得注意的是，对于培养基中无机盐的添加量一定要特别注意，添加量过小不能满足微生物生长的需要；添加量过大，则会对微生物的生长产生负面影响，甚至导致所培养微生物的死亡。一般情况下，微生物对磷、硫、钾、钠、钙、铁等元素的需要量在$10^{-4}\sim10^{-3}$ mol/L，对锌、铜、锰、硒、钴、钼、镍等元素的需要量在$10^{-8}\sim10^{-6}$ mol/L。

（五）生长素

生长素是指那些微生物本身不能合成或合成量不足，但又在生长和代谢中所必需的一类微量有机物质。微生物的生长素以维生素为主，另外还有氨基酸、生物素等。不同微生物所需要的生长素及数量各不相同，如金黄色葡萄球菌以硫胺素为生长素，需要量为0.5 ng/mL，而肺炎链球菌则以胆碱为生长素，需要量为6 μg/mL。通常，自养型微生物的需要量少于异养型微生物，甚至个别微生物不需要生长素也能生长。大部分生长素是酶的辅基或组分，不参与供能和微生物体的组成，但却在微生物的物质代谢中起着重要作用。

（六）能源

能源是指能为微生物的生命活动提供能量来源的化学物质或辐射能。大部分微生物以化学物质作为能源物质,少量微生物以辐射能作为能源(如光合细菌)。根据所用能源的不同,可以把微生物分为光能微生物和化能微生物两大类。值得一提的是,无论是以化学物质为能源,还是以光能为能源,最终都是以 ATP(腺苷三磷酸,高能磷酸化合物的代表)的形式被微生物利用。大部分碳源物质都可作为能源,但有的微生物所用碳源与能源不同,可以被微生物同时作为能源和碳源利用的物质我们称其为双重营养物,葡萄糖就是一种常见的双重营养物。

三、微生物的营养类型

不同的微生物所利用的碳源、能源有所不同,其在物质转化中所利用的电子供体也有所不同。依据能源、碳源以及电子供体的形式,可以把微生物的营养类型分为光能无机自养型(光能自养型)、光能有机异养型(光能异养型)、化能无机自养型(化能自养型)和化能有机异养型(化能异养型),如表 9-1 所示。

表 9-1 微生物的营养类型

营养类型	能源	氢供体	碳源	实例
光能无机自养型(光能自养型)	光	无机物	CO_2	蓝细菌、紫硫细菌、绿硫细菌、藻类
光能有机异养型(光能异养型)	光	有机物	CO_2 及有机物	红螺菌科的细菌(即紫色无硫细菌)
化能无机自养型(化能自养型)	无机物	无机物	CO_2	硝化细菌、硫化细菌、铁细菌、氢细菌、硫黄细菌等
化能有机异养型(化能异养型)	有机物	有机物	有机物	绝大多数细菌和全部真核微生物

(一)光能无机自养型(光能自养型)

光能无机自养型微生物细胞内含有叶绿素、菌绿素等光合色素。这些光合色素能有效捕捉光能作为其能最来源,以 CO_2 为碳源,无机物为氢供体,还原 CO_2 合成细胞内的有机物质。其总反应式为:

$$CO_2 + 2H_2A \xrightarrow[\text{光合色素}]{\text{光}} (CH_2O) + 2A + H_2O$$

氢受体　氢供体　　　还原的受体　氧化的供体

式中,(CH_2O) 代表一个糖单位。

光能自养型微生物主要有蓝细菌、紫硫细菌、绿硫细菌等。尽管其总反应式相同,但它们利用的氢供体却各不相同。如蓝细菌利用水为氢供体,而硫细菌则利用硫化氢为氢供体。

(二)光能有机异养型(光能异养型)

光能有机异养型微生物以光为能量来源、简单有机物为碳素来源、有机物为电子供体,还原 CO_2,合成微生物细胞所需要的营养物质。其总反应式为:

$$CO_2 + 有机物 \xrightarrow{\text{光}} (CH_2O) + H_2O$$

氢受体　氢供体　　　还原的受体　氧化的供体

光能有机异养型微生物常用的有机碳源和电子供体有甲酸、乙酸等简单有机酸,以及甲醇、乳酸等。如红螺细菌常以甲醇为氢供体。

(三) 化能无机自养型(化能自养型)

化能无机自养型微生物以氧化无机物所释放的化学能为能量来源、CO_2 为碳素来源、无机物为电子供体,还原 CO_2,合成微生物细胞的有机碳化物。大部分微生物通过无机物的氧化获得能量来参与自身代谢,它们生长的环境中必须有氧,为好氧微生物,如硫细菌、硝化细菌、铁细菌等,常用的电子供体有 H_2S、S、Fe^{2+} 等。个别微生物能直接以 H_2 为能源和电子供体,还原 CO_2 合成细胞组分,无须 O_2 的参与,如产甲烷菌等。它们一般以 H_2 为电子供体。

(四) 化能有机异养型(化能异养型)

化能有机异养型微生物以有机物作为碳源、能源和电子供体。它们通过氧化有机物获得能量,并能自己产生胞外酶,通过胞外酶的水解作用直接把有机大分子水解为有机小分子或单体,并被微生物吸收利用。大部分细菌、真菌和致病菌都属于此种类型。依据营养物质来源的特征又可以将它们分为腐生型(利用无生命的有机物)和寄生型(利用有生命的有机物)。

一般情况下,细菌类微生物 4 种营养类型兼有,如蓝细菌、紫细菌属光能自养型,紫色非硫细菌属光能异养型,硝化细菌、铁细菌属化能自养型,痢疾志贺菌属化能异养型。真菌类微生物只有化能异养型一种,如酵母菌、霉菌等都属于化能异养型。病毒类微生物也都属于化能异养型,如结核分枝杆菌、烟草花叶病毒等。

微生物的营养类型并不是绝对的,大部分微生物都对环境有一定的适应能力,可以依据环境条件的改变而进行自我调节,这些微生物称为兼性营养型。如氢单胞菌在完全是无机物的环境下为化能自养型,而在有有机物存在的环境下则为化能异养型。

第二节 微生物的培养基

培养基是为人工培养微生物而配制的,为微生物的生长繁殖及其代谢产物的积累提供合适营养条件的基质。培养基作为微生物的"食物",对微生物起着至关重要的作用,是对微生物进行研究与应用的基础。在培养基的制备中,除对其必要的营养物质——水、碳源、氮源、无机盐、生长素、能源有一定的选择与搭配外,还对其物理化学条件有相应的要求。

尽管微生物的种类繁多,不同的微生物有不同的营养要求,但它们的营养要求仍存在一定规律,相应地在培养基的制备中就有一定的原则。

一、培养基的配制原则

对于培养基的配制,主要从 3 个方面进行把握:一是对微生物所需营养物质的把握,二是对所配制培养基物理化学条件的把握,三是对培养基杀菌处理的把握。对于营养物质的选择与利用,要做到"对症下药、营养协调、经济节约"。

二、培养基的类型

微生物的种类繁多,相应的培养基的类型也多种多样。以下将从不同角度出发对培养基进行分类。

(一) 按培养基中营养物质的来源划分

1. 天然培养基

天然培养基中的营养物质来源于天然物质,是从动植物组织或细胞中提取的天然有机成分,甚至是天然的动植物体,人们对它们的化学组分还不太清楚。在实际应用中,天然培养基的优点是方便快捷、营养丰富、成本低廉,这就使它广泛应用于大部分微生物的一般培养;缺点是它的化学组分不明确,且容易变化,这就使它所带来的实验结果重复性差,难以用于微生物的精细研究。天然培养基中常用的营养物质有牛肉膏、蛋白胨、麦芽汁、酵母膏、玉米粉、马铃薯、麸皮等。常见的培养基有培养细菌用的牛肉膏蛋白胨培养基、培养霉菌用的玉米粉琼脂培养基、培养酵母菌用的麦芽汁培养基等。

2. 合成培养基

合成培养基中的营养物质来源于经过准确称量的化学物质或有机组分,人们对其中的化学组分已相当清楚。在实际应用中,合成培养基的优点是成分稳定、实验重复性高,这就使其能够用于遗传育种、生物测定、微生物鉴定等精细研究;缺点是它的配制过程烦琐、成本较高,难以推广至微生物的一般培养。常见的有培养霉菌用的查氏培养基、鉴别肠道菌用的柠檬酸盐培养基等。

3. 半合成培养基

半合成培养基中的营养物质一部分来源于天然物质,另一部分则由经过准确称量的化学物质及有机组分组成。半合成培养基综合了天然培养基和合成培养基的优点,既增加了培养基的营养、降低了成本,又使培养基中的组分相对稳定,提高了实验的可重复性,因而,半合成培养基被广泛用于微生物的培养与研究。常见的有鉴别沙门菌用的SS琼脂培养基和鉴别大肠菌群用的伊红亚甲蓝琼脂培养基。

(二) 按培养基的用途划分

1. 基础培养基

微生物作为一个群体,既存在个性,又存在共性。尽管不同的微生物所需要的营养物质各不相同,但一部分营养物质是所有微生物都需要的,用这些所有微生物都需要的营养物质所配成的培养基称为基础培养基,如牛肉膏蛋白胨培养基。基础培养基既可以单独使用,用于微生物的简单培养,又可以作为其他培养基的基础物质,在适当地添加功能营养组分后用于微生物的其他研究。

2. 选择培养基

选择培养基是在基础培养基中添加了其他的营养物质或抑制剂后所形成的、用于分离纯化(选择)目的菌的培养基。利用选择培养基来分离纯化目的菌的机制有两种:一是在基础培养基中添加目的菌的特殊营养组分,这种特殊营养组分容易被目的菌吸收利用,而不易被非目的菌吸收利用，从而使目的菌的生长速度加快，并逐渐富集而占优势，从而淘汰非目的菌，实现目的菌的分离纯化。如可以通过添加纤维素的培养基来分离纯化纤维素分解菌，通过添加浓糖液的培养基来分离纯化酵母菌。二是在基础培养基中添加非目的菌的抑制剂，这种抑制剂不妨碍目的菌的生长，但对非目的菌的生长有明显的抑制作用，从而使目的菌从众多杂菌中分离纯化出来。如可以通过添加链霉素来抑制一般微生物的生长，从而分离出霉菌；可以通过添加大量的糖来抑制一般微生物的生长，从而分离出高渗酵母。

3. 鉴别培养基。

鉴别培养基是在基础培养基中添加了一些指示剂，能够有效鉴别不同微生物的培养基。不同微生物的代谢产物各不相同，在鉴别培养基上，各种代谢产物都会与指示剂发生反应。由于不同代谢产物与指示剂反应所形成的物质不同，现象也不同，从而能有效鉴定微生物的种类与数量。鉴别培养基不仅能用于微生物的快速鉴定，还能用于微生物菌种的分离、筛选。常用的鉴别培养基如表 9-2 所示。

表 9-2　常用的鉴别培养基

培养基名称	指示剂	微生物代谢产物	指示现象	用途
酪素培养基	酪素	蛋白酶	出现透明圈	产蛋白酶菌株的鉴定
伊红亚甲蓝培养基	伊红、亚甲蓝	酸	带金属光泽的深紫色菌落	鉴别大肠菌群
淀粉培养基	淀粉	淀粉酶	出现透明圈	产淀粉酶菌株的鉴定
糖发酵培养基	溴甲酚紫	乳酸、乙酸、丙酸	由紫色变黄色	鉴别肠道细菌
H_2S 实验培养基	醋酸铅	H_2S	出现黑色沉淀	产 H_2S 菌株的鉴定
油脂培养基	食用油	脂肪酶	由淡红色变为深红色	产脂肪酶菌株的鉴定

4. 活体培养基

活体培养基是指以动物、植物活体或活体细胞为营养物质来培养微生物的一种培养基。它通常用于病毒、支原体、衣原体等寄生类微生物的培养。由于寄生类微生物不能利用人工配制的培养基生长，所以，在对它们进行培养时，通常选用活体培养基。常见的活体培养基有小白鼠、家鼠、鸡胚等。

依据培养基的用途划分，除上述几种培养基外，还有选择压力培养基、分析培养基、还原培养基等。当然，每一种培养基的划分都不是绝对的，更不是孤立的。例如，选择培养基也可能是鉴别培养基，鉴别培养基还可能是选择培养基，更有可能是一种培养基同时是选择培养基和鉴别培养基。又如，淀粉培养基对于产淀粉酶的菌种来说是一种选择鉴别培养基，其中的淀粉不仅能有效促进产淀粉酶菌株的生长，实现"选择"的目的，又能使产淀粉酶菌株的附近出现透明圈，达到鉴别的目的。

（三）按制备好的培养基的物理状态划分

1. 液体培养基

液体培养基是指其物理状态呈液态的一类培养基的总称。这类培养基制备方便快捷，营养物质均匀，又有利于氧气、pH 等条件的控制，更有利于微生物与营养物质之间的接触，被广泛应用于大规模的工业生产及微生物的其他研究中。常见的液体培养基有乳糖胆盐培养基、乳糖培养基、MR-VP 培养基、肉汤培养基等。不同的微生物在液体培养基中的生长状况各不相同。

2. 固体培养基

固体培养基是指其物理状态呈固态的一类培养基的总称。这类培养基根据生产方式的不同又可以分为两大类：一类是用天然的固态物质直接制成，如用于细菌培养的马铃薯片、用于制酒的酒曲、用于生产食用菌的玉米芯等；另一类则是在液体培养基中添加了凝固剂而得到，如营养琼脂培养基、伊红亚甲蓝琼脂培养基、SS琼脂培养基等。在固体培养基的制备中，常用的凝固剂有琼脂(1.5%~2.5%)、明胶(5%~12%)、硅胶等，其中琼脂的营养价值几乎为零，不易被微生物分解利用，具有适宜的凝固温度、透明度和黏合力，更重要的是它价格低廉，故被广泛采用。由于固体培养基的非流动性会使微生物在其上生长繁殖后形成单一群体，这有利于微生物的分离，因此固体培养基常用于微生物的分离、鉴定、活菌计数及菌种保藏等。常见的固体培养基有营养琼脂培养基、伊红亚甲蓝琼脂培养基、三糖铁琼脂培养基、卵黄琼脂培养基等。不同的微生物在固体培养基中的生长状况各不相同。

3. 半固体培养基

半固体培养基是指物理状态呈半固态的一类培养基的总称。半固体培养基也可以用天然物质制成，但多由液体培养基中加入凝固剂获得。由于半固体培养基中的凝固剂添加量少于固体培养基，具有半流动特性，既不像液体培养基那样容易使微生物交叉浮动，又不像固体培养基那样把微生物牢牢固定，所以，常用于微生物细胞运动特性的观察与研究。不同的微生物在半固体培养基中的生长状况各不相同。

三、培养基的配制

任何微生物的培养都需要与之相配的培养基。微生物的不同，所配培养基的成分与方式也各不相同，但大致流程却是相同的，具体培养基制备流程如图9-1所示。

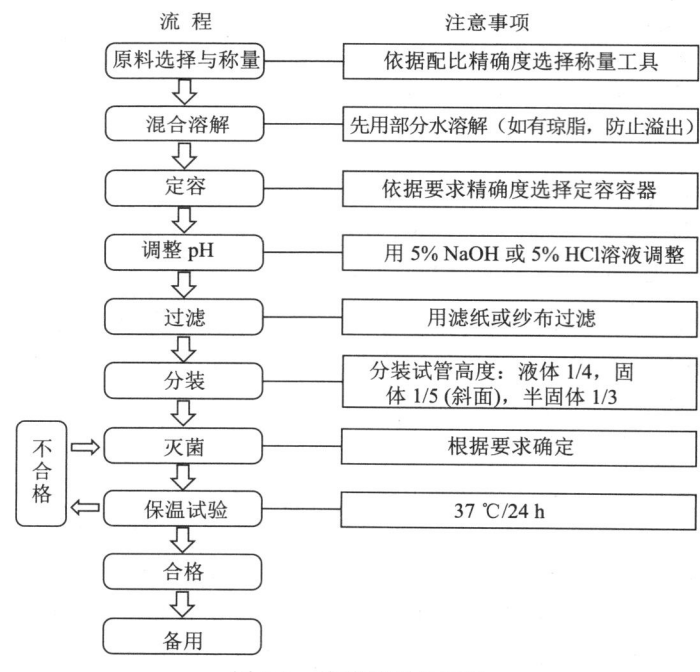

流程	注意事项
原料选择与称量	依据配比精确度选择称量工具
混合溶解	先用部分水溶解（如有琼脂，防止溢出）
定容	依据要求精确度选择定容容器
调整pH	用5% NaOH 或5% HCl 溶液调整
过滤	用滤纸或纱布过滤
分装	分装试管高度：液体1/4，固体1/5(斜面)，半固体1/3
灭菌	根据要求确定
保温试验	37 ℃/24 h
合格	
备用	

（保温试验不合格返回）

图9-1　培养基制备流程

(一) 原料选择与称量

依据培养基的配方选择不同精密度的称量工具进行原料称量,常见的称量工具有托盘天平、电子天平、分析天平等。一般情况下,原料的称量不需要很高的精密度,用托盘天平或电子天平即可。

(二) 混合溶解

原料称量完毕后,在烧杯或其他容器中进行混合溶解(先用部分水溶解)。一般情况下,混合溶解过程需要加热,常用的加热工具是电炉。在这一过程中需要特别注意的是,当原料中有琼脂时,在溶解时要用玻璃棒不停搅拌,并控制火力大小,以防止琼脂溶解后溢出。

(三) 定容

溶解完毕后,加入剩余的水,定容至要求容量。

(四) 调整 pH

定容完毕后,用 pH 试纸或 pH 测定计测定培养基的 pH,然后与要求 pH 相对照。当实际值大于要求值时,加入一定量的 5% 盐酸调节至要求值;当实际值小于要求值时,加入一定量的 5% 氢氧化钠调节至要求值。在调节 pH 时,一定要慢慢加入调试剂,并且随时测定,以免调过。

(五) 过滤

对有特殊要求的培养基进行过滤,过滤时一般用 8 层纱布。

(六) 分装

过滤完毕后,依据不同的要求进行分装。分装试管时,液体培养基分装试管容积的 1/4,固体分装 1/5,半固体分装 1/3。分装锥形瓶时,一般不超过 1/2。分装常用的工具是漏斗。分装后,塞上棉塞,用牛皮纸或报纸包好,用记号笔在纸上标明培养基名称、制备日期、组别和姓名等基本情况。

(七) 灭菌

将分装、包扎好的培养基放入高压蒸汽灭菌锅灭菌(高压蒸汽灭菌锅的使用方法见实验)。

(八) 保温试验

为了验证灭菌是否完全,将灭菌后的培养基放入 37 ℃环境中 1 d。若未长菌,则说明灭菌完全,培养基合格,可备用;若长菌,则说明灭菌不完全,培养基不合格,需要重新灭菌,直到灭菌完全方可使用。

第三节 实验一:细菌培养基的制备和灭菌

一、实验目的

(1) 了解培养基的配制原理。

(2) 掌握常用培养基的配制方法。

二、实验原理

培养基是按照微生物生长、繁殖所需要的各种营养物质,用人工的方法配制而成的营养基质。不同的微生物对碳源、氮源、无机盐、生长因子及水分等的要求各不相同,只有在最适范围内才能表现出它们的最大生命力。因此,培养基中应当有微生物所能利用的营养成分和水。

根据需要,同一成分的培养基可以制成固体、半固体、液体等状态,其中固体培养基又可以做成斜面、平板等不同形式。固体培养基是在液体培养基中加入1.5%~2%的琼脂,半固体培养基是在液体培养基中加入0.5%~1%的琼脂。

微生物的生长繁殖除需一定的营养物质以外,还要求适当的pH范围。不同微生物对pH的要求不一样。霉菌和酵母菌喜好偏酸性的环境,而细菌和放线菌的培养基pH为中性或偏碱性,所以配制培养基时,要根据不同微生物对象用稀酸或稀碱将培养基的pH调节到合适的范围。配制pH小的琼脂培养基时,如预先调好pH,高压蒸汽灭菌时,琼脂易水解不能凝固,因此,应将培养基的成分和琼脂分开灭菌后再混合;或在中性条件下灭菌后,再调整pH。

由于配制培养基的各类营养物质和容器等含有各种微生物,因此,已配制好的培养基必须立即灭菌,以防止其中的微生物生长繁殖而消耗养分和改变培养基的酸碱度而带来不利影响。根据微生物种类和实验目的的不同,培养基有很多不同的种类和配制方法。

三、牛肉膏蛋白胨培养基的配制

(一) 实验器材

牛肉膏、蛋白胨、氯化钠、琼脂、1 mol/L NaOH、1 mol/L HCl;试管、锥形瓶、烧杯、量筒、玻璃棒、铁架台、漏斗、牛角匙、pH试纸(pH 5.5~9.0)、棉花、牛皮纸、记号笔、纱布、线绳等。

配方:牛肉膏 3 g,蛋白胨 10 g,氯化钠 5 g,琼脂 15~20 g,水 1 000 mL,pH 7.0~7.4。

(二) 实验步骤

1. 称量

按培养基配方比例依次准确地称取牛肉膏(3 g)、蛋白胨(10 g)、氯化钠(5 g)放入烧杯中。牛肉膏常用玻璃棒挑取,放在小烧杯或表面皿中称量,用热水溶化后倒入烧杯;也可放在称量纸上,称量后直接放入水中,这时如稍微加热,牛肉膏便会与称量纸分离,然后立即取出纸片。蛋白胨易吸潮,在称取时动作要迅速。另外,称药品时严防药品混杂,一把牛角匙只用于称取一种药品,或称取一种药品后,洗净、擦干,再称另一药品,瓶盖也不要盖错。

2. 溶化

在上述烧杯中可先加入少量所需要的水量,用玻璃棒搅匀后,在电炉上垫以陶土网加热使其溶解。待药品完全溶解后,补充水分到所需的总体积。如果配制固体培养基,将称好的琼脂(15~20 g)放入已溶化的药品中,再加热熔化,在琼脂熔化的过程中需不断搅拌,以防琼脂糊底而使烧杯破裂。最后补充水分至所需体积。

3. 调 pH

在未调 pH 前,先用精密 pH 试纸测量培养基的原始 pH。若偏酸,用滴管向培养基中逐滴加入 1 mol/L NaOH,边加边搅拌,并随时用 pH 试纸测其 pH,直至 pH 达 7.4;反之,则用 1 mol/L HCl 进行调节。注意 pH 不要调节过头,以避免回调,否则将会影响培养基中各离子的浓度。对于有些要求 pH 较精确的微生物,其 pH 的调节可用酸度计进行。

4. 过滤

趁热用滤纸或多层纱布过滤,以利结果观察。一般如无特殊要求,这一步骤可以省去(本实验无须过滤)。

5. 分装

按实验要求,可将配制的培养基分装入试管内或锥形瓶内。

分装过程中注意不要使培养基沾在管口或瓶口上,以免沾污棉塞而引起污染。

(1) 液体分装。分装高度以试管高度的 1/4 左右为宜。

(2) 固体分装。分装试管,其装量不超过管高的 1/5,灭菌后制成斜面,分装锥形瓶的量以不超过锥形瓶容积的一半为宜。

(3) 半固体分装。分装量一般以试管高度的 1/3 为宜,灭菌后垂直待凝。

6. 加塞

培养基分装完毕后,在试管口或锥形瓶上塞上棉塞,以阻止外界微生物进入培养基内而造成污染,并保证有良好的通气性。

7. 包扎

加塞后,将全部试管用麻绳拦腰捆扎好,再在棉塞外包一层牛皮纸,以防止灭菌时冷凝水润湿棉塞,其外再用一道麻绳扎好。用记号笔注明培养基名称、组别、日期。锥形瓶加塞后,外包牛皮纸,用麻绳以活结形式扎好,使用时容易解开,同样用记号笔注明培养基名称、组别、日期。

8. 灭菌

将上述培养基以 0.105 MPa 高压蒸汽灭菌 20 min。如因特殊情况不能及时灭菌,则应放入冰箱内保存。

9. 摆斜面

将灭菌的试管培养基冷却至 50 ℃ 左右,并将试管棉塞搁在玻璃棒上,搁置的斜面长度以不超过试管总长的一半为宜。

10. 倒平板

11. 无菌检查

将灭菌后的培养基放入 37 ℃ 的温室中培养 24~48 h,以检查灭菌是否彻底。

四、LB 培养基的配制

(一) 实验器材

酵母提取物、蛋白胨、氯化钠、琼脂、1 mol/L NaOH、1 mol/L HCl;试管、锥形瓶、烧杯、量筒、玻璃棒、铁架台、漏斗、牛角匙、pH 试纸(pH 5.5~9.0)、棉花、牛皮纸、记号笔、纱布、线绳等。

配方:酵母提取物 5 g,蛋白胨 10 g,氯化钠(NaCl) 10 g,固体培养基另加琼脂粉 15~20 g。

(二) 实验步骤

1. 称量

分别称取所需量的胰化蛋白胨、酵母提取物和 NaCl,置于烧杯中。

2. 溶化

加入所需水量 2/3 的蒸馏水于烧杯中,用玻璃棒搅拌,使药品全部溶化。

3. 调 pH

用 1 mol/L NaOH、1 mol/L HCl 溶液调节 pH 至 7.2。

4. 定容

将溶液倒入量筒中,加水至所需体积。

5. 加琼脂

加入所需量琼脂,加热熔化,补足失水。

6. 分装、加塞、包扎

方法与牛肉膏蛋白胨培养基的配制相同。

7. 灭菌

以 100Pa 高压蒸汽灭菌 20 min。

8. 冷却

冷却至 50 ℃左右,根据需要摆斜面、倒平板。

第四节　实验二:微生物的分离、接种与培养

一、实验目的

(1) 掌握微生物的常用接种、分离方法。

(2) 掌握无菌操作的基本环节。

二、实验原理

在土壤、水、空气、人体、动植物中,不同种类的微生物大多数都是混杂生活在一起。当我们希望获得某一种微生物时,就必须从混杂的微生物类群中分离它以得到只含有这一种微生物的纯培养,这种获得纯培养的方法称为微生物的分离与纯化。

为了获得某种微生物的纯培养,一般是根据该微生物对营养、pH、氧等条件的要求不同,而供给它适宜的培养条件,或加入某种抑制剂造成只利于此菌生长而抑制其他菌生长的环境,从而淘汰其他一些不需要的微生物,再用稀释涂布平板法或稀释混合平板法或平板划线分离法等分离、纯化该微生物,直至得到纯菌株。在保存菌种时,如不慎受到污染也需予以重新分离与纯化。将一种微生物移接到另一种灭菌的培养基上称为接种。

在微生物学实验和生产实践中,经常要把一定种类的微生物接种或移种到新的培养基上,使其生长繁殖。接种和培养是微生物工作中的重要基本操作。因为接种和培养的微生物都是纯种,所以必须采用无菌操作,以防止杂菌污染。培养基经过灭菌后,用经过灭菌的工具在无菌条件下接种含菌材料于培养基上,这一过程的操作称为无菌操作。

分离培养微生物时,由于微生物的种类不同,它们的性质也不同。因此在分离培养时,要考虑微生物对外界的物理、化学等因素的影响,即选择该微生物最适合的培养基、pH、温度、好氧性或厌氧性培养方法等。在接种、分离、培养过程中,均需严格的无菌操作,防止杂菌侵入,所用的器具必须经过灭菌,接种工具无论使用前后都要经过火焰灭菌,且在无菌室或无菌箱中进行。

三、实验器材

(一)菌种

大肠杆菌、枯草芽孢杆菌、金黄色葡萄球菌、酵母菌、霉菌。

(二)培养基

缓冲葡萄糖肉汤培养基试管垂直、缓冲葡萄糖肉汤半固体培养基试管垂直、缓冲葡萄糖肉汤固体培养基平板、查氏培养基平板。

(三)接种工具

接种环、接种针、接种钩。

(四)其他工具

酒精棉、火柴、镊子、酒精灯、试管架、玻璃铅笔、糨糊、标签纸、恒温培养箱等。

四、实验步骤

(一)接种

1. 接种前的准备工作

(1)检查接种工具。

(2)在要接种的培养基试管、斜面或平板上,根据实验的要求贴好标签,标上欲接种的菌名、操作者、接种日期等。

(3)将培养基、接种工具和其他用品全部放在实验台上摆好,进行环境消毒。关好实验室门窗,用5%的石炭酸溶液或3%的来苏尔溶液进行喷雾空气消毒或拭台面(注意消毒时菌种不可放在台面上),接种前用消毒酒精棉将双手消毒,以无菌操作方式进行接种。有条件者最好在无菌室或无菌箱中进行接种。

2. 接种方法

(1)试管接种方法。

① 将菌种与待接种斜面的试管用大拇指和其他四指握在左手中(菌种管在前),使中指位于两试管之间部位,斜面向上。用右手的无名指、小指和手掌边先后拔出菌种管和待接种

试管的棉塞。

② 置试管口于酒精灯火焰附近。

③ 将接种工具垂直插入酒精灯火焰中烧红,再横过火焰3次,然后再放入有菌试管内,置于无菌的培养基表面待其冷却。

④ 用接种工具取少许菌种置于另一支试管中,按一定的接种方式接种到新的培养基上。

⑤ 取出接种工具,将试管口和棉塞均进行火焰灭菌。

⑥ 重新塞上棉塞。

⑦ 烧死接种工具上的残余菌,把试管和接种工具放回原处。

(2) 试管菌种接种到平板培养基上的方法。

① 左手持平板和试管菌种,右手松动试管棉塞,烧接种工具。

② 用右手小指与食指取下棉塞,取菌,打开平皿。

③ 将菌种接种到平皿上,立即盖上平皿。

④ 于酒精灯火焰上烧接种工具灭菌。

⑤ 棉塞快速通过火焰,重新塞上试管。

(二) 分离

分离微生物的方法很多,其目的都是把混杂的微生物分离为单个细胞使其生长繁殖,形成单个菌落,以便得到纯菌种。常用的分离方法为划线分离法。

(1) 在酒精灯火焰上灼烧接种环,待冷,分别取一接种环酵母菌和青霉菌放入盛有无菌水的试管中,制成混合菌液。

(2) 在近火焰处,左手拿平板稍抬皿盖,右手持接种环蘸取一环混合菌液伸入皿内接种。

① 将带有混合菌液的接种环在平板培养基上做蜿蜒划线,划线完毕,盖上皿盖。

② 用接种环蘸取混合菌液一环,进行连续划线,即先在平板培养基上做第一次平行划线3~4条,转动平皿约70°,做第二次平行划线,再转动约70°,以同样方式划线,划线完毕后盖上皿盖。

③ 如果接种环上带菌太少,可在平皿的一点处做扇形划线或辐射划线。

(三) 培养

(1) 接种的细菌培养基放在32~37 ℃恒温培养箱内,培养24 h后观察。

(2) 将接种分离后的酵母菌及霉菌放于25~28 ℃的恒温培养箱内,酵母菌培养48 h、霉菌培养72 h,进行观察。

(3) 平板培养基置于恒温培养箱内倒置培养。

第五节 微生物的生长

我们对微生物的生长规律及环境因素对微生物的影响加以研究,是为了更好地把握微生物的生长情况,为微生物的培养与控制提供依据。

一、微生物生长的影响因素

影响微生物生长的环境因素多种多样,依据各种因素的性质可分为物理因素、化学因素和生物因素三大类。

(一) 物理因素

影响微生物生长的物理因素主要有温度、水的活度、氧、辐射、超声波等。

1. 温度

温度是影响微生物生命活动的主要因素之一。当温度过低时,微生物体内酶的活性很低,原生质膜也处于凝固状态,微生物的生命活动几乎停止。随着温度的升高,酶的活性随之增加,细胞中的生物化学反应速度加快,微生物细胞的生长速率提高。当超过某一温度时,微生物细胞中的热敏感组分(如蛋白质、核酸)又会发生不可逆的变性,从而导致微生物细胞的死亡。不同的微生物对温度的要求不一样,每种微生物都有其自身的3个基本温度(表9-3),即最低生长温度、最适生长温度与最高生长温度。当低于微生物的最低生长温度时,微生物不能生长,甚至死亡;当达到微生物的最低生长温度时,微生物开始缓慢生长;随着温度的进一步升高,微生物的生长速率加快,达到其最适生长温度时,其生长速率也达到最高;当温度进一步升高时,微生物的生长速率又开始降低,达到其最高生长温度时,微生物的生长速率又降到最低;当温度超过其最高生长温度时,微生物停止生长,甚至死亡。

表9-3　不同微生物的3个基本温度

微生物	最低生长温度/℃	最适生长温度/℃	最高生长温度/℃
大肠杆菌	10	37	45
酿酒酵母	1~3	28	40
枯草芽孢杆菌	15	30~37	55
金黄色葡萄球菌	15	37	40
毛霉	21~23	45~50	50~58

根据微生物生长温度的差别,可以把微生物分为嗜冷微生物、兼性嗜冷微生物、嗜温微生物、嗜热微生物和嗜高热微生物(表9-4)。

表9-4　不同类型微生物的3个基本温度

微生物类型	最低生长温度/℃	最适生长温度/℃	最高生长温度/℃
嗜冷微生物	<0	15	20
兼性嗜冷微生物	0	20~30	35
嗜温微生物	15~20	20~40	40~45
嗜热微生物	45	55~65	80
嗜高热微生物	65	80~90	≥100

(1) 嗜冷微生物。嗜冷微生物之所以能在低温下生长良好,是因为它们体内的酶在低温下活性较高,能有效地催化各类生化反应,而这类酶对高温却十分敏感,在高温下会很快失去活性。除

此之外,它们的原生质膜中还含有较多的不饱和脂肪酸,能在低温下维持膜的半流动性,有效吸收营养物质。嗜冷微生物多见于北极与海洋深处。如嗜冷芽孢菌、嗜冷微球菌等。

(2)兼性嗜冷微生物。兼性嗜冷微生物与嗜冷微生物的不同之处在于,它们要求的生长温度较高,能够在0 ℃的环境中生存,只是生长缓慢而已。兼性冷微生物多见于冷水或土壤中。

(3)嗜温微生物。嗜温微生物分为室温性与体温性两类。室温性微生物的最适生长温度是25~30 ℃,常见于土壤与植物体内,而体温性微生物的最适温度则是37~40 ℃,常见于动物体内,如大肠杆菌。

(4)嗜热微生物。嗜热微生物喜欢在温度较高的条件下生存。多见于温泉、堆肥及发酵堆料中。如嗜热脂肪芽孢杆菌、水生栖热菌、高温放线菌等。

(5)嗜高热微生物。嗜高热微生物能在较高的温度下生存的原因:一方面,它们的酶与蛋白质比较耐热,能在高温下有较高的活性,并且其氨基酸以特殊的方式折叠,能有效抵抗高温;另一方面,它们的原生质膜中还含有较多的饱和脂肪酸,能使它们在高温下保持稳定性,并正常发挥功能。目前发现的高热微生物都是古生菌。多见于火山喷口处。

了解了微生物的温度生长范围之后,我们来看一下温度在生产实践中的应用。低温一方面可用于保存菌种,原理是当微生物处于较低温度时,其新陈代谢活动减慢甚至停止,但活力仍然存在,在恢复温度后,仍能正常生长(注意温度不可过低,以防造成细胞内水的结晶而导致菌种死亡);另一方面可用于保藏食品,通常有冷藏(0~7 ℃)和冻藏(-20~-15 ℃)两种。高温则通常用于食品的灭菌,原理是过高的温度能导致微生物体内的蛋白质发生不可逆的变性,最终致使微生物细胞死亡。

2. 水的活度

水是微生物细胞的重要组分,也是微生物的六大营养来源之一,这要求微生物的生长环境中要有一定的水分含量(通常用a_w表示)。不同的微生物所要求的a_w各不相同(表9-5),当环境中的a_w高于微生物所要求的a_w时,微生物细胞处于低渗环境,会吸水膨胀,严重时会导致细胞破裂死亡;当环境中的a_w低于微生物所要求的a_w时,微生物细胞处于高渗环境,会造成细胞失水,细胞质变稠,质膜收缩,严重时会发生质壁分离,导致微生物死亡。只有环境中的a_w等于微生物所要求的a_w时,微生物细胞才既不吸水膨胀,又不失水收缩,从而保持正常生长。

表9-5 不同微生物所要求的a_w

微生物	a_w	微生物	a_w
一般细菌	0.91	嗜盐细菌	0.76
酵母菌	0.88	嗜盐真菌	0.65
霉菌	0.80	嗜高渗酵母	0.60

3. 氧

根据微生物对氧的需要程度的不同,可以将微生物分为好氧微生物、兼性好氧微生物、厌氧微生物和兼性厌氧微生物4种类型。

(1)好氧微生物。好氧微生物是指那些必须氧才能生长的微生物类群的总称。好氧微生物常生长于液体培养基试管的表层。在实验室,培养好氧微生物通常采用振荡的方式来补充氧气;在发酵工业上,培养好氧微生物通常用搅拌的方式来补充氧气。

(2) 兼性好氧微生物。兼性好氧微生物是指那些在有氧存在时进行有氧代谢,在无氧存在时进行无氧代谢,更适合于有氧代谢的一类微生物的总称。通常布满液体培养基试管,但表层较多。

(3) 厌氧微生物。厌氧微生物是指那些由于缺乏呼吸系统,而必须在无氧条件下才能生长的微生物类群的总称。通常生长于液体培养基试管的深层。培养厌氧微生物时,可采用密封等物理方法隔绝氧,也可采用化学或生物方法消耗氧。

(4) 兼性厌氧微生物。兼性厌氧微生物是指那些在有氧存在时进行有氧代谢,在无氧存在时进行无氧代谢,更适合于无氧代谢的一类微生物的总称。通常布满液体培养基试管,但深层较多。在实验室和工业上,通常采用深层静止培养来培养兼性厌氧微生物。

4. 辐射

一般来说,自然界的辐射作用对于微生物是有害的。其中最主要的是微波、紫外线、X射线和γ射线。

(1) 微波。微波是指频率在 $3 \times 10^2 \sim 3 \times 10^5$ MHz 的电磁波,主要通过热效应来影响微生物细胞,导致微生物的死亡,通常用于食品的杀菌。

(2) 紫外线。紫外线是指波长在 $1 \times 10^2 \sim 4 \times 10^2$ nm 之间的电磁波,能被微生物细胞中的蛋白质(280 nm)和核酸(260 nm)吸收而造成这些分子的变性,从而抑制 DNA 的复制与转录,导致微生物细胞的死亡。波长在 260 nm 的紫外线的杀菌能力最强。由于其穿透力差,所以紫外线通常用于空气与物体表面的杀菌。

(3) X射线和γ射线。X射线和γ射线都是一种电离辐射线。X射线是指波长在 $1 \times 10^{-3} \sim 10$ nm 之间的电磁波,γ射线是指波长 $3 \times 10^{-4} \sim 1 \times 10^{-3}$ nm 之间的电磁波。它们能通过撞击分子而产生自由基,再通过自由基或自身破坏生物大分子中的氢键、双键等,使微生物细胞内生物大分子的结构得到不同程度的破坏,从而来影响微生物的生长,甚至导致微生物死亡。

5. 超声波

超声波也会影响微生物的生长,它主要通过强烈的振荡和同时产生的热效应来破坏微生物细胞,导致微生物细胞的死亡。

(二) 化学因素

影响微生物生长的化学因素主要来自各类化学物质的作用,包括酸碱物质、盐类、氧化剂、有机物、表面活性剂和抗微生物剂。

1. 酸性物质与碱性物质

酸性物质与碱性物质主要通过改变环境的 pH 来影响微生物的生长。pH 不仅能影响细胞膜的通透性和稳定性,还能影响物质的溶解度,从而影响微生物细胞对营养物质的吸收。除此之外,pH 还能影响细胞中酶的活性,从而影响微生物细胞中各类生物化学反应的进行。不同的微生物对 pH 的要求也不一样,每种微生物都有其自身的 3 个基本 pH (表 9-6),即最低 pH、最适 pH 与最高 pH。当环境的 pH 低于微生物要求的最低 pH 时,

H⁺过多,这些多余的 H⁺ 可以与营养物质结合,并交换出阳离子,从而影响细胞的稳定性,还可以使 CO_2 的溶解度降低,导致阳离子的溶解度增加,从而对机体产生不利影响;当环境的 pH 高于微生物要求的最高 pH 时 OH⁻ 过多,它会影响到营养物质的溶解度与细胞表面的电荷平衡,从而对机体产生不利影响。

表 9-6 常见微生物生长的 pH 范围

微生物	最低 pH	最适 pH	最高 pH
细菌	3~5	6.5~7.5	8~10
酵母菌	2~3	4.5~5.5	7~8
霉菌	1~3	4.5~5.5	7~8

根据微生物生长所要求的 pH 的差别,可以把微生物分为嗜酸微生物、嗜中性微生物和嗜碱微生物。

(1) 嗜酸微生物。嗜酸微生物是指能够在 pH 5.4 以下生长的一类微生物的总称。这类微生物细胞能有效阻止环境中 H⁺ 的进入,并不断从胞内排出 H⁺ 来适应环境。真菌类居多,如酵母菌、霉菌等。

(2) 嗜中性微生物。嗜中性微生物是指能够在 pH 5.4~8.5 之间生长的一类微生物的总称。大多数微生物都属于此类微生物,如伤寒沙门菌、结核分枝杆菌、痢疾志贺菌等。

(3) 嗜碱微生物。嗜碱微生物是指能够在 pH 7.0~11.5 之间生长的一类微生物的总称。以古生菌为主。酸类物质通过解离出 H⁺ 来影响微生物细胞的生长。食品工业上常用的有苯甲酸、山梨酸等,常作为防腐剂添加。碱类物质通过解离出 OH⁻ 来影响微生物细胞的生长。食品工业上常用的有纯碱、氢氧化钠等,常用于环境与设备的消毒。

2. 盐类

无机盐也是微生物的六大营养来源之一,是微生物细胞生长所必不可少的。一般来讲,我们可以把盐类分为普通金属盐和重金属盐两大类。对于普通金属盐,其对微生物的生长具有两面性。一方面,适量的盐类是微生物生长所必需的;另一方面,过量的盐类又会对微生物产生毒性,抑制微生物的生长,甚至导致微生物细胞的死亡。对于重金属盐,大部分对微生物细胞都是有害的。一般情况下,分子量越大的盐类,毒性也越大;二价阳离子的毒性大于一价阳离子。

3. 氧化剂

氧化剂对微生物也是有害的。它能破坏微生物细胞中蛋白质的巯基和其他关键氨基酸残基等,导致蛋白质变性和酶的失活,从而影响微生物细胞的生长。

4. 有机物

大部分有机物都能作为营养物质被微生物吸收利用,但是,也有一部分有机物对微生物是有害的,如醇类、醛类、酚类等。大多数有机物都是通过影响微生物细胞中的酶和蛋白质,引起酶的失活与蛋白质变性。不同的有机物对微生物的作用机制不尽相同。

5. 表面活性剂

表面活性剂对微生物是有害的。它能破坏微生物细胞膜的结构,导致胞内物质外流,引起蛋白质变性,影响微生物的生长。

6. 抗微生物剂

抗微生物剂是一类由人工合成或天然产生的,能够有效抑制或杀死微生物细胞的化学物质的总称。最常见的人工合成抗微生物剂是磺胺类药物,最常见的天然抗微生物剂是抗生素。

(三) 生物因素

影响微生物生长的生物因素主要是微生物与微生物、动物、植物之间的相互作用。主要有共生关系、互生关系、竞争关系、寄生关系和拮抗关系。共生关系、互生关系和寄生关系对微生物的生长是有利的,能够有效促进或帮助微生物的生长。竞争关系对微生物的生长具有两面性:一方面能夺走微生物的营养物质,导致微生物营养的缺乏,而影响其生长;另一方面能通过竞争促进微生物的快速进化,提高微生物适应环境的能力。拮抗关系对微生物的生长是不利的,它在很大程度上会阻碍微生物的生长,严重时,会导致微生物细胞的死亡。

二、微生物的培养条件

在进行微生物培养时,需要根据所培养微生物的特性和需求,调整和控制培养条件,以确保微生物能够正常生长和繁殖。微生物的培养条件主要包括以下几个方面。

(一) 营养物质

微生物的培养基需要提供必要的营养物质,包括碳源、氮源、水、无机盐等。不同的微生物可能需要不同的营养成分,因此培养基的配方也会有所不同。

(二) pH

微生物对培养基的 pH 有一定的要求,不同的微生物有不同的最适 pH 范围。一般来说,培养基的 pH 需要调整到适合目标微生物生长的范围内。

(三) 氧气

好氧微生物需要充足的氧气来进行生长和繁殖,而厌氧微生物则需要在无氧环境下生长。因此,在培养过程中需要根据微生物的类型来控制氧气的供应。

(四) 温度

微生物的生长受到温度的影响,不同的微生物有不同的最适生长温度。一般来说,培养温度需要根据目标微生物的最适生长温度来设定。

(五) 无菌技术

为了避免杂菌污染,保证培养物的纯净,需要采取一系列无菌技术。这包括对培养基、器皿、接种工具等进行灭菌处理,以及在无菌条件下进行接种操作。

三、微生物的生长规律

不同的微生物都有其各自的生长特性与规律,但它们的生长也存在一定的共性。由于微生物个体微小,其个体生长规律不易观察与总结,因此,人们常以微生物群体作为研究对象来观察微生物的生长情况,总结其生长规律。鉴于此,我们从个体微生物生长与群体微生物生长两个方面来归纳总结微生物的生长规律。

(一) 个体微生物的生长规律

不同的微生物,其生长情况也不相同,大致可以分为细菌、酵母菌与丝状微生物3种类型。

(1) 细菌的个体生长主要包括以下过程:先是细菌染色体DNA的复制与分离,与此同时,着细胞壁扩增,当各种结构复制完成后,细胞质膜开始内陷,随着细胞壁的裂解与闭合,子代细胞亦随之形成,完成一个生长周期。

(2) 酵母菌的个体生长主要包括以下过程:先是细胞体积连续增加,当增加到一定程度以后,细胞开始向外突起,形成一个芽,与此同时,细胞核也开始复制,并于复制完成后进入芽体,随着隔膜的形成与断裂,形成子代细胞,完成一个生长周期。

(3) 丝状微生物的个体生长主要包括以下过程:先是孢子吸收营养物质,进行代谢后开始肿胀,随着代谢活动的继续进行,形成萌发管,并发育成菌丝。菌丝吸收营养后,新的细胞壁与细胞膜开始形成,并把原来最顶端的细胞壁与细胞膜推向后部,实现顶端生长。当菌丝生长到一定阶段后又通过横膈膜的生成与断裂产生新的孢子,完成一个生长周期。

(二) 群体微生物的生长规律

由于细菌与酵母菌都是单细胞微生物,群体生长规律极其相似,因此,我们把群体微生物的生长规律分为单细胞微生物的群体生长规律与丝状微生物的群体生长规律两种类型来分别介绍。这里主要讨论单细胞微生物的生长规律。

单细胞微生物主要是指细菌与酵母菌。它们的群体生长主要是以一定时间内微生物细胞数量的增加来表示的。取少量单细胞微生物纯菌种接种于一定量的培养基中,以时间为横坐标,细菌数目的对数(为了方便统计细菌总体所用数值,一般取10的对数)为纵坐标,绘制一条反映单细胞微生物在一定时间内生长变化情况的曲线,这条曲线被称为细菌的生长曲线(图9-2)。

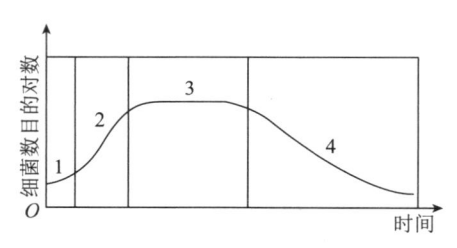

1—迟缓期;2—对数期;3—稳定期;4—衰亡期。
图9-2 细菌的生长曲线

依据不同时间段里微生物生长速率的不同,可以把单细胞微生物的生长曲线分为迟缓期、对数期、稳定期、衰亡期4个主要时期。

(1) 迟缓期。迟缓期(也称延迟期)是指单细胞微生物群体接种到培养基中以后,由于环境条件的改变而暂时无法进行细胞分裂,使细胞的生长速率为零,细胞数目不增加甚至有所减少的一段时期。迟缓期只是细胞分裂的调整期,而不是细胞生长的休眠期,在这段时间内,尽管微生物细胞的分裂比较迟缓,但是其代谢活动却相当活跃,它们利用这段时期快速地调整自己,吸收各种营养物质,积极合成细胞分裂所需的组分,为微生物的分裂与快速生长打下基础。根据接种前后环境条件改变大小的不同,迟缓期的长短也各不相同,环境改变越大,迟缓期也越长。例如,如果我们把菌种接到和原来培养条件相似的培养基中,迟缓期就短一些,相反,如果我们把菌种接到与原培养条件有很大差异的培养基中,它们就需要花费较长的时间来适应环境条件的改变,相应的迟缓期就长一些。除此之外,所接菌种的情况也会影响到迟缓期的长短,如果接种的是处于对数生长期的菌种,适应能力就强一些,迟缓期较短,如果接的菌种是稳定期的菌种,适应能力就差一些,迟缓期较长,如果是衰亡期的菌种,则迟缓期会更长。当然,还有很多其他因素也会影响到迟缓期的长短,在应用时要特别注意。

在实际生产中,较长的迟缓期对生产是不利的,会无谓地延长生产周期,提高生产成本,所以要尽量缩短迟缓期。在营养方面,要尽量使种子培养基的组分与发酵培养基组分相似;在环境方面,要尽量保持一致的培养环境;在菌种选择上,要尽量选择对数生长期的菌种。除这些方法之外,还可以通过增加接种量的方法来克服环境条件的影响。

(2) 对数期。对数期是指单细胞微生物适应了环境以后,以最大的速率开始生长、分裂,使微生物数量呈对数增加的一段时期。在这段时期内,微生物细胞的分裂最快,代谢活动最旺盛,代时(微生物繁殖一代所需的时间)也最短。不同微生物的代时各不相同,同种微生物在不同培养条件下的代时也各不相同。由于对数期的微生物细胞分裂快、代谢旺盛,所以在生产实践中,常以对数期的菌体作为接种材料。

(3) 稳定期。在对数期,微生物细胞因生长活跃而消耗了大量的营养物质,而且在有限的培养液中它们不可能高速率无限生长繁殖,所以在对数期末期细胞活力减退,生长速率逐渐下降,死亡率大大增加,新增殖的细胞数和死亡的细胞数趋于平衡,这时候的活菌数保持相对稳定。当然,稳定期并不是一段绝对静止的时期,而是新生菌体数量与死亡菌体数量达到几乎一致的动态平衡时期。

在稳定期,活菌数与代谢产物都达到了最高量,因此是收获菌种与代谢产物的最佳时期。通常,人们在稳定期初期收集菌种或其代谢产物。

(4) 衰亡期。随着营养物质的耗尽及有害代谢产物的积累,培养环境已越来越不适应微生物菌体的生长,此时,微生物菌体的死亡速率已超过其生长速率,使活菌数呈减少趋势,这段微生物活菌数呈明显减少的时期被为衰亡期。衰亡期的长短同对数期一样,不仅与微生物的种类有关,还与微生物的培养条件有关。在衰亡期,菌体代谢活性降低,细胞逐渐出现自溶现象,所以绝对不可以作为接种材料。

单细胞微生物生长曲线的 4 个时期只能反映单细胞微生物的群体生长规律,不能作为它们的个体生长规律,但其在指导生产实践中仍具有重要意义。丝状真菌的群体生长大致也可以划分成上述 4 个时期,但各个时期的典型性不是很强,即各个时期之间的界限不是很明显。

四、细菌、放线菌、酵母菌和霉菌的菌落特征

(一) 细菌的菌落特征

细菌菌落通常较湿润、光滑、透明、黏稠,易挑取,菌落正反面或边缘与中央部位的颜色一致,有臭味。

(二)放线菌的菌落特征

放线菌菌落干燥、不透明,表面呈紧密丝绒状,若长有孢子,则表面有一层色彩不一的干粉,菌落与培养基连接紧密,不易挑取,菌落正反面颜色常不一致,有泥腥味。

(三)酵母菌的菌落特征

酵母菌菌落一般较湿润、光滑,易挑取,菌落正反面和边缘、中央部位的颜色都很均一,且菌落较大、较厚、外表较稠和较不透明,有酒香味。

(四)霉菌的菌落特征

霉菌菌落形态较大,质地比较疏松,外观干燥,不透明,呈或紧或松的蜘蛛网状、绒毛状或棉絮状,若长出孢子,则孢子的颜色也各有不同,常有霉味。

第六节 微生物数量的测定方法

微生物数量的测定是微生物的定量检查,是用来判断物品被细菌污染程度和卫生质量的重要指标,也是检测药品质量的重要指标之一。细菌计数是指在一定条件下(如需氧情况、营养条件、pH、培养温度和时间等)每 1 g、1 mL、10 cm^2 供试品液经培养后所生长的菌落数。所谓一定条件,是指按我国药典规定,在需氧条件下,30~35 ℃,一般培养 48 h,在营养琼脂培养基平板上生长的细菌菌落数。细菌数量的测定方法有多种。平板法、薄膜过滤法、涂抹法、MPN(most probable number,最大概率数)法是国内外药典收载的常用方法;霉菌及酵母菌数测定的方法很多,平板菌落计数法是最常用的方法。

药品细菌数测定是活菌计数,最常用的平板法是以平板菌落计数为依据,即每个菌落代表 1 个菌细胞,但有的菌落也可能是由多个菌细胞形成,如双球菌、四联球菌、八叠球菌、葡萄球菌等,很可能是多个菌细胞在一起。故准确地说,细菌数测定值实际上是菌落形成单位数。平板法菌落计数受一定条件的限制:如供试液是否均质,供试液中的细菌是否充分分散;受培养基的质量、培养温度及培养时间的影响;有繁殖能力的菌细胞才能形成菌落,死菌及某些受损伤的细菌或营养要求苛刻的细菌在规定的培养基上不能生长,因而不被计数。在试验操作中应考虑到这些问题。

一、细菌计数方法

(一)细菌计数的基本条件

1. 设施

细菌数测定全过程应严格遵守无菌操作,在环境洁净度 10 000 级和局部洁净度 100 级单向流空气区域内进行,以防止再污染。

2. 设备、仪器

恒温培养箱(30~35 ℃)、微波炉、匀浆仪(4 000~10 000 r/min)、振荡器、恒温水浴、电热干燥箱(250~300 ℃)、电冰箱、空调、高压蒸汽灭菌器(使用时要进行灭菌效果验证并应定期请有关部门检定)。

菌落计数器、显微镜(1 500X)、电子天平(感量0.1 g)、pH系列比色计、全封闭可拆卸或开放式的薄膜过滤器。

3. 器皿

锥形瓶(250~300 mL)、培养皿(直径9 cm)、量筒(100 mL)、试管(18 mm×180 mm)、刻度吸管(1 mL,10 mL)、载玻片、玻璃或不锈钢消毒缸(带盖)、玻璃器皿、吸管、锥形瓶、量筒、试管塞(硅氟塑料塞)。

4. 用具

橡皮乳头、无菌衣、帽、口罩、灭菌手套,备用;接种环(白依金或镍铬合金)、酒精灯、酒精棉球或碘附棉球、灭菌剪刀、镊子或灭菌的手术刀、不锈钢药匙、试管架、火柴、记号笔等。

5. 培养基、稀释剂

一般使用营养肉汤琼脂培养基,可按处方配制亦可采用干燥脱水培养基。主要稀释剂有0.9%无菌氯化钠-蛋白胨缓冲液(供试品稀释用),0.9%无菌氯化钠溶液(对照菌液稀释用)。

(二) 测定方法

1. 平板计数法

平板菌落计数法是国内外微生物限度检验中最常用的方法,是用一定培养基在规定条件下培养后在固体平板上呈现可见菌落,按规定方法计数,报告。平板计数法测定方法如下。

(1) 供试液的制备。

(2) 供试液的稀释(10倍递增稀释法)。根据药品微生物限度要求或对供试品污染程度的估计,选择适宜的、连续2~3个稀释级的供试液。用1 ml灭菌吸管吸取1:10供试液1 mL,沿管壁徐徐注入装有9 mL稀释液的试管中,摇匀,制备成1:100的供试液,另取1支吸管同法操作,制备1:1 000的供试液。

(3) 注皿。分别用1 mL灭菌吸管吸取不同稀释级供试液各1 mL,注入平皿中,每个稀释级做2~3个平皿,注入溶化冷却约45 ℃的营养琼脂培养基15~17 mL,快速转动平皿,使供试液与培养基混匀,放置,待凝,倒置培养。除另有规定外,一般在30~35 ℃培养48 h。若污染细菌生长缓慢,可延长培养时间。

(4) 阴性对照试验。为确定试验全过程的无菌性(包括稀释剂、玻璃器皿等),应做阴性对照试验。阴性对照平板不得有菌生长。试验方法:取试验用的稀释剂1 mL,置于无菌平皿中,每次试验做2个平皿,按上述方法进行操作。

(5) 菌落计数。从平板的背面直接以肉眼用记号笔点计,以透视光衬以暗色背景,仔细观察计数。必要时借助放大镜观察。点计菌落数后,计算稀释级的平均菌落数,若相同释级的两个平板的菌落数平均数不小于15,则两平板菌落数不能相差1倍或以上。

细菌菌落形态常为白色、灰白色或灰色,亦有淡褐色、淡黄色、红色(如培养基中加入0.1% TTC试剂)。

菌落边缘整齐或不整齐,有放射状、树枝状、锯齿状、卷发状。菌落表面有光滑、粗糙、皱褶、突起或扁平。

菌落大小差别很大,同一平板上可出现针尖大小至大于 10 mm 菌落。菌落外观多样,小而突起或大而扁平,或云雾状,不规则。

2. 薄膜过滤法

薄膜过滤法收载于国外主要药典:供试液通过滤膜,将细菌截留在滤膜上,然后将滤膜贴在营养基质上(如营养琼脂平板),微生物从滤膜孔隙中吸收营养物质,生长并形成菌落。薄脱过滤法测定方法如下。

(1) 取相当于 1 g 或 1 mL 供试品的供试液,加至适量的稀释剂中,混匀,过滤(供试品 1 g 或 1 mL 所含的菌数较多时,可取适宜稀释级的供试液过滤),用 pH 7.0 无菌氯化钠-蛋白胨缓冲溶液或其他适宜的冲洗液冲洗滤膜。试验冲洗时应注意保持供试品溶剂及冲洗液覆盖整个滤膜表面,以充分发挥滤膜效率。冲洗量不宜过大,避免滤膜上的微生物受损。每张滤膜每次冲洗量约为 100 mL,一般冲洗 3 次,取出滤膜,菌面朝上贴于营养琼脂培养基上。

(2) 阴性对照试验。取试验用的稀释剂 1 mL 按上述薄膜过滤法操作,作为阴性对照。阴性对照不得有菌生长。

(3) 培养和计数。培养条件和计数方法同平板计数法。

3. 试管法(MPN 法)

将供试液加入试管中,在规定条件下培养后根据阳性管数得出污染菌数,这是一种经常采用的定量检查法。试管法测定方法如下。

(1) 取原液、1∶10、1∶100 的相当于供试品 1 g(mL)、0.1 g(mL)、0.01 g(mL)的均匀供试液(亦可采用 1∶10、1∶100、1∶1 000 供试液)各 1 mL;分别接入装有 10 mL 培养基的试管中。每级各接种 3 支试管,摇匀,按规定的温度时间培养,根据培养后的阳性管数从细菌最大可能数检索表查出细菌的 MPN。

(2) 阴性对照试验,另取 1 mL 稀释液加入培养基管中,按检验方法操作。阴性对照不得有菌生长。

4. 平板涂抹法

将供试液均匀涂布在琼脂平板的表面,经培养后计数菌落数。本法细菌不经受熔化琼脂热力的影响,且易于好氧菌生长。菌落易于观察,但由于接种量较小(0.05~0.2 mL),"L"棒涂抹时带走细菌,计数不够准确。

(1) 测定方法。按平板菌落计数法制备供试液,可根据供试品染菌情况确定稀释级的选择。取适量供试液加至已凝固的营养琼脂表面,立即用灭菌的"L"棒在表面均匀涂布,按规定培养,根据供试液的稀释倍数和接种供试液量计算菌落数。

(2) 注意事项。① 涂抹时勿划破琼脂,以免影响计数结果;② 每一个平板分别用 1 支"L"棒。③ 制备好的平板在加入供试液前应放置于培养箱至少 30 min,使其表面干燥,避免因培养基过湿,菌落生长成片不宜计数。

5. 滴种平板法

在较干的营养琼脂平板表面,定量滴种菌液并培养、计数。用 1 滴相当于 0.02 mL 的标准吸管,吸取样品稀释液,距平板 2 cm 高度,自然滴液,每滴液自然扩散为直径 1.5~2.0 cm

的斑点,10 min左右滴液被吸干,置30~35 ℃培养18~24 h,计数每个液滴斑的菌落数。

也可用0.1 mL的吸管滴液,每1稀释度滴4滴(0.08 mL),或用1 mL的吸管(20滴)分滴于3个平板上,经培养后,计数每个液斑内的菌落数。此法测得的活菌数,其活菌率最高。用移液管取样,每1稀释度取10样液,滴液,培养,计数液斑内的菌落数。方法简便,效率高。

6. 计数板法

本法采用血球计数板或其他计数板进行细菌计数。适用于染菌量大的供试品计数,我国多采用改良纽氏计数板。改良的纽氏计数板是一长方形厚载玻片,中央部位前后各有一个计数池,上有刻线。每池为9大方格,共为9 mm²,每一大格面积为1 mm²,深度为0.1 mm,中央的大方格分成400个小方格,在纵横第1、5、9、13、21行列中各加一条划线,使其成双线。这样将大方格分成25个中方格,每一中方格中有16个小方格,总计400个小方格。

取含菌量适宜的供试液,以毛细滴管将供试液谨慎地从计数池侧面渗入清洁计数池内(切勿使池内存留气泡),稍待片刻,使菌体沉降再以高倍物镜进行计数。计数方法有实数法和定点计数法。

(1) 实数法。计数全部400个小方格内的菌体细胞数,400个小方格细菌总和乘以10^4,为供试液含菌量(CFU/mL)。

(2) 定点计数法。计数方格的四角及中央5个中方格,共计80个小格中的菌数,80小方格内菌数总和再乘以10^4为供试液含菌量(CFU/mL)。计数时应按一定顺序进行,对于压线菌细胞,可按"计数上与左,不计数右与下"的原则,以免重复计数。

计数板法是计算总数(包括"死菌"和"活菌")的方法,是按形态特征计数,也可用1%亚甲蓝乙醇溶液染色法区分"死菌"与"活菌",加以计数。但染色活菌不一定是具繁殖力的菌细胞。因此,染色活菌与平板法、MPN法的活菌是不能等同的。

本法因操作技术可引起计数的误差,如滴加样方法、供试液的均匀程度、观察液层焦点视野厚度不一以及细菌运动等,均可造成误差。

二、霉菌和酵母菌计数方法

(一) 霉菌和酵母菌培养的特性

与一般细菌生理特性相比较,霉菌和酵母菌培养有如下特性。

(1) 真菌细胞的渗透压高出一般细菌细胞渗透压高的2~5倍,故真菌培养基一般多含有较高浓度的糖或盐,以保持高渗透压环境。

(2) 真菌生长的pH范围较细菌广,但多数真菌适于在pH 5.0~6.5范围内生长。

(3) 除少数真菌外,多数霉菌和酵母菌最适生长温度为20~30 ℃,多数菌种在35 ℃以上不能生长。35 ℃以上生长者,多为致病真菌。

(4) 真菌繁殖力强,但生长速度较慢,一般需要培养72 h至1周,有的还需要更长时间。

(5) 真菌为需氧菌,对营养要求不高,简单的糖类和无机盐便可满足其营养需要。葡萄糖为真菌生长最好的碳源,有机含氮化合物作为氮源,对无机元素的需要以磷、钾、硫、镁为多,其他微量元素在培养基的试剂和所用器皿的杂质中已足够需要。

(二) 霉菌及酵母菌计数的基本条件

1. 培养基及稀释剂

（1）培养基。霉菌及酵母菌计数用培养基为玫瑰红钠琼脂培养基和酵母浸出粉胨葡萄糖（YPD）琼脂培养基。

（2）稀释剂。常用的稀释剂为 pH 7.0 的氯化钠-蛋白胨缓冲液和 0.1% 蛋白胨溶液。

2. 设备、仪器及用具的准备

（1）设备、仪器。霉菌及酵母菌计数用的设备和仪器与细菌计数基本相同。

（2）用具。霉菌及酵母菌计数用玻璃仪器包括 200～250 mL 锥形瓶、试管、刻度吸管、直径 9 cm 的培养皿、10 mL 和 100 mL 量筒，以及开启包装用的剪刀、镊子等。

(三) 测定方法

1. 平板计数法

霉菌及酵母菌计数一般与细菌计数同时进行，按规定取两个以上最小包装的供试品，并根据供试品的污染程度制备适宜稀释级的供试液（通常为 1:10、1:100 和 1:1 000 三个稀释级），合剂等液体制剂亦可取原液作为供试液。取各制备妥的供试液 1 mL，分别注入培养皿中，每个稀释级做 2～3 个培养皿，每皿加入 15～20 mL 已溶化并保温至 45 ℃ 的玫瑰红钠琼脂培养基，对含蜂蜜、王浆的制剂，其备妥的供试液则需另做一套培养皿，倾注 YPD 琼脂培养基。趁热立即摇匀，待培养基凝固后倒置于规定温度的培养箱中，培养规定的时间。对于菌落微小点计困难的平板，可延续培养到 4～5 d 再进行观察计数。霉菌及酵母菌的培养时间，美国药典、英国药典和日本药局方都要求至少培养 5 d 或 5～7 d，对于那些生长缓慢的霉菌更为合适。

2. 薄膜过滤计数法

取孔径不大于 0.45 μm 的微孔滤膜作为微生物的截留介质，将供试液中的微生物截留在薄膜上并通过适宜的培养技术使其生长为肉眼可见的菌落，这是薄膜过滤技术在微生物检验领域应用的主要原理。在进行计数实验前，一般用可拆卸的滤器，如塑料筒的可拆卸的滤器（滤筒和底座另灭菌，备有灭菌滤膜）或玻璃筒不锈钢架可拆卸的薄膜滤器，置入滤膜并灭菌备用。取供试液，并根据供试品的污染情况选择合适的浓度，过滤供试液的体积一般为 10 mL，原液 1 mL，并应控制在滤膜上生长的菌落数在 100 个以内。当供试品具有抑菌作用时，可考虑采用薄膜过滤法进行菌落计数。供试液过滤后，应选择合适的冲洗液冲洗滤膜，以去除抑菌作用或将滤筒上吸附的供试液冲洗净。冲洗完毕后，轻轻地取下滤膜，菌面朝上贴在玫瑰红钠琼脂培养基表面，置规定温度、时间培养。

3. 平板涂抹法

本法适用于污染比较严重的供试品。

（1）设备和材料。该法需用的设备和材料与平板法基本相同，还需要一支涂布器，即"L"棒。

（2）操作方法。供试品的稀释与平板法相同。分别取供试液 0.1 mL（最多取 0.5 mL），注入各平板中，一个稀释级做 2～3 个平板，用无菌"L"棒均匀地涂布于平板表面，待培养基充分干燥后（约需 15 min）置规定温度和时间培养。

(3) 计数及报告。计数及报告规则与平板菌落计数法相同,但涂抹法对于霉菌计数更能显示较好的效果。

4. 计数板法

该法可用血球计数板或其他的计数板进行酵母菌计数。

(1) 制备合适含菌量的供试液,记录稀释倍数。

(2) 清洁计数池,盖上与其配套的盖玻片,用吸管吸取供试液慢慢地渗入计数池(注意不能有气泡)至刚好充满池面,静置数分钟后开始计数,如用实数法可直接计数 400 个小格(0.1 mm^3)内的所有酵母菌,乘以稀释倍数再换算成每毫升供试液中的酵母菌数。也可定点计数,即计数方格的四角及中央的 5 个中方格共计 80 个小格(0.02 mm^3)中的酵母菌数,乘以稀释倍数再换算成每毫升供试液中的酵母菌数。

(3) 采用该法测定酵母菌数,应将供试液剧烈摇匀或加灭菌玻璃珠振摇,以分散酵母菌的细胞团。出芽生殖的酵母菌细胞应作为一个细胞计数。该法实为一个细胞计数法,不能识别活细胞与死细胞是其缺点。可用一种染色剂来帮助鉴别:仅染色处理后再观察计数,死细胞能着色,而活细胞可借体内的生化活动,使染上的颜色褪去,但误差较大。

第七节 微生物菌种的选育和保藏

为了有效地利用微生物,首先必须选用合适的优良菌种。人们在生产实践中已经摸索出一套行之有效的微生物育种方法。菌种选育是指通过选择、分离、诱变等技术手段,获得具有优良性状的菌株,用于生产所需的新的菌种的过程。菌种选育方法有自然选育、诱变育种、杂交育种、原生质体融合育种、基因重组育种、基因工程育种等。菌种选育又可分为两方面。一方面是从自然界丰富的微生物资源中或生产实践中选取所需的菌种,即从自然界或生产实践中筛选菌种,常称为选种。另一方面可以现有的菌种为基础,运用诱变、转化、转导、杂交、基因工程等技术使菌种发生变异,从而从中选取所需的新的菌种,常称为育种。

菌种选育的根据是微生物具有相对稳定的遗传性和一定程度的变异性。相对稳定的遗传性才能使菌种的选育具有意义,而一定程度的变异性则使人们可以选育更加优良的菌种。具体来说,菌种选育牵涉的知识很多,如选种时,要根据目标菌的生活特性确定其可能存在的场所,并从中取样,要根据目标菌的培养特性和其他微生物的存在情况和培养特性,确定培养分离的方法从而把目标菌分离出来,得到纯菌种后还要应用适当的方法较准确地进行性能测定等。而在育种时,选好材料菌后,则要根据微生物变异的理论和实践知识,比较有目的地使菌种向着目标菌方向变异,然后分离出目标菌等。

一、菌种选育方法

(一) 自然选育

在生产过程中,不经过人工处理,利用菌种的自发突变,从而选育出优良菌种的过程,叫作自然选育。菌种的自发突变往往存在两种可能性：一种是菌种衰退，生产性能下降；另一种是代谢更加旺盛，生产性能提高。如在谷氨酸发酵过程中，人们从被噬菌体污染的发酵液中分离出了抗噬菌体的菌种；又如在抗生素发酵生产中，从某一批次高产的发酵液取样进行分离，往往能够得到较稳定的高产菌株。菌种自发突变的频率较低，出现优良性状的可能较小，需坚持相当长的时间才能收到效果。

（二）诱变育种

诱变育种是一类特殊的突变筛选工作，是利用物理化学因素对微生物群体进行处理，促使某些菌体的 DNA 分子结构发生变化，诱发菌株变异，最后从变异的菌体中筛选出所需要的菌株，以供生产和科学研究使用的菌种选育过程。对于这些突变型菌种的共同要求，除具有特有的功能以外，就是产量上的提高。

（三）基因重组育种

基因重组导致原有基因和染色体的重新组合，从而使菌株发生变异，出现了具有新性状的菌株。如面包酵母和酒精酵母属于两种不同的菌株，其中面包酵母产酒精效率低，对麦芽糖和葡萄糖的发酵力强；酒精酵母产酒精效率高而对麦芽糖和葡萄糖的发酵力却弱，两种菌株进行杂交培育出的菌株既可作为面包厂所用菌株，又可作为酒精厂所用菌株。

（四）原生质体融合育种

原生质体融合育种是利用人为的方法，使遗传性状不同的两个细胞的原生质体进行融合，获得兼有双亲遗传性状的稳定重组子的过程。原生质体融合育种克服了远缘杂交不亲和的障碍，成为微生物育种的一种重要方式。在每个步骤中均要考虑到其应注意的因素，提高原生质体育种的效率，达到快速育种的目的。因原生质体融合育种的优势，其在多功能菌种选育、工程菌选育和工业生产育种等方面应用广泛。

（五）基因工程育种

基因工程育种是在基因水平上的遗传工程育种，是用人为的方法将所需要的某一供体微生物的遗传物质——DNA 大分子提取出来，在离体的条件下用适当的工具酶进行切割后，把它与作为载体的 DNA 分子连接，与载体一起导入某一更易生长、繁殖的受体细胞中，以让外源遗传物质在其中稳定下来，进行正常的复制和表达，从而获得新物种的一种崭新的育种技术。

二、菌种保藏方法

菌种是国家的重要自然资源，菌种保藏也是微生物学的一项重要基础工作。1979 年 7 月，我国成立了中国微生物菌种保藏管理委员会（CCCCM），委托中国科学院负责全国菌种保藏管理业务，并确定了与普通、农业、工业、医学、抗生素和兽医等微生物学有关的 6 个菌种保藏管理中心。各保藏管理中心从事应用微生物各学科的微生物菌种的收集、保藏、管理、供应和交流，以便更好地利用微生物资源为我国的经济建设、科学研究和教育事业服务。菌种保藏是在广泛收集生产和科研菌种基础上，把它们加以妥善保藏，使之不死、不衰、不乱和便于交换使用，保持菌种原有的各种特征和生理活性。

微生物菌种保藏技术很多，但原理基本一致，即采用低温、干燥、缺氧、缺乏营养、添加保护剂或酸度中和剂等方法,挑选优良菌种,最好是它们的休眠体,使微生物生长在代谢不活泼、生长受抑制的环境中。选用菌种保藏方法,除应能长期保持菌种不发生变异外,还要考虑简便和经济。常用的菌种保藏方法如下。

(一) 低温保藏方法

这是一种极普通的保藏菌种的方法,它是利用低温抑制微生物的生长代谢活动,由此来保藏菌种。根据所用的保藏温度的高低,可分为两种:一种是 4 ℃左右,即用一般的冰箱就可以保藏菌种,菌种采用固体培养、半固体穿刺培养或液体培养等形式;另一种是用更低的温度来进行保藏,如冷冻保藏,温度要求在 −20 ℃左右或更低一些,用低温冰箱或用干冰或用液氮等条件进行保藏菌种。

(二) 石蜡油低温保藏法

温度要求在 −4~4 ℃,同时在培养物上覆盖一层灭过菌的石蜡油,以隔绝空气,这种保藏方法与单独使用低温保藏相比,效果更好一些。

(三) 干燥保藏方法

干燥保藏方法是把菌种接种于适当的干燥载体上的保藏方法。作为干燥的培养物的材料很多,如土壤、细砂、硅胶、滤纸或麸皮等。如培养物为细砂,称为砂土管保藏法,此法适宜产生孢子的放线菌、霉菌等菌种的保藏,可保藏 1~10 年。

(四) 真空干燥冷冻法

这种方法是利用了真空、干燥、冷冻这些有利于菌种保藏的条件。这样保存菌种比单独接种在干燥培养物上效果更好。此法需要有抽真空、冷冻和密封的设备,是目前最好的一类综合性的保藏方法,可保藏 5~15 年。

(五) 活体保藏法

活体保藏法也称为寄主保藏法,是将菌体接种于动物体中以保藏菌种。此法适用于一些难以用常规方法保藏的动植物病原菌和病毒。

三、菌种衰退

随着菌种保藏时间的延长或菌种的多次转接传代,菌种本身所具有的优良遗传性状可能得到延续,也可能发生变异。变异有自发突变和非自发突变两种,其中非自发突变即菌株生产性状的劣化或有些遗传标记的丢失,均称为菌种的衰退。在生产过程中,必须将培养条件的改变导致菌种形态和生理上的变异与菌种衰退区别开来,因为优良菌株的生产性能是和发酵工艺条件紧密相关的。如果培养条件发生变化,如培养基中缺乏某些必要元素,会导致产孢子数量的减少,也会引起孢子颜色发生改变;温度、pH 的变化也会使发酵产量发生波动等。所有这些只要条件恢复正常,菌种原有性能就能恢复正常,因此这些原因引起的菌种变化不能称为菌种衰退。常见的菌种衰退现象中,最易觉察到的是菌落形态、细胞形态和生理等多方面的改变,如畸形细胞的出现、菌落颜色的改变等;菌株生长变得慢,产孢子越来越少直至产孢子能力丧失,例如放线菌、霉菌在斜面上多次传代后产生"光秃"现象等,从而造成生产上使用孢子接种的困难;还有菌种的代谢活动、代谢产物的生产能力或其对寄主的寄生能力明显下降,例如黑曲霉糖化能力的下降、抗生素发酵单位的减少、枯草杆菌产淀粉酶能力的衰退等。所有这些都对菌种生产不利。因此,为了使菌种的优良性状持久延续下去,必须做好菌种的复壮工作,即在各菌种的优良性状没有衰退之前,定期进行纯种分离和性能测定。

(一) 菌种衰退原因

菌种衰退的主要原因是有关基因的非自发突变,其次是自发突变、菌种不纯和培养条件的不当。一般而言,菌种的衰退是一个从量变到质变的逐步演变过程。开始时,在群体中只有个别细胞发生非自发突变,这时如不及时发现并采取有效措施而一味地移种传代,则会造成群体中非自发突变个体的比例逐渐增高,最后占优势,从而使整个群体表现出严重的衰退现象。因此,突变在数量上的表现依赖于传代,即菌株处于一定条件下,群体多次繁殖,可使衰退细胞在数量上逐渐占优势,于是衰退性状的表现就更加明显,逐渐成为一株衰退了的菌体。同时,对某一菌株的特定基因来讲,突变频率比较低,因此群体中的个体发生生产性能的突变不是很容易,但就一个经常处于旺盛生长状态的细胞而言,发生突变的概率比处于休眠状态的细胞大得多,因此,细胞的代谢水平与基因突变关系密切,应设法控制细胞保藏的环境,使细胞处于休眠状态,从而减少菌种的衰退。

(二) 菌种衰退的防止

在菌种还未表现出衰退现象以前,要积极采取措施加以防止。防止措施如下。

1. 控制传代的次数

即尽量避免不必要的移种和传代,把必要的传代降低到最低水平,以减少突变概率。微生物存在着自发突变,而突变都是在繁殖过程中发生和表现出来的。DNA 在其复制过程中,碱基发生错误的配对均会在后代表现。由此可知菌种传代的次数越多,产生突变的概率也就越大。所以,不论在实验室内还是在生产实践中,必须严格控制菌种的移种和传代次数。

2. 创造良好的培养条件

在生产实践中,人们发现为菌种提供一个适合的条件菌种不易发生变异,从而可以在一定程度上防止菌种衰退。

3. 利用不同类型的细胞进行接种传代

由于放线菌和霉菌的孢子一般是单核的,所以用其孢子移种传代比用菌丝传代为好(可防止因菌丝细胞多核而出现不纯)。

4. 对菌种采用有效的保藏方法

在保藏时,保存在有利于菌种休眠的环境中,如控制温度、湿度及其他条件,可以延缓菌种的衰退。

第九章 微生物的培养与保藏

思考与练习

一、单项选择题

1. 能用分子态氮作氮源的微生物是（ ）。
   A. 酵母菌　　　　　B. 蓝细菌　　　　　C. 苏云金杆菌　　　D. 青霉菌
2. 下列属于光能异养型的微生物是（ ）。
   A. 紫硫细菌　　　　　　　　　　　　　B. 铁细菌
   C. 紫色无硫细菌　　　　　　　　　　　D. 硝化细菌
3. 硫细菌的氢供体是（ ）。
   A. H_2S　　　　　B. H_2O　　　　　C. H_2　　　　　D. 甲醇
4. 选择培养基可用于（ ）。
   A. 微生物的简单培养　　　　　　　　　B. 其他培养基的基础物质
   C. 鉴别不同微生物　　　　　　　　　　D. 分离纯化（选择）目的菌
5. 下列关于培养基配制中混合溶解步骤的描述，错误的是（ ）。
   A. 在烧杯或其他容器中进行混合溶解
   B. 混合溶解过程常用的加热工具是电炉
   C. 在溶解时不要用玻璃棒不停搅拌，以防止溢出
   D. 控制火力大小，以防止琼脂溶解后溢出
6. 为了验证灭菌是否完全，将灭菌后的培养基放入 37 ℃环境中（ ）。
   A. 1 天　　　　　　B. 2 天　　　　　　C. 3 天　　　　　　D. 4 天
7. 半固体培养基是在液体培养基中加入（ ）琼脂的量。
   A. 0.5%～1%　　　　　　　　　　　　　B. 1.5%～2%
   C. 2.5%～3%　　　　　　　　　　　　　D. 3.5%～4%
8. 牛肉膏蛋白胨固体培养基分装在试管，其装量不超过管高的（ ）。
   A. 1/2　　　　　　B. 1/3　　　　　　C. 1/4　　　　　　D. 1/5
9. LB 培养基培养的微生物是（ ）。
   A. 细菌　　　　　　B. 霉菌　　　　　　C. 酵母菌　　　　　D. 病毒
10. 下列关于试管接种方法的描述，错误的是（ ）。
    A. 用右手的无名指、小指和手掌边先后拔出菌种管棉塞
    B. 置试管口于酒精灯火焰附近，以防止细菌污染待接种试管
    C. 将接种工具末端在酒精灯火焰烧红，再横过火焰 1 次
    D. 将接种工具放入有菌试管壁内，于无菌的培养基表面待其冷却
11. 接种分离后的酵母菌及霉菌放在恒温培养箱培养的温度是（ ）。
    A. 10～15 ℃　　　　　　　　　　　　　B. 15～20 ℃
    C. 20～25 ℃　　　　　　　　　　　　　D. 25～28 ℃

12. 微生物生长速率最高的温度是(　　)。
    A. 达到微生物的最低生长温度时　　　　B. 达到其最适生长温度时
    C. 达到其最高生长温度时　　　　　　　D. 超过最高生长温度时
13. 动物体内的微生物属于(　　)。
    A. 嗜冷微生物　　B. 兼性嗜冷微生物　　C. 嗜温微生物　　D. 嗜热微生物
14. 通常用于空气与物体表面杀菌的辐射是(　　)。
    A. 微波　　　　　B. 紫外线　　　　　C. X射线　　　　D. γ射线
15. 微生物细胞分裂快、代谢旺盛处于的细菌生长曲线时期是(　　)。
    A. 迟缓期　　　　B. 对数期　　　　　C. 稳定期　　　　D. 衰亡期
16. 根据阳性管数得出污染菌数的细菌计数方法是(　　)。
    A. 平板菌落计数法　　B. 薄膜过滤法　　C. MPN法　　　　D. 平板涂抹法
17. 对于菌落微小、点计困难的平板,可延续培养到(　　)再进行观察计数。
    A. 4～5天　　　　B. 6～7天　　　　　C. 7～10天　　　　D. 10～15天
18. 通过诱发菌株变异的菌种选育方法是(　　)。
    A. 自然选育　　　B. 杂交育种　　　　C. 基因工程育种　　D. 诱变育种
19. 下列属于原生质体融合育种的优势的是(　　)。
    A. 遗传不稳定性　　　　　　　　　　　B. 操作技术难度大
    C. 生态安全风险高　　　　　　　　　　D. 打破物种间的生殖隔离
20. 适宜产生孢子的放线菌、霉菌等菌种的保藏方法是(　　)。
    A. 真空干燥冷冻法　　　　　　　　　　B. 干燥保藏方法
    C. 低温保藏方法　　　　　　　　　　　D. 石蜡油低温保藏法

二、多项选择题

1. 下列属于化能异养型微生物的有(　　)。
    A. 痢疾志贺菌　　B. 霉菌　　　　　　C. 酵母菌　　　　D. 结核分枝杆菌
2. 下列属于合成培养基的有(　　)。
    A. 查氏培养基　　　　　　　　　　　　B. 柠檬酸盐培养基
    C. SS琼脂培养基　　　　　　　　　　　D. 伊红亚甲蓝琼脂培养基
3. 下列关于LB培养基的描述,正确的有(　　)。
    A. LB培养基既可以是液体培养基,也可以是固体培养基
    B. LB培养基高压灭菌后,应立即加入抗生素培养
    C. 培养基倒入培养皿后,打开盖子,在紫外下照10～15 min
    D. 保存LB培养基时,要用封口胶封边,并倒置放于4 ℃保存
4. 霉菌及酵母菌计数的培养基可为(　　)。
    A. 玫瑰红钠琼脂培养基
    B. 牛肉膏蛋白胨培养基
    C. 营养肉汤琼脂培养基
    D. 酵母浸出粉胨葡萄糖(YPD)琼脂培养基

5. 作为基因工程中常用的运载体,必须具备的条件包括(　　)。
　　A. 能够在宿主细胞中复制　　　　　B. 具有多个限制酶切位点
　　C. 具有筛选标记　　　　　　　　　D. 不需要宿主细胞也能自我复制

三、判断题
1. 在含有氨基酸和黄豆饼粉的培养基中,微生物优先利用黄豆饼粉中的氮。　　(　　)
2. 化能有机自养型微生物以有机物作为碳源、能源和电子供体。　　　　　　(　　)
3. 病毒类微生物都属于化能异养型,如烟草花叶病毒等。　　　　　　　　　(　　)
4. 培养基是为微生物的生长繁殖及其代谢产物的积累提供合适营养条件的基质。(　　)
5. 天然培养基的优点是方便快捷、营养丰富、成本低廉、成分稳定、实验重复性高。(　　)
6. 分装后的培养基用记号笔在纸上标明培养基名称、制备日期、组别和姓名等基本情况。
　　　　　　　　　　　　　　　　　　　　　　　　　　　　　　　　　　　(　　)
7. 高压灭菌时,在试管棉塞外包一层牛皮纸,以防止灭菌时冷凝水润湿棉塞。　(　　)
8. LB培养基用于培养酵母菌。　　　　　　　　　　　　　　　　　　　　　(　　)
9. 分离接种微生物不需要无菌操作。　　　　　　　　　　　　　　　　　　(　　)
10. 接种后应将接种工具上的残余菌烧死,把试管和接种工具放回原处。　　　(　　)
11. 接种划线要清晰,若划线不清晰可在原划线条上重新划线。　　　　　　　(　　)
12. 微波是指频率在 $3\times10^2 \sim 3\times10^5$ MHz 的电磁波。　　　　　　　　(　　)
13. 最常见的人工合成抗微生物剂是抗生素,最常见的天然抗微生物剂是磺胺类药物。
　　　　　　　　　　　　　　　　　　　　　　　　　　　　　　　　　　　(　　)
14. 一般来说,微生物的培养温度需要根据目标微生物的最适生长温度来设定。(　　)
15. 环境改变越大,微生物生长的延迟期也越长。　　　　　　　　　　　　　(　　)
16. 在生产实践中,常以稳定期的菌体作为接种材料。　　　　　　　　　　　(　　)
17. 无论菌细胞有无繁殖能力都能形成菌落。　　　　　　　　　　　　　　　(　　)
18. 相同释级的两个平板的菌落数平均数不小于15,两平板菌落数不能相差1倍或以上。
　　　　　　　　　　　　　　　　　　　　　　　　　　　　　　　　　　　(　　)
19. 菌种自发突变的频率较低,但出现优良性状的可能较小。　　　　　　　　(　　)
20. 菌种传代的次数越多,产生突变的概率也就越小。　　　　　　　　　　　(　　)

四、填空题
1. 营养物质与各种代谢产物的良好溶剂是_____。
2. 按培养基的用途划分,培养基可分为基础培养基、选择培养基、鉴别培养基和_____。
3. 一般情况下,原料的称量不需要很高的精密度,用托盘天平或_____就可以了。
4. 培养基冷却至_____左右,根据需要摆斜面、倒平板。
5. 接种和培养的微生物都是纯种,所以必须采用_____,以防止杂菌污染。
6. 如果接种环上带菌太少,可在平皿的一点处做扇形划线或_____划线。
7. 药品细菌数测定是活菌计数,最常用的是_____。
8. 污染比较严重的供试品的计数方法是_____。

9. 在多功能菌种选育、工程菌选育和工业生产育种等方面广泛应用＿＿＿＿＿＿＿＿。
10. 在生产实践中人们发现为菌种提供一个适合的条件，可以在一定程度上防止＿＿＿＿＿＿。

五、连线题

1. 将下列左侧的培养基（指示剂）与右侧相对应的指示现象用直线连接起来。

　　(1) 酪素培养基（酪素）　　　　　　a. 带金属光泽的深紫色菌落，鉴别大肠菌群

　　(2) 伊红亚甲蓝培养基（伊红、亚甲蓝）　b. 出现透明圈，产淀粉酶菌株的鉴定

　　(3) 淀粉培养基（淀粉）　　　　　　c. 由紫色变黄色，鉴别肠道细菌

　　(4) 糖发酵培养基（溴钾酚紫）　　　d. 出现黑色沉淀，产 H_2S 菌株的鉴定

　　(5) H_2S 实验培养基（醋酸铅）　　　e. 出现透明圈，产蛋白酶菌株的鉴定

2. 将下列左侧的微生物种类与右侧相对应的最高（最适宜）生长温度用直线连接起来。

　　(1) 大肠杆菌　　　　　　　　　　　a. 55 ℃（30～37 ℃）

　　(2) 酿酒酵母　　　　　　　　　　　b. 45 ℃（37 ℃）

　　(3) 枯草芽孢杆菌　　　　　　　　　c. 40 ℃（28 ℃）

　　(4) 金黄色葡萄球菌　　　　　　　　d. 50～58 ℃（45～50 ℃）

　　(5) 毛霉　　　　　　　　　　　　　e. 40 ℃（37 ℃）

六、简答题

1. 简述微生物所需的六大营养要素。

2. 简述基因工程育种的方法。

3. 简述细菌、放线菌、酵母菌和霉菌的菌落特征。

第十章 免疫学基础知识

学习目标

1. 掌握免疫的概念和功能。
2. 掌握抗原的概念、特性、特异性与交叉反应。
3. 了解免疫器官的种类、结构和功能,以及免疫细胞和免疫分子的类型和功能。
4. 掌握抗体的概念和功能,熟悉抗体的结构、类型和特性。
5. 了解免疫应答的概念、类型和基本过程。

第一节 免疫与抗原

一、免疫

(一) 免疫的概念

免疫是机体识别自我物质和排除异己物质的复杂生物学反应,借以维持机体平衡和稳定的一种生理功能。

(二) 免疫的功能

1. 免疫防御

免疫防御是机体抗御和排除病原体等抗原性异物的一种保护功能。当病原微生物侵入时,机体即迅速动员各种非特异性和特异性的防御因素将入侵者及其产物消灭、清除,正常情况下对机体有利。异常情况下,免疫反应过高会造成组织损伤,即发生超敏反应;免疫反应过低可导致免疫缺陷病。

2. 免疫稳定

免疫稳定是机体免疫系统维持内环境稳定的一种生理功能,正常情况下能识别和清除自身衰老残损的细胞。免疫稳定功能失调,可引发自身免疫病。

3. 免疫监视

免疫监视是机体识别和清除体内突变细胞、被病原体感染细胞的一种生理功能。免疫监视功能低下可导致肿瘤发生。

二、抗原

(一) 抗原的概念

抗原(antigen, Ag)是指能刺激机体免疫系统产生相应的免疫应答产物(抗体或效应淋巴细胞),并能与相应的免疫应答产物在体内或体外发生特异性结合的物质。抗原主要分为同种抗原(输血、移植、妊娠等)、异种抗原(宠物的毛等)、植物抗原(花粉、食物等)、合成抗原(合成肽、疫苗等)、微生物抗原(细菌、病毒、真菌、寄生原虫等)。虽然完整的细菌本身可作为抗原,但实际上作为细菌的中心结构成分的蛋白质才是抗原。蛋白质中与抗体结合的只是其结构的一部分。由于抗原的分子量不达到一定大小就不能与抗原呈递细胞或T细胞结合,不能刺激抗体生成细胞,因此,只有两个分子以上的氨基酸进行结合的化合物(分子量为1 000~2 000的肽)才可以成为抗原。此外,多糖、核酸也可作为抗原。也就是说,分子量不达到一定程度,就不能成为诱发抗体的抗原。再有,脂质或低分子化合物不能单独引起抗体的生成。但若与蛋白质等结合,可以生成抗脂质特异的抗体。

(二) 抗原的特性

抗原具有以下两个基本特性。

1. 免疫原性

抗原刺激机体发生免疫应答、产生抗体及效应淋巴细胞的特性。具有免疫原性的物质称为免疫原。免疫原性是抗原最重要的基本特性。一般情况下,抗原与机体之间的亲缘关系越远,其组织成分化学结构的差异越大,异物性越强,其免疫原性亦越强。此外,抗原的理化特性也是影响免疫原性的重要因素。首先,具有免疫原性的物质,其相对分子质量通常在10 kD(千道尔顿)以上。一般而言,相对分子质量越大的物质免疫原性越强。小分子物质(小于4 kD)免疫原性较弱,甚至无免疫原性。其次,天然抗原多为大分子有机物。一般来说,蛋白质的免疫原性最强,某些多糖也具有较强的免疫原性,而脂类和核酸免疫原性较弱。再次,抗原的易接近性,即抗原分子中构成表位的一些特殊化学基团与B细胞表面相应的抗原受体相互接触的难易程度,也与其免疫原性密切相关。最后,一般聚合状态的蛋白质较其单体有更强的免疫原性;颗粒性抗原的免疫原性强于可溶性抗原。因此将免疫原性弱的物质聚合或吸附在某些大颗粒表面,可显著增强其免疫原性。

2. 免疫反应性

抗原与其相应的抗体或效应淋巴细胞发生特异性结合的特性,也称抗原性。免疫反应可分为非特异性免疫反应和特异性免疫反应。非特异性免疫构成人体防卫功能的第一道防线,并协同和参与特异性免疫反应。特异性免疫反应可表现为正常的生理反应、异常的病理反应以及免疫耐受。按介导效应反应免疫介质的不同,特异性免疫反应又可分为T细胞介导的细胞免疫反应和B细胞介导的体液免疫反应。

同时具有免疫原性和免疫反应性的物质称完全抗原,多为一些复杂的有机分子,如细菌、病毒、大多数的蛋白质、外毒素等。不具有免疫原性但有免疫反应性的物质称半抗原,又称不完全抗原。这类抗原一般分子量小,如多糖、脂质及某些药物等。半抗原单独不能诱导机体产生抗体,只有和蛋白质载体结合具有免疫原性后,才能诱导机体产生抗体。

(三)抗原的特异性

特异性是指物质之间的相互吻合性、针对性和专一性。抗原的特异性是指抗原只能刺激机体产生针对该抗原的免疫应答产物,且仅能与相应的免疫应答产物(T细胞、B细胞)发生特异性结合。如接种乙肝疫苗只能预防乙型肝炎,而不能预防甲型肝炎。特异性是免疫应答最基本的特点,亦是临床免疫学诊断与防治的理论依据。

抗原决定簇又称表位,是抗原分子中决定抗原特异性的特殊化学基团,一般由几个到十几个氨基酸构成。抗原决定簇是决定抗原特异性的基础,是抗原与抗体、效应淋巴细胞表面的抗原受体特异性结合的部位。

天然的抗原物质(如细菌、病毒和细胞等)都含有多个抗原决定簇,每个决定簇都能刺激机体产生一种特异性抗体。两种或两种以上抗原含有一种相同或相似的抗原决定,能与同一抗体发生反应,这种抗原称为共同抗原;由共同抗原刺激机体产生的抗体或效应淋巴细胞,不但能与诱导它们产生的抗原特异性结合,而且也能与含有相同或相似抗原决定簇的其他抗原发生反应,称为交叉反应。

第二节 免疫系统

免疫系统是机体执行免疫功能的物质基础,由免疫器官与组织、免疫细胞和免疫分子组成。

一、免疫器官

免疫器官按其功能的不同,分为中枢免疫器官和外周免疫器官。

(一)中枢免疫器官

中枢免疫器官包括骨髓和胸腺,是免疫细胞发生、分化、发育和成熟的场所,对外周免疫器官的发育也有促进作用。

1. 骨髓

位于骨髓腔内,是造血器官,也是各种免疫细胞的发源地。骨髓中的多能干细胞分化为髓样干细胞和淋巴干细胞。髓样干细胞发育为红细胞系、粒细胞系、单核巨噬细胞系等。淋巴干细胞发育为淋巴细胞系,其中一部分淋巴干细胞在骨髓继续发育成为B细胞,离开骨髓后进入外周淋巴器官定居;另一部分淋巴干细胞则进入胸腺(人、畜)或腔上囊(禽)分化成T细胞或B细胞。骨髓是机体重要的中枢免疫器官,也是再次体液免疫应答发生的主要部位。

2. 胸腺

位于胸腔上纵隔前部、胸骨后方。出生时重10~15 g;以后增长迅速,至青春期体积最大,约35~40 g;青春期后逐渐退化,老年期胸腺萎缩,功能衰退,机体易发生感染和肿瘤。来自骨髓的淋巴干细胞进入胸腺,在胸腺微环境的影响下,95%的细胞凋亡,只有5%的细胞分化成熟为具有免疫活性的T细胞,离开胸腺后进入外周免疫器官定居。

(二) 外周免疫器官

外周免疫器官是免疫细胞定居和发生免疫应答的部位,包括淋巴结、脾脏和黏膜相关淋巴组织。

1. 淋巴结

成年哺乳动物体内有500~1 000个淋巴结,人体有500~600个淋巴结,广泛分布于全身非黏膜部位的淋巴通道汇集处,主要功能是清除各个组织器官中的抗原物质,如病原微生物、肿瘤细胞等。家畜的黏膜相关淋巴组织有下颌淋巴结、颈浅淋巴结、髂下淋巴结、腹股沟浅淋巴结。淋巴结内有T细胞、B细胞以及巨噬细胞,在淋巴结内T细胞、B细胞接受抗原刺激后能活化、增殖、分化,发生免疫应答。其中的T细胞、B细胞也能随淋巴液进入血液,透过毛细血管壁进入组织,然后随淋巴液再回到淋巴结,进行淋巴细胞再循环。

2. 脾脏

脾脏是机体最大的外周免疫器官,主要作用是清除血液内抗原物质以及自身衰老死亡的细胞。其中B细胞约占60%,T细胞约占40%。来自血液的抗原物质进入脾脏刺激T细胞和B细胞活化、增殖、分化,发生免疫应答并被清除。切除脾脏会降低机体的免疫力。

3. 黏膜相关淋巴组织

人体的黏膜相关淋巴组织主要包括扁桃体、阑尾、呼吸道、消化道及泌尿生殖道黏膜下分散的淋巴组织等。这些组织中均分布有各类免疫细胞,包括T细胞、B细胞,是全身疫系统的重要组成部分。黏膜相关淋巴组织是机体重要的防御屏障,是发生黏膜免疫应答的主要场所。

二、免疫细胞

免疫细胞包括各类淋巴细胞(T细胞、B细胞、K细胞和NK细胞)、单核细胞、巨噬细胞和粒细胞等,而免疫活性细胞则仅指能特异地识别抗原,并能接受抗原的刺激,随后产生抗体或淋巴因子,发生特异性免疫应答反应的一类细胞。其中,T细胞和B细胞是最主要的免疫活性细胞。

(一) T细胞

T细胞来自骨髓,在胸腺成熟,在胸腺微环境作用下,分化发育成熟的淋巴细胞,故称为胸腺依赖性淋巴细胞。成熟的T细胞进入血液、淋巴液中,可直接杀伤靶细胞,辅助或抑制B细胞产生抗体,以及产生细胞因子等,是机体抵御疾病感染、肿瘤形成的英勇斗士。T细胞在介导适应性免疫应答的同时也参与免疫调节。

1. 主要表面标志

T细胞表面分子是T细胞表面表达的不同糖蛋白分子,与T细胞功能有关。

(1) T淋巴细胞抗原受体(TCR)。TCR是T细胞细胞膜上特异性识别抗原的结构,T细胞通过TCR与抗原物质特异性结合,构成启动免疫应答的信号。

(2) CD4分子。表面有CD4分子的T细胞被称为$CD4^+$T细胞。CD4分子与抗原提呈细胞表面的MHC II类分子结合,协助TCR接受抗原。

(3) CD8分子。表面有CD8分子的T细胞称为$CD8^+$T细胞。CD8分子与抗原细胞膜上的MHC I类分子结合,参与$CD8^+$T细胞的活化增殖。

(4) CD2 分子(绵羊红细胞受体)。CD2 分子能与绵羊红细胞结合。B 细胞上无 CD2 分子,所以 CD2 分子是 T 细胞区别于 B 细胞的重要标志。

2. 分类

成熟的 T 细胞是高度不均一的细胞群体,根据所处的活化阶段,可分为初始 T 细胞、效应 T 细胞和记忆 T 细胞。按表达 CD 分子的不同,可分为 $CD4^+$ 细胞和 $CD8^+$ 细胞。

(1) $CD4^+$ T 细胞。主要为辅助性 T 细胞(Th),能识别抗原肽-MHC Ⅱ分子复合物。Th 细胞可分化为 Th1、Th2、Th3 三类效应 Th 亚群。Th1 细胞主要分泌细胞因子,引起炎症反应和Ⅳ型超敏反应;Th2 细胞主要是促进 B 细胞增殖分化后分泌抗体,引起体液免疫应答;Th3 细胞具有免疫负调节作用,可抑制细胞免疫和体液免疫。

(2) $CD8^+$ T 细胞。是一类具有杀伤活性的效应细胞,称为杀伤性 T 细胞(Tc)或细胞毒性 T 细胞(CTL),能识别靶细胞表面的抗原肽-MHC Ⅰ类分子复合物,通过使靶细胞裂解或靶细胞凋亡的机制,特异性杀伤肿瘤细胞或病毒感染的细胞。

(二) B 细胞

B 细胞也来自骨髓,是由骨髓中的淋巴干细胞在骨髓的微环境作用下发育成熟的,故称为骨髓依赖性淋巴细胞,约占外周血淋巴细胞总数的 20%,B 细胞介导体液免疫应答。成熟的 B 细胞转移至脾脏,大部分分化为浆细胞。浆细胞中内质网丰富,合成和分泌大量的抗体参与免疫应答。若未遇抗原刺激,数天后相当数量的 B 细胞死亡。B 细胞表面有抗原受体(BCR),该受体是 B 细胞膜表面的免疫球蛋白(S mIg)。它能与抗原物质特异性结合,激活 B 细胞,启动免疫应答。每一个 B 细胞表面只含一种抗原受体,只能识别并结合相应的抗原决定簇,从而产生针对该抗原决定簇的抗体。

T 细胞不产生抗体,而是直接起作用,所以 T 淋巴细胞的免疫作用称细胞免疫。B 细胞是通过产生抗体起作用的,抗体存在于体液里,所以 B 细胞的免疫作用称体液免疫。大多数抗原物质在刺激 B 细胞形成抗体过程中,需要 T 细胞的协助。在某些情况下,T 细胞亦有抑制 B 细胞的作用。如果抑制性 T 淋巴细胞因受感染、辐射、胸腺功能紊乱等因素的影响而功能降低时,B 细胞因失去 T 细胞的控制而功能亢进,就可能产生大量自身抗体,并引起各种自身免疫病,如系统性红斑狼疮、慢性活动性肝炎、类风湿性关节炎等。同样,在某些情况下,B 细胞也可控制或增强 T 细胞的功能。由此可见,机体中各类免疫反应,不论是细胞免疫还是体液免疫,共同构成了一个极为精细、复杂而完善的防卫体系。

(三) NK 细胞

NK 细胞为自然杀伤细胞,占外周血淋巴细胞的 5%~10%。其表面无抗原受体,无抗原刺激活化就能直接杀伤抗原靶细胞,具有早期、直接、广泛等特点。所以在无特异性抗体和效应 Tc 细胞形成之前,即可有效地杀伤带病毒的靶细胞,发挥早期抗病毒感染作用。NK 细胞膜上有 IgG 的 Fc 受体,与抗原靶细胞结合的 IgG 还可以通过 Fc 段结合到 NK 细胞上,激发 NK 细胞活性,杀伤靶细胞。这种需要抗体辅助的杀细胞作用称为扩体依赖性细胞介导的细胞毒作用,简称 ADCC 作用。NK 细胞具有重要的免疫监视功能,在抗肿瘤中发挥重要作用。

(四) 抗原提呈细胞

抗原提呈细胞(APC)是指一些能捕获、加工处理抗原并将处理后的抗原肽传递给 T 细胞的细胞,主要包括单核巨噬细胞、树突状细胞、B 细胞。

抗原提呈细胞经吞噬、胞饮等方式摄取抗原,并对抗原进行加工处理,降解为抗原肽,抗原肽与内体中新合成的 MHC Ⅱ类分子结合形成复合物转运至细胞表面,供 $CD4^+$ Th 细胞识别、结合,从而引发免疫应答。

(五) K 细胞

K 细胞具有非特异性杀伤功能,主要依赖于适应性免疫反应,不能单独杀伤靶细胞,但能杀伤与抗体结合的靶细胞,且杀伤力较强,能杀伤肿瘤细胞、被微生物或寄生虫感染的细胞。

(六) 单核巨噬细胞

单核巨噬细胞是分散在许多器官组织中的具有强大吞噬能力的细胞。这些细胞都来自单核细胞,包括肺内的尘细胞、疏松结缔组织中的组织细胞、肝窦中的库普弗细胞、血液中的单核细胞、脾脏中的巨噬细胞、脑和脊髓中的小胶质细胞等。

(七) 粒细胞

细胞质中含有颗粒的白细胞称为粒细胞,有中性粒细胞、嗜酸粒细胞、碱性粒细胞。中性粒细胞除具有吞噬细菌、具有抗感染能力外,还可与抗体、抗原结合,形成中性粒细胞—抗体—抗原复合物,加大对抗原的吞噬作用,参与机体的免疫过程。嗜酸粒细胞与免疫反应有关,有较强的抗寄生虫作用;嗜碱粒细胞参与体内的过敏反应和变态反应。

三、免疫分子

免疫分子包括抗体、细胞因子和补体等多种参加免疫应答的生物活性物质。它们既是免疫应答的效应分子,又是免疫应答过程中各个环节相互调节和相互作用的物质,在整个免疫应答过程中起着十分重要的作用。细胞因子按产生来源和生物学功能分可为淋巴因子、白细胞介素和其他细胞因子三大类。淋巴因子是指 T 细胞被抗原激活或受有丝分裂原作用后所产生的多种具有生物学活性的可溶性分子;参与免疫细胞间相互作用的细胞因子称为白细胞介素,简称白介素;由白细胞和成纤维细胞产生干扰素,具有抗病毒作用,可诱导免疫细胞合成和释放抗病毒抗体。补体是存在于正常人和动物血清与组织液中的一组经活化后具有酶活性的蛋白质,可介导免疫应答和炎症反应。

第三节 抗体

抗体是 B 细胞受抗原刺激后活化、增殖分化为浆细胞,由浆细胞产生的并能与相应抗原发生特异性结合的免疫球蛋白(Ig)。抗体主要存在于血液及其他体液(包括组织液)和外分泌液中,还可分布于 B 细胞膜表面。

免疫球蛋白是具有抗体活性及化学结构与抗体相似的球蛋白统称。抗体是免疫球蛋白,而免疫球蛋白不一定都是抗体。抗体属于生物学功能概念,免疫球蛋白则属于化学结构概念,如多发性骨髓瘤患者的血液中有大量的与抗体结构相似但不具备抗体功能的球蛋白。这些球蛋白是骨髓瘤细胞分泌的,只能称免疫球蛋白,不能称为抗体。

一、免疫球蛋白的基本结构

(一) 基本结构

一个免疫球蛋白单体由两条相同的重链(H链)和两条相同的轻链(L链)共4条肽链构成。H链由450~550个氨基酸残基组成。L链由214个氨基酸残基组成,它们通过二硫键互相连接成"Y"形(图10-1)。

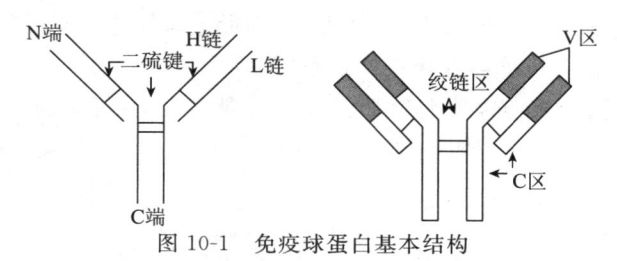

图10-1 免疫球蛋白基本结构

免疫球蛋白的重链和轻链不是简单的直线结构,其肽链反复高度盘绕,形成了具有特定功能的高度复杂的立体区域。

(1) 可变区(V区)。氨基端轻链的1/2和重链的1/4的区域内氨基酸的组成和排列顺序高度可变,称为可变区,能与抗原特异性结合。

(2) 恒定区(C区)。羧基端轻链的1/2和重链的3/4的区域氨基酸数量、种类和排列顺序都相对稳定,称为恒定区。其中重链的3个恒定区从氨基端向羧基端排列为CH1、CH2、CH3,分别具有不同的功能。

(3) 铰链区。位于重链CH1、CH2之间的区域上,由十几个氨基酸组成,富含脯氨酸,富有弹性,易于伸展弯曲,可使免疫球蛋白分子由T型变为Y型,暴露CH2,便于结合补体。

(二) 水解片段

用木瓜蛋白酶水解IgG单体,可在铰链区二硫键的氨基侧切断,得到两个相同的抗原结合片段(Fab段)和一个可结晶片段(Fc段)。Fab段包含了轻链和重链的可变区,是与抗原分子结合的片段(图10-2)。Fc段具有激活补体、结合细胞、通过胎盘和黏膜的功能。

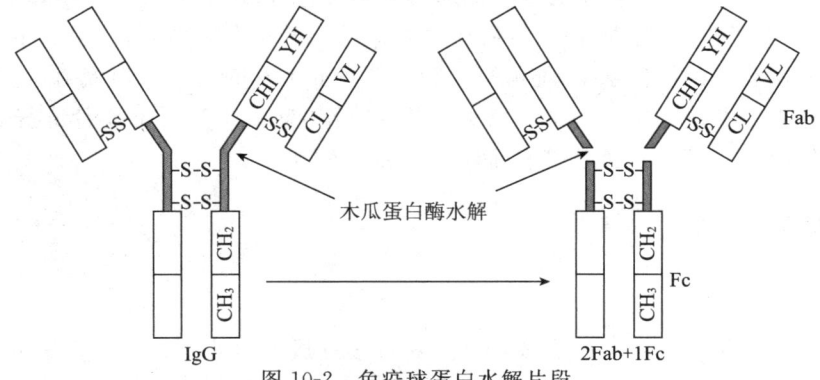

图10-2 免疫球蛋白水解片段

(三) 分类

根据重链恒定区结构的差别,将免疫球蛋白分为 IgG、IgM、IgA、IgE 和 IgD 5 类。

二、免疫球蛋白的功能

(一) Fab 段的功能

Fab 段能够特异性结合抗原,其结合部位在可变区抗体与相应抗原特异性结合后所发挥的生物学效应因抗原的性质而不同。

(1) 中和作用。外毒素和病毒都是通过与易感细胞受体结合的方式进入细胞而发挥毒性、感染作用的,当与相应的抗体结合后,外毒素、病毒上与易感细胞受体结合的位点被抗体封闭,不能进入细胞内,丧失了毒性和感染细胞的作用。

(2) 抑制细菌吸附。细菌吸附到黏膜上皮上才能定居,继而繁殖。分布于黏膜表面的 sIgA 能与细菌特异性结合,可以阻止细菌与黏膜细胞的结合,阻断细菌的定居,加快细菌的排出。

(二) Fc 段的功能

有些抗原在与相应抗体结合后,其生物学性质并不能改变,需要 Fc 段结合补体、吞噬细胞和 NK 细胞等,才能将抗原破坏清除。在单核巨噬细胞、NK 细胞膜上有 IgG 的 Fc 受体,在肥大细胞或嗜碱性粒细胞膜上有 IgE 的 Fc 受体,抗体与其相应受体结合发挥不同的作用。

(1) 激活补体。当抗体与细胞型抗原特异性结合后,抗体分子发生构型变化,由 T 型变为 Y 型,暴露补体结合点 CH2 区,结合补体继而激活补体,溶解抗原细胞。

(2) 调理作用。在单核巨噬细胞膜上有 IgG 的 Fc 受体,当细菌与相应抗体 IgG 特异性结合后,IgG 的 Fc 段即可与单核巨噬细胞上的 Fc 受体结合,激活细胞内的调控机制,增强吞噬细胞对细菌的吞噬消化作用。

(3) 抗体依赖性细胞介导的细胞毒作用。IgG 的 Fab 段与靶细胞(如肿瘤细胞)表面抗原特异性结合后,IgG 的 Fc 段与自然杀伤细胞(NK 细胞)表面的 Fc 受体结合,介导 NK 细胞杀伤靶细胞,称为抗体依赖性细胞介导的细胞毒作用(ADCC)。

(4) 介导 I 型超敏反应。在肥大细胞或嗜碱性粒细胞表面有 IgE 的 Fc 受体,IgE 的 Fc 段与肥大细胞或嗜碱性粒细胞表面 IgE 的 Fc 受体结合,可引起 I 型超敏反应。

(5) 穿过胎盘和黏膜。IgG 是唯一能通过胎盘的免疫球蛋白,母体的 IgG 可通过其 Fc 段与胎盘滋养层细胞 Fc 受体结合,然后通过胎盘进入胎儿血液循环,使得新生儿出生后就有了同母体基本相同的抗体水平,能够赋予新生儿约 6 个月的抗感染免疫力,这种自然被动免疫机制对于新生儿抗感染具有重要意义。此外,分泌型 IgA 通过分泌片介导其穿越呼吸道、消化道黏膜上皮细胞,到达黏膜表面发挥抗感染作用。

三、5 类免疫球蛋白的特性

(一) IgG

人体出生后的第 3 个月开始合成,3~5 岁时接近成人水平,40 岁后逐渐下降。IgG 是人体内 5 类免疫球蛋白中含量最高的,约占血清免疫球蛋白总量的 75%,分布于全身各个组织和体液中,也是唯一能够通过胎盘的免疫球蛋白,是机体抗感染的主要抗体。抗病毒抗体、抗细菌抗体及抗毒素主要为 IgG。IgG 的 Fc 段可与中性粒细胞、单核细胞、巨噬细胞及 NK 细胞等表面的 Fc 受体结合,从而发挥其调理作用及介导 NK 细胞等对靶细胞的杀伤作用。

(二) IgM

由 5 个单体构成,分子量最大,称为巨球蛋白,因此激活补体、凝集抗原作用均强大,主要分布于血液,约占血清免疫球蛋白总量的 10%。IgM 是个体发育过程中最早合成和分泌的抗体,胚胎发育晚期的胎儿即能合成 IgM,故脐带血中特异性 IgM 水平升高提示胎儿发生宫内感染。IgM 也是初次体液免疫应答最早出现的抗体,血清中检出特性 IgM,则提示近期发生感染,可用于感染的早期诊断。天然的 ABO 血型抗体为 IgM,血型不符的输血可致严重的溶血反应。

(三) IgA

人体出生后 4～6 个月开始合成,12 岁左右达成人水平。IgA 分为血清型和分泌型两种,血清型 IgA 主要为单体,存在于血清中,占血清免疫球蛋白总量的 10%～15%。分泌型 IgA(sIgA)由呼吸道、消化道、泌尿生殖道等处黏膜中的浆细胞产生,广泛分布于黏膜和外分泌液中,是机体局部黏膜抗感染的主要抗体。sIgA 能抑制微生物在呼吸道黏膜上皮附着,减缓病毒繁殖,是黏膜重要屏障,对某些病毒、细菌和一般抗原具有抗体活性,是防止病原体入侵机体的第一道防线。

(四) IgD

血清中含量很少,占血清免疫球蛋白总量的 0.2%～0.3%,是 B 淋巴细胞的重要抗原受体,血液中 IgD 的功能尚不清楚。

(五) IgE

正常人血清中含量极低,约占血清中免疫球蛋白总量的 0.02%,但在过敏性疾病或寄生虫感染时,特异性 IgE 含量显著增高。IgE 可通过其 Fc 段与肥大细胞和嗜碱性粒细胞表面的 Fc 受体结合,介导 Ⅰ 型超敏反应。

5 类免疫球蛋白的主要特性如表 10-1 所示。

表 10-1　5 类免疫球蛋白的比较

比较项目	IgG	IgA	IgM	IgD	IgE
存在形式	单体	单体、双体	五聚体	单体	单体
血清比例/%	75～85	10～15	5～10	<0.3	<0.02
合成时间	出生后 3 个月	出生后 4～6 个月	胚胎末期	较晚	较晚
半衰期/d	20～23	6	5	3	2
特性	抗感染免疫的主要抗体;唯一能穿过胎盘的免疫球蛋白	sIgA 是黏膜局部抗感染的主要抗体;初乳中含有	早期重要的抗感染抗体	功能尚未清楚。	介导 Ⅰ 型超敏反应;抗寄生虫感染

第四节 免疫应答

一、免疫应答的概念

免疫应答是指机体受到抗原刺激后,免疫细胞识别、摄取、处理抗原,继而活化、增殖分化,最终产生一系列生物学效应的过程。

免疫应答主要发生在外周免疫器官和黏膜相关淋巴组织。通过免疫应答,机体及时地清除了抗原性异物,维持机体的生理平衡和稳定,如抗感染和抗肿瘤等,但在某些情况下免疫应答也可对机体造成伤害,引起超敏反应或其他免疫性疾病。

二、免疫应答的类型

(一) 体液免疫应答和细胞免疫应答

根据参与免疫应答细胞种类及其效应机制的不同,适应性免疫应答可分为 B 细胞介导的体液免疫应答和 T 细胞介导的细胞免疫应答。

体液免疫应答是 B 细胞在抗原刺激下活化、增殖及分化为浆细胞,产生抗体并介导特异性免疫应答的过程。B 细胞表面具有特异的抗原受体,故能对抗原发生免疫应答。这些受体是抗体分子(免疫球蛋白),一般是 IgG,通常是单体。抗原和 B 细胞表面的免疫球蛋白结合后,即可启动最终抗体形成细胞和记忆细胞的免疫应答。反应细胞开始增大和反复地分裂,经过几次分裂以后,子代细胞逐渐区分为形态和功能都不同的两个类群。一个类群细胞内形成内质网,并获得合成免疫球蛋白的能力,最后分化成为浆细胞;另一个类群成为记忆细胞。这类细胞类似预备部队,机体再次遇到同一抗原时能迅速分化成浆细胞,产生抗体。

细胞免疫应答是致敏淋巴细胞与相应抗原作用后所导致的特异性免疫应答的过程。其主要作用是抗细胞内寄生微生物的感染、抗肿瘤,并参与迟发型超敏反应等。细胞免疫应答的基本过程:T 细胞以与 B 细胞类似的方式接受巨噬细胞传来的抗原信息而被激活,增殖、分化成具有不同功能的致敏淋巴细胞。其中,能直接杀伤靶细胞的 T 细胞称为细胞毒性 T 细胞(Tc)。细胞毒性 T 细胞可产生淋巴因子参与细胞免疫。与体液免疫一样,T 细胞在活化过程中,也有小部分分化成记忆细胞。细胞毒性 T 细胞和淋巴因子是构成细胞免疫的基础。

(二) 正免疫应答和负免疫应答

根据免疫活性细胞对抗原异物刺激的反应结果不同,免疫应答可分为正免疫应答和负免疫应答。正免疫应答(即通常所指的免疫应答)是指免疫活性细胞在抗原刺激下,活化、增殖、分化和产生效应物质,表现出一系列生物学效广的全过程。负免疫应答是指免疫活性细胞在抗原刺激下表现为特异性不应答,也称为免疫耐受。

(三) 生理性免疫应答和病理性免疫应答

根据免疫应答结果是否对机体造成损伤,免疫应答可分为生理性免疫应答和病理性免疫应答。正常情况下,机体对抗原异物发生免疫应答可表现为抗感染、抗肿瘤等效应,对自身正常组织细胞形成免疫耐受,此为生理性免疫应答。在某些异常情况下,机体免疫应答过强可发生超敏反应,甚至导致超敏反应性疾病的发生,或者自身免疫耐受被打破时,进而诱发自身免疫病等,此类情况称为病理性免疫应答。

三、免疫应答的基本过程

根据免疫应答的基本规律,适应性免疫应答可以划分为紧密相关、不可分割的3个阶段,即其他微生物所致疾病(抗原提呈与识别阶段)、反应阶段(活化增殖与分化阶段)和效应阶段。

(一) 识别阶段(抗原提呈)

抗原提呈细胞(APC)摄取、加工处理与提呈和T细胞、B细胞通过TCR/BCR(T细胞受体/B细胞受体)特异性识别抗原肽阶段,故又称抗原识别阶段。

(1) APC提呈抗原。APC摄取抗原,在细胞内将抗原加工处理成抗原肽,抗原肽与MHC分子形成抗原肽-MHC分子复合体表达在APC细胞的表面,供TCR/BCR识别。

(2) T细胞、B细胞识别抗原。B细胞介导的体液免疫需要Th细胞和APC参与,也可通过BCR直接识别抗原决定簇,获取抗原信息。T细胞通过TCR识别APC识别提呈的抗原肽,内源性抗原的抗原肽与自身的MHC Ⅰ类分子结合,供CD8$^+$T细胞识别;外源性抗原的抗原肽与自身的MHC Ⅱ分子结合,供CD4$^+$Th细胞识别(图10-3)。

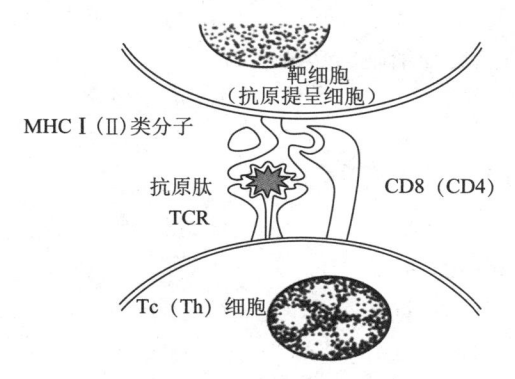

图10-3 T细胞的双识别

(二) 反应阶段(活化增殖与分化阶段)

T细胞、B细胞特异性识别、接受抗原刺激后活化、增殖和分化的阶段。B细胞活化、增殖和分化为浆细胞并产生抗体;T细胞活化、增殖和分化成效应T细胞。其中部分细胞分化成为长寿命的记忆细胞(Bm、Tm)。

(三) 效应阶段

免疫应答产生的效应物质(抗体、细胞因子和效应T细胞)分别发挥体液免疫效应和细胞免疫效应,清除"非己"抗原或诱导免疫耐受,维持机体平衡或诱发免疫性疾病(图10-4)。

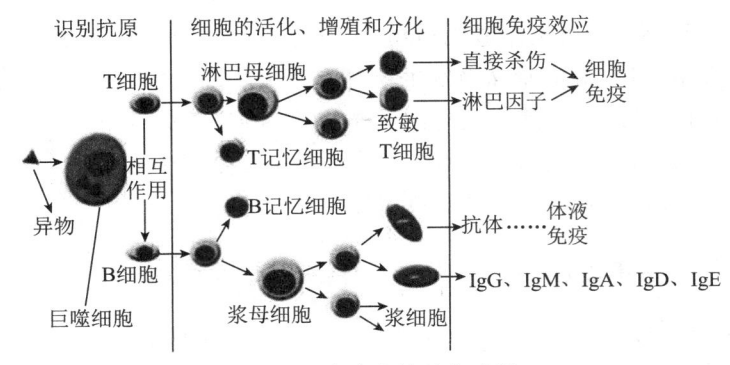

图 10-4 免疫应答基本过程

思考与练习

一、单项选择题

1. 免疫的现代概念是（　　）。
   A. 机体抗感染的防御功能　　　　　　B. 机体清除体内衰老细胞功能
   C. 机体清除和杀灭突变细胞功能　　　D. 机体识别和排除抗原性物质的功能

2. 免疫监视功能低下的后果是（　　）。
   A. 易发生肿瘤　　　　　　　　　　　B. 易发生超敏反应
   C. 易发生感染　　　　　　　　　　　D. 易发生自身免疫病

3. 机体免疫系统识别和清除突变细胞的功能称为（　　）。
   A. 免疫稳定　　　　　　　　　　　　B. 免疫监视
   C. 免疫耐受　　　　　　　　　　　　D. 免疫识别

4. 免疫原性最强的物质是（　　）。
   A. 多糖　　　　B. 脂质　　　　C. 蛋白质　　　　D. 核酸

5. 下列物质中,没有免疫原性的是（　　）。
   A. 抗体　　　　B. 补体　　　　C. 半抗原　　　　D. 细胞多糖

6. 下列关于类毒素性质的描述,正确的是（　　）。
   A. 有免疫原性,有毒素　　　　　　　B. 无免疫原性,有毒素
   C. 无免疫原性,无毒素　　　　　　　D. 有免疫原性,无毒素

7. 交叉反应是由于两种不同的抗原分子中具有（　　）。
   A. 构象决定簇　　　　　　　　　　　B. 共同抗原决定簇
   C. 功能决定簇　　　　　　　　　　　D. 不同抗原决定簇

8. 抗原的特异性取决于（　　）。
   A. 抗原的分子量大小　　　　　　　　B. 抗原的物理性状
   C. 抗原的特殊化基团　　　　　　　　D. 抗原结构的复杂性

9. 下列关于半抗原的描述,正确的是(　　)。
　　A. 是大分子物质　　　　　　　　　　B. 通常是蛋白质
　　C. 只有免疫原性　　　　　　　　　　D. 只有免疫反应性
10. 免疫活性细胞是指(　　)。
　　A. 单核巨噬细胞系　　　　　　　　　B. T细胞、B细胞
　　C. NK细胞　　　　　　　　　　　　D. 粒细胞
11. T细胞区别于B细胞的重要标志是(　　)。
　　A. CD2　　　　　B. CD4　　　　　C. CD8　　　　　D. Th2
12. 能捕获、加工处理抗原并将处理后的抗原肽传递给T细胞的细胞是(　　)。
　　A. NK细胞　　　　　　　　　　　　B. K细胞
　　C. 抗原提呈细胞　　　　　　　　　　D. 粒细胞
13. 具有非特异性杀伤作用的细胞是(　　)。
　　A. B细胞　　　　B. T细胞　　　　C. K细胞　　　　D. NK细胞
14. B细胞分化发育成熟的场所是(　　)。
　　A. 骨髓　　　　　B. 胸腺　　　　　C. 淋巴结　　　　D. 脾脏
15. 将免疫球蛋白分为五类的依据是(　　)。
　　A. 重链恒定区结构的差别　　　　　　B. 轻链恒定区结构的差别
　　C. 重链可变区结构的差别　　　　　　D. 轻链可变区结构的差别
16. 下列关于免疫球蛋白特性的描述,正确的是(　　)。
　　A. IgG是唯一通过胎盘的免疫球蛋白　　B. sIgA多为双聚体
　　C. 最早产生免疫应答过程的是IgG　　　D. 正常血清中IgE含量最少
17. 结合肥大细胞和嗜碱性粒细胞的是(　　)。
　　A. IgM　　　　　B. IgG　　　　　C. IgE　　　　　D. IgD
18. 初次体液免疫应答最早出现的抗体是(　　)。
　　A. IgM　　　　　B. IgG　　　　　C. IgE　　　　　D. IgD
19. 免疫调理作用最强的是(　　)。
　　A. IgM　　　　　B. IgG　　　　　C. IgE　　　　　D. IgD
20. 下列关于抗体的描述,错误的是(　　)。
　　A. 抗体是指具有免疫功能的球蛋白
　　B. 抗体主要存在于血液、体液、黏膜表面及其分泌液中
　　C. 抗体是能和相应抗原特异性结合的球蛋白
　　D. 抗体都是体内产生的免疫球蛋白

二、多项选择题
1. 抗原主要包括(　　)。
　　A. 同种抗原　　　B. 异种抗原　　　C. 植物抗原　　　D. 合成抗原
2. 外周免疫器官包括(　　)。
　　A. 骨髓　　　　　B. 淋巴结　　　　C. 脾脏　　　　　D. 扁桃体

3. 抗原提呈细胞（APC）主要包括（　　）。
   A. 单核巨噬细胞　　　　　　　　　B. 树突状细胞
   C. T 细胞　　　　　　　　　　　　D. B 细胞
4. 免疫分子包括（　　）。
   A. 抗体　　　　B. 细胞因子　　　　C. 补体　　　　D. 白细胞介素
5. 细胞免疫应答的主要作用有（　　）。
   A. 抗细胞内寄生微生物的感染　　　B. 抗肿瘤
   C. 参与迟发型超敏反应　　　　　　D. 介导Ⅰ型超敏反应

三、判断题

1. 免疫反应过低可导致免疫缺陷病。　（　　）
2. 免疫稳定正常情况下能识别和清除自身衰老残损的细胞。　（　　）
3. 合成肽、疫苗等属于异种抗原。　（　　）
4. 氨基酸、多糖、核酸可作为抗原。　（　　）
5. 特异性免疫反应又可分为 T 细胞介导的细胞免疫反应和 B 细胞介导的体液免疫反应。
　（　　）
6. 接种乙肝疫苗能预防甲型肝炎。　（　　）
7. 淋巴干细胞在骨髓继续发育成为 B 细胞和浆细胞。　（　　）
8. 免疫活性的 T 细胞在胸腺成熟、定居。　（　　）
9. 淋巴结的主要功能是清除各个组织器官中的抗原物质，如病原微生物、肿瘤细胞等。（　　）
10. CD8 分子与抗原提呈细胞表面的 MHC Ⅱ类分子结合，协助 TCR 接受抗原。（　　）
11. $CD8^+$ T 细胞特异性杀伤肿瘤细胞或病毒感染的细胞。　（　　）
12. T 细胞不产生抗体，而是直接起作用。　（　　）
13. K 细胞膜上有 IgG 的 Fc 受体，与抗原靶细胞结合，能杀伤靶细胞。　（　　）
14. 抗原提呈细胞经吞噬、胞饮等方式摄取抗原。　（　　）
15. 免疫球蛋白的重链和轻链都是简单的直线结构。　（　　）
16. 用淀粉酶水解 IgG 单体，可得两个 Fab 段和一个 Fc 段。　（　　）
17. sIgA 能抑制微生物在呼吸道黏膜上皮附着，减缓病毒繁殖，是黏膜重要屏障。（　　）
18. 在 B 细胞的活化过程中，小部分分化成记忆细胞。　（　　）
19. 正常情况下，机体对抗原异物发生免疫应答可表现为抗感染、抗肿瘤等效应。（　　）

四、填空题

1. 脂质或低分子化合物与_____等结合，可以生成抗脂质特异的抗体。
2. 具有免疫原性的物质称为_____。
3. 抗原决定簇又称_____，是抗原分子中决定抗原特异性的特殊化学基团，一般由几个到十几个氨基酸构成。
4. 中枢免疫器官包括骨髓和胸腺，是免疫细胞发生、分化、发育和_____的场所。
5. CD8 分子与抗原细胞膜上的_____分子结合，参与 $CD8^+$ T 细胞的活化与增殖。

6. _____ 细胞主要分泌细胞因子,引起炎症反应和Ⅳ型超敏反应。
7. 抗体属于生物学功能概念,而免疫球蛋白则属于_____ 概念。
8. 一个免疫球蛋白单体由 H 链和 L 链组成,它们通过_____ 互相连接成"Y"形。
9. 免疫球蛋白可变区(V 区)能与_____ 特异性结合。
10. B 细胞活化、增殖和分化为浆细胞并产生_____。

五、连线题

1. 将下列左侧的免疫器官与右侧相对应的功能用直线连接起来。
   - (1)骨髓　　　　　a. 可将淋巴干细胞分化成为具有免疫活性的 T 细胞
   - (2)胸腺　　　　　b. 主要功能是清除各个组织器官中的抗原物质
   - (3)淋巴结　　　　c. 是机体最大的外周免疫器官
   - (4)脾脏　　　　　d. 是机体重要的防御屏障
   - (5)淋巴组织　　　e. 是各种免疫细胞的发源地

2. 将下列左侧的免疫球蛋白与右侧相对应的特性用直线连接起来。
   - (1)IgG　　　　　a. 早期重要的抗感染抗体
   - (2)IgM　　　　　b. sIgA 是黏膜局部抗感染的主要抗体,初乳中含有
   - (3)IgA　　　　　c. 介导Ⅰ型超敏反应,抗寄生虫感染
   - (4)IgE　　　　　d. 是 B 淋巴细胞的重要抗原受体
   - (5)IgD　　　　　e. 抗感染免疫的主要抗体,是唯一能穿过胎盘的免疫球蛋白

六、简答题

1. 简述免疫的概念及功能。

2. 简述免疫球蛋白的功能。

3. 简述免疫应答的概念及类型。

第十一章 生物技术及其应用

学习目标

1. 了解生物技术的概念、发展历程及基本内容，以及生物技术在生产实践中的应用和对人类生活的影响。

2. 熟悉重组DNA技术的定义和意义、目的基因的概念和用途。

3. 了解重组DNA技术的理论基础和基本流程，Ⅱ型限制性核酸内切酶、连接酶和质粒载体的概念和用途。

4. 熟悉PCR技术的概念和原理，了解PCR的用途及PCR的核酸定量检测。

5. 熟悉发酵工程的概念和特点、常用的发酵菌种类型，包括细菌、放线菌和真菌。

6. 熟悉细胞工程的概念和研究内容，掌握细胞融合的概念。

7. 了解酶的固定化概念、优点和方法，包括吸附法、包埋法、结合法、交联法和热处理法等方法。

8. 了解蛋白质工程的概念和用途。

第一节　生物技术的形成与发展

生物技术是在生命科学发展的基础上建立起来的。自20世纪70年代以来，生物技术已成为发展最快的高新技术之一，是21世纪高新技术革命的核心内容和支柱产业，是推动世界经济发展的主导力量。生物技术的发展，不仅在解决人类社会所面临的人口、食物、能源、资源和环境等许多重大危机问题方面发挥主要的作用，而且也将是解决全球性经济问题的关键技术。现代生物技术已经广泛应用于医学、环保、农林、化工和能源等诸多方面，促进传统产业的技术改造和新兴产业的形成，正在成为继信息产业之后，对人类社会生产生活产生深远的、革命性影响的、又一个迅速崛起的经济领域。

一、现代生物技术的定义

1982年，国际合作及发展组织对生物技术这一名词进行了定义：生物技术是应用自然科学及工程学的原理,依靠微生物、动物、植物体作为反应器,将物料进行加工以提供产品来为社会服务的技术。基因工程、细胞工程、酶工程、发酵工程和蛋白质工程等的形成与发展构成了现代生物技术这一内涵。

二、生物技术的进展

1943 年,大规模工业生产青霉素和后来多种抗生素的生产与利用,标志着传统生物技术发展进入鼎盛时期,为生物技术的发展起到了划时代的作用。1944 年,美国著名微生物学家 Avery 首先证明基因就是 DNA 分子,是生物的遗传物质。1953 年,美国科学家沃森和克里克发现了 DNA 双螺旋结构,奠定了现代分子生物学的基础。从此,生命科学的发展开始进入现代生物技术时代。

在随后的研究中,科学家们又发现了细胞中的"质粒"。它是在细菌染色体外进行自我繁殖的细胞质因子,是基因操作的起点。质粒作为外源 DNA 的运载体奠定了 DNA 重组技术的基础。质粒载体能够将目的基因导入受体细胞,并使目的基因在受体细胞中稳定存在并表达。它是基因工程中不可或缺的工具之一。

DNA 限制性内切酶和连接酶的发现为生物技术向高一层次的发展打下了坚实的基础。Ⅱ型限制性核酸内切酶是一类分子质量较小的单体蛋白,识别和切割双链 DNA 分子时仅需要 Mg^{2+} 存在。它能够特异性识别四核苷酸或六核苷酸的旋转对称(又称回文方式)核酸序列,并在识别区内特定的核苷酸处内切 DNA 双链中的磷酸二酯键,产生确定的限制片段和跑胶条带。Ⅱ型限制性核酸内切酶是三类限制性核酸内切酶中最常用于 DNA 分析和克隆的一类,是分解和重建 DNA 等基因工程操作中的基本工具。连接酶(ligase)是一种催化两种大型分子以一种新的化学键结合在一起的酶,在把两分子相连接的同时发生三磷酸腺苷(ATP)的高能磷酸键的断裂,如 DNA 连接酶等。DNA 连接酶在基因工程中主要用于将切割后的目的基因和运载体连接起来,形成重组 DNA 分子。

PCR(polymerase chain reaction)技术,即聚合酶链式反应,也称无细胞克隆系统,是 1985 年诞生的一项 DNA 体外扩增技术。它是以一种类似于天然 DNA 复制的方式,在体外扩增位于两段已知序列之间的 DNA 片段的分子生物学技术。PCR 技术的原理主要基于 DNA 的热变性、DNA 的半保留复制以及碱基互补配对等原则。在 PCR 过程中,DNA 双链在高温下解离成单链,然后低温下引物与单链 DNA 按碱基互补配对的原则结合,再在 DNA 聚合酶的作用下,以 dNTP 为反应原料,按照碱基配对与半保留复制原理,合成一条新的与模板 DNA 链互补的半保留复制链。通过不断地重复变性、退火(复性)和延伸这 3 个基本步骤,目的 DNA 片段可以以指数级进行扩增。

PCR 技术因其高灵敏度、特异性和简便性,被广泛应用于多个领域:医学诊断方面,PCR 可以用于检测各种病原体;基因研究方面,在基因组学研究中,PCR 用于扩增特定基因片段,便于进一步分析和研究;法医学方面,PCR 技术可用于法医鉴定,通过扩增 DNA 样本来识别犯罪嫌疑人或进行亲子鉴定;环境监测方面,PCR 可以检测环境样本中的微生物,监测污染状况,如水体或土壤中的病原体;食品安全检测方面,PCR 技术可用于食品中致病性微生物的检测,如单核细胞增多性李斯特氏菌、沙门菌等,具有快速、敏感、特异性高的特点。

PCR 的核酸定量检测是一种高度专业化的技术。它通过在 PCR 反应中加入荧光探针来实时监测扩增过程，进而量化目标核酸的起始浓度。这种方法不仅提高了检测的灵敏度，还使得结果更加准确和可靠。定量 PCR 在医学诊断、流行病监测及生物研究中具有广泛的应用价值，能够帮助科研人员更好地了解病原体的感染情况、基因表达水平以及遗传变异等信息。

1973 年，美国人 Herber Boyer 和 Stanley Cohen 共同完成了一项著名的实验——进行人类历史上第一次有目的的基因重组尝试，为 DNA 重组技术和基因克隆的研究起到了重大的作用。重组 DNA 技术，又称基因工程或 DNA 重组技术，是以分子遗传学为理论基础，结合分子生物学和微生物学的现代方法，将不同来源的基因按预先设计的蓝图在体外进行构建杂种 DNA 分子，然后导入活细胞，以改变生物原有的遗传特性，获得新品种或生产新产品。

从此，生命科学迅速完成了从传统生物技术向现代生物技术的飞跃。以基因工程、细胞工程为首的生物工程技术革命随之兴起，并进入实用阶段，相继出现了以基因工程菌生产的各种药物，如人工胰岛素、生长激素、干扰素、细胞因子、疫苗和注射用单克隆抗体等基因工程药物。同时，现代农业生物技术在提高作物的抗病、抗虫、抗逆及品质改良方面发挥了十分重要的作用。1990 年，美国科学家开始绘制人类基因代码图的工作。2000 年 6 月 26 日，中、美、日、德、法、英六国科学家和美国塞莱拉公司联合公告，人类基因组"工作框架图"绘制成功。该工作草图覆盖了人类基因组中的全部 33 亿个碱基序列。人类基因组计划从本质上揭示了人类和其他生命体的生命活动机理，为人类主要疾病基因的识别、诊疗提供了遗传学基础。

当今世界，生物技术已经成为研究开发和科技竞争的重点。在新的世纪里，生命科学的新发现、生物技术的新突破、生物技术产业的新发展将极大地改变人类及其社会发展的进程，深刻地改变人类的医疗卫生、农业、人口和食品状况。尽管世界各国对高科技领域范围的界定不完全相同，但几乎无一例外地将生命科学和生物技术放在重要位置，现代生物技术为世界各国在医疗业、制药业、农业、环境业、食品业等行业开辟了广阔的发展前景。

生物技术已成为 21 世纪发展最快的学科之一，其发展趋势主要体现在以下几个方面。

(1) 基因操作技术更加成熟与完善，使得转基因植物和动物取得重大突破。
(2) 医学生物技术为人类疾病治疗和健康等发挥巨大的作用。
(3) 基因组及编码蛋白质的结构与功能研究成为今后生物技术的热点问题。
(4) 生物芯片广泛应用。
(5) 干细胞生物学技术的研究与应用，使治疗性器官移植成为可能。
(6) 利用计算机技术对生物信息进行处理、贮存、分析和解释，形成新的生物信息学科。

第二节　生物技术的基本内容

现代生物技术主要包括基因工程、细胞工程、酶与发酵工程、组织工程、蛋白质工程、抗体工程、干细胞技术、克隆技术、转基因技术、高通量筛选技术以及生物芯片等。总的来说，一般分为基因工程、发酵工程、酶工程、细胞工程和蛋白质工程5个部分。

一、基因工程

1972年，Berg Jackson将猿猴病毒基因组sv40的DNA通过噬菌体导入大肠杆菌后获得表达，成功地完成了世界上首次DNA体外重组实验，标志着基因工程技术的开始。

(一) 定义

基因工程又称DNA重组技术，指将经过改造的基因片段插入适当的表达载体，并通过蛋白质加以表达，分离、纯化经过改造的蛋白质，并对其进行功能检测，是在基因水平上进行的遗传操作。DNA重组技术主要是通过有机合成，或者以mRNA为模板，利用反转录酶合成碱基因互补的DNA，按照人们的需要对DNA序列进行设计、剪接、修饰加工，再和载体DNA(质粒)连接在一起重新导入细胞，大量繁殖，生产所需要的蛋白质、激素、疫苗、酶等，培育出具有某些特殊性能的转基因动植物新品种。

总之，基因工程的最终目的是把一个生物体中的遗传信息(DNA)转入另一个生物体，并表达出其特有的、人们需要的性状。

(二) 主要步骤

(1) 提取供体生物的目的基因(外源基因)，用限制性内切酶切开，将含所需性状的目的基因连接到另一DNA分子上(常用大肠杆菌)，形成新的重组DNA分子。

(2) 将重组DNA分子转入受体细胞，并在受体细胞中复制保存。

(3) 对受体细胞进行筛选和鉴定，以保存并复制含有目的基因的细胞。一般通过特殊培养基进行选择性培养，淘汰没有转化的细胞，筛选出那些带有目的基因的外源DNA重组质粒

(4) 对含有重组DNA的细胞进行大量培养，并检测外源基因是否表达。

二、发酵工程

(一) 定义

发酵(fermentation)来自拉丁语"发泡"(fervere)一词。发酵工程又称微生物工程或微生物发酵工程，是利用微生物等生物细胞进行酶促转化，将原料转化成产品或提供社会性服务的一门科学。它结合了应用微生物学、生物化学及工程学原理，通过特定微生物或动植物细胞及其特定功能，运用现代工程技术手段(如发酵罐或生物反应器的自动化、高效化)生产各种特定有用物质。发酵工程的核心在于为微生物提供最适宜的发酵条件，以高效生产特定产品，如食品、药品、化工原料等。

(二) 特点

1. 原料来源广泛

发酵工程使用的原料多为农副产品，来源广泛且可再生，如糖类、淀粉、油脂等。这些原料只加少量有机和无机氮源，不含有毒物质，对环境友好。

2. 反应条件温和

发酵工程的反应过程通常在常温、常压下进行,对设备的要求相对较低,且一种设备可有多种用途,灵活性高。

3. 环境污染较少

与化学合成方法相比,发酵工程在生产过程中产生的污染较少,有利于环境保护和可持续发展。

4. 产品种类多样

发酵工程能够生产多种性能优异的产品,包括酶、化学活性体、抗生素、有机酸、氨基酸等,这些产品广泛应用于食品、医药、化工等多个领域。

5. 投资较少

发酵工程的生产设备相对简单,投资较少,且通过菌种选育和改良,可以显著提高生产能力,降低生产成本。

(三)常用的发酵菌种类型

1. 细菌

(1) 枯草芽孢杆菌:用于生产多种酶制剂和抗生素。

(2) 乳酸杆菌:用于乳制品发酵和食品保鲜。

(3) 醋酸杆菌:用于生产醋酸和醋酸盐。

(4) 棒状杆菌:用于生产氨基酸和核苷酸。

(5) 大肠杆菌:常用于基因工程表达系统和生物制药领域。

2. 放线菌

(1) 链霉菌属:产生多种抗生素,如链霉素、红霉素等。

(2) 小单孢菌属:产生一些特定的抗生素和酶制剂。

(3) 诺卡氏菌属:也用于抗生素的生产。

3. 真菌

(1) 酵母菌:如啤酒酵母、面包酵母等,用于酿酒、制造面包和食品发酵。同时,酵母菌还能生产酒精、脂肪酶,以及可食用、药用和饲用的酵母菌体蛋白等。

(2) 霉菌:如根霉、毛霉、红曲霉、青霉等,用于生产多种酶制剂、抗生素、有机酸、生长素及甾体激素等。

(四)主要内容和步骤

1. 发酵原料的预处理

主要是将发酵原料进行处理,使之能够被发酵微生物更好地利用。如淀粉不能被某些微生物直接利用,因此,需要先将淀粉进行糖化处理后才能用于发酵。按照技术要求配制生产培养基。并对培养基和发酵设备进行灭菌处理。

2. 配制种子培养基

将保存的基因工程菌种首接种到新的斜面培养基上进行活化,再用于种子逐级扩大培养。一般需要一级、二级或三级等。具体操作如下:

(1) 种子培养。培养容器为 5~10 mL 试管。

(2) 一级种子培养。将种子接种到 200~1 000 mL 锥形瓶中，在振荡器内培养。

(3) 二级种子培养。将一级种子接种到 10~100 L 的种子发酵器内培养。

3. 微生物发酵和控制

将扩大的、生长旺盛的种子接种到发酵罐或其他发酵反应器中，控制温度、pH、通风、搅拌、罐压力等影响发酵的因素。

生产发酵过程是将二级种子接种到 1 000~10 000 L 的产品发酵罐中发酵的过程。

4. 发酵产物的分离提取

发酵产物的分离提取是指从发酵液中分离、提纯有关产品的过程，也称发酵生产的下游加工过程。一般地，将发酵产物通过离心或过滤的方法与培养基分开。如果产物在细胞内，需要破碎细胞，去掉细胞碎片，再从液体中分离产物；如果产物在细胞外，则可从无细胞的培养基中分离。

对发酵液进行浓缩、纯化是提纯产品的过程。往往根据对产物的要求，采用各种浓缩技术、现代提取技术，对产物进行纯化，以获得目的产物。

目前，常利用发酵工程对重组微生物进行发酵，生产人类所需的商业产品，主要是药用蛋白及其他蛋白质。近年来，发酵工程在农用产品开发方面也取得了较大的发展。如通过发酵生产获得了可以改良酸性土壤的菌剂；生产可降解的蓄水聚合物，用来蓄水抗旱；利用发酵工程生产生物化肥和生物农药，以及畜禽饲料添加剂，如氨基酸等；根据微生物产生柠檬酸的特点，利用发酵工程生产食品添加剂等。

三、细胞工程

（一）定义

细胞工程是指应用细胞生物学和分子生物学的原理和方法，通过某种工程学手段，按照人们的设计蓝图，进行细胞整体水平或细胞器水平上的遗传操作，即将具有某种特定基因和性状的细胞与异种细胞融合，形成新型细胞，使其具有两种亲本细胞的基因和特点。

通过细胞工程可以产生新的物种或品系，同时，通过细胞培养，从培养液中分离、精制出有关的生物化工产品。近代生物医学工程科学领域重大的进展和突破之一就是细胞融合杂交及单克隆抗体制备技术，目前已经应用在生命科学和临床医学研究等领域。在农业领域，细胞工程提高了克隆技术与动植物育种的效率，如对植物组织进行培养生产无毒农作物种苗，大幅度提高了农作物的产量；利用植物组织进行细胞融合，可以培育出新的植物品种，特别是为植物的远缘杂交提供了新的育种手段。在水产养殖领域，细胞工程利用不同种类鱼类的细胞融合可培育出具有经济意义的新品种鱼类。总之，随着生物工程的迅速发展，细胞工程已经在医学领域、农业领域、水产养殖领域等各个方面发挥出巨大的作用。

（二）研究内容

1. 细胞培养

细胞培养技术是细胞工程的基础。它通过在人工培养基上提供适宜的环境，使细胞或组织能够持续生长和分裂。这一技术为细胞工程提供了大量的细胞来源,是进行细胞遗传操作、细胞重组等研究的基础。

2. 细胞遗传操作

包括染色体操作、基因转移等,旨在改变或创造细胞的遗传特性。例如,通过基因编辑技术(如 CRISPR/Cas9 系统)可以精确修饰基因组序列,使细胞获得新的功能或表型。

3. 细胞重组

通过物理、化学或生物方法诱导不同种类的细胞融合,形成具有双亲细胞特性的杂交细胞。这种技术在植物育种、动物育种以及工业生产中具有重要的应用价值。

4. 细胞融合

细胞融合技术是通过特定的方法将两个或多个细胞合并成一个细胞的过程。这种技术可以用于生产单克隆抗体、创建杂交细胞等。

5. 细胞生物反应器

利用细胞在体外进行大规模培养,以生产生物制品或进行生物转化。

6. 胚胎工程

包括胚胎分割、体外受精、胚胎冷冻、胚胎性别鉴定等技术,旨在提高动物的繁殖效率和生产性能。

7. 染色体工程

在染色体水平上进行基因转移和染色体操作,以改良作物品种和探究物种起源。

8. 转基因动物与生物反应器

通过基因转移技术创建转基因动物,这些动物可以作为生物反应器来生产特定的生物制品。

四、酶工程

(一) 主要任务

酶工程的主要任务是通过预先设计、经人工操作而获得大量所需的酶,并使酶发挥最大的催化功能。

(二) 内容

酶工程的内容包括酶的来源、酶的生产、酶的提取、酶的分离纯化、酶的固定化、酶反应器等。

1. 酶的来源

目前,工业生产酶一般都以微生物为主要来源,这主要是因为:

(1) 微生物生长繁殖快,生活周期短,产量高;

(2) 微生物培养方法简单,原料丰富,价格低廉,机械化程度高,经济效益高;

(3) 微生物菌株种类多,酶的品种全;

(4) 微生物具有较强的应变能力,可以经过人工诱导、诱变和基因工程等方法培育出产酶量高的菌种。

2. 酶的生产

大多数酶存在于细胞内,破碎细胞是分离酶的首要环节。目前,细胞破碎的方法主要包括机械破碎法、物理破碎法、化学破碎法和酶学破碎法等。机械破碎法是利用捣碎机、研磨器或匀浆器等将细胞破碎；物理破碎法是利用温度差、压力差或超声波等将细胞破碎；化学破碎法是利用甲醛、丙酮等有机溶剂或表面活性剂作用于细胞膜，使细胞膜的结构遭到破坏或透性发生改变；酶学破碎法是选用合适的酶，使细胞壁遭到破坏，进而在低渗溶液中将原生质体破碎。

3. 酶的提取

细胞破碎后，便可进行酶的提取。酶的提取是在一定条件下，用适当的溶剂处理细胞破碎后的含酶原料，使酶充分地溶解到提取液中的过程。酶的提取方法有盐溶液提取法、碱溶液提取法和有机溶剂提取法等。为了提高酶的提取率和防止酶提取后变性失活，提取过程中必须注意保持适宜的温度和 pH，并且添加适量的保护剂。

4. 酶的分离纯化

由于提取液中含有多种酶，要想从提取液中分离纯化出某一种酶，必须根据这种酶的特性，选择适合的分离纯化方法。酶分离纯化的方法很多，主要有离心分离法、过滤与膜分离、沉淀分离法（盐析沉淀法、有机溶剂沉淀法、等电点沉淀法以及复合沉淀法）、层析分离法（吸附层析、离子交换层析、凝胶层析、亲和层析）、电泳分离法（凝胶电泳和等电聚焦电泳）、结晶法（盐析结晶法、有机溶剂结晶法、等电点结晶法）、酶的浓缩与干燥过程。

5. 酶的固定化

酶的固定化是指限制或固定于特定空间位置的酶。具体来说，是指经物理或化学方法处理，使酶变成不易随水流失，其运动受到限制，而又能发挥催化作用的酶制剂。制备固定化酶的过程称为酶的固定化。其主要优点为：固定化酶作为催化剂不被消耗；可实现反应的精细控制；酶不留在产物中，使得产品后处理简单易行，产品质量高；能够使酶反复使用，降低了成本；酶的利用率高，单位酶催化的底物量增加，用酶量减少；酶的稳定性增加，局部酶浓度高而缩短了反应时间等。酶的固定化一般有以下几种方法。

（1）载体结合法。按照结合形式的不同，可分为物理吸附法、离子结合法和共价结合法。物理吸附法是将酶吸附于不溶性载体如活性炭、多孔玻璃、氧化铝、淀粉、合成树脂等上的一种固定化方法；离子结合法是酶通过离子键结合于具有离子交换基的水不溶性载体上的固定化方法，载体主要是多糖类离子交换剂和合成高分子离子交换树脂，如 DEAE-纤维素、Dowex-50 等；共价结合法是指酶以共价键结合于载体上的固定化方法，即将酶分子上非活性部位功能团与载体表面的反应基团进行共价结合的方法，目前主要有重氮化、叠氮化等 10 余种。

（2）交联法。是指用双功能或多功能试剂使酶与酶或微生物的细胞与细胞之间交联的固定化方法。主要有交联酶法、酶与辅助蛋白交联法、吸附交联法及载体交联法 4 种。

（3）包埋法。包埋法有两种，一是将酶包埋在高分子凝胶细微网格中，称为网格型；二是将酶包埋在高分子半透膜中，称为微囊型。

6. 酶反应器

用于酶催化反应的装置称为酶反应器，目前主要有间歇式搅拌罐反应器、连续流动搅拌罐反应器、填充床反应器、流化床反应器、循环反应器、连续流动搅拌罐-超滤膜反应器等。

五、蛋白质工程

(一) 定义

蛋白质工程主要是在明晰编码蛋白质的基因 DNA 碱基排列顺序或蛋白质的氨基酸序列的基础上进行的,通过定点突变技术更换蛋白质分子的某一特定氨基酸,即更换一个片段,修饰改造现在已有的酶、多肽激素、疫苗等,使之具有某些新的特性,满足人类的需要。

(二) 步骤

(1) 分离纯化需要改造的目的蛋白;

(2) 对已分离纯化的蛋白进行氨基酸序列测定、X 射线晶体衍射分析、核磁共振分析等一系列测试,尽可能多地获得该蛋白的结构和功能的数据;

(3) 通过蛋白序列设计核酸引物或探针,从 cDNA 文库或核基因文库中获取编码该蛋白的基因序列;

(4) 设计改造方案;

(5) 对基因序列进行改造;

(6) 将经过改造的基因片段插入适当的表达载体,并通过蛋白质加以表达;

(7) 分离、纯化经过改造的蛋白质,并对其进行功能检测。

随着蛋白质工程的发展,目前人们已经完成了几十种蛋白质分子的结构改造,特别在蛋白质结构-功能关系方面已获得了很多有价值的资料。蛋白质工程的应用领域极为广泛,如可开发多元疫苗、具有免疫调节机能和直接杀死癌细胞的新抗癌制剂、具高度选择性的分离剂和附着剂、超稳定并具有多种催化活性的酶,或者扩大酶对 pH、温度及有机溶剂的适应性,使之耐酸碱、耐高温、不易变性或改变其异体蛋白的抗原性等。随着蛋白质工程的研究进展,可望开发出大批性能优良的蛋白质工程制剂。例如,已将毒性肽通过基因融合进抗体分子,制造出"导弹药物"。它可自动瞄准和攻击体内的靶组织或靶细胞(如癌细胞)。美国科学家正用蛋白质工程来研究生物芯片等生物元件,以替代硅芯片,制造活的有机计算机。

第三节 生物技术的应用

现代生物技术产业自 20 世纪 80 年代兴起、90 年代形成热潮后,给农林、食品、医药等行业带来了前所未有的发展。2000 年,世界生物技术产品市场规模接近 4 000 亿美元。

一、生物技术在农作物种植上的应用

生物技术在农作物种植上的应用主要是利用细胞工程和基因工程操作技术。农作物利用生物技术主要在以下 5 个方面。

（一）提高农作物产量和改进农产品品质

大豆、向日葵、油菜、油棕榈4种植物是全球四大油料作物。油菜是最早成功地进行转基因的植物之一，在全世界种植的良种油菜，有31%是转基因品种。这些品种都是为获得某种功能成分的产量而生产的。20世纪70年代，我国首创三系法杂交水稻技术，对解决各国粮食需求做出了贡献。目前杂交水稻技术已经推广到了20多个国家，累计增产粮食3 500多亿千克。

（二）进行抗逆与抗病虫害育种

干旱、严寒等环境作用，以及病虫害的发生与传播是造成农业产量下降的主要因素。解决这些问题的根本方法是培育出具有抗逆能力的植物。基因工程为农作物新品种的开发提供了强有力的手段。

（三）培育抗除草剂农作物

据不完全统计，全世界的农作物由于杂草危害，减产约10%，每年大约有100亿美元以上的费用用在除草剂上。另外，使用除草剂还有其他的局限性，很多除草剂无法区别庄稼与杂草，有些必须在野草长起来以前就施用，而培育抗除草剂转基因作物是克服这些缺点的理想途径。

（四）生物肥料

生物肥料就是利用微生物对自然界氮、磷、钾等元素的固着作用，以多种微生物复合组成的肥料。生物肥料除具有不污染环境的特点外，其直接作用是可以从大气中固氮，增加铁、磷等元素的吸收，合成促进植物细胞繁殖的植物激素等，并且能够促进有益微生物的生长，阻止有害微生物的增殖。同时，生物肥料价格低，生产成本低，可避免化学肥料给环境带来的严重污染。

（五）利用转基因植物生产医药品和贵重蛋白

日本最早利用烟草花叶病病毒在番茄中成功表达出了降血压药物——抗生物素蛋白和β-葡糖苷酸酶。以前，这两种产品一直采用独特的生产过程制造，生产成本昂贵。后来，采用转基因玉米后，生产成本降低了60%～70%。美国在大豆中成功表达了一种单克隆抗体，并将该抗体与多柔比星偶联制成了治疗肿瘤的靶向药物。动物实验证实，该靶向药物对乳腺、结肠、卵巢和肺肿瘤具有明显的疗效。目前，转基因大豆已进入大面积种植阶段，以便获得大量抗体进行临床应用。

二、生物技术在园艺上的应用

生物技术在园艺上的应用主要是利用基因工程技术培育出各种各样新品种，改进花色色泽、花形外观以及延长花的保存期。生物技术在果树栽培上应用广泛，如培育抗病虫害、抗逆，提高果品甜度、香味、色泽及个体形状、大小等性能果树的新品种。

三、生物技术在林业上的应用

（一）培育抗性优异的基因工程林木

国内外林木的基因工程在育种目标方面主要集中在抗病、抗虫、抗除草剂、抗逆、木材品质改良等方面,在木材品质改良方面主要是控制木材纹理、木材力学性质、与木材造纸和造纸废水污染有关的控制木质素合成的基因的分离与克隆等方面。

(二) 利用植物组织培养技术快速繁殖林木

林木组织、体细胞胚胎培养及其工厂化育苗技术是当前林业发展最热、最快的生物技术。自20世纪60年代以来,利用组织培养再生植株的植物种类近1 000种,其中木本植物达200多种。

四、生物技术在畜牧业上的应用

生物技术在畜牧业上的应用主要表现在改良家畜和家禽的遗传特性,如产奶量、产毛品质、增重快慢等。通过运用转基因技术、克隆技术、动物细胞培养以及干细胞技术等,使生物技术在畜牧业生产中发挥出巨大的潜力。

(一) 转基因动物

1. 转基因动物生物反应器

利用转基因动物的乳腺组织作为生物反应器,能够生产出具有完全生物活性的药用蛋白。其纯化简单,投资少,成本低,对环境无任何污染。这样的生物工厂就是一座天然原料加工厂,只要提供牛羊饲料,就可以从其乳汁中源源不断地获得人类所需要的药用蛋白。

2. 转基因动物作为移植器官的供体

众所周知,器官供体短缺一直困扰着器官移植的临床研究与应用,而目前异种外源器官移植的最大障碍是受体的超急性排斥反应。以转基因技术为基础的基因治疗技术,在异种器官移植中有着重要的作用,将从根本上解决诸类问题。

3. 转基因技术用于动物育种和改良

1998年,美国研究人员将胰岛素样生长因子-1(IGF-1)导入猪体内,获得了脂肪减少、瘦肉增加的新猪种。随后,加拿大研究人员将老鼠和细菌的基因导入猪中,使猪的粪便比普通猪粪含磷量少了20%～50%,从而减轻猪粪对水质的污染,被称为"环保猪"。我国于1985年在世界上首次报道了第一例转基因鱼。它是将人生长激素基因转入泥鳅当中,与同批泥鳅相比,生长速度大大提高,号称"超级泥鳅"。科学家一直致力于用转基因技术培育高效益的家畜、家禽和水生动物新品种。

(二) 克隆技术

克隆动物就是不经过生殖细胞而直接由体细胞获得新个体的繁殖方式。克隆技术具有广阔的应用前景。

(1) 培育优良畜种和生产实验动物。

(2) 生产转基因动物。

(3) 生产人胚胎干细胞用于细胞和组织替代疗法。

(4) 复制濒危的动物物种,保存和传播动物物种资源。

(三) 干细胞技术

1. 定义

干细胞是在生命生长和发育中起着重要作用的细胞,也是一种尚未充分分化、具有再生各种组织器官和动物体潜在功能的细胞。干细胞具有自我复制能力,是具有多种潜能的细胞。

科学家从人类胚胎中可以获得组成人体一切组织的干细胞,以此可以获得同某一人类个体的 DNA 完全符合的干细胞,进一步培养出不会激发排斥反应的组织或器官,使人造器官移植的成功率大大提高。所以,该项技术将对人类的健康产生重大的作用。

干细胞技术的进一步完善,将对农业植物的优良品种进行大量的快速无性繁殖,实现工业化生产,并对畜牧业优良家畜的快速无性繁殖以及畜种改良带来巨大的发展。

2. 利用基因工程技术生产疫苗

从 20 世纪 80 年代中期开始,DNA 重组技术和基因工程的兴起和成熟为疫苗生产提供了崭新的方法。基因工程疫苗采用基因工程的方法,提取病原物的一段基因序列,将无毒性、无感染力、有较强免疫原性的表达产物用作疫苗。目前,在畜牧、水产养殖领域,有些重组疫苗与基因工程疫苗已进入试验阶段,随着研究的完善与成熟,将进入产业化生产,给畜牧水产生产带来较大效益。

3. 利用转基因植物生产医药品和贵重蛋白

此类研究是生物技术领域的一个新热点。可以预见,转基因植物生产的物质在高度集约化的畜牧业生产中饲料、牧草作物向疾病防治、促进生长、改善畜产品品质、提高饲料报酬等方面将表现出美好的前景。

五、生物技术在医学等领域中的应用

(一) 基因工程药品

1. 人胰岛素

胰岛素是胰脏的胰岛分泌的一种激素,能调节血液里的糖分含量。倘若胰岛细胞不能分泌胰岛素,人就会得糖尿病。这样的病人需要注射胰岛素进行治疗。

2. 人生长激素

生长激素的功能是控制躯体的生长。人生长激素是由人的脑垂体产生的,含 191 个氨基酸。缺乏生长激素会造成身材矮小的垂体性侏儒。不同物种之间的生长激素差异非常显著。因此,动物的生长激素不能用于人类侏儒症的治疗。作为药品,人生长激素在过去唯一的来源是逝者的脑垂体。治疗 1 名垂体性侏儒每年所需的人生长激素大约要从 50 个逝者的脑垂体中提取。而从人脑垂体提取的人生长激素价格贵得惊人。1992 年,美国西格玛公司的生长激素售价为每 4 mg 82.80 美元。所以,世界上大约只有 1‰ 的垂体性侏儒能接受这种药物治疗。

3. 细胞因子

细胞因子是人体受内外环境刺激而产生的一大类内源分子。人干扰素就是一种细胞因子。人干扰素可分为三大类。一类是由血液中的白细胞产生的 α-干扰素;一类是由成纤维细胞产生的 β-干扰素;还有一类是由 T 淋巴细胞产生的 γ-干扰素。干扰素作为抗病毒药物和抗癌药物已引起世界各国医药卫生组织的高度重视。除人干扰素之外,还发现了许多各种各样的细胞因子,其中不少已经有基因工程产品,如白细胞介素、促红细胞生成素、集落刺激因子和肿瘤坏死因子等产品。

4. 生长因子

生长因子是一类能与特定的靶细胞结合并刺激其增殖的多肽。由于它们在医学有极为重要的用途,尤其是与癌症的发病机理及治疗有关,因此,越来越受到人们的重视。生长因子来源于一定的细胞。它们同细胞因子之间很难划出一条界线,例如白细胞介素 2 就是 T 细胞生长因子。西格玛公司的产品目录中甚至把白细胞介素 1、2、3、4、6 和粒细胞-巨噬细胞集落刺激因子、肿瘤坏死因子等都列入生长因子。

5. 疫苗

疫苗是利用一些死的或活的病原体,如细菌或病毒,或者用致病力十分弱的病原体所产生的毒素,或者用病原体分泌的其他蛋白质的表面构成物质作为抗原,亦即疫苗的主体成分。特定的疫苗能诱导人体形成特定的抗体。抗原和抗体进行特异性结合反应,使人体对某种疾病产生免疫活性,从而预防该病的发生和流行。

利用转基因植物生产基因工程疫苗,是将抗原基因导入植物,使其在植物中表达,人或动物摄入该植物或其中的抗原蛋白质,以产生对某抗原的免疫应答。所以转基因植物研究成功为口服疫苗的生产开辟了新的途径。

(二) 生物技术在疾病诊断与治疗中的应用

细胞工程在疾病诊断和治疗中的应用主要是单克隆抗体制备技术;基因工程则以基因诊断和治疗开辟了医学的新纪元。

(三) 展望未来医药卫生领域中的生物技术

未来医学领域中的生物技术可预期取得的突破主要有以下 4 个主要方面。

(1) 转基因动物生产的"转基因药物"将进入市场。

(2) 人型单克隆抗体的制备将取得新突破。

(3) 基因治疗将逐步实现临床应用。

(4) 生产技术的各个环节将不断得到改进。

思考与练习

一、单项选择题

1. 生物技术的核心是( )。

   A. 细胞工程　　　　　　　　　　　B. 基因工程

   C. 酶工程　　　　　　　　　　　　D. 发酵工程

2. ( )不是生物技术发展历程中的重要事件。

   A. 巴斯德证明了微生物在发酵过程中的作用

   B. 孟德尔通过豌豆杂交实验揭示了遗传规律

   C. 牛顿提出了万有引力定律

   D. 沃森和克里克解析了 DNA 双螺旋结构

3. （　　）首次实现了重组 DNA 分子的构建和转化。
   A. 巴斯德　　　　　B. 科恩和博耶　　　　C. 达尔文　　　　D. 沃森和克里克
4. 21 世纪生物技术的主要发展趋势不包括（　　）。
   A. 多样化　　　　　　　　　　　　　　B. 融合化
   C. 单一化　　　　　　　　　　　　　　D. 与其他高新技术深度融合
5. （　　）不属于生物技术的基本内容。
   A. 基因工程　　　　B. 细胞工程　　　　　C. 酶工程　　　　D. 机械工程
6. 基因工程中常用的工具酶不包括（　　）。
   A. 限制酶　　　　　B. DNA 连接酶　　　　C. 逆转录酶　　　D. DNA 聚合酶
7. （　　）不是细胞工程的技术。
   A. 植物组织培养　　B. 动物细胞融合　　　C. 基因突变　　　D. 动物细胞核移植
8. （　　）不是酶工程的主要内容。
   A. 酶的提取　　　　B. 酶的纯化　　　　　C. 酶的改造　　　D. 酶的销毁
9. （　　）不是生物技术在传统工业方面的应用。
   A. 利用固定化酶生产高果糖糖浆
   B. 利用基因工程技术生产疫苗
   C. 利用发酵工程生产生物燃料
   D. 利用纳米生物学设计和制造纳米材料
10. 生物技术在农业方面的应用不包括（　　）。
    A. 提高作物产量　　　　　　　　　　B. 改善食品质量
    C. 生产单细胞蛋白　　　　　　　　　D. 培育抗逆性作物
11. （　　）不是生物技术在医药方面的应用。
    A. 基因治疗　　　　B. 疫苗生产　　　　　C. 单克隆抗体生产　D. 林业种苗产业化
12. （　　）技术可以用于生产重组蛋白。
    A. 基因工程　　　　B. 酶工程　　　　　　C. 发酵工程　　　D. 细胞工程
13. （　　）技术可以用于生产单克隆抗体。
    A. 基因工程　　　　B. 细胞工程　　　　　C. 发酵工程　　　D. 酶工程
14. （　　）技术可以用于疾病诊断。
    A. PCR 技术　　　　B. 基因编辑　　　　　C. 细胞融合　　　D. 发酵工程
15. （　　）技术涉及生物体的培养。
    A. 基因测序　　　　　　　　　　　　　B. 植物组织培养
    C. 动物细胞培养　　　　　　　　　　　D. 发酵工程
16. （　　）是基因工程中将目的基因导入植物细胞的方法。
    A. 农杆菌转化法　　　　　　　　　　　B. 基因枪法
    C. 脂质体法　　　　　　　　　　　　　D. 病毒载体法
17. （　　）技术可以用于生产生物燃料。
    A. 发酵工程　　　　B. 酶工程　　　　　　C. 基因工程　　　D. 细胞培养

18. （　　）技术可以用于生产重组DNA分子。
    A. 基因工程　　　　　　　　　　B. 酶工程
    C. 发酵工程　　　　　　　　　　D. 细胞工程

19. （　　）技术可以用于提高作物的品质并延长保质期。
    A. 基因工程　　　　　　　　　　B. 细胞工程
    C. 发酵工程　　　　　　　　　　D. 酶工程

20. （　　）不是生物技术在军事方面的潜在应用。
    A. 生物武器开发　　　　　　　　B. 生物防御战略
    C. 生物传感器用于环境监测　　　D. 生物反恐研究

二、填空题

1. 在生物技术的发展历程中，19世纪是_____和_____的诞生和发展时期，为生物技术奠定了基础。

2. 1953年，沃森和克里克解析了_____，揭示了遗传信息的存储和传递方式，开启了分子生物学时代。

3. 1973年，科恩和博耶成功将外源基因导入大肠杆菌中，并使其表达出相应蛋白质，实现了第一个_____的构建和转化，标志着基因工程的诞生。

4. 生物技术并非现代科学的产物，而是人类文明发展过程中不断_____和_____的结果。

5. 一般认为，生物技术通常包括_____、_____、_____、酶工程和发酵工程5个方面的内容。

6. 生物技术是指以现代生命科学为基础，结合先进的_____手段和其他基础科学的科学原理，按照预先的设计改造生物体或加工生物原料的技术。

7. 基因工程中常用的工具酶是_____。

8. 生物技术在生活中的应用主要有五个方面：工业方面、_____、_____、军事方面、林业方面。

9. 生物技术被用来提高生产力，从而提高_____。

10. 利用生物技术生产单细胞蛋白为解决_____缺乏问题提供了一种可行的途径。

11. 生物技术在培育抗逆性作物方面发挥着重要作用，例如利用基因工程培育的_____不需要杀虫剂。

12. 疫苗主动免疫是预防传染病最有效的手段之一，从20世纪70年代开始，人们开始使用_____生产疫苗。

13. 发酵技术是指利用_____的发酵作用，运用一些技术手段控制其大规模生产发酵产品的技术。

14. 人类利用_____技术，通过微生物的作用可以制作出酸奶、米酒和泡菜等风味食品。

15. 科学家利用_____技术，可以把一个生物体的基因转移到另一个生物体的DNA中去，从而实现有目的地改变生物的性状。

三、判断题

1. 生物技术是现代科学的产物。（　　）
2. 巴斯德首次证明了微生物在发酵过程中的作用,开创了微生物学研究。（　　）
3. 1953年,沃森和克里克解析了RNA双螺旋结构。（　　）
4. 基因工程是生物技术的一个重要组成部分。（　　）
5. 生物技术只涉及生物学和化学两个领域。（　　）
6. 生物技术不能用于提高粮食产量。（　　）
7. 生物技术可以改善食品质量,但不能开发新的食品品种。（　　）
8. 基因治疗技术不属于生物技术的内容。（　　）
9. 生物技术在军事方面没有应用。（　　）
10. 生物信息学是生物技术的一个新兴学科。（　　）
11. 生物技术不能用于环境污染的检测和治理。（　　）
12. CRISPR-Cas9基因编辑系统为基因操作提供了一种简单、高效、精确的工具。（　　）
13. 生物技术只能用于生产人类所需的产品,不能达到其他目的。（　　）
14. 聚合酶链式反应(PCR)技术不能提高DNA扩增和检测的效率和灵敏度。（　　）
15. 生物技术不能用于林业方面。（　　）
16. 生物技术的所有应用都是基于现代生命科学和先进的工程技术手段。（　　）
17. 生物技术不能用于解决人类面临的重大挑战。（　　）
18. 生物技术的所有内容都已经被完全理解和掌握了。（　　）
19. 生物技术只能用于生产药品和疫苗。（　　）
20. 生物技术不能用于提高作物的抗逆性。（　　）
21. 生物技术不能用于生产新型能源。（　　）
22. 生物技术只能用于实验室研究,不能用于工业生产。（　　）
23. 生物技术不能用于改善人类健康。（　　）
24. 生物技术不能用于解决环境问题。（　　）
25. 生物技术不能与其他高新技术如信息技术、材料技术、能源技术等深度融合。（　　）

四、简答题

1. 简述生物技术的形成与发展。

■ 生物基础

2. 生物技术的基本内容有哪些？

3. 基因工程在生物技术中有哪些应用？

4. 发酵工程在生物技术中有哪些具体的应用实例？

5. 生物技术在环境保护中有哪些应用？

附录　思考与练习参考答案

第一章　生物的多样性与分类

一、单项选择题

1. B　2. A　3. C　4. B　5. B　6. C　7. A　8. D　9. D　10. A　11. C　12. C　13. D　14. C
15. C　16. C　17. D　18. D　19. D　20. A

二、填空题

1. 组合　2. 科学价值　3. 食物　4. 药物　5. 重要　6. 突变　7. 生命进化
8. 原核生物　9. 蓝藻　10. 原生生物　11. RNA　12. 真核　13. 原核生物　14. 真菌
15. 病毒

三、判断题

1. √　2. √　3. √　4. √　5. ×　6. √　7. √　8. ×　9. √　10. √　11. √　12. ×
13. √　14. ×　15. √　16. √　17. √　18. √　19. √　20. √　21. √　22. ×　23. √
24. ×　25. ×

四、简答题

1. 答：(1)生物多样性是指一定时空范围内，多种多样活的有机体有规律地组合的总称。它包括遗传多样性、物种多样性和生态系统多样性三个层次。

   (2)生物多样性保护的意义在于：为人类提供食物和药物来源；为工业生产提供各种原材料；保护物种的遗传基因，为繁育良种提供遗传材料；维护自然界的生态平衡，保持水土，调节气候，促进营养元素的物质循环等。此外，生物多样性还具有无法用货币来衡量的科学价值和美学价值。

2. 答：(1)生物分类是对生物群体进行分组的科学方法，基于生物的相似性、亲缘关系和进化历史，将不同的生物种类按照等级划分。分类等级从高到低依次为界、门、纲、目、科、属和种。

   (2)生物分类的意义在于帮助我们了解生物的进化历程、物种间的相互关系以及生物与环境之间的相互作用。此外，生物分类还有助于我们对生物多样性进行保护和管理，为生态平衡的维护提供科学依据。

3. 答：(1)生物六界分类系统是将生物分为六个界，包括动物界、植物界、真菌界、原生生物界、古细菌界和真细菌界。

(2)这种分类方式有助于我们更深入地了解生物之间的亲缘关系和进化历史。
4. 答:(1)生物多样性丧失和生态系统退化对人类生存和发展构成重大风险。这可能导致食物和药物来源的减少,影响人类的健康和生存。
(2)同时,生态系统的退化还会影响气候调节、水土保持和营养元素的物质循环等功能,对人类的生存环境造成威胁。

第二章　生命的构成

一、单项选择题
1．A　2．A　3．D　4．D　5．B　6．A　7．A　8．C　9．B　10．A　11．C　12．D　13．D　14．D　15．B　16．D　17．A　18．B　19．D　20．A

二、多项选择题
1．ABCD　2．AB　3．ABCD　4．ABC　5．ABCD

三、判断题
1．×　2．×　3．√　4．√　5．×　6．√　7．√　8．×　9．×　10．×　11．√　12．×　13．×　14．√　15．√　16．√　17．×　18．√　19．√　20．×

四、填空题
1．脱氧核糖核酸(DNA)　核糖核酸(RNA)　2．花　果实　种子　3．神经组织
4．加压素　催产素　5．机械部分　光学部分

五、连线题
1．
(1)叶绿体——b. 光合作用
(2)线粒体——a. 有氧呼吸的主要场所
(3)核糖体——d. 蛋白质的装配机器
(4)液泡——e. 使植物体现出酸、甜、苦等不同味道
(5)中心体——c. 与纺锤丝的形成有关

2．
(1)皮肤系统——b. 保护、感觉、分泌、排泄、呼吸等功能
(2)生殖系统——c. 产生生殖细胞和繁衍后代
(3)消化系统——d. 摄取、消化、吸收物质,并将食物残渣排出体外
(4)呼吸系统——e. 气体交换
(5)泌尿系统——a. 生成和排出尿液

六、简答题
1．答:细胞是构成生物体结构与功能的基本单位。植物细胞的基本结构包括细胞壁、细胞膜、细胞质、细胞核。植物细胞的特有结构有细胞壁、液泡、质体。
2．答:形态、结构、生理功能相似的细胞群称为组织。
植物组织分为两大类:分生组织和成熟组织。分生组织根据在植物体的分布位置,可分

为顶端分生组织、居间分生组织和侧生分生组织三种;根据生理功能的不同,成熟组织可分为保护组织、薄壁组织、机械组织、输导组织、分泌结构五种。

动物组织分为四大类:上皮组织、结缔组织、肌肉组织、神经组织。

3. 答:细胞周期指细胞从第一次分裂完成时开始到下一次分裂完成时为止的时期。

细胞周期包括分裂间期和分裂期两个阶段。

细胞分裂的方式有无丝分裂、有丝分裂、减数分裂。

第三章 生物的新陈代谢

一、单项选择题

1. C 2. B 3. A 4. C 5. D 6. C 7. A 8. D 9. A 10. B 11. D 12. D 13. A
14. A 15. C 16. A 17. A 18. B 19. B 20. D

二、多项选择题

1. ABC 2. ABCD 3. ABD 4. ABCD 5. ABCD

三、判断题

1. × 2. √ 3. √ 4. × 5. √ 6. √ 7. √ 8. × 9. × 10. √ 11. √ 12. ×
13. √ 14. √ 15. √ 16. × 17. √ 18. × 19. × 20. √

四、填空题

1. 新陈代谢 2. ATP 3. 自养型 异养型 4. 蛋白质 RNA
5. 吸胀作用 渗透作用 6. 光反应 暗反应

五、连线题

1.

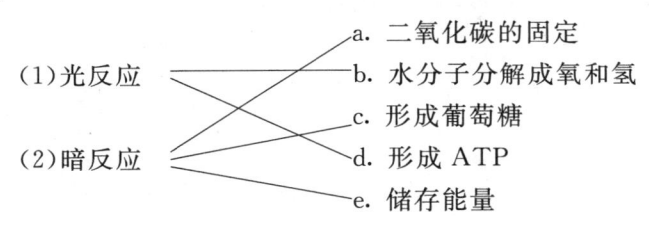

(1)光反应 — b. 水分子分解成氧和氢
         — d. 形成ATP
(2)暗反应 — a. 二氧化碳的固定
         — c. 形成葡萄糖
         — e. 储存能量

2.

(1)自养需氧型 — c. 亚硝酸细菌
(2)自养厌氧型 — e. 绿色硫细菌
(3)异养需氧型 — a. 蘑菇
              — b. 小麦
(4)异养厌氧型 — d. 蛔虫

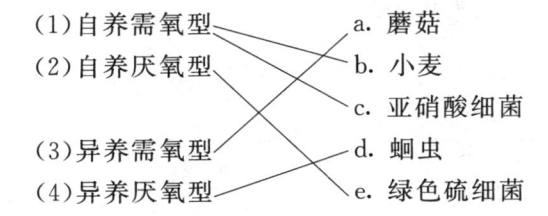

六、简答题

1. 答:酶是活细胞所产生的一类具有催化作用的有机物,大多数酶是蛋白质,少数是RNA。

酶的特性:高效性、专一性、多样性、高度不稳定性。

2. 答:光合作用是指绿色植物通过叶绿体,利用光能,把二氧化碳和水合成储藏着能量的有机物,并且释放出氧气的过程。

光合作用的过程,根据是否需要光的照射,可以分为光反应和暗反应两个阶段。

光合作用的意义:绿色植物的光合作用完成了自然界规模巨大的物质转变;绿色植物的光合作用同时又完成了自然界规模巨大的能量转变;绿色植物的光合作用使大气中的氧气和二氧化碳的含量相对稳定。

3. 答:植物体内的有机物在细胞内经过一系列的氧化分解,最终生成二氧化碳或其他产物,并且释放出能量的过程,称植物的呼吸作用(又称生物氧化)。

植物的呼吸作用包括有氧呼吸和无氧呼吸两种类型。

呼吸作用的意义:①呼吸作用能为生物体的生命活动提供能量;②呼吸过程能为体内其他化合物的合成提供原料;③呼吸作用在植物抗病免疫方面有着重要作用。

第四章　遗传和变异

一、单项选择题

1. B　2. B　3. A　4. C　5. C　6. B　7. A　8. D　9. D　10. C　11. B　12. C　13. C　14. B　15. B　16. A　17. C　18. A　19. D　20. B

二、多项选择题

1. ABC　2. ABCD　3. ABCD　4. BCD　5. ACD

三、判断题

1. √　2. √　3. √　4. √　5. ×　6. √　7. √　8. √　9. ×　10. ×　11. ×　12. √　13. √　14. ×　15. ×　16. √　17. √　18. ×　19. √　20. √

四、填空题

1. 核苷酸

2. 双螺旋

3. 基因组　染色体组

4. 蛋白质

5. 遗传信息

6. 非同源染色体　自由组合定律　同源染色体　连锁和互换定律

五、连线题

1.

(1)遗传　　a. 一母生九子,九子各不同
　　　　　　b. 种瓜得瓜,种豆得豆
　　　　　　c. 一树结果,酸甜各异
(2)变异　　d. 龙生龙,凤生凤,老鼠生儿会打洞
　　　　　　e. 高秆水稻田里出现了矮秆水稻植株

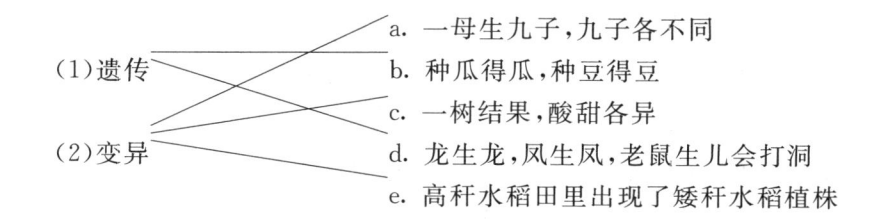

2.

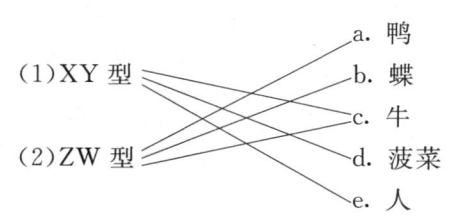

(1) XY 型　　　a. 鸭
　　　　　　　b. 蝶
　　　　　　　c. 牛
(2) ZW 型　　　d. 菠菜
　　　　　　　e. 人

六、简答题

1. 答：一是存储遗传信息；二是传递遗传信息；三是表达遗传信息；四是调控基因表达；五是参与细胞信号传导。

2. 答：基因分离定律的实质：在杂合子的细胞里，位于一对同源染色体上的等位基因具有一定的独立性，生物体在进行减数分裂形成配子时，等位基因会随着同源染色体的分开而分离，分别进入两个配子中，独立地随配子遗传给后代。

   基因分离定律在实践中的应用：基因分离定律是遗传的基本规律，掌握这一定律不仅有助于人们正确地解释生物界的某些遗传现象，而且能够预测杂交后代的类型和各种类型出现的概率，这对于动、植物育种实践和医学实践都具有重要的意义。

   ①在杂交育种中，首先，人们按照育种的目标选配亲本进行杂交，其次，根据性状的遗传表现选择符合人们需要的杂种后代，再经过有目的地选育，最终培育出具有稳定遗传性状的品种。

   ②在医学实践中，人们常常利用基因分离定律对遗传病的基因型和发病概率作出科学的推断。

3. 答：基因突变是指在染色体结构中，基因某一位点上遗传物质的改变，所以又称点突变。

   基因突变的特点有：
   ①基因突变在生物界中是普遍存在的；②基因突变是随机发生的；③在自然条件下，一切生物的基因都可以发生自然突变；④大多数基因突变对生物体是有害的；⑤基因突变是不定向的。

第五章　生物的生殖与发育

一、单项选择题
1. C　2. D　3. D　4. C　5. B　6. B　7. A　8. C　9. A　10. B　11. D　12. A　13. C　14. D　15. B　16. A　17. B　18. B　19. A　20. A

二、多项选择题
1. BCD　2. ABC　3. ABCD　4. ABCD　5. ABCD

三、判断题
1. √　2. ×　3. √　4. √　5. √　6. √　7. ×　8. ×　9. ×　10. √　11. ×　12. √　13. √　14. ×　15. √　16. ×　17. √　18. ×　19. √　20. ×

四、填空题
1. 融合生殖　2. 被子植物　3. 植物极　4. 顶端优势

5. 肾上腺素　去甲肾上腺素　6. 内分泌腺　内分泌细胞

7. 神经元　8. 反射

五、连线题

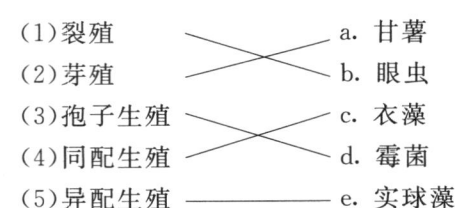

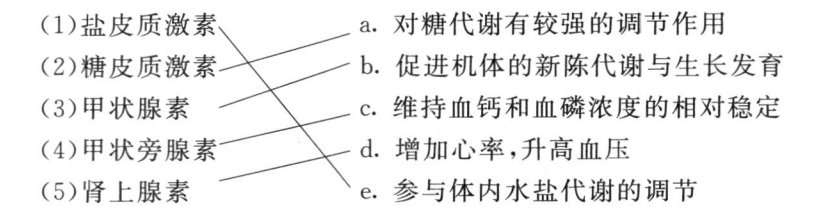

1.
- (1)裂殖 —— d. 霉菌
- (2)芽殖 —— a. 甘薯
- (3)孢子生殖 —— b. 眼虫
- (4)同配生殖 —— c. 衣藻
- (5)异配生殖 —— e. 实球藻

2.
- (1)盐皮质激素 —— e. 参与体内水盐代谢的调节
- (2)糖皮质激素 —— a. 对糖代谢有较强的调节作用
- (3)甲状腺素 —— b. 促进机体的新陈代谢与生长发育
- (4)甲状旁腺素 —— c. 维持血钙和血磷浓度的相对稳定
- (5)肾上腺素 —— d. 增加心率,升高血压

六、简答题

1. 答:生物的个体发育是指多细胞生物的受精卵经过细胞分裂、组织分化和器官形成,直到发育成熟的新个体的过程。高等植物的个体发育包括种子的形成和萌发的种子中的胚进一步发育成新的植物体的过程。高等动物的个体发育包括胚的发育和胚后发育。

2. 答:一是促进肝糖原生成和葡萄糖分解,以及由糖转变为脂肪,从而使血糖降低;二是促进体内脂肪的贮存,抑制脂肪的分解,使血中游离脂肪酸减少;三是促进氨基酸进入细胞内,使细胞内蛋白质合成加快。

3. 答:卵细胞是在动物的卵巢中形成的。卵巢中生有卵原细胞,有的卵原细胞体积增大,染色体进行复制,形成初级卵母细胞。第一次分裂开始不久,初级卵母细胞中的同源染色体进行联会,随后出现四分体,接着,完成第一次分裂。分裂成的两个细胞,大小不等,大的叫作次级卵母细胞,小的叫作极体,它们都含有数目减半的染色体。次级卵母细胞再经过一次分裂,形成一个大的细胞即卵细胞,同时还形成一个小的细胞,这也叫作极体。原先的那个极体还可能分裂成两个极体,但是所有的极体以后都退化了。卵细胞只含有数目减少一半的染色体,也就是说,卵细胞中的染色体数目是初级卵母细胞的一半。经过减数分裂,一个卵原细胞形成一个卵细胞。

第六章　生物与环境

一、单项选择题

1. A　2. D　3. C　4. D　5. C　6. C　7. B　8. C　9. C　10. D　11. D　12. D　13. C
14. D　15. D　16. C　17. D　18. C　19. C　20. D

二、填空题

1. 阳光　2. 针叶林　3. 陆生　4. 综合性　5. 食物链　6. 生存环境
7. 生物多样性丧失和生态系统破坏　8. 能量　9. 物质蓄积　10. 金字塔

三、判断题

1. √　2. √　3. ×　4. ×　5. ×　6. √　7. ×　8. √　9. √　10. ×
11. √　12. √　13. ×　14. √　15. ×　16. √　17. ×　18. √　19. √　20. ×

四、简答题

1. **答**：生态因素对生物的影响主要体现在两个方面：非生物因素和生物因素。非生物因素包括光、温度、水、空气、土壤等，这些因素直接影响生物的生存和分布。例如，高山上植物的分布与海拔高度有关，说明温度对植物的分布有影响；沙漠中只有靠近水的地方才有绿洲，说明水分对植物的分布有影响。生物因素则是指环境中影响某种生物个体生活的其他所有生物，包括同种和不同种的生物个体。生物因素通过捕食关系、共生关系、竞争关系等影响生物的生存和繁衍。

2. **答**：生态系统是生物圈的基本单位，生物圈是由地球上所有的生态系统组成的统一整体。每个生态系统都有其特定的生物和非生物成分，以及它们之间的相互作用关系。这些生态系统通过物质循环和能量流动相互关联，形成一个复杂的网络。生物圈则包含了地球上所有的生物和它们所处的环境，是一个更大的、更复杂的生态系统集合体。因此，可以说生态系统是生物圈的基础，而生物圈则是生态系统的总和。

3. **答**：生物安全是指防止生物危害，保护生物多样性、人类健康和生态环境安全的状态。生物安全的立法目的是通过法律手段规范人类活动，减少生物危害，保障人类健康和生态环境安全，促进可持续发展。具体来说，生物安全法旨在保护生物多样性，防止外来物种入侵和生物遗传资源的流失；同时，也关注人类健康，防止生物武器和生物恐怖主义的威胁；此外，还致力于维护生态环境安全，促进生态系统的稳定和可持续发展。

4. **答**：人与环境是相互依存、相互影响的。人类活动对环境产生深远影响，包括空气污染、水资源短缺、土地荒漠化等环境问题。同时，环境也反过来影响人类的生存和发展。为了实现人与环境的和谐共生，需要采取一系列措施。首先，提高公众的环保意识，加强环保教育；其次，推动绿色生产和消费，减少资源浪费和环境污染；再次，加强环境立法和执法，确保环境政策的实施；最后，加强国际合作，共同应对全球性环境问题。通过这些措施，可以实现人与环境的和谐共生，促进可持续发展。

5. **答**：减少空气污染的措施有多种，以下是三种常见的措施。

(1)减少工业废气排放：通过改进生产工艺、提高能源利用效率、安装废气处理设施等措施，减少工业废气排放，降低空气污染物的浓度。

(2)推广使用清洁能源：清洁能源如太阳能、风能等具有可再生、无污染的特点。通过推广使用清洁能源，可以减少化石燃料的使用量，从而降低空气污染物的排放。

(3)限制机动车数量：通过实施交通拥堵费、限行等措施，限制机动车数量，减少交通尾气排放对空气的污染。同时，鼓励使用公共交通、骑行和步行等低碳出行方式，也有助于减少空气污染。

第七章 微生物的生物学特性

一、单项选择题
1．B 2．C 3．A 4．D 5．A 6．B 7．D 8．D 9．A 10．A 11．B 12．C 13．C
14．D 15．B 16．C 17．C 18．B 19．A 20．D

二、多项选择题
1．ABCD 2．BCD 3．ABC 4．ABD 5．AB

三、判断题
1．× 2．√ 3．√ 4．× 5．× 6．× 7．√ 8．√ 9．× 10．√ 11．× 12．√
13．√ 14．× 15．√ 16．√ 17．× 18．√ 19．× 20．×

四、填空题
1．条件致病性微生物 2．无性繁殖 3．螺旋菌 4．孢囊孢子 5．肽聚糖
6．普通菌毛 7．纤维素 8．运载蛋白 9．烈性噬菌体 10．侵入

五、连线题
1.
(1)内质网　　　　　　a．是细胞内的消化器官
(2)核糖体　　　　　　b．与菌丝顶端生长有关，具有吸收染料和杀菌剂的功能
(3)高尔基体　　　　　c．具有合成和运输蛋白质的功能
(4)溶酶体　　　　　　d．无膜结构，是蛋白质合成的场所
(5)几丁质酶体　　　　e．具有合成和运输蛋白质的功能

2.
(1)枯草芽孢杆菌　　　a．是一种生物农药，被称为"绿色农药"
(2)苏云金杆菌　　　　b．能分解在常态下不易分解的木质素和纤维素
(3)乳酸菌　　　　　　c．是一类可利用太阳能生长繁殖的特殊生物类群
(4)光合细菌　　　　　d．是一类可利用太阳能生长繁殖的特殊生物类群
(5)白僵菌　　　　　　e．可用于防治小麦白粉病、水稻稻瘟病等多种病害

六、简答题
1．答：荚膜是某些细菌分泌并包绕在细胞壁外的一层较厚的黏液性物质。
荚膜的意义：(1)抗吞噬作用。(2)抗杀菌物质的损伤作用。
(3)具有免疫原性。(4)黏附作用。

2．答：大多数病毒的结构只有芯髓(核酸)和衣壳(蛋白质或多肽)两部分，有些病毒在衣壳外面还有一层囊膜。
(1)芯髓。位于病毒的中心，由单股或双股核酸链构成，也称核酸芯髓。病毒只具有一种核酸，不能同时具备 DNA 和 RNA。
(2)衣壳。衣壳是包围芯髓的外壳，由蛋白质或多肽组成。
(3)囊膜。简单的病毒仅由蛋白质衣壳和核酸芯髓两部分构成。稍复杂的病毒在衣壳的

外面还包裹着一层囊膜。囊膜由类脂、蛋白质和糖类构成。

3. 答：放线菌是单细胞原核微生物，菌体由丝状的菌丝组成，菌丝纤细有分枝，无隔膜。放线菌的菌丝由于形态、功能不同，往往分为营养菌丝（又称基内菌丝）、气生菌丝和孢子丝三部分。

(1) 营养菌丝。营养菌丝又称基内菌丝，是伸入培养基内吸收营养物质的菌丝。

(2) 气生菌丝。当营养菌丝发育到一定阶段，长出培养基外伸向空间的菌丝就是气生菌丝。

(3) 孢子丝。当气生菌丝发育到一定阶段，能分化出可以形成孢子的菌丝即孢子丝。孢子丝的形状及其在气生菌丝上排列的方式往往因菌种不同而有差异，这是鉴定放线菌菌种的重要依据之一。

第八章　微生物的控制

一、单项选择题

1. C　2. D　3. A　4. A　5. B　6. C　7. A　8. B　9. B　10. D
11. D　12. D　13. A　14. D　15. C　16. D　17. A　18. B　19. B　20. C

二、多项选择题

1. ABCD　2. BCD　3. AB　4. ACD　5. BC

三、判断题

1. ×　2. √　3. ×　4. √　5. ×　6. √　7. √　8. ×　9. √　10. ×
11. ×　12. √　13. √　14. √　15. √　16. √　17. √　18. ×　19. √　20. √

四、填空题

1. 天然培养基　2. 100　3. 乳酸杆菌　4. 代谢产物（热原质）　5. 无菌
6. 干燥　7. 紫外线　8. 过滤除菌　9. 产气杆菌　10. 控制菌检查

五、连线题

1.

(1) 灭菌 —— c. 杀灭物体中所有微生物的方法
(2) 消毒 —— d. 杀灭物体或环境中的病原微生物的方法
(3) 无菌 —— e. 物体中无活的微生物，及其芽孢或孢子都不存在
(4) 无菌操作 —— a. 防止微生物进入机体或其他物体的操作方法
(5) 消毒剂 —— b. 能杀死病原微生物的化学药剂

2.

(1) 火焰灭菌法 —— b. 主要用于接种环、接种针、试管口的灭菌
(2) 煮沸法 —— a. 多用于外科手术器械、注射器及针头的消毒
(3) 巴氏消毒法 —— d. 常用于牛奶、葡萄酒及啤酒的消毒
(4) 流通蒸汽消毒法 —— e. 常用于某些不耐高热的物品或培养基的灭菌
(5) 干热空气灭菌法 —— c. 主要用于试管、吸管、离心管等实验室器材的灭菌

六、简答题

1. 答:(1)药品生产的原辅料。(2)生产用水。(3)生产环境。(4)生产设备。(5)包装材料。(6)工作人员。

2. 答:(1)加水。(2)装料。(3)加盖密封。(4)排气升压。(5)降压。(6)取料。(7)倒水。

3. 答:(1)品种项下规定无菌检查的制剂。(2)制剂通则项下规定无菌检查的制剂。(3)标签标示无菌的制剂。(4)未在品种项下及制剂通则项下规定的用于手术、烧伤及严重损伤的局部给药制剂。(5)用于止血并可被组织吸收的制剂。(6)要求无菌的医疗器械,包括外科用敷料、器材。(7)药品包装材料等。

第九章 微生物的培养与保藏

一、单项选择题

1. B 2. C 3. A 4. D 5. C 6. A 7. A 8. D 9. A 10. C 11. D 12. B 13. C 14. B 15. B 16. C 17. A 18. D 19. D 20. B

二、多项选择题

1. BC 2. AB 3. ACD 4. AD 5. ABC

三、判断题

1. × 2. × 3. √ 4. √ 5. × 6. √ 7. √ 8. × 9. × 10. √
11. × 12. √ 13. × 14. √ 15. √ 16. × 17. × 18. √ 19. √ 20. ×

四、填空题

1. 水   2. 活体培养基   3. 电子天平
4. 50 ℃   5. 无菌操作   6. 辐射
7. 平板菌落计数法   8. 平板涂抹法
9. 原生质体融合育种   10. 菌种衰退

五、连线题

1.
(1)酪素培养基(酪素) —— e. 出现透明圈,产蛋白酶菌株的鉴定
(2)伊红亚甲蓝培养基(伊红、亚甲蓝) —— a. 带金属光泽的深紫色菌落,鉴别大肠菌群
(3)淀粉培养基(淀粉) —— b. 出现透明圈,产淀粉酶菌株的鉴定
(4)糖发酵培养基(溴钾酚紫) —— c. 由紫色变黄色,鉴别肠道细菌
(5)H₂S实验培养基(醋酸铅) —— d. 出现黑色沉淀,产 H₂S 菌株的鉴定

2.
(1)大肠杆菌 —— e. 40 ℃(37 ℃)
(2)酿酒酵母 —— c. 40 ℃(28 ℃)
(3)枯草芽孢杆菌 —— a. 55 ℃(30~37 ℃)
(4)金黄色葡萄球菌 —— b. 45 ℃(37 ℃)
(5)毛霉 —— d. 50~58 ℃(45~50 ℃)

六、简答题

1. 答:微生物的营养要素来源于水、碳源、氮源、无机盐、生长素、能源六大类。
   (1)水是微生物细胞的重要组分。
   (2)碳源是指能为微生物的生命活动提供碳素来源的物质。
   (3)氮源是指能为微生物的生命活动提供氮素来源的物质。
   (4)无机盐不仅是微生物细胞的组成部分,还可有效调节微生物细胞的生命活动。
   (5)生长素是微生物在生长和代谢中所必需的一类微量有机物质。
   (6)能源是指能为微生物的生命活动提供能量来源的化学物质或辐射能。

2. 答:基因工程育种是在基因水平上的遗传工程育种,是用人为的方法将所需要的某一供体微生物的遗传物质——DNA大分子提取出来,在离体的条件下用适当的工具酶进行切割后,把它与作为载体的DNA分子连接,与载体一起导入某一更易生长、繁殖的受体细胞中,以让外源遗传物质在其中稳定下来,进行正常的复制和表达,从而获得新物种的一种崭新的育种技术。

3. 答:(1)细菌的菌落特征。细菌菌落通常较湿润、光滑、透明、黏稠、易挑取,菌落正反面或边缘与中央部位的颜色一致,有臭味。
   (2)放线菌的菌落特征。放线菌菌落干燥、不透明,表面呈紧密丝绒状,若长有孢子则表面有一层色彩不一的干粉,菌落与培养基连接紧密,不易挑取,菌落正反面颜色常不一致,有泥腥味。
   (3)酵母菌的菌落特征。酵母菌菌落一般较湿润、光滑,易挑取,菌落正反面和边缘、中央部位的颜色都很均一,且菌落较大、较厚、外表较稠和较不透明,有酒香味。
   (4)霉菌的菌落特征。霉菌菌落形态较大,质地比较疏松,外观干燥,不透明,呈或紧或松的蜘蛛网状、绒毛状或棉絮状,若长出孢子则孢子的颜色也各有不同,常有霉味。

第十章 免疫学基础知识

一、单项选择题

1. D   2. A   3. B   4. C   5. C   6. D   7. B   8. C   9. D   10. B   11. A   12. C   13. D
14. A   15. C   16. C   17. C   18. A   19. A   20. D

二、多项选择题

1. ABCD   2. BCD   3. ABD   4. ABCD   5. ABC

三、判断题

1. √   2. √   3. ×   4. ×   5. √   6. ×   7. ×   8. ×   9. √   10. ×
11. √   12. √   13. ×   14. √   15. √   16. √   17. ×   18. √   19. ×   20. √

四、填空题

1. 蛋白质   2. 免疫原   3. 表位
4. 成熟   5. MHC Ⅰ类   6. Th1
7. 化学结构   8. 二硫键   9. 抗原   10. 抗体

五、连线题

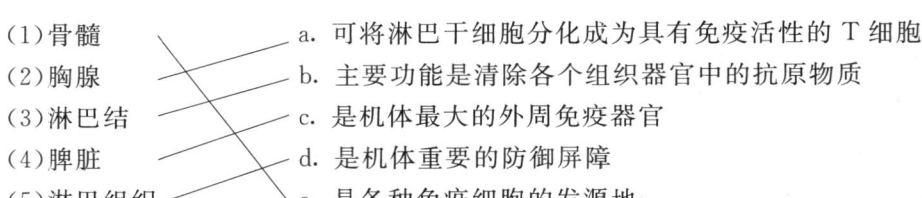

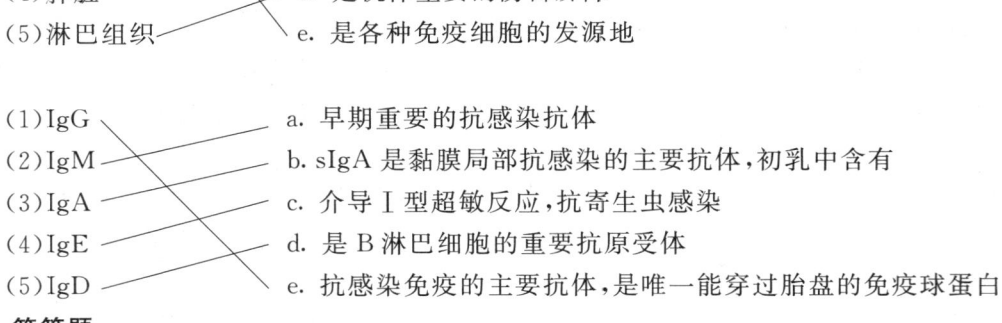

1.
(1)骨髓 —— e. 是各种免疫细胞的发源地
(2)胸腺 —— a. 可将淋巴干细胞分化成为具有免疫活性的T细胞
(3)淋巴结 —— b. 主要功能是清除各个组织器官中的抗原物质
(4)脾脏 —— c. 是机体最大的外周免疫器官
(5)淋巴组织 —— d. 是机体重要的防御屏障

2.
(1)IgG —— e. 抗感染免疫的主要抗体,是唯一能穿过胎盘的免疫球蛋白
(2)IgM —— a. 早期重要的抗感染抗体
(3)IgA —— b. sIgA是黏膜局部抗感染的主要抗体,初乳中含有
(4)IgE —— c. 介导Ⅰ型超敏反应,抗寄生虫感染
(5)IgD —— d. 是B淋巴细胞的重要抗原受体

六、简答题

1. 答：免疫是机体识别自我物质和排除异己物质的复杂生物学反应,借以维持机体平衡和稳定的一种生理功能。

免疫具有三大功能：
(1)免疫防御;(2)免疫稳定;(3)免疫监视。

2. 答：免疫球蛋白Fab段的功能：(1)中和作用;(2)抑制细菌吸附。

免疫球蛋白Fc段的功能：(1)激活补体;(2)调理作用;
(3)抗体依赖性细胞介导的细胞毒作用;(4)介导Ⅰ型超敏反应;
(5)穿过胎盘和黏膜。

3. 答：免疫应答是指机体受到抗原刺激后,免疫细胞识别、摄取、处理抗原,继而活化、增殖分化,最终产生一系列生物学效应的过程。

免疫应答的类型：
(1)根据参与免疫应答细胞种类及其效应机制的不同,适应性免疫应答可分为T细胞介导的细胞免疫应答和B细胞介导的体液免疫应答。
(2)根据免疫活性细胞对抗原异物刺激的反应结果不同免疫应答可分为正免疫应答和负免疫应答。
(3)根据免应结果是否对机体造成损伤,分为生理性免疫应答和病理性免疫应答。

第十一章　生物技术及其应用

一、单项选择题

1. B　2. C　3. B　4. C　5. D　6. D　7. C　8. D　9. D
10. B　11. D　12. A　13. B
14. A　15. B　16. A　17. D　18. A　19. A　20. C

二、填空题

1. 微生物学　遗传学　2. DNA双螺旋结构　3. 重组DNA分子　4. 积累　创新
5. 基因工程　细胞工程　蛋白质工程　6. 工程技术　7. 限制性内切酶
8. 农业方面　医药方面　9. 粮食产量　10. 蛋白质
11. 抗虫作物　12. 基因工程技术　13. 微生物　14. 发酵　15. 转基因

三、判断题

1. ×　2. √　3. ×　4. √　5. ×　6. ×　7. ×　8. ×　9. ×　10. √　11. ×
12. √　13. ×　14. ×　15. ×　16. √　17. √　18. ×　19. ×　20. ×　21. ×　22. ×
23. ×　24. ×　25. ×

四、简答题

1. 答：生物技术是一个不断发展的领域，其形成可以追溯到人类对生物现象的观察和利用。随着科学技术的进步，特别是遗传学、分子生物学和细胞生物学的发展，生物技术逐渐形成了包括基因工程、细胞工程、酶工程、发酵工程和蛋白质工程等多个分支的学科体系。这些技术的发展使得人类能够更深入地理解和利用生物体的遗传信息、代谢过程和生物活性物质，从而创造出更多的生物产品和技术。

2. 答：生物技术的基本内容主要包括基因工程、细胞工程、酶工程、发酵工程和蛋白质工程等五个方面。基因工程涉及DNA的切割、连接、转化和表达等技术，用于创造或改良生物体的遗传特性。细胞工程则关注细胞的培养、融合、核移植等技术，用于生产细胞产品、制备疫苗和治疗疾病等。酶工程利用酶的催化作用，进行物质的转化和合成。发酵工程利用微生物的代谢活动，生产各种有用的物质。蛋白质工程则关注生物分子的提取、分离、纯化和修饰等技术，用于制备药物、食品添加剂和生物材料等。

3. 答：基因工程在生物技术中有广泛的应用。例如，在农业领域，基因工程可以用于培育抗虫、抗病、高产和优质的作物品种。在医药领域，基因工程可以用于制备基因药物、基因疫苗和基因治疗产品等。此外，基因工程还可以用于环境保护、食品工业、能源开发等多个领域。

4. 答：发酵工程在生物技术中有许多具体的应用实例。例如，在食品和饮料工业中，发酵工程可以用于生产酒精、乳酸、醋酸、酱油、醋等调味品和饮料。在医药工业中，发酵工程可以用于生产抗生素、维生素、酶制剂等药物和生物活性物质。此外，发酵工程还可以用于生产有机酸、氨基酸、生物燃料等化学原料和能源产品。

5. 答：生物技术在环境保护中有广泛的应用。例如，利用生物技术可以处理工业废水、生活污水和农业废水等废水，去除其中的有机物、氮、磷等污染物，达到净化水质的目的。此外，生物技术还可以用于处理固体废物和废气等污染物，将其转化为无害或低毒的物质。同时，生物技术还可以用于生态修复和环境监测等领域，为环境保护提供有力的技术支持。

参考文献

[1] 王社光,刘强. 生物基础[M]. 北京:高等教育出版社,2007.
[2] 张如涯. 农林牧渔类专业基础知识[M]. 厦门:厦门大学出版社,2015.
[3] 张彦明. 动物微生物及检验[M]. 北京:高等教育出版社,2011.
[4] 郑小波,刘忠立. 病原生物与免疫学基础[M]. 北京:人民卫生出版社,2022.
[5] 吴坤,唐艳红,王树宁. 食品微生物[M]. 北京:化学工业出版社,2007.
[6] 苏德模,马绪荣. 药品微生物学检验技术[M]. 北京:华龄出版社,2007.